Brigga Jeronaić Weihnachten '98

Klassiker des Sozialismus

Erster Band

KLASSIKER DES SOZIALISMUS

ERSTER BAND

VON GRACCHUS BABEUF BIS
GEORGI WALENTINOWITSCH PLECHANOW

Herausgegeben von
Walter Euchner

VERLAG C.H.BECK MÜNCHEN

Mit 20 Abbildungen

CIP-Titelaufnahme der Deutschen Bibliothek

Klassiker des Sozialismus / hrsg. von Walter Euchner. –
München : Beck.
ISBN 3-406-35111-5
NE: Euchner, Walter [Hrsg.]

Bd. 1 Von Gracchus Babeuf bis Georgi Walentinowitsch
Plechanow – 1991
ISBN 3-406-35089-5

ISBN 3-406-35089-5 für diese Ausgabe
ISBN 3-406-35111-5 für beide Bände

Satz: Fotosatz Otto Gutfreund, Darmstadt
Druck und Bindung: May & Co, Darmstadt
Gedruckt auf alterungsbeständigem (säurefreiem) Papier,
gemäß der ANSI-Norm für Bibliotheken
Printed in Germany

VORWORT

Hiermit schicke ich ein Unternehmen auf den Weg, das im Publikum zwiespältige Aufnahme finden wird. Der Begriff «Klassiker» signalisiert in der Regel Abgewogenheit und Ruhe; der Gegenstand freilich, mit dem es die in diesen Bänden behandelten Klassiker zu tun hatten, läßt diese Seelenstimmung kaum aufkommen. Doch unabhängig davon, wie die Leser die Idee des Sozialismus und dessen gegenwärtige Krise beurteilen mögen – sie werden mit dem Herausgeber darin übereinstimmen, daß angesichts dieses epochalen, die Geister faszinierenden und scheidenden Ringens um Gesellschaftsveränderung Information über die Ursprünge und die Entwicklung sozialistischen Denkens und Handelns nottut. Diese sollen die hier versammelten Beiträge liefern.

Vorworte dienen auch dazu, den Ratgebern und Helfern (natürlich: weiblichen und männlichen Geschlechts!) zu danken. Was die Ratgeber betrifft, so käme eine Liste von annähernd dreißig Namen zusammen. Da ich diese nicht alle aufzählen will, bleibt mir nur, den Dank pauschal abzustatten und jene, deren Rat ich in den Wind geschlagen habe, um Nachsicht zu bitten. Mit Namen nennen möchte ich aber meine Mitarbeiterinnen und Mitarbeiter, die mich bei den langwierigen Vorbereitungen dieser Edition ohne Murren nach Kräften unterstützt haben: Frau Annerose Baumann, Dr. Frank Hampel, Studienassessorinnen Christiane Janssen, Petra Meyer-Niehaus, Dr. Volker Schulte und Frau Brigitte Secic. Die Register hat Herr Dipl.-Sozialwirt Frank Fahlke angefertigt.

Göttingen, im Oktober 1990 — Walter Euchner

INHALT

Anhang

Walter Euchner

EINLEITUNG

Im Verlauf der Vorbereitung dieser Edition ist das politische und ökonomische System des kommunistischen «realen Sozialismus» zusammengebrochen. Dies welthistorische Ereignis ist Anlaß genug, den ideengeschichtlichen Wurzeln des Sozialismus nachzuspüren. Dabei zeigt sich, daß der marxistisch-leninistische Sozialismus nur eine Variante innerhalb des Sozialismus darstellt, die freilich auf unheilvolle Weise geschichtsmächtig geworden ist. Das sozialistische Denken insgesamt hat eine Fülle genossenschaftlicher, pluralistischer, bildungs- und friedenspolitischer und prinzipiell demokratischer Vorstellungen hervorgebracht, die der bolschewistische Typus des Sozialismus überlagert und zum Teil vergessen gemacht hat.

Politische und sozialökonomische Begriffe wie Liberalismus, Kapitalismus, Konservatismus und Sozialismus beschreiben nicht nur Typen konkreten politischen und wirtschaftlichen Verhaltens. Sie weisen vielmehr zugleich auf den Komplex der Ideen zurück, die jene Realia fundieren. Diese Ideen aber reichen in geistige Tiefenschichten, in denen sich politische Einstellungen formieren – Tiefenschichten, gebildet aus Traditionen, deren Quellen die antiken Ursprünge des abendländischen Denkens sind. Aktuelle Krisen sozialökonomischer Systeme, ja selbst deren Zusammenbruch, vermögen die dergestalt verwurzelten Grundideen zwar in Frage zu stellen, nicht aber, sie zu zerstören. Und das von diesen Grundideen gespeiste politische Denken – das konservative, liberale, sozialistische – hat seine «Klassiker», mit denen sich zu befassen für jeden lohnend bleibt, dessen Neugier die Vielfalt der von Menschen ersonnenen, gewünschten und gerechtfertigten politischen Ordnungsformen einbezieht.

Zu den ältesten politischen Vorstellungen gehört, daß die Menschen verträglich, ja freundschaftlich zusammenleben könnten. Der Mythos vom «Goldenen Zeitalter» versetzt sie in eine fruchtbare Landschaft von mildem Klima; es bedarf nur geringer Anspannung ihrer Talente, um Milch und Honig fließen zu lassen und jene Handwerke und Künste zu entwickeln, die das Leben angenehm und schön machen. Platon gab zu bedenken, daß dies anarchische Zusammenleben nicht von langer Dauer sein könne. Denn es gebe Menschen, die dazu neigen, aus ihren Talenten um des bloßen Gewinnes willen ein Gewerbe zu machen. Gewinnsucht und Neid erzeugten aber Zwietracht unter den Menschen, diese wiederum Unterwerfung und Herrschaft.

Platon stellte dem friedlich-anarchischen «Goldenen Zeitalter» eine Ordnungsidee entgegen, die die Bedingungen politischer Stabilität auslotete. Es komme darauf an, die Quellen der Zwietracht im Gemeinwesen, nämlich Gewinnsucht, Neid, zur Streitsucht entartete Tapferkeit, wenn schon nicht zu verstopfen, so doch zu kanalisieren, daß sie keinen Schaden anrichten könnten. Im Unterschied zur Vorstellung vom «Goldenen Zeitalter» war Platons Ordnungsmodell anti-egalitär. Es gebe Menschen, deren geistiges Vermögen sie dazu befähigte, die vernünftige Ordnung des Seienden, auch des politischen Gemeinwesens, zu erkennen. Solche Menschen seien zur Herrschaft berufen. Eine wichtige Aufgabe der Herrschenden bestehe darin, herauszufinden, welche Menschen auf Grund ihrer Anlagen dazu befähigt seien, bestimmte Funktionen, die im Gemeinwesen erfüllt werden müßten, zu übernehmen. Zu ihnen gehören auch Handel und Gewerbe. Doch jene, die sie praktizierten, folgten darin zumeist eher unedlen Antrieben, weshalb sie ihre Tätigkeit nur innerhalb strikter gesetzlicher Kontrolle ausüben sollten. Würdiger seien die Funktionen, die Mut erforderten, wie das Kriegshandwerk; am edelsten jedoch die Aufgaben jener, die über Einhaltung der geistigen Prinzipien der politischen Ordnung zu wachen haben.

In Platons politischen Schriften finden sich die gedanklichen Bausteine, auf die die Utopisten der frühen Neuzeit zurückgreifen konnten, um ihr Modell eines idealen Gemeinwesens zusammenzufügen. Zu ihnen gehört die Kritik an den gegenwärtigen gesellschaftlichen und politischen Zuständen. Fast alle Utopisten waren davon überzeugt, daß die Wurzel der Zerrüttung ihres Zeitalters im hemmungslosen Gewinnstreben der Reichen liege. Die Kriegs- und Eroberungssucht des Adels stellte in ihren Augen nur eine Erscheinungsform jenes egoistischen Grundantriebs dar. Deshalb bestand der Kern ihres Gegenentwurfs in der Abschaffung des Privateigentums – eine Idee, die sie der Tradition des platonischen Denkens entnehmen konnten. Sie fügten die Überlegung hinzu, wie die gesellschaftlich notwendige Arbeit geplant und kollektiv erbracht werden konnte.

Das Denken der Utopisten stand quer zum Aristotelismus, der in den ersten Jahrhunderten der Neuzeit vorherrschte. Aristoteles hatte an Platon kritisiert, daß dessen reglementiertem und kontrolliertem Idealstaat die Vielfalt – heute würde man ‹Pluralismus› sagen – fehle. Er selbst gab einem Gemeinwesen den Vorzug, das aus einer Vielfalt von Haushalten zusammengesetzt war. Diese Haushalte sollten zwar im Prinzip autark sein; doch Aristoteles betrachtete es als legitim, die Überschüsse gegen Gewinn zu verkaufen – vorausgesetzt, der Gewinn sei nicht das eigentliche Motiv der Produktion. Aristoteles ging zwar von der natürlichen Ungleichheit der Menschen aus, weshalb in seinen Augen hierarchische Herrschaftsformen ebenso natürlich waren. Doch seine vorsichtige Legitimierung privaten Wirtschaftens machte Teile seines Denkens mit bürgerlichen Interessen kompatibel. Anders die Utopisten, z. B. Thomas Morus. Wenn sie gesellschaftliche Hierarchien akzeptierten, so hauptsächlich aus funktionalen Gründen, z.B. um einer rationellen Arbeitsorganisation willen. Und die Privatwirtschaft hielten sie, wie erwähnt, für die Hauptquelle der gesellschaftlichen Übel.

Die Tradition der politischen Utopien setzt sich im frühsozialistischen Denken fort. Es würde jedoch zu weit führen, diese Traditionslinien durch die Schriften der Kirchenväter, christlichen Sekten, an Platon anknüpfenden Sozialphilosophen hindurch bis zu den ersten «Klassikern» des Sozialismus zu verfolgen. Das sozialistische Denken erklärte Teile der älteren utopischen oder häretisch-christlichen Gesellschaftskritik für obsolet und ergänzte sie durch Einsichten, die der Auseinandersetzung mit den sozialökonomischen und intellektuellen Erfahrungen der Französischen Revolution entsprangen.

Es ist an der Zeit, darzulegen, weshalb in dieser Edition bestimmte Autoren zu den «Klassikern des Sozialismus» gezählt werden, andere dagegen nicht. Klassiker sind Personen, die die Grundfragen der geistigen, ästhetischen, gesellschaftlich-politischen Entwicklung ihrer Zeit begriffen und darauf eine eigene Antwort fanden, die – für jene Zeit oder aber die Zeiten überdauernd – als hervorragende und gültige Leistung aufgefaßt wird. Im Falle des Sozialismus muß diese Begriffsbestimmung jedoch erweitert werden. Sozialisten wollen die soziale Welt mit politischen Mitteln verändern in der Hoffnung, die kulturelle Welt zu verbessern und für jeden zu öffnen. Sie müssen sich deshalb aufs politische Geschäft einlassen. Die meisten von ihnen solidarisierten sich mit dem «vierten Stand», der nach der Französischen Revolution in Erscheinung trat, der Arbeiterschaft, oder sie nahmen offen Anteil an Gründung und Entwicklung der Arbeiterbewegung. Ein quietistischer Sozialist stände außerhalb der umrissenen Typik und wäre insofern nicht «klassisch». Zugegeben – mit der hier angebotenen Formel lassen sich einige Grenzfälle nicht entscheiden. So ist bei der Autorenauswahl ein Rest von Willkür geblieben. Einige Leser mögen z.B. die Aufnahme sozialistischer «Klassiker» aus der Dritten Welt vermissen. Doch hier sind die Einschätzungs- und Einordnungsmaßstäbe noch viel prekärer. Was heute in den Ländern der Dritten Welt gedacht wird, brodelt, häufig schon im Ansatz scheitert oder ins Despotische umschlägt, muß Gegenstand einer eigenen, aktuellen Darstellung sein – um den Preis des Vorwurfs, diese Edition sei ein eurozentristisches Unternehmen.

Gracchus Babeuf und Charles Fourier, die zu den frühesten der hier porträtierten Klassiker gehören, stehen noch deutlich unter dem Einfluß der utopischen Tradition. Es geht ihnen um eine rationale Organisation der gesellschaftlichen Arbeit (wobei Babeuf das von Rousseau geprägte Postulat der politischen Gleichheit aufgreift, während die alten utopischen Systeme in der Regel Egalität nicht vorsahen). Ihre Gesellschaftskritik meint die historische Spaltung der Gesellschaft in die Masse der

Armen und die wenigen Reichen. Die Durchsetzung bürgerlicher Rechtsprinzipien in der Französischen Revolution bot einen zusätzlichen Grund, Reichtum zu legitimieren. Denn wer durch Nutzung seines Privateigentums Reichtümer anhäufte, konnte seinen Kritikern entgegenhalten, dies geschehe in Verwirklichung eines Menschenrechts. Gegen die wirtschaftliche Vernichtung des Konkurrenten, gegen Handelskrisen und Lebensmittelspekulationen, unter denen die Armen zu leiden hatten, waren die Appelle Robespierres an die Bürgertugenden machtlos. Babeuf verwarf deshalb die auf Privatkonkurrenz beruhende Wirtschaftsweise grundsätzlich und stellte ihr ein ökonomisches System gegenüber, das sich am überschaubaren Grundbedarf an Gütern orientierte. Die einzelnen Produzenten sollten selbständig produzieren, die Produkte jedoch nicht über den Markt, sondern durch Magazine verteilt werden. Origineller als das Programm Babeufs, das oftmals Gedanken der platonisch-utopischen Tradition einfach wiederholte, war die Reformidee Fouriers. Der Privatkapitalismus sollte mit seinen eigenen Mitteln überwunden werden. Kapitalkräftige Leute, so hoffte Fourier, würden aus besserer Einsicht die von ihm entworfenen «Phalanstères» finanzieren, deren wissenschaftlich durchrationalisierte Produktion der kapitalistischen Wirtschaftsanarchie geradewegs entgegenstand. Fourier glaubte, eine Welttheorie gefunden zu haben, die es ermöglichte, kleine Gesellschaften zusammenzufügen, in denen Produktoin und Konsumtion, Talente und sinnliche Neigung (kulinarische und sexuelle inbegriffen), Gesellschaft und Natur einen harmonischen Kosmos bilden. Die »Phalanstères», die Kosmen im Kleinen, sollten in Schlössern nach Versailler Art untergebracht werden, inmitten von Parklandschaften – in den Augen Fouriers überzeugende Gegenmodelle, die weithin Nachahmung finden müßten.

Weit weniger phantastisch waren die Konzeptionen des englischen Textilindustriellen Robert Owen. Ihm schuldet die sozialistische Theorie einige ihrer wertvollsten Gedanken. Die Arbeiter, so lehrte er – und praktizierte es in seinem Unternehmen – könnten ihrem Elend nur entrinnen, wenn sie in ihrer Jugend eine allgemeinbildende und berufsbezogene Ausbildung erführen. Ferner propagierte er die Bildung von Genossenschaften als einen Weg zur wirtschaftlichen Befreiung der Arbeiterschaft. Freilich – die von Arbeitern gegründeten Produktionsgesellschaften hatten wenig Überlebenschancen, weil sie unter ständiger Kapitalknappheit litten. Doch die von Owen gleichfalls geförderten Arbeiterkonsumgenossenschaften konnten sich in vielen Ländern wirtschaftlich behaupten. Sie galten als Mittel der wirtschaftlichen Schulung der Arbeiterschaft. Auch in Owen wirkte der utopische Konstruktivismus fort; da er ein überragender Geschäftsmann war, gelang es ihm, das Kapital zur Gründung von Siedlungen in den USA aufzubringen, die den utopischen Konstruktionsprinzipien folgten. Sie scheiterten, weil der bis heute bekannte Mensch hierfür nicht geschaffen ist.

Es gehört zum Fundus sozialistischer Überzeugungen, daß die Befreiung der Arbeiterklasse nur ihr eigenes Werk sein könne. Während eine Strömung in der Arbeiterschaft darauf setzte, daß es möglich sein werde, den wirtschaftlich und politisch herrschenden Kreisen immer wieder neue Konzessionen abzuzwingen und dadurch die eigene Lage schrittweise zu verbessern, gab es für eine andere Strömung nur *ein* Mittel zur Befreiung der Arbeiterklasse – die Revolution. Als deren Muster galt die Französische Revolution. Babeuf wollte ihr durch eine zweite – proletarische – Revolution den bürgerlichen Wesenskern austreiben und ihre egalitären Momente freisetzen. Er begründete damit eine Schule revolutionärer Sozialisten, die nicht abließen, die Revolution zu propagieren und zu schüren. In den französischen Revolutionsjahren 1830, 1848 und 1871 standen sie an vorderster Front. Ihr Klassiker ist Adolphe Blanqui. Er wiederholte, ohne viel Neues beizusteuern, die traditionelle frühsozialistische Gesellschaftskritik. Seine eigentliche Philosophie ist die Revolution. Der deutsche Schneidergeselle Wilhelm Weitling hatte viel mit dieser geistigen und praktischen Haltung gemein. Als revolutionärer Agitator schmachtete er in einem Züricher Kerker. In seinen sozialistischen Vorstellungen wirkt das stark christlich geprägte utopische Erbe fort. Seine im Volkston verfaßten Lehren wirkten auf seine Standesgenossen ein. Er ist der Klassiker des Handwerkerkommunismus.

Marx und Engels, die sozialistischen «Überklassiker» (wenn dieser Ausdruck erlaubt ist), sowie ihre Schüler kritisierten den Voluntarismus des utopischen wie des reinen revolutionären Sozialismus. Beiden Arten des sozialistischen Denkens fehle die wissenschaftliche Fundierung. Sie forderten demgemäß einen «wissenschaftlichen Sozialismus» und setzten alle ihre intellektuellen Kräfte darein, dies Programm zu verwirklichen. Die Hauptaufgabe des wissenschaftlichen Sozialismus lag nach ihrer Auffassung darin, die geschichtlichen Tendenzen aufzudecken, die die sozialistischen Produktionsverhältnisse aus den kapitalistischen heraustreiben werde, ebenso wie die kapitalistischen Produktionsverhältnisse naturnotwendig aus dem Feudalismus entstanden seien. Das wichtigste intellektuelle Vorbild von Marx und Engels war die Geschichtsphilosophie Hegels. Ihr entnahmen sie den Gedanken, daß geschichtliche Etappen, deren gesellschaftlich-wirtschaftliche wie politische Beziehungen nicht den entfalteten Potenzen des Geistes entsprechen, nicht von Bestand sein können und ständig höhere Formen aus sich heraustreiben – wobei für Hegel das Amalgam aus bürgerlichem Rechtszustand und Ständestaat in der preußischen Monarchie einen geschichtlichen Höhepunkt darstellte. Die Hegelsche Linke (die sogenannten Junghegelianer) arbeitete sich an dieser Position ab, um sie in eine Theorie des «aufhebenden» Veränderns zu transformieren. Wichtige Ideen lieferte hierbei der «Kommunistenrabbi» Moses Heß. Er benutzte den Hegelschen Begriff der Entfremdung, um die Beschädigungen herauszuarbeiten, die das

Geldwesen in der modernen bürgerlichen Gesellschaft den Menschen antue. Heß war Utopist und Chiliast. Er sah die Menschheit auf dem Weg zum «neuen Jerusalem» –, eine Sicht, die dem Anspruch von Marx und Engels auf Wissenschaftlichkeit nicht genügen konnte, weshalb sie alsbald mit ihrem Mentor brachen.

Bedeutende Ansätze zu einer wissenschaftlichen Theorie des Sozialismus waren nach Marx und Engels in den Schriften eines Autors enthalten, den sie der Ahnenreihe des utopischen Denkens zuschlugen – jenen des Grafen Saint-Simon. Dieser, französischem Uradel entstammend, hatte wie viele andere Angehörige seines Standes einen scharfen Blick für die Veränderungen, die die Französische Revolution im wirtschaftlichen, politischen und rechtlichen Bereich der Gesellschaft nach sich gezogen hatte. Deren historischer Sinn lag für ihn in der Freisetzung der Klasse der «Industriellen», d. h. jener Teile der Bevölkerung, die als Unternehmer, Arbeiter, Wissenschaftler und Künstler eine Tätigkeit ausübten, deren Nützlichkeit in ihrer produktionssteigernden Wirkung lag. Alle anderen Schichten, vorab Adel und Klerus, hatten für Saint-Simon die Daseinsberechtigung verloren. Saint-Simon war kein Sozialist, denn er befürwortete dezidiert das Prinzip des Privateigentums an Produktionsmitteln und auch das der optimalen Lenkungsfunktion des Marktes. Sein komplexes und nicht widerspruchsloses Gedankengebäude enthält Züge eines Wohlfahrtskapitalismus, die erstaunlich modern anmuten. In seiner Altersschrift *Neues Christentum* (Nouvel Christianisme) leitete er aus einer Deutung der Bibel im Sinne des Urchristentums die Forderung ab, daß die Lage des Proletariats verbessert werden müsse – deshalb vor allem wird er dem frühsozialistischen Lager zugezählt. Marx und Engels interessierte an Saint-Simon hauptsächlich das folgende: Saint-Simon war davon überzeugt, daß die optimale gesellschaftliche Organisationsform wissenschaftlich definiert werden könne. Gelänge es, dem produktivitätssteigernden wissenschaftlich-technischen Fortschritt und der Steuerung von Produktion und Konsumtion alle Hindernisse aus dem Weg zu räumen, so könne der Bedarf an politischer Intervention und Herrschaft auf ein Minimum reduziert werden, d. h. er reduziere sich «auf Verwaltungstätigkeit». Das waren utopische Momente, von denen Marx und Engels fasziniert waren, denn die Entfesselung der Springquellen des gesellschaftlichen Reichtums und die Minimierung, ja Aufhebung von Herrschaft waren auch ihre Ziele.

Es ist im übrigen symptomatisch, daß Auguste Comte, der Begründer des sozialwissenschaftlichen Positivismus, für einige Zeit als Sekretär Saint-Simons fungierte. Auch er entwarf ein wissenschaftlich begründetes politisches System (das freilich entfernt davon ist, herrschafts- und manipulationsfrei zu sein, und mit Sozialismus nichts zu schaffen hat). Zum weiteren Umkreis dieser Denkweise gehörte eine Gruppe von Schülern Saint-Simons, die eine christliche Sekte bildeten, die «Saint-

Simonisten»: Die bekanntesten darunter waren Prosper Enfantin und Saint-Amand Bazard. Es ging ihnen um die planmäßige Organisation und Lenkung der industriellen Gesellschaft mit Hilfe des Aktien- und Bankwesens. Praktisch wurden ihre Auffassungen, die unter Intellektuellen großen Zuspruch fanden (z. B. bei George Sand und Heinrich Heine), beim Ausbau des französischen Eisenbahnnetzes. Die Idee, den Suezkanal zu bauen, stammt von Enfantin.

Obwohl Marx und Engels dem Werk Saint-Simons entscheidende Anregungen verdankten, mußten sie dessen Kern verwerfen. Denn Saint-Simon war ein glühender Anhänger Jean-Baptiste Says, des französischen Popularisators der politischen Ökonomie von Adam Smith. Marx und Engels waren aber gerade davon überzeugt, daß das Privateigentum an Produktionsmitteln und die profitmotivierte Produktion für den Markt Ursprung der Klassenspaltung und der Verelendung der Arbeiterklasse sei. Nicht die Freisetzung der bürgerlichen Marktökonomie, sondern deren Beseitigung stellte in ihren Augen die Voraussetzung für eine wissenschaftlich geplante, die Produktivität steigernde Ökonomie dar, die immer weniger der politischen Herrschaft bedürfe, so daß diese «in die Verwaltung von Sachen» (Engels im Anschluß an Saint-Simon) übergeben könne. Zu ihrem vorrangigen wissenschaftlichen Programm gehörte deshalb die «Kritik» der klassischen politischen Ökonomie von Adam Smith, David Ricardo usw.

Marx und Engels waren zwar keine Utopisten im Sinne der Tradition. Doch ihre Erwartung, die notwendig krisenhafte kapitalistische Produktionsweise müsse der sozialistischen weichen, in welcher die Ziele eines Abbaus politischer Herrschaft und einer rationalen Kollektivwirtschaft allgemeiner Solidarität unter den Menschen erreicht werden könnten, enthält Momente einer «Zeitutopie». Was die Bedingungen des Übergangs zur «kommunistischen Gesellschaft» betrifft, der nach Marx «die Vorgeschichte der Menschheit» abschließen soll, so äußern sich beide teils vage-zurückhaltend, teils vorsichtig realistisch. Die Versuche, zwischen frühem sozialistischen und kommunistischen Denken zu unterscheiden, haben sich im übrigen nicht als besonders fruchtbar erwiesen. Man kann den Kommunismus als eine entschiedenere Form des Sozialismus verstehen, die mit traditionellen Herrschaftsformen nicht mehr vereinbar ist. Jedenfalls lehnten Marx und Engels den Gedanken strikt ab, eine Gesellschaft könne gewissermaßen in einem revolutionären *actus purus* (voraussetzungslosem Akt) ihrer bürgerlich-staatlichen Verfaßtheit entrissen und in eine kommunistische und anarchistische (d. h. staatsfreie) Assoziation von Freien und Gleichen transformiert werden, wie dies Michail Bakunin und seine Anhänger propagiert hatten. D. h. genau genommen sollte der *actus purus* konspirativ vorbereitet und bei jeder sich bietenden aufrührerischen Situation ins Werk gesetzt werden. Für Marx und Engels bedeutete eine derartige Konzeption nichts anderes als

«Putschismus» und «Blanquismus» (nach Auguste Blanqui). Die Bedingungen einer erfolgreichen Revolution (z.B. ihre Vorbereitung durch eine wirtschaftliche Depression, die Unruhe unter der Arbeiterschaft und den Kleinbürgern bewirkt), Organisationsgrad und Kampfbereitschaft, Schwächezeichen in der herrschenden Klasse, all das müsse berücksichtigt werden, wenn der revolutionäre Kampf erfolgreich sein solle. Im Unterschied zu den Anarchisten waren Marx und Engels bereit, die bürgerlichen politischen Institutionen, d.h. Staatsgewalt und Parlament, für den sozialen und politischen Kampf der Arbeiterklasse nutzbar zu machen. Auch nach einer erfolgreichen Revolution bestünden für einige Zeit Aufgaben fort, die mit Hilfe des Staates bewältigt werden müßten. Die Auffassung, daß der Staat ein unentbehrliches Werkzeug sozialistischer Politik darstelle, blieb (bis auf wenige Ausnahmen) vorherrschende Überzeugung im sozialistischen Denken, so daß sie als Abgrenzungskriterium gegen die anarchistische Denktradition dienen kann. Diese wird in unserem Sammelband nicht berücksichtigt.

Marx' und Engels' Auffassung vom Staat blieb ambivalent. Sie besaßen keine Staatstheorie. Letztlich hat es ihre These vom schließlichen Absterben des Staates nicht vermocht, Schule zu machen – sie starb selber ab. Seit jeher gab es im sozialistischen Denken eine staatssozialistische Linie. In Deutschland lebte der preußische Gutsbesitzer Johann Karl Rodbertus, der bereits in den vierziger Jahren des 19. Jahrhunderts die Theorie vom Tauschwert der Waren kritisierte, die von der klassischen englischen Nationalökonomie entwickelt worden war (was einen häßlichen Plagiatsstreit zwischen ihm und Engels – als dem Anwalt von Marx – nach sich zog). Rodbertus vertrat wie Marx die Auffassung, daß das privatwirtschaftliche System, vor allem die Einkommensform der Grundrente, die Arbeiterschaft systematisch benachteiligte, doch er war weit entfernt davon, aus dieser Diagnose revolutionäre Folgerungen zu ziehen. Er dachte sich ein staatssozialistisches System mit sozialen Kompensationen für die Arbeiterschaft aus, das vom König von Preußen verwirklicht werden sollte. Rodbertus hatte zwar 1848 als Abgeordneter in der Paulskirche gesessen, doch war er dezidierter preußischer Monarchist. Ein direktes politisches Engagement der Arbeiterschaft war, wie er meinte, deren Interessen eher abträglich. Ferdinand Lassalle bemühte sich um Rodbertus Unterstützung für seinen «Allgemeinen Deutschen Arbeiterverein»; dieser zeigte ihm aber die kalte Schulter. Im übrigen wurde innerhalb der deutschen Sozialdemokraten Rodbertus' Kritik der bürgerlichen Nationalökonomie mit Sympathie aufgenommen, selbst von Rosa Luxemburg. Freilich stellt ihn seine politische (nämlich preußisch-nationalistische) Gesamtorientierung außerhalb der sozialistischen Traditionslinie. Er ist deshalb in dieser Sammlung nicht portraitiert worden.

Der Klassiker der staatssozialistischen Tradition innerhalb der Arbeiterbewegung ist ohne Zweifel Ferdinand Lassalle. Im Prinzip teilte er die Auffassung von Marx und Engels auf dem Gebiet der politischen Ökonomie, doch was den Staat betrifft, so vertrat er ganz andere Ansichten. Der Staat bedeutete für ihn nicht bloß ein Instrument der Bourgeosie, das in bestimmten Situationen auch für Arbeiterinteressen nutzbar zu machen war, sondern der Idee nach das Gemeinwesen des Volkes. Die Arbeiterklasse hatte sich für ihn sozusagen in den Staat hineinzubilden, ihn zum Volksstaat zu machen, und der Staat hatte die Aufgabe, jenen dabei zu helfen. Bekannt geworden ist seine Forderung, der Staat möge Kredite zur Gründung von Arbeiterproduktionsgenossenschaften bereitstellen. Doch wesentlicher für sein Denken ist sein hartnäckiger Kampf um ein allgemeines und gleiches Wahlrecht. Wurde es von Marx und Engels hauptsächlich instrumental betrachtet, so bedeutete es für Lassalle die Essenz der politischen Emanzipation dieser Klasse. Es bewirkt die Entfesselung des ganzen politischen Gewichts der Arbeiterklasse, das die soziale Reform unwiderstehlich erzwingt. Der «freie Volksstaat» und seine parlamentarischen Institutionen als Voraussetzung und Medium der Arbeiteremanzipation – diese Sichtweise bewies in der sozialdemokratischen Arbeiterbewegung größere Durchsetzungskraft als die Marx-Engelssche Staatsdistanziertheit. – Louis Blancs Auffassungen entsprechen in vieler Hinsicht jenen Lassalles. Sein Versuch, durch Einführung staatlicher «Nationalwerkstätten» Arbeiter ins Brot zu setzen, symbolisiert bis heute sozialistisch geprägte staatliche Reformpolitik (und deren Scheitern).

Die Entwicklung des sozialistischen Denkens wäre jedoch gröblich verkannt, wenn ihr eine Tendenz zur Übermacht staatssozialistischer Konzeptionen unterstellt würde. Ein zweiter, gleichgewichtiger Strang wird vom Assoziations-, Genossenschafts- und Selbstverwaltungssozialismus gebildet. Der früheste Klassiker des Selbstverwaltungssozialismus ist – neben Owen – Pierre-Joseph Proudhon. Dessen Gesellschaftstheorie ist ähnlich wie die von Saint-Simon nicht einheitlich und ihre innere Entwicklung nicht immer konsistent. Stark ausgeprägt ist der individualistisch-herrschaftskritische Duktus seines Denkens, weshalb er auch in der Ahnenreihe der Klassiker des Anarchismus rangiert. Proudhons Einfluß auf die frühe Arbeiterbewegung war jedoch beträchtlich, so daß es angezeigt ist, ihn auch in unsere Textsammlung aufzunehmen. Die Zentralidee, um die Proudhons Denken kreiste, war die Assoziation von Kleinproduzenten: Sie sollte Ausbeutung und Anhäufung von Profit in den Händen der wenigen Reichen verhindern. Die Kleinproduzenten wiederum konnten Eigentümer ihrer Produktionsmittel sein – Proudhon war kein grundsätzlicher Gegner des Privatbesitzes – oder aber assoziierte Teilhaber von Produktionsgenossenschaften. Profitanhäufung sollte durch eine konsequente Anwendung der Arbeitswerttheorie verhindert werden: Der Wert eines Produktes entspricht der für seine Herstellung verwandten Arbeitszeit. Es dürfen nur Produkte gleichen Werts getauscht werden. Als Zirkulationsmittel wird Geld ausgegeben, das auf verausgabte Arbeitsstunden lautet. Zinsgewinn durch Kredite wird ausgeschlossen. Marx, der die Konkurrenz Proudhons als Theoretiker der Arbeiterbewegung fürchtete, hat gezeigt, daß unter Bedingungen einer Marktökonomie das Stundenzettelmodell nicht zu realisieren sei. Andererseits hielt er Arbeitswertrechnungen in einer geplanten Ökonomie für möglich, ein Konzept, das nach heutiger Einsicht genausowenig praktizierbar ist wie Proudhons Modell. Doch trotz dieses ökonomischen Konstruktivismus, dieses Erbes der utopischen Tradition, war Proudhon ein origineller und produktiver philosophischer Kopf. Klassisch ist seine Analyse der Produktivitätssteigerung durch freiwillige Kollektivanstrengungen. Und nicht zuletzt entwarf er ein politisches Ordnungsmodell von immer wiederkehrender Attraktivität, das sogar der enragierte Proudhon-Kritiker Marx in seiner Schrift über die Pariser Kommune als bedenkenswerte Lösung des Problems eines sozialistischen Gemeinwesens präsentierte: Auflösung des Nationalstaates, dessen Ersetzung durch eine Assoziation teilautonomer Regionen, vertragliche Regelung der wirtschaftlichen Beziehungen zwischen diesen Assoziationen und den Produzenten(-assoziationen), genannt Mutualismus.

Wir haben gesehen: Im frühen sozialistischen Denken wurden Auffassungen entwickelt, die auf eine «Hineinbildung» sozialistischer Strukturen in die bestehenden Gemeinwesen abzielten. Trotzdem gewann im letzten Viertel des 19. Jahrhunderts die Überzeugung das Übergewicht, der Sozialismus könne nur nach einer politischen und sozialen Revolution aufgebaut werden. Die Autoren, die so dachten, wirkten vor allem in jenen Staaten, die noch von Militärautokratien geprägt waren, d. h. im Deutschen Reich, in Österreich-Ungarn und in Rußland. Für sie besaßen die Vorstellungen des Marxismus die größte Plausibilität.

In Frankreich, dem klassischen Land der bürgerlichen Republik, verlief die Entwicklung uneinheitlich. Die revolutionären und anarchistischen Traditionen flossen zu einem «anarcho-syndikalistischen» Denken zusammen, das von gewerkschaftlichen Strömungen getragen wurde. Diese Richtung lehnte die Teilnahme der Arbeiterschaft an den politischen Kämpfen im Rahmen der staatlichen Institutionen ab, weil sie durchschlagende Erfolge nur in der unmittelbaren klassenkämpferischen Auseinandersetzung mit den Unternehmern im Betrieb und der Bourgeoisie als Klasse erwartete. Das Instrument dieses Kampfes war der Streik, die Siegesparole hieß «Generalstreik». Georges Sorel, ein von Bergsons Lehre vom *elan vital* beeinflußter Sozialphilosoph, stilisierte die anarcho-syndikalistischen Auffassungen zum «Mythos des Generalstreiks». Er erhalte die Kampfbereitschaft der Arbeiterklasse wie, im Gegenzug, jene des Unternehmertums und der Bourgeoisie. In der Auseinandersetzung der Klassen werde die Spannkraft der Nationen erhalten. Es kam Sorel nicht auf sozialistische Lösungen, sondern auf die Aktion an. Verbindungslinien führen zu den faschistoiden Gruppen der «action directe» und zu Mussolini, einem Kenner der Lehren Sorels. Am Ende seines Lebens pries Sorel Lenin und die Oktoberrevolution. Sorels Denken ist zwar originell und anregend, aber weder konsistent noch sozialistisch: seine Präsentation als sozialistischer «Klassiker» in dieser Edition war also nicht angezeigt. – Das Gegenstück zur anarcho-syndikalistischen Strömung war der «Possibilismus» (d. h. die Maxime, alle Opportunitätsvorteile im Interesse der Arbeiterschaft zu nutzen), die zum ersten Ministerposten eines Sozialisten (für Alexander Millerand 1899 im Kabinett Waldeck-Rochet) führte – ein von der marxistischen Richtung innerhalb der Zweiten Internationalen Arbeiterassoziation heftig kritisierter Vorgang. Zum Klassiker des französischen Sozialismus ist Jean Jaurès geworden – die revolutionäre Tradition als Republikaner bewußt bewahrend, einen undogmatischen pluralistischen Sozialismus vertretend, der genossenschaftliche und staatssozialistische Lösungen für möglich hielt und vor der Verwirklichung von Etappenzielen durch sozialistische Regierungsbeteiligung nicht zurückschreckte. England schließlich war das klassische Land des sozialistischen Reformismus. Die Mitglieder der «Fabian Society», an prominenter Stelle George Bernard Shaw und, international besonders wirksam, die Geschwister Webb, hoben die Bedeutung der Gewerkschaftsarbeiten für die Arbeiterbewegung hervor sowie die Chancen, sozialistische Ziele im kommunalen Rahmen zu verwirklichen (Kommunalsozialismus).

Die sozialistische Theoriediskussion zur Zeit der Zweiten Internationale war hauptsächlich vom Marxismus geprägt. Dessen internationaler Erfolg beruhte darauf, daß er als theoretische Anleitung erschien, komplexe und ausdifferenzierte Felder der sozioökonomisch-politischen wie der geistig-kulturellen Welt wissenschaftlich zu erschließen. Deshalb gab es zu jener Zeit überall in Europa Versuche, die Prinzipien des Marxismus auf den Gebieten der Philosophie, speziell der Geschichtsphilosophie und der Ethik, der Religionstheorie und Ästhetik sowie der neueren Entwicklungen in Gesellschaft und Wirtschaft anzuwenden. Diese marxismusorientierten Versuche gingen davon aus, daß die modernen gesellschaftlichen Hauptklassen Bourgeoisie und Proletariat im Verlauf der neuzeitlichen Wirtschaftsentwicklung entstanden seien. Mit der Marxschen Arbeitswerttheorie ließ sich gemäß dieser Auffassung der Nachweis führen, daß die Arbeiterklasse ausgebeutet werde – zunächst im Sinne von Marx als wissenschaftlich konstatierbarer Sachverhalt, doch last not least auch als moralisch zu verurteilende Entrechtung jener Bevölkerungsschicht, die den gesellschaftlichen Reichtum schafft, ohne daran angemessen teilhaben zu können. Als Systemdefizit der kapitalistischen Produktionsweise galt die Tendenz zum Fall der Profitrate. Damit war gemeint, daß der Anteil an Kapital, der zur Schaffung der materiellen

Voraussetzung der Produktion – Gebäude, Maschinen usw. – aufgewandt werden müsse, stärker wachse als der Profit, der durch die Ausbeutung der lebendigen Arbeitskraft erzielt werde. Periodische Wirtschaftskrisen seien deshalb unvermeidlich. Als politische Antwort der Großbourgeoisien der Großmächte auf diese wirtschaftlichen Krisentendenzen galt der Imperialismus. Was die Welt der philosophischen Ideen sowie der Literatur und Kunst angeht, so wurde sie gleichsam unter einem doppelten Aspekt entschlüsselt: als Ausdruck des optimistischen Fortschrittdenkens der aufstrebenden Bourgeoisie, hauptsächlich der Aufklärung, deren fortschrittliche Traditionsgehalte sich die Arbeiterklasse aneigne – oder aber als Verkörperungen der Widersprüche, der Krisentendenzen und der Dekadenz des modernen Bürgertums, das zu ahnen beginne, daß sein historischer Abstieg begonnen habe.

Die Periode der kapitalistischen Krisen – so das marxistische Grundmuster im sozialistischen Denken jener Epoche – wurde zugleich als die Zeit der Selbstorganisation des Proletariats im Klassenkampf begriffen. Durch die praktische Arbeit innerhalb der Organisationen der Arbeiterbewegung, der Partei, den Gewerkschaften und den Genossenschaften, sowie in den parlamentarischen Institutionen des Staates (immer in Auseinandersetzung mit dem Klassengegner) erwerbe das Proletariat Kenntnisse und Fähigkeiten, die es benötige, wenn es nach dem «Kladderadatsch» des kapitalistischen Systems die Staats- und Wirtschaftsmacht übernehmen werde. August Bebel ist der Klassiker der organisatorischen und ideologisch festgefügten Parteiorganisation. Doch bei aller marxistischer Orthodoxie blieb er Visionär. Sein klassisches Buch *Die Frau und der Sozialismus* trägt unverkennbar die Züge jener utopischen Tradition, die am Anfang des sozialistischen Denkens steht. Victor Adler, dem die österreichische Sozialdemokratie ihre Einheit verdankt, war eher ein orthodoxiefeindlicher Pragmatiker, der auch für nicht-marxistische Strömungen Verständnis aufbrachte.

Der Autor, der die hier skizzierten Tendenzen am umfassendsten und erfolgreichsten zu einer Synthese führte, war Karl Kautsky – wie seine «Meister» Marx und Engels ein wahrer «Überklassiker» des Sozialismus. Orientiert am Vorbild der damaligen Naturwissenschaften, besaß er ein monistisches Wissenschaftsverhältnis. Deshalb hatten die Hegelschen Denkfiguren, die in der Marxschen Theorie eine entscheidende Rolle spielten, in seiner Konzeption nicht länger Platz. So wie Darwin die evolutionäre Höherentwicklung im Bereich der Tierwelt nachgewiesen habe, so hätten Marx und Engels schlüssig gezeigt, daß der Sozialismus notwendig aus dem Kapitalismus herauswachsen müsse. Die dadurch bewirkten gesellschaftlichen Veränderungen haben für Kautsky ebenso wie die Entwicklung der geistigen Phänomene ihre materielle Grundlage, nämlich in der physischen und psychischen Ausstattung des Menschen (worin sich das Erbe der tierischen Ahnen bemerkbar mache) wie in der wirtschaftlichen Verfaßtheit und den Klasseninteressen einer Epoche. Der Klassenkampf war für Kautsky eine unbestreitbare soziale Tatsache. Die Formen, in denen er verlief, hingen für ihn jedoch nicht zuletzt von den politischen Traditionen eines Staates ab, waren also veränderlich. In Staaten mit parlamentarischen Einrichtungen könne der Klassenkampf einen zivilen, ja gesitteten Verlauf nehmen; dort habe das Proletariat, das zugleich Versammlungs- und Pressefreiheit genießt, die größten Erfolgschancen. Doch was das Deutsche Reich mit seinem halbautoritären Regime betraf, so bezweifelte Kautsky dessen Reformierbarkeit. Derartige Staaten, also z. B. auch Rußland und Österreich-Ungarn, provozierten eine gewaltsame proletarische Revolution. Die scheinbar militant-revolutionäre Terminologie in den Schriften, in denen Kautsky diese Überzeugung darlegte, verschafften ihm eine Zeitlang bei konsequent revolutionären Sozialisten wie Rosa Luxemburg und Lenin den Ruf, deren Lager zuzugehören. Doch Kautsky war stets der prinzipiellen Auffassung, daß eine demokratisch-parlamentarische Republik die dem Interesse des Proletariats zuträglichste Regierungsform sei, auch unter sozialistischen Verhältnissen.

Zu den prominenten Autoren, die sich zu dem in der Zweiten Internationale dominant gewordenen Marxismus bekannten und gleich Kautsky zu seiner internationalen Verbreitung entscheidend beitrugen, gehörten Paul Lafargue, Antonio Labriola und G. W. Plechanow. Lafargue, Marx' Schwiegersohn, besaß schriftstellerisches Talent, vor allem eine Neigung zur Satire. Er erzählte die Geschichte eines Mannes, der seinen Magen an einen reichen Vielfraß verkaufte und proklamierte in einem anderen Text das «Recht auf Faulheit». Mit dieser Schrift, die im Gewand der Satire die durchaus ernst gemeinte Theorie verfocht, daß nicht das Recht auf Arbeit, sondern die Befreiung von ihr Ziel der Arbeiterklasse sein müsse, knüpfte er an die im sozialistischen Denken längst verschüttete Tradition der hedonistischen Utopie an. Freilich war der neuen marxistischen Orthodoxie das Arbeitsethos weit sympathischer, das in der frühneuzeitlichen, gegen feudale Verschwendung und Geldwirtschaft gerichteten utopischen Literatur vorherrschte; Lafargues Hedonismus machte jedenfalls nicht Schule. Im übrigen handhabte Lafargue die Methode des historischen Materialismus in seinen zahlreichen Arbeiten über urgeschichtliche, ethnologische und religionsgeschichtliche Themen, z. B. über den Ursprung der Ideen des Gerechten und des Guten, in einer schematischen, häufig trivial-naturalistischen Manier. Viele seiner Schriften kann man in der von Kautsky herausgegebenen Zeitschrift *Die Neue Zeit*, in der die wichtigsten Diskussionen des internationalen Sozialismus geführt wurden, nachlesen. Sie ermuntern nicht dazu, Lafargue in die Galerie der sozialistischen «Klassiker» aufzunehmen.

Von anderem philosophischen Kaliber war Antonio Labriola, Philosophieprofessor in Rom. Der profunde Hegelkenner, ein Freund Benedetto

Croces, begriff besser als die häufig naiv naturalistisch-evolutionistisch denkenden Marxisten der Zweiten Internationale die geistigen Voraussetzungen des Marxschen Werkes. Er zeigte den prekären methodologischen Status der Marxschen Werttheorie. Der Wert sei kein empirisch konstatierbares Datum, vielmehr eine das Marxsche System konstituierende Voraussetzung, die sich im Verlauf der Durchführung zunehmend konkretisiere. Was abstrakt als Theorie der Mehrwertproduktion entfaltet werde, werde in Gestalt der Arbeiterbewegung und ihrer Klassenkämpfe wirklich und sichtbar. So gesehen, kann Labriola den historischen Materialismus als Philosophie der «Tragödie der Arbeit» bezeichnen, die zugleich die Befreiungsperspektive enthalte, und die Marxschen Forderungen nach Aufhebung der Philosophie und nach Einheit von Theorie und Praxis plausibel interpretieren. Seine Bestimmung des Marxismus als «Philosophie der Praxis» wurde später von Antonio Gramsci aufgegriffen und vertieft. Für Labriola, der noch mit Engels korrespondiert hatte, bedeutete der historische Materialismus einen offenen Denkansatz. Vor allem auf dem Gebiet der Analyse nationaler und kultureller Besonderheiten sei das meiste noch zu tun. Labriola fand in Frankreich und Deutschland große Anerkennung. Georges Sorel (dessen Entwicklung zum syndikalistischen Denker oben erwähnt worden ist) gab eine seiner Schriften in Frankreich heraus; Franz Mehring (als brillantester Publizist der deutschen Sozialdemokratie selbst – hier freilich nicht berücksichtigter – Anwärter auf einen Platz in der sozialistischen Klassikergalerie) hat ihn übersetzt und als geistreichen Vermittler des Marxismus in den romanischen Nationen gepriesen.

G. W. Plechanow, der gleichfalls zu den bekanntesten und einflußreichsten Lehrern des Marxismus zur Zeit der Zweiten Internationale gehört, war ein Mann von universaler Bildung. Er beschäftigte sich vorrangig mit der materialistischen Grundlegung des Marxismus. Die Materialisten der französischen Aufklärung wie d'Alembert, Diderot, Holbach und Helvétius seien in der Erkenntnis der materiellen Bedingtheit des menschlichen Verhaltens weit vorangekommen. Doch den Schritt zur dialektischen Betrachtung der Materie, die mit sprunghaften Übergängen und dem Umschlagen von Quantität in Qualität rechne, hätten sie noch nicht vollziehen können. Ferner unterstrich er die epochenmachende Bedeutung der Marxschen Kritik am bloß «anschauenden» (d. h. die Rolle des erkennenden Subjekts mißachtenden) Materialismus von der Art Feuerbachs. Plechanows Polemiken gegen jene Autoren im sozialistischen Lager, die die Bedeutung des philosophischen Materialismus für die sozialistische Theorie bezweifelten, enthalten bereits die Merkmale der scholastischen Argumentationsweise, die später den sowjetmarxistischen «Diamat» kennzeichnet. Sein wichtigster Beitrag zum «Historischen Materialismus» ist seine Betrachtung der *Rolle der Persönlichkeit in der Geschichte.* In diesem glänzend geschriebenen und amüsant zu lesenden Essay kommt er zu dem Resultat, daß der Einfluß des Charakters historischer Gestalten, so sehr auch Einzelheiten des Geschichtsablaufs prägen könne, doch von den gesellschaftlichen Strukturen überlagert würde. Eindrucksvoll sind schließlich Plechanows Beiträge zur Literatur- und Kunsttheorie. Er gehört zu den Begründern einer marxistischen Ästhetik; in gewisser Weise nahm er damit den «sozialistischen Realismus» des Sowjetmarxismus vorweg: Das Realistisch-Naturalistische, auch noch das Klassizistisch-Stilisierte in Kunst und Literatur fand seinen Beifall; Neuerungen wie der Impressionismus in der Malerei mißfielen ihm.

Als gute Sozialisten beteiligten sich Lafargue und Plechanow – Labriola weniger ausgeprägt – als Parteimänner am politischen Kampf. Lafargue war lange Jahre Abgeordneter in der französischen Deputiertenkammer und opponierte dort dem politischen Kurs von Jean Jaurès. Plechanow pendelte zwischen Bolschewiki und Menschewiki. Die langen Jahre des Exils hatten ihn zum «Westler» gemacht. Wie Kautsky glaubte er nicht daran, daß Rußland die bürgerliche Revolution überspringen und ohne die Zwischenetappe eines bürgerlichen Verfassungsstaates den Sozialismus verwirklichen könne. Mit dieser Auffassung geriet er in Gegensatz zu Lenin, der nach der Februarrevolution die Konstituante bedenkenlos auseinandertreiben ließ und auf einen raschen Aufbau des Sozialismus, notfalls mit terroristischen Mitteln, drängte.

Sozialismus hieß nie allein Marxismus. Selbst zur Zeit der Zweiten Internationale gab es einflußreiche nicht-marxistische Denkschulen, wie die der Fabian Society in England und den Republikanismus von Jean Jaurès; sie wurden bereits kurz charakterisiert. Hinzu kam, daß der Marxismus keinesfalls ein festgelegtes Denkgebäude darstellte. Insbesondere sein politischer Systemanteil gab zu unterschiedlicher Interpretation und schließlich zur Revision Anlaß. Eduard Bernstein, der mit Engels in dessen letzten Lebensjahren zusammengearbeitet hatte, nahm um die Jahrhundertwende die Marxismusrevision systematisch in Angriff. Die Stoßrichtung seiner Kritik zielte auf das hegelianische Erbe des Marxismus. Er machte es verantwortlich für den Marxschen Versuch, wirtschaftliche Evolution (und damit sozialistische Reformpolitik) und politische Revolution (den durch periodisch auftretende Wirtschaftskrisen motivierten Sturz der Bourgeoisieherrschaft) dialektisch zusammenzudenken. Bernstein glaubte nicht an die «Zeugungskraft der Revolution». Er setzte vielmehr auf den Aufbau einer sozialistischen Wirtschafts- und Verkehrsweise, die auf Grund des zunehmenden Einflusses der Arbeiterparteien bereits unter bürgerlichen Verhältnissen beginnen und nach Eroberung der parlamentarischen Mehrheit sozialistisch-demokratisch ausgestaltet werden könne. Die Sozialdemokratie möge sich, so sagte er in seiner Streitschrift *Die Voraussetzungen des Sozialismus und die Aufgabe der Sozialdemokratie* (1899), zu dem bekennen, was sie in Wirklichkeit sei: «eine demokratisch-sozialistische Reformpartei».

Der durch Bernsteins Vorstoß ins Leben gerufene Revisionismus revidierte auch die traditionelle marxistische Abneigung, die Funktionsweise der künftigen sozialistischen Gesellschaft darzulegen («Rezepte für die Garküche der Zukunft» zu geben, wie Marx ironisch meinte). Die Gewerkschaften, die Konsumgenossenschaften, die kommunale Selbstverwaltung, die Kommunalbetriebe, dies waren für Bernstein Strukturelemente der sozialistischen Gesellschaft, die bereits im Kapitalismus entstanden waren. Die theoretischen Köpfe des deutschen Revisionismus (wie Kampffmeyer und Maurenbrecher), die Reformisten der Gewerkschaftsbewegung (z. B. Legien, von Elm) knüpften daran an und ergänzten das revisionistisch-reformistische Programm durch genauere Pläne für den Ausbau des Tarifvertragswesens und der Mitwirkung der Arbeiterschaft bei der Regelung gewerblicher Fragen durch paritätisch von Unternehmern und Gewerkschaftsvertretern besetzten Arbeits- und Arbeiterkammern. Nimmt man die traditionelle Option der deutschen Sozialdemokratie für das parlamentarische System hinzu, so erkennt man in den programmatischen Vorstellungen des revisionistisch-reformistischen Flügels der deutschen Sozialdemokratie vor dem Ersten Weltkrieg bereits die Züge des nicht-revolutionären, auf soziale Reformen setzenden, sozialdemokratischen Sozialismus der Zwischenkriegszeit, die bis heute sozialdemokratische Politik charakterisieren. Hinzu kommen nach dem Ersten Weltkrieg noch die Bemühungen um Sozialisierung der Schlüsselindustrien. Otto Bauer und Rudolf Hilferding hatten hierfür elaborierte Konzeptionen entworfen, die in den Sozialisierungskommissionen Deutschösterreichs und des Deutschen Reiches ausführlich beraten wurden. Die politischen Kräfteverhältnisse freilich verhinderten ihre Realisierung. Erfolgreich war dagegen die Schaffung von Mitwirkungs- und Mitbestimmungsformen im Betrieb durch Betriebsräte. Die Gewerkschaften, zunächst Gegner der Rätebewegung, akzeptierten schließlich den Betriebsrätegedanken und sind damit nicht schlecht gefahren.

Die marxistische Linke innerhalb der deutschen Sozialdemokratie, Rosa Luxemburg und ihre Kampfgefährten von der «Leipziger Volkszeitung» wie Franz Mehring und Parvus, die Austromarxisten Otto Bauer, Max Adler und Rudolf Hilferding, sahen klar, daß die revisionistisch-reformistische Position zu einer Preisgabe des revolutionären Marxismus führen mußte; auch Bebel und Kautsky bekämpften den Revisionismus. Doch was hatte die marxistische Linke dem pragmatischen Sozialismusverständnis der Revisionisten entgegenzusetzen? Im Grunde nur den Appell an die revolutionären Kräfte des Proletariats, die Vision der Befreiung der Arbeiterklasse im Sozialismus und, nach der Oktoberrevolution, die Hoffnung, in Rußland würde die Vision zur Wirklichkeit. Als sich herausstellte, daß diese Hoffnungen trogen, bewegten sich die

Marxisten des Zentrums, Kautsky, Hilferding, Bauer, auf die reformistische Hauptströmung der Sozialdemokratie zu. Otto Bauer vermochte noch am ehesten, aus marxistischen, aber auch vom englischen Gildensozialismus inspirierten Ansätzen ein Sozialismusmodell von klassischer Klarheit zu entwickeln. Sozialisierung der Schlüsselindustrien, Schaffung von Selbstverwaltungsformen unter Gewerkschaftsbeteiligung in den Industriezweigen (dies ist das Prinzip des Gildensozialismus), Kommunalsozialismus und Arbeiterbildung (als Musterbeispiel das «Rote Wien»), funktionale Demokratie durch Basismitbestimmung, das sind die Grundelemente von Bauers Sozialismusverständnis. Hierfür wollte er die Arbeiterschaft und die kleinen Leute in Österreich gewinnen; er wollte ihnen vor Augen stellen, daß die Sozialisten die besseren Konzeptionen zur Lösung der sozialen Misere hatten als die christlich-soziale Konkurrenz unter Seipel mit dessen faschistoid-autoritären Neigungen. Eine Koalition mit den Christlich-Sozialen lehnte er ab, weil das die sozialdemokratische Klientel nur in Verwirrung gesetzt hätte.

Andere Autoren des marxistischen Zentrums gingen in der Anpassung an die bestehenden politischen und sozialen Kräfteverhältnisse einen Schritt weiter. Kautsky wie Renner plädierten für Koalitionen mit bürgerlichen Parteien. Zu Klassikern des sozialistischen Denkens wurden Renner und Hilferding hauptsächlich durch ihre Neuinterpretation der marxistischen Grundauffassung, daß Veränderungen der ökonomischen Basis die politischen Verhältnisse umwälzen würden. Beide gingen davon aus, daß das Zeitalter des Konkurrenzkapitalismus, charakterisiert durch politikferne Marktbeziehungen kleinerer Unternehmen, von einer neuen Stufe des Kapitalismus abgelöst worden sei, in welcher monopolistische Großunternehmen politisch funktionalisiert würden. Hilferding wandte sein Theorem des «organisierten Kapitalismus» vor dem Ersten Weltkrieg kritisch gegen die imperialistische Großmachtpolitik der Weltmächte. Ein symbiotischer Komplex aus Großkonzernen, gesteuert durch wenige Großbanken, dienten dem nunmehr imperialistisch denkenden Bürgertum zu einem Instrument im Kampf um die Weltmärkte, der kriegerische Formen anzunehmen drohe. Renners Theorem von der «Durchstaatlichung der Ökonomie» zielte nicht zuletzt auf den Nachweis ab, daß in der neuen Phase der kapitalistischen Entwicklung, in welcher den Unternehmen quasi öffentliche Funktion zukomme, der Staat zu einem Steuerungsinstrument geworden sei, mit dessen Hilfe die Arbeiterklasse ihre Ziele durchsetzen könne. Renners Staatstheorie war von den Ideen Lassalles geprägt: Der demokratische Staat, in dem die Parteien frei um die Durchsetzung ihrer Politik ringen können, ist zugleich die politische Form der Emanzipation der Arbeiterklasse. Im Innern des demokratischen Gemeinwesens vermag das Proletariat seine spezifischen Organisationsformen zu entfalten; neben den Parteien stehen die Gewerkschaften, es entwickelt sich das Genossenschaftswesen immer weiter, die Arbeiterschaft verwaltet ihre Einkünfte selbst mit Hilfe von Arbeiterbanken, das proletarische Vereinswesen, die Gesangs-, Sport- und Wandervereine, die Bildungsanstalten verbinden sich zu einer großen Kulturbewegung des Sozialismus. Auch Hilferding modifizierte in der Zwischenkriegszeit, als es den Anschein hatte, die Arbeiterklasse habe die politische Form der demokratischen Republik dauerhaft durchgesetzt, sein Theorem des «organisierten Kapitalismus» zu einer Konzeption der Wirtschaftslenkung und inner- und überbetrieblicher Mitbestimmung der Arbeiterschaft. «Wirtschaftsdemokratie» wurde zum wesentlichen, heute noch wirksamen Bestandteil des demokratischen Sozialismus.

Im Laufe der Entwicklung verlor der bolschewistische Sozialismus jede Gemeinsamkeit mit dem Denken der demokratischen Sozialisten. Der Gegensatz zeigte sich bereits in der Organisationstheorie, die Lenin unter den Verhältnissen des zaristischen Rußland entwickelte. In der Illegalität, so Lenin, müsse der Kern der Partei aus Berufsrevolutionären bestehen. Die Bolschewiki begriff er als die modernen Jakobiner, weil sie wie diese die alten Klassenverhältnisse am entschiedensten bekämpften, notfalls auch mit Terror. Rosa Luxemburg und Trotzki kritisierten die autoritären Konsequenzen dieser Parteitheorie, Trotzki mit dem prophetischen Argument, das von Lenin für das Zentralkomitee reklamierte Organisations- und Wahrheitsmonopol enthalte eine Vernichtungsdrohung gegen andersdenkende Sozialisten.

Lenin entwickelte seine Revolutionskonzeption aus einer Analyse des Imperialismus, d.h. aus dem Paradigma der marxistischen politischen Ökonomie, das die Kämpfe der führenden kapitalistischen Mächte um auswärtige Märkte und Rohstoffquellen in den Kolonien zu erklären suchte. Er leitete hieraus die These ab, die Revolution müsse nicht notwendig in einem entwickelten Industriestaat ausbrechen; dies könne auch in einem wirtschaftlich rückständigen, weitgehend agrarischen, halbkolonialen und deshalb krisenanfälligen Land wie Rußland geschehen. Er vertraute darauf, daß die Revolution von Rußland auf die westlichen Industrieländer mit starkem Proletariat überspringen würde. Diese Hoffnung trog bekanntlich, die erwartete ökonomische und politische Hilfe durch das westeuropäische Proletariat blieb aus. Lenin hatte die Oktoberrevolution ausgelöst, ohne über ein tragfähiges Konzept des sozialistischen Aufbaus zu verfügen. Die Bolschewiki, so seine Ansicht, könnten an die zentralisierten Unternehmensformen, die der Monopolkapitalismus hervorgebracht hatte, anknüpfen und die Produktion mit «Aufsehern und Buchhaltern» sowie Technikern «nach dem Vorbild der Post» betreiben. Die Wirtschaftslenkung werde sich in der ersten Phase des Kommunismus so vereinfachen, daß jeder, der des Lesens und Schreibens kundig sei und die vier Grundrechenarten beherrsche, sie bewältigen könne. Doch zunächst gelte es, die Mitarbeit der bürgerlichen Kaufleute und Techniker zu gewinnen und strikte Arbeitsdisziplin durchzusetzen.

Trotzki, der sich in der Phase seiner Zusammenarbeit mit Lenin nach der Oktoberrevolution nur ungern an seine Kritik an Lenins zentralistischen und diktatorischen Organisationsvorstellungen erinnern ließ, hatte an der terroristischen Durchsetzung von «Disziplin und Ordnung» einen gewichtigen Anteil. Freilich – es herrschte Bürger- und Interventionskrieg! Trotzki schuf die Rote Armee und führte sie zum Sieg. Nach dem Zwischenspiel der neuen ökonomischen Politik (NEP), in dem Lenin um ausländische Kapitalinvestitionen warb und Bucharin den Bauern zurief, sie sollten sich bereichern, erfolgte in einem unerhört leidens- und opferreichen Kraftakt ein neuer Schub der Industrialisierung, verbunden mit der Zwangskollektivierung der Landwirtschaft. Das geschah bereits unter Stalin. Trotzki hielt seinem Erzrivalen aus der Emigration vor, er habe eine neue privilegierte Bürokratenkaste geschaffen, durch Terror, Korruption und Personenkult die Sowjetunion verwüstet und so die «Revolution verraten». Er prophezeite eine «neue Revolution», die zur Wiederherstellung des Rechts, des freien Wahlrechts, mehrerer «Sowjetparteien» und Wirtschaftsreformen führen werde.

Es rächte sich, daß sich die Bolschewiki der Erkenntnis westlicher Sozialisten und Marxisten, der Sozialismus als Wirtschaftsform dürfe die im Kapitalismus erreichte Komplexität der ökonomischen Beziehungen nicht zerstören, verschlossen. Dies hat seine Ursache in den zurückgebliebenen sozioökonomischen Verhältnissen Rußlands, die wiederum die bolschewistische Neigung begünstigten, sich an den Marx-Engelsschen Formeln, im Kommunismus seien die wirtschaftlichen und gesellschaftlichen Probleme «ganz einfach» zu regeln, festzuklammern – mit der Folge des lähmenden Primitivismus in Theorie und Praxis des Bolschewismus.

Lenin und Trotzki vereinten hohe Bildung, hervorragende analytische Fähigkeiten, schriftstellerisches Talent und politische Führungsqualitäten (bei Trotzki kam Sinn für Literatur und Kunst hinzu). Ihr theoretisches Schaffen und ihre Eigenschaft als erfolgreiche Revolutionäre macht sie zu Klassikern des Sozialismus. Stalin war nicht ungebildet, seine analytischen Fähigkeiten überragten den Durchschnitt, seine Führungsqualität ist unbestreitbar. Er prägte seine Epoche, zwang ihr seine dogmatische philosophisch-theoretische Interpretation des «Marxismus-Leninismus» auf (den «Diamat» und «Histomat») sowie seinen Geschmack in Literatur und Kunst (den «sozialistischen Realismus»), erweiterte den Terror, den Lenin und Trotzki als Mittel des Klassenkampfes verstanden, zu einem die Gesellschaft durchdringenden System der Einschüchterung und des Mordes und entwickelte aus der Methode der Arbeitsdisziplinierung das System der Zwangsarbeitslager, den «Archipel Gulag». So ist Stalin zum «schwarzen», zum negativen Klassiker des Sozialismus geworden, der die Kämpfe um den Aufbau des Sozialismus pervertierte. In der Tat muß, wer Stalin beschreibt, zu anderen Kategorien als denen der modernen politischen Sprache greifen. Einen Menschen, der einen ganzen Staat mit Gewalt, Furcht, Schrecken, Mord überzieht, der die Menschen, weil sie überleben wollen, zu falschen Anklagen und falschem Zeugnis verleitet und angesichts des von ihm angerichteten Entsetzens selbst immer voller Furcht sein muß, nennt Platon einen Tyrannen. Bucharin, Kampfgefährte Lenins und Stalins, Widersacher Trotzkis, bezeichnete Stalin denn auch als Dschingis Khan. Der Stalinismus hat die Menschen für alle Zeiten gelehrt, daß das Ringen um den Aufbau des Sozialismus sein Ziel, die Menschen von politischer und geistiger Unterdrückung sowie von ihrem Arbeitsleid zu befreien, gänzlich verfehlen und sich zu einem System der Unfreiheit ausbilden kann, in dem es höllengleiche Orte gibt.

In die Reihe der Revolutionäre, die in diesem Jahrhundert Staaten, ja Riesenreiche umzuwerfen und nach sozialistischen Prinzipien umzugestalten vermocht haben, gehören auch Mao Tsedong und Tito. Daß es ihnen gelungen ist, ihre Völker politisch zu befreien, macht sie zu großen Staatsmännern. Im Falle von Mao kontrastieren jedoch die Befreiung vom überkommenen Aberglauben und den drückenden Sozialstrukturen mit den stalinistischen Ausrottungspraktiken. Die Deutung der historischen Entwicklung und der Machtkämpfe im Innern durch die «Mao-Tsedong-Ideen» rechnen prinzipiell mit Gewalt als Mittel der Politik. Der negative Sozialismus Stalins, den Mao stets hochgehalten hat, bleibt im chinesischen Sozialismus trotz aller kulturellen Auflockerungen und wirtschaftlichen Reformen wirksam, wie die blutige Niederwerfung des studentischen Aufruhrs auf dem Pekinger Tienanmin-Platz im Frühjahr 1989 zeigt. – Tito hat dagegen mit dem Stalinismus im Jahre 1948 bewußt gebrochen. Er verließ das «Kommunistische Informationsbüro» (Kominform), Stalins Instrument zur Gängelung der kommunistischen Staaten. Schließlich setzte er dem bürokratie- und geheimpolizeibeherrschten sowjetischen Wirtschafts- und Gesellschaftssystem ein Modell der Arbeiterselbstverwaltung entgegen und rief die internationale Zusammenarbeit der blockfreien Mächte ins Leben. Damit erweckte er in der nichtkommunistischen europäischen Linken über Jahrzehnte hinweg die Hoffnung auf einen Weg zum Sozialismus, der den traditionellen Selbstbestimmungsidealen besser entsprechen würde als der bürokratische Stalinismus. Inzwischen hat sich die Untauglichkeit des jugoslawischen Selbstverwaltungssystems herausgestellt, unter der Voraussetzung eines in weitgehend selbständigen Teilrepubliken organisierten Vielvölkerstaates und des Drucks der Weltmarktkonkurrenz eine leistungsfähige Wirtschaft zu entwickeln. Und gegenwärtig hat es den Anschein, als könne auch der sozialistische Vielvölkerstaat Jugoslawien nicht überleben.

Unabweisbar drängt sich die Frage auf, ob die Politik der Unterdrükkung und physischen Vernichtung Andersdenkender, der Indoktrination und Manipulation in den sozialistischen Herrschaftssystemen, die sich auf Marx und Lenin beriefen, aus den Eigentümlichkeiten des Denkens dieser Autoren zu erklären sind. Die Antwort, der «reale Sozialismus» dieser Regimes sei gar kein Sozialismus gewesen, ist eine Ausflucht. Die ihn geschaffen und weiterentwickelt haben, waren den Lehren der sozialistischen Klassiker tief verpflichtet. Dennoch korrumpierten sie ihren Geist, ihre Lebensführung, ihre Partei und schließlich ihr Land mit seiner Wirtschaft und seinen Bürgern. Marx, so wird gesagt, sei von der Gewißheit seiner Gesellschaftsanalyse und der daraus abgeleiteten Notwendigkeit des Sozialismus so überzeugt gewesen, daß er jene, die seine Auffassung nicht teilten, moralisch herabgesetzt, des Verrats verdächtigt und aus der sozialistischen Bewegung zu verdrängen versucht habe. In der Tat liegen Marx' problematische Charakterzüge heute offen zutage. Dennoch muß gesehen werden, daß er sich in seiner politischen Praxis durchaus kompromißfähig gezeigt hat. Marx und Engels haben die deutsche Sozialdemokratie zwar kritisiert, aber nicht versucht, ihr ihre Ansichten aufzuzwingen. Wichtiger noch ist die Einsicht, daß die *politischen* Aussagen des Marxschen Systems ambivalent sind – sie müssen ausgedeutet werden. Es wäre falsch, anzunehmen, daß die Kaderpartei leninistischen Typs sowie das Wahrheitsmonopol der Parteiführung unabweisbar im Marxschen Denken angelegt gewesen seien. Die sozialdemokratischen Interpretationen des *politischen* Marxismus, die auf Parlamentarismus und Freiheitsrechte setzten, formulierten eine Variante des Marx-Engelsschen Denkens aus (die bei diesen angesichts ihrer prinzipiellen Distanziertheit gegenüber den bürgerlichen Formen politischer Institutionen freilich nur schwach ausgeprägt war). Lenin dagegen überstiegerte den intoleranten intellektuellen Habitus von Marx und Engels und verwandelte den Marxismus in ein Dogma – einen «Alp», der, um mit Marx zu reden, fortan «auf dem Gehirne der Lebenden» lastete. Kautsky, der alte Lehrer des Marxismus, wies in seiner Polemik gegen den Bolschewismus unerbittlich darauf hin: Er prophezeite den Untergang des Leninismus aus Mangel an Freiheitlichkeit. Fast scheint es so, daß der Sturz des Leninismus die Sowjetunion selbst mit in den Abgrund risse.

Nach dem Ersten Weltkrieg schien es einer Reihe von linkssozialistischen Intellektuellen an der Zeit zu sein, den Marxismus von Grund auf zu erneuern. Denn sowohl das sozialdemokratische Denken nach dem Muster Kautskys mit seinen Anleihen beim bürgerlichen Liberalismus wie auch die Leninsche Orthodoxie verfehlte in ihren Augen wesentliche Motive der Marxschen Theorie. Der Austromarxist Max Adler ist in mancher Hinsicht ein Vorläufer dieser Gruppe. Es ging ihm um eine erkenntnistheoretische Fundierung des Marxismus, und er versuchte, das Problem in Anlehnung an Kant zu lösen. Zu den Bedingungen der Möglichkeit eines jeden Erkennens gehöre neben den Anschauungsformen Raum und Zeit auch das «soziale Apriori». Das menschliche Bewußtsein könne nur als vergesellschaftetes gedacht werden. So gesehen hat der Sozialismus eine «formalpsychische» Begründung: Das Denken drängt zur sozialistischen Wirklichkeit und die Realtendenzen der Wirklichkeit drängen zum sozialistischen Gedanken. Adler, auf der Linken des Austromarxismus stehend, hielt, anders als Renner und Bauer, das Rätesystem für die dem Sozialismus angemessene politische Form.

Die neomarxistische Schule verwarf Adlers Kantianismus. Sie konnte ihm entgegenhalten, daß es die Philosophie Hegels sei, an der sich eine Erneuerung des Marxismus orientieren müsse. Doch das Adlersche Thema des sozialistischen Bewußtseins behielt seine Bedeutung. Lukács rückte den Begriff des revolutionären Bewußtseins (oder des Bewußtseins des revolutionären Proletariats) in den Vordergrund. Revolution heiße Zerstörung der sozialen und ökonomischen Strukturen der Entfremdung und Verdinglichung, unter denen das Proletariat leide. Gerade aus der tiefsten Entfremdung, so Lukács' dialektisches Konstrukt, schöpfe das Proletariat seine revolutionäre Kraft. Im Akt der Revolution fielen Geschichtsprozeß und Klassenbewußtsein zusammen – eine Konstellation, die zur historischen schöpferischen Tat befähigt. Lenin war für Lukács die Persönlichkeit, in der sich diese Konstellation inkarnierte. Zu Zeiten Stalins betrieb Lukács Literatur- und Philosophiegeschichte. Jene Produkte bürgerlichen Geistes, die sich von den alten Emanzipationsidealen abgewandt hatten, verfielen dem Verdikt der «Zerstörung der Vernunft». In der Zeit der Chruschtschowschen Liberalisierung setzte sich Lukács mit der Unfähigkeit Stalins auseinander, den Kairos des großen Aufbruchs zu nutzen. Stalin sei die Fähigkeit Lenins, Theorie, Strategie und Taktik sinnvoll zu verbinden, völlig abgegangen. So habe ihn das Unvermögen, die krude Faktizität analytisch aufzuschlüsseln und konzeptionell darauf zu reagieren, zu immer stärkeren Machtexzessen getrieben. Zu überlegen wäre, ob nicht die Abkehr des späten Lukács vom Voluntarismus in *Geschichte und Klassenbewußtsein*, sein Versuch, eine «Ontologie des gesellschaftlichen Seins» auszuarbeiten, eine Abkehr von Lenin einschließt. Nicht der revolutionäre Sprung, sondern die konkrete Gestalt von gesellschaftlicher Wirklichkeit, von Arbeit, Reproduktion, Entfremdung – aber nicht die revolutionäre Veränderung – stehen im Mittelpunkt seines Interesses.

Antonio Gramsci, der von Mussolini inhaftierte Märtyrer der kommunistischen Partei Italiens, griff auf Motive des italienischen Hegelianismus bei Benedetto Croce und – in dessen marxistischer Variante – bei Antonio Labriola zurück. Der «Überbau» bedeutete für ihn mehr als die Widerspiegelung der ökonomischen Basis. Er verstand ihn als Ausprägung des Geistes einer Epoche. Der «Principe» Machiavellis repräsentierte für ihn den sich herausbildenden Kollektivwillen einer Nation. Ebenso, so stellte er sich vor, wirkten auch Proletariat und kommunistische Partei als Schöpferkräfte einer neuen Volkskultur. Gramscis eigentümliches synthetisches Denken ließ ihn das orthodox marxistische Konzept einer strikten Klassenspaltung durch das eines «Blocks an der Macht» ersetzen. In ihm herrsche die ökonomische und geistige Hegemonie der bürgerlichen Oberklasse, doch es bilde sich nicht notwendig ein reines Unterdrückungssystem aus. Der Staat verfolge auch universale Züge, die im Interesse aller lägen. Unter den Bedingungen eines liberalen Gewaltenteilungssystems könne ein instabiles Gleichgewichtssystem zwischen den Interessen der Hauptklasse und denen der Unterklassen entstehen. Die Vorstellung des modernen Eurokommunismus, die sozialistischen Kräfte könnten dieses labile Gleichgewicht schließlich zu ihren Gunsten verändern und so selbst die geistige Hegemonie gewinnen, sind von solchen Überlegungen Gramscis inspiriert worden.

Ernst Bloch ging es um die Erneuerung des Marxismus aus dem Geiste der Utopie. Er begriff ihn als Philosophie des heraufkommenden Neuen, das den Zuständen ein Ende setze, in denen der Mensch ein gedrücktes, ein verächtliches, ein verschollenes Wesen war. Dies Neue kündige sich nicht nur an in den realen Tendenzen in Gesellschaft und Wirtschaft, sondern in den großen Zeugnissen des menschlichen Geistes, in Literatur, Musik, Tanz, Malerei und Architektur, in denen das «Prinzip Hoffnung» wirke. Wie für andere Neomarxisten war für Bloch der revolutionäre Impuls der Sozialdemokratie abgestorben: Er setzte auf Lenin und die Oktoberrevolution – *ubi Lenin, ibi Jerusalem*, wo Lenin ist, ist Jerusalem. Später lobte Bloch den aufrechten Gang und die menschliche Würde, die das bürgerliche Naturrechtsdenken postuliert habe. Das läßt sich als Kritik des Bolschewismus, ja sogar des Marxismus lesen. Vielleicht, so der alte Bloch, besaß der Marxismus zu wenig Sicherungen, die hätten verhindern können, daß sich im russischen Sozialismus Iwan der Schreckliche restaurierte. Auffahrende Hochstimmung, schmerzendes Eingestehen des Scheiterns, trotziges Dennoch – diese Erlebnisdimensionen des modernen sozialistischen Denkens kommen in Blochs klassischem Werk zum Ausdruck.

Die «kritische Theorie» der «Frankfurter Schule» signalisierte in ihrem Beiwort die prinzipielle Ablehnung jedes Dogmatismus. Ihr denkerischer Habitus war die Skepsis, die sie den Gestalten des bürgerlichen Denkens wie auch, nach der Erfahrung des Stalinismus, den dogmatischen Aspekten des Marxismus und den realen Systemen des Sozialismus entgegenbrachte. Sie fürchtete die Überwältigung der Menschen durch totale Systeme, seien es solche des Denkens oder solche der realen Herrschaft. Selbst die Aufklärung, die großartigste Einforderung der Freiheit und Mündigkeit des einzelnen, zeigte nach Horkheimer und Adorno selbstdestruktive Tendenzen – hinauslaufend auf ein System von Berechenbarkeit und Nützlichkeit, das Mensch und Natur unterwerfe. Darin liege die «Dialektik der Aufklärung». Der Faschismus setze das zur Industriegesellschaft verfestigte System fort, unter Ausnutzung des Massenbedürfnisses nach Wärme des Zusammenlebens (das als «Volksgemeinschaft» vorgegaukelt wurde), nach Ausgrenzung des Fremden (als dessen Symbol die Juden herhalten mußten), mit der Tendenz zur ökonomisch erzwungenen imperialistischen Expansion. Auch nach Beseitigung der barbarischen Herrschaftsmethoden des Faschismus bestünden, so Adorno, die Systemzwänge weiter, d.h. die Kälte des entfremdeten Zustands, verstärkt durch die Umformung von Geist und Kultur zur Ware in der «Kulturindustrie», sowie das in der Triebsphäre verwurzelte Bedürfnis der Identifikation mit der Nation.

Die «Kritische Theorie» bildete, ihrer zweiten Benennung als «Frankfurter Schule» zum Trotz, keine einheitliche Schule. Horkheimer und Adorno setzten in der Zwischenkriegszeit vorsichtige Hoffnungen auf die Arbeiterbewegung und eine von Marx inspirierte Gesellschaftstheorie, verstanden als Organon der Emanzipation. *Nach* Auschwitz und inmitten der sich verdichtenden Verkrustungen der «Verwalteten Welt», gab es für sie Lichtblicke nur noch in der Aura eines echten Kunstwerks und – für Horkheimer – in der Religion. Anders dachte Herbert Marcuse. Unter den Vertretern der «Kritischen Theorie» blieb bei ihm die Idee der Emanzipation als konkrete Utopie am lebendigsten. Deshalb wird sein Portrait in diese Sammlung aufgenommen. Als typischer Exponent der «Kritischen Theorie» variierte er die Vorstellung, die bürgerliche Gesellschaft habe Mechanismen erzeugt, die die Triebstruktur des Menschen in ein System presse, worin das Lustprinzip überlagert werde vom Realitätsprinzip, der Quelle von Herrschaft und repressiver Arbeitsmoral. Dabei übernimmt er Gedanken Sigmund Freuds – ein Charakteristikum der «Kritischen Theorie». So entstehe in der fortgeschrittenen Industriegesellschaft der «eindimensionale Mensch», der die repressiven gesellschaftlichen Mechanismen internalisiert habe und sich deshalb widerstandslos in den kapitalistischen «Wohlfahrts- und Kriegsführungsstaat» integriere. Das Potential des Protestes gegen die verhärteten Systemzwänge liege nicht mehr in der Arbeiterbewegung, sondern in den Randgruppen, bei den Geächteten und Außenseitern der Gesellschaft, den rassischen Minderheiten, den Arbeitslosen und Arbeitsunfähigen, die sich weigern, das Spiel mitzuspielen. Marcuse war der wichtigste Inspirator der Außerparlamentarischen Opposition Ende der sechziger Jahre. Er hielt unbeirrt fest am sozialistischen Gedanken der Abschaffung von Armut und Elend, der Rekonstruktion der Städte und der Wiederherstellung der Natur nach Beseitigung des Schreckens der kapitalistischen Industrialisierung, ja der Entstehung eines neuen Menschen, der ästhetisch-erotischen Qualitäten ihr Recht lasse. Marcuses Denken bedeutet die letzte Evokation des revolutionären und utopischen Potentials der sozialistischen Idee in diesem Jahrhundert.

Die Konzeptionen eines «demokratischen Sozialismus» bilden den Gegenpol zu diesen letzten Ausprägungen des visionären Denkens im Sozialismus. Die Übernahme von Regierungsverantwortung, der Zwang zum Kompromiß mit bürgerlichen und agrarischen Interessen, die Mechanismen der Konkurrenzdemokratie, die erfordern, auch andere Wählerschichten als die Arbeiterschaft zu umwerben (und damit zur Volkspartei zu werden), führten zur Preisgabe sozialistischer Kernvorstellungen, hauptsächlich im ökonomischen Bereich. Zu Anfang der intellektuellen Karriere Harold Laskis, des Klassikers des modernen englischen Sozialismus, stand noch eine Utopie – die des Pluralismus. Sie wandte sich, dem etatistischen Geist der deutschen Sozialdemokratie und Lenins Omnipotenz der Partei durchaus zuwider, gegen die Übermacht des souveränen Staates. Der Staat müsse die Loyalität seiner Mitglieder mit anderen Körperschaften, z. B. Kirche und Gewerkschaften, teilen. Später rückte Laski von seiner These der Aufsplitterung der Staatssouveränität ab, da es rechtliche Letztentscheidungen geben müsse. Doch der Pluralismus sozialer Interessen in einer klassenlosen Gesellschaft blieb sein ideeller Orientierungspunkt. Als zweitbeste Möglichkeit entwarf Laski einen sozialistischen Staat mit einem Wirtschafts- und Bildungssystem, in welchem sich ein «Geschlecht aufrechter Menschen» entwickeln sollte. Den wirtschaftlichen Bereich dachte er sich gemischt aus drei Bestandteilen: dem Sektor der verstaatlichten Unternehmen einschließlich der Bank von England, dem Sektor genossenschaftlicher Unternehmen, dessen Produkte hauptsächlich durch Konsumgenossenschaften verteilt werden sollten, und dem privatwirtschaftlichen Sektor auf der Ebene von Kleingewerbe, Handwerk und der Landwirtschaft. Lokale und branchenbezogene Räte sollten bei ökonomischen Entscheidungen mitwirken und Gewerkschaften die betrieblichen Interessen der Arbeiter vertreten. Im übrigen sprach sich Laski gegen die Verselbständigung der Eigeninteressen verstaatlichter Betriebe aus. Ihre Vergesellschaftung zu autonomen Gebilden, wie dies von G. D. H. Cole, dem Wortführer des Gildensozialismus, gefordert wurde, lehnte er ab. Nach seiner Vorstellung sollte der nationalisierte Sektor der Industrie direkt den zuständigen Ministerien und dem Parlament nach Maßgabe eines Rahmenplans unterstellt werden. Recht auf Arbeit, wenn nötig substituiert durch weitgehende Arbeitslosenunterstützung, Krankenversicherung, ein egalitäres Bildungssystem – dies war sein Bild eines freiheitlichen Wohlfahrtsstaates, das er der kommunistischen Sowjetunion entgegenhielt. Er nahm deren Konkurrenz und Attraktivität für die westdeutsche Arbeiterschaft ernster als andere Sozialdemokraten. Bei allem unbestreitbaren Terrorismus versuche der Bolschewismus, in der Arbeitswelt sein Verständnis von «positiver Freiheit», d. h. der realen Fähigkeit, die gegenwärtige und künftige Form der Arbeit mitzugestalten, zu realisieren.

Laski hatte ferner gehofft, die Arbeiterpartei vermöge bei der englischen Bevölkerung einen Konsens über die sozialistische Wirtschaftsordnung zu erzeugen, der den Handlungsspielraum der konservativen und liberalen Opposition begrenzen würde. Die Mechanismen der Konkurrenzdemokratie, die von den sozialistischen Theoretikern kaum je bedacht wurden, verhinderten dies. So gelang es den englischen Sozialisten trotz ihres Wahlsiegs über Churchill nach dem Zweiten Weltkrieg nicht, das von ihrem Programmatiker Laski entworfene Sozialismusmodell zu realisieren. Sie begründeten zwar den englischen Wohlfahrtsstaat und schufen einen weltweit beachteten Sektor der nationalisierten Industrie, vermochten jedoch nicht, das Konzept einer langfristig angelegten Wirtschaftsplanung zu entwickeln. Sie handhabten hauptsächlich fiskalpolitische Instrumentarien, wobei sie sich an den Lehren des englischen Ökonomen J. M. Keynes orientierten. Dieser hatte angeregt, inflationäre Prozesse durch Einschränkung der öffentlichen Ausgaben einzudämmen, während wirtschaftliche Rezession durch verstärkte Staatsausgaben und Investitionserleichterungen bekämpft werden sollte – eine Wirtschaftspolitik, die leicht zur Verschuldung des Staates und der öffentlichen Unternehmen führt. Die sozialdemokratische Wirtschaftspolitik in Europa, z. B. in Österreich, in Frankreich und in der Bundesrepublik, war immer mit dieser Gefahr konfrontiert.

Die Wirtschafts- und Sozialpolitik des modernen demokratischen Sozialismus kämpft darum, die alten Emanzipationsideale – Abbau der Objektsituation der Arbeiter, Gleichstellung der Geschlechter, Vollbeschäftigung und Sozialverträglichkeit der angewandten Technologien und der erzeugten Produkte, hohe Standards der Lohnverhältnisse und des Gesundheitswesens, Erhaltung der Natur und Solidarität mit der Dritten Welt – durch kleine Reformschritte im Rahmen des marktwirtschaftlichen Systems zu verwirklichen. Der demokratische Sozialismus der skandinavischen Staaten hat diese Ziele am erfolgreichsten kombiniert. Am dänischen Beispiel läßt sich ablesen, wie ein politisch unorthodoxer Marxismus, jener Gustav Bangs, den Boden für genossenschaftliche Lösungen und eine egalitäre Bildungspolitik bereiten kann. Der Klassiker des schwedischen Sozialismus, Ernst Wigforss, steht schließlich für einen nichtmarxistischen, gleichwohl theoretisch angeleiteten wirtschaftlich- und gesellschaftspolitischen Pragmatismus, dem es auf den Einbau der traditionellen Organisationen der Arbeiterbewegung wie Genossenschaften und Gewerkschaften ins Wirtschaftssystem ankommt. Mißt man die Ergebnisse dieser sozialistischen Realpolitik an den Erwartungen des revolutionären und visionären Sozialismus, so fehlt ihnen der Glanz des großen Wurfs. Die demokratischen Sozialisten haben ihr Ziel, die solidarische Gesellschaft, nicht aufgegeben, doch der politische Alltag hat es längst entzaubert.

Der Sozialismus marxistisch-leninistischen Typs aber ist zusammengebrochen. Sein universaler, parteigeführter Zentralismus hat die Menschen entmündigt, nicht emanzipiert. Das Fehlen aller Mechanismen der Machtkontrolle hat das Wuchern der übelsten Charaktereigenschaften der Potentaten zugelassen. So entstanden politische Systeme, die alle Charakteristika klassischer Despotien trugen: Erzwungener Götzendienst, Prunksucht der Despoten, Ämterhäufung der Familienclans (Nepotismus), Einschüchterung und Unterdrückung der Widerstrebenden durch Kerker, Folter, Mord. So wie der Perserkaiser Xerxes den Hellespont peitschen ließ, weil seine Schiffsbrücke durch Sturm und Wellengang zerstört wurde, so bekämpfte auch Rumäniens Despot Nicolai Ceaucescu die Naturgesetze, indem er anordnete, der Wetterbericht dürfe nie niedrigere Temperaturen melden als –15 Grad. Dem wirtschaftlichen Mißerfolg entsprach die politische Katastrophe. Die alten Sozialisten liebten es, Friedrich Schiller zu zitieren: «Die Weltgeschichte ist das Weltgericht». In der Tat: Der Sozialismus marxistisch-leninistischer Prägung liegt am Boden so zerschlagen, daß nicht auszudenken ist, er könne sich je wieder erholen.

Sollte, so kann man sich fragen, in einer Zeit, in der – wie der ehemals verfolgte Schriftsteller und gegenwärtige Staatspräsident der Tschechoslowakei, Václav Havel, sagte – das Wort Sozialismus schon längst zu einem ganz gewöhnlichen Gummiknüppel geworden ist, nicht lieber auf diesen Begriff verzichtet werden, wenn von Verbesserung der sozialen Zustände die Rede ist? Auf Dauer würde das nicht gelingen. Der Sozialismus ist eine Idee, und Ideen lassen sich nicht totschweigen oder vernichten. Diese Idee ist nicht gänzlich gescheitert, sondern nur ihre marxistisch-leninistisch-kommunistische Variante. Die Idee des demokratischen Sozialismus steht nach wie vor für den Kampf gegen die Mißstände, die den politisch unzureichend kontrollierten Mechanismen der kapitalistischen Wirtschaftsordnung entspringen. Der Zusammenbruch des marxistisch-leninistischen Sozialismus macht gegenwärtig leicht vergessen, daß in den reichsten Staaten des Westens Obdachlose winters erfrieren, öffentliche Einrichtungen verkommen, Rauschgiftsucht und Gewalttaten um sich greifen, die Kluft zwischen Arm und Reich wächst. Daß Reaganomics und Thatcherismus diese Tendenzen verstärkt haben, erfährt auch der Leser der bürgerlichsten Blätter.

Auf eine einheitliche Konzeption kann der demokratische Sozialismus nicht mehr zurückgreifen. Es bleiben Grundideen: eine Arbeitswelt, in der die darin Tätigen mitbestimmen und eine ihren Fähigkeiten entsprechende Arbeit finden können, eine gemischte Wirtschaft mit öffentlichen und genossenschaftlichen Anteilen, das ständige Bemühen, Wirtschaftsfreiheit und demokratisch legitimierte, rechtlich definierte Kontroll- und Lenkungsmöglichkeiten in Balance zu bringen, Verhinderung des Gegensatzes zwischen privatem Reichtum und öffentlicher Armut, Gleichstellung der Geschlechter, tätige Solidarität mit den Armen der Dritten Welt, Abrüstung und Friedenssicherung, Ausgleich der Menschenwelt mit der Natur, eine Gesellschaft, in der die Ideen der bürgerlichen Freiheitsbewegung – Rechtsstaatlichkeit und Toleranz – verwirklicht sind. Fast alle diese Ziele können auch in anderen gesellschaftstheoretischen Auffassungen ihren Platz finden. Solange sie sich zu einer politischen Perspektive zusammenfügen und Menschen um ihre Verwirklichung kämpfen, lebt auch die Denktradition fort, in der sie verankert sind – der Sozialismus.

Ralf Bambach

GRACCHUS BABEUF
(1760–1797)

1. Vom «Feudisten» zum Revolutionär

Wer sich der Geschichte des Sozialismus vergewissern möchte, wird mit dem Werk François-Noel Babeufs beginnen, wenn er Sozialismus als eine Theorie (und deren Praxis) begreift, die in bürgerlich-kapitalistischen Formen der Vergesellschaftung entstanden ist und diese zu überwinden trachtet, indem sie deren Errungenschaften bewahren und nicht etwa vergessen will. Dem widerspricht nur scheinbar, daß sich Babeuf bei Ausbruch der Französischen Revolution den Vornamen Camille gab, 1793 dann Gracchus, denn in der Antike suchte er ein soziales Ideal nicht. Aber diese (zu jener Zeit nicht ungewöhnliche) Umbenennung macht deutlich, daß Babeufs Denken einen frühsozialistischen *Anfang* markiert und noch stark an der agrarischen Produktionsweise ausgerichtet ist. Das, was Babeuf auszeichnet, liegt kaum in der Originalität dessen begründet, was er verwirklichen wollte – das findet sich in Utopien des 17. und 18. Jahrhunderts wie auch bei Zeitgenossen. Originär und insofern ein Anfang war er, weil er als erster versuchte, seine Vorstellungen einer alternativen Form der Vergesellschaftung durch eine revolutionäre Veränderung der bestehenden zu verwirklichen, d. h. weil er das Praktischwerden der Theorie als für diese konstitutiv ansah.

Diese Konzeption ist nicht allein Babeufs Werk. Sie entstand in vielfachen Diskussionen mit Gleichgesinnten, die mit eigenen Beiträgen durchaus vertreten sind. Da jedoch Babeuf unbestritten der richtungsweisende wie federführende Kopf war, wurde sie als «Babouvismus» bezeichnet.

Babeuf wurde am 23. 11. 1760 im französischen St. Niçaise bei St. Quentin (Picardie) in einfachen Verhältnissen geboren. Nach einer entsprechenden Lehrzeit machte er sich 1783 als «feudiste» in Roye selbständig. Die Aufgabe eines Feudisten bestand im wesentlichen darin, Ansprüchen aus alten Feudalrechten, die in Vergessenheit geraten waren, erneut Geltung zu verschaffen, indem er einschlägige Urkunden beibrachte. Der Brotberuf schien nicht schlecht gewählt: Die in den 1780er Jahren zunehmend in wirtschaftliche Bedrängnis geratende Nobilität suchte hartnäckig nach zusätzlichen Einnahmequellen. Zugleich führte diese Tätigkeit Babeuf immer deutlicher vor Augen, wie ungerecht die bestehenden Eigentumsverhältnisse waren und welchen Gewaltsamkeiten sie entstammten.

Dieser Lernprozeß zeigte praktische Folgen, als 1789 die Revolution den Beruf des Feudisten gegenstandslos werden ließ. Babeuf engagierte sich nunmehr auf seiten der picardischen Landbevölkerung in ihrem Kampf gegen das drückende alte Abgabensystem. Er gründete das *Journal de la Confédération*, das indessen schon nach drei Nummern im Juli 1790 wieder verschwand, dann den 1790/91 in der für die damalige Zeit beachtlichen Auflage von 500 bis 1000 Exemplaren erschienenen *Correspondant Picard* (von der sechsten Nummer an bezeichnenderweise *Le Scrutateur des Décrets* betitelt). Es kann nicht überraschen, daß er einerseits mit dem Gefängnis Bekanntschaft machte, andererseits bei der Bevölkerung ein solches Ansehen genoß, daß er in die departementale Administration gewählt wurde. Wegen einer Anfang 1793 im Amte begangenen Urkundenfälschung wurde er in der Folgezeit mehrfach inhaftiert, kam aber dank der Fürsprache einflußreicher politischer Freunde immer wieder frei. Das Verfahren ist nie rechtskräftig abgeschlossen worden, wurde freilich immer dann mit Nachdruck betrieben, wenn Babeufs publizistische Tätigkeit den Machthabern zu gefährlich zu werden schien. Zwischenzeitlich fand er Anstellung bei der Lebensmittelverwaltung im jakobinischen Paris, wo er die zeitgenössischen Versuche staatlicher Intervention zum Zwecke der Bedarfssicherung studieren konnte.

Nach seiner Entlassung aus dem Gefängnis im Juli 1794 wandte er sich mit verschiedenen Broschüren gegen die gerade, am 9. Thermidor, gestürzte jakobinische Diktatur, ebenso mit seinem im September desselben Jahres gegründeten *Journal de la Liberté de la Presse*. Mit ihrer 23. Nummer erhielt die Zeitung dann den nachmals berühmten Titel *Tribun du Peuple* und erschien von da an in unregelmäßigen Abständen bis zum April 1796. Mit seiner radikaldemokratisch motivierten Polemik gegen die Jakobiner nahm Babeuf gleichwohl nicht etwa Partei für die Ziele ihrer Gegner, der Thermidorianer; vielmehr täuschte er sich zunächst über deren Absichten. Den Bruch mit ihnen, dem konsequent eine positive Wende in der Beurteilung Robespierres entsprach, markierten die Nummern 28 und 29 des *Tribun* vom 18. 12. 1794 bzw. 8. 1. 1795: Der Sturz Robespierres galt ihm nicht mehr als ein Schritt auf dem Wege der Befreiung, sondern als ein Rückschlag. Die Antwort ließ nicht lange auf sich warten – Anfang Februar wurde Babeuf erneut verhaftet und blieb bis zum Oktober arretiert.

Im Gefängnis lernte er den Linksrobespierristen Filippo Buonarroti kennen, der sich ihm anschloß. Buonarroti, am 11. 11. 1761 in Florenz geboren, hatte sich als ein von Anfang an begeisterter Anhänger der Französischen Revolution gleich in deren Dienst gestellt, hatte 1793 die französische Staatsbürgerschaft erhalten und wurde, als ehemaliger Beauftragter der «revolutionären Regierung», Anfang März 1795 festgenommen. – Entscheidender als Buonarroti waren für Babeufs theoreti-

Gracchus Babeuf (1760–1797)

sche Entwicklung jedoch die vielen anderen ehemaligen Vertreter der Jakobinerdiktatur, die er im Gefängnis traf. In den Diskussionen mit ihnen nahmen Babeufs Vorstellungen ihre letzte theoretische Gestalt an.

Nach seiner Entlassung aus dem Gefängnis ging es für Babeuf darum, dem politischen Bündnis mit den Jakobinern eine organisatorische Form zu geben. Die Mitte November 1795 unter maßgeblichem Einfluß von Buonarroti gegründete «Société du Panthéon», wenig später in «Société de la Réunion des Amis de la République» umbenannt, sollte diesem Zwecke und zugleich der Rekrutierung revolutionärer Kader dienen. Als sie Ende Februar 1796 von der Regierung verboten wurde, war sie mit rund 2400 Mitgliedern die größte derartige Vereinigung. Gleichsam als publizistischer Ersatz für das durch jenes Verbot verlorene öffentliche Forum erschien von Ende Februar bis Ende April als Gemeinschaftsunternehmen von S. Duplay und Babeuf der *Eclaireur du Peuple.*

Ende März 1796 gründeten die Bündnispartner ein geheimes Direktorium, ein «Directoire secret du salut public», dem neben Babeuf und Buonarroti noch fünf weitere Verschwörer angehörten. Es sollte die politische Machtergreifung durch eine Volkserhebung vorbereiten. Auch wenn Buonarroti im nachhinein 17 000 Mann zählte, wird die tatsächliche Zahl aktionsbereiter Anhänger äußerstenfalls einige hundert betragen haben –, Unzufriedenheit von selbständigen Handwerkern und anderen Kleineigentümern mit dem Regime der Thermidorianer bedeutete keinesfalls ein gleichzeitiges Eintreten für die Ziele der Babouvisten. Bevor freilich das geheime Direktorium seine Pläne in die Tat umsetzen konnte, verhaftete die durch Verrat informierte Polizei eine große Zahl von Konfidenten. Es ist wahrscheinlich, daß die objektiven Bedingungen auch bei Gelingen des politischen Umsturzes die soziale Revolution hätten scheitern lassen –, die «Gleichen», wie die Verschwörer sich nannten, stellten keine geschichtsmächtige Alternative zu Napoleon und den Brumairianern dar. Die Bedeutung des Babouvismus als eines Anfangs erschloß sich erst aus späterer Zeit.

Von den insgesamt 63 der Verschwörung Angeklagten wurden zwei, Babeuf und Darthé, zum Tode verurteilt und am 27. 5. 1797 in Vendôme guillotiniert. Über sieben weitere, darunter Buonarroti, wurde der «zivile Tod» und lebenslange Deportation verhängt, alle anderen wurden freigesprochen. Buonarroti, der sich Anfang Mai 1806 in Genf ansiedeln durfte, blieb seiner konspirativen Vergangenheit treu: Bis zu seinem Tode organisierte er unermüdlich Geheimgesellschaften für den revolutionären Umsturz und hatte Verbindungen zu entsprechenden Kreisen in ganz Europa. Seit 1824 in Brüssel ansässig, veröffentlichte er 1828 die Geschichte der babouvistischen *Verschwörung für die Gleichheit,* ein Werk, das ihn nicht nur zu einer Symbolfigur für die republikanisch-demokratische Bewegung werden ließ, sondern das auch in Frankreich als *das* Bindeglied zwischen Babouvismus und frühsozialistischem Kommunismus – nicht zufällig zunächst «Neo-Babouvismus» genannt – der 1830er und frühen 1840er Jahre fungierte. Was das theoretische Niveau seines Denkens angeht, so ist er selber über die 1796 erreichte Reflexionsstufe nicht hinausgelangt. Er starb am 16. 9. 1837 in Paris.

2. Radikalisierung der bürgerlichen Theorie

Babeufs theoretische Überlegungen haben sich schrittweise, durchaus im Zusammenhang mit den sozialen und politischen Auseinandersetzungen seiner Zeit, entwickelt. Die erste Etappe seines kritischen Denkens ist auf das vorrevolutionäre Frankreich bezogen. Ausgangspunkt waren die von ihm beobachteten Folgen der immer umfangreicheren Zusammenlegungen kleinerer Bauernhöfe. In der Regel wurde diese Konzentration der agrarischen Produktionsmittel von finanzkräftigen bürgerlichen Großpächtern – nach zeitgenössischem Sprachgebrauch die eigentlichen «bourgeois» – in landwirtschaftlich fruchtbaren Gebieten (wie etwa der Picardie) betrieben. Ziel war es, die Produktion so kostengünstig wie möglich zu gestalten, d. h. einen möglichst hohen Gewinn zu erwirtschaften. Babeuf verurteilte die Konsequenzen dieses allmählichen Übergreifens kapitalistischer Profitrationalität auf die Landwirtschaft – nämlich Arbeitslosigkeit und Lohnsenkungen – unnachsichtig, aber noch ohne direkte Kritik an der Institution des Privateigentums. Der Billigung der Arbeitslosigkeit hält er ein Recht auf Erwerbsarbeit entgegen: Jenen, denen «Arbeit die einzige Existenzquelle»[1] sei, dürfe der Zugang zu ihr nicht versperrt werden. Gegen das sinkende Lohnniveau argumentiert er mit einer auf Unterkonsumtion gestützten Krisentheorie: Ein Rückgang des Güterabsatzes und die damit verbundenen negativen Auswirkungen ließen sich nur dadurch verhindern, daß die Löhne wieder stiegen.

Zugleich nimmt er eine verbreitete Argumentationsfigur der zeitgenössischen Kritik am Ancien Régime auf: Er sucht dem Eigentum der Grundherren durch den Aufweis seiner gewaltsamen Entstehung aus Raub und Plünderung die Legitimationsgrundlage zu entziehen. Das individuelle Eigentum an Grund und Boden stellt er jedoch insgesamt nicht in Frage, weil er eine andere rechtliche Verfassung der landwirtschaftlichen Produktion noch nicht für möglich hält. Freilich geht die Kritik so deutlich wie unspektakulär vom Ancien Régime auf den sich entwickelnden Kapitalismus über: Die schädlichen Auswirkungen der Konzentrationsbewegung sieht Babeuf als Folgen des räumlich und zeitlich entgrenzten individuellen Eigentumsrechts. *Ex negativo* eröffnet er damit die Perspektive auf dessen zweifache, eben zeitliche und räumliche, Beschränkung.

Die nach Babeuf sozialverträgliche Einschränkung des individuellen Eigentums an Produktionsmitteln rechtfertigt er 1786 zunächst nicht anders als sechs Jahre später Robespierre, nämlich naturrechtlich: Das natürliche Recht, das jedem Menschen zukomme, sei nichts anderes als das Recht zu leben.[2] Indem Babeuf das, was «leben» bedeutet, mit dem Gleichheitsgrundsatz verbindet, kann er behaupten, jenes Recht besage, daß jedem Menschen der Genuß eines gleich großen Teils des gemeinsamen Erbes der Menschheit – der Erde – anheimgegeben sei. Gleichheit bemißt sich für Babeuf mithin an den Möglichkeiten der Bedürfnisbefriedigung. Sie erschöpft sich weder in politischer Rechtsgleichheit noch in sozialer Chancengleichheit, die nur den Spekulanten nütze und aus natürlichen Unterschieden in der Begabung gesellschaftlich sanktionierte der Konsumtionsmöglichkeit mache. Im Grunde sei das sogar doppelt ungerecht, denn der ohne eigenes Verschulden weniger Begabte verrichte im Regelfalle die beschwerlichen Arbeiten.

Das französische Produktionsniveau seiner Zeit vor Augen, geht Babeuf davon aus, daß eine Gesellschaft bei Anspannung aller ihrer produktiven Kräfte gerade so viel erzeugen könne, wie ein jeder für ein auskömmliches Leben brauche. Gleichheit der Bedürfnisbefriedigung setzt also voraus, daß alle Arbeitsfähigen auch arbeiten. Arbeit habe mithin jedermanns Pflicht zu sein, Müßiggang als strafwürdiges Verbrechen zu gelten, denn Müßiggänger ließen andere für sich arbeiten und enthielten der Gesellschaft ihre Arbeitskraft vor, was die Konsumtionsmöglichkeiten aller mindere – das war gegen Adel und (Groß-)Bourgeoisie gerichtet.

Unter diesen Voraussetzungen liegt es für Babeuf so fern nicht, das individuelle Eigentum an Produktionsmitteln auch in einer sozial verträglicheren Form eher als ein notwendiges Übel denn als ein unüberbietbares Ideal anzusehen. Abstrakt hält er folglich schon vor 1789 diejenige Gesellschaft für die beste, in der es gar kein Privateigentum gibt; aber noch ist er überzeugt, daß eine solche Ordnung nicht bestehen kann. Solche Überlegungen waren keineswegs neu, Babeuf konnte sie beispielsweise in der utopischen Literatur des 18. Jahrhunderts finden. Neu hingegen war, daß die Gegenwart selber auf tatsächliche Veränderungen der Dinge drängte.

So war es, bedingt durch die rückständigen Produktionsmethoden unter der Herrschaft des ländlichen Adels, eine im vorrevolutionären Frankreich wiederholt diskutierte Frage, ob nicht gerade eine Aufteilung der großen Pachtgüter zu versorgungssichernden Produktionssteigerungen führen würde. In seinem Beitrag zu dieser Debatte betont Babeuf zunächst, daß eine reale Aufteilung, gar ein Ackergesetz, wonach der Boden in gleiche Teile zerstückelt würde, aus zweierlei Gründen keinen Sinn mache. Zum einen zwänge eine solche «absurde Operation»[3] den einzelnen in eine Isolierung, die ihn nur schwächen würde – ein Zustand, den Babeuf bei den zahlreichen Kleinbauern beobachten konnte, die bloß über einen Flecken verfügten, der ihren Lebensunterhalt kaum gewährleistete. Zum anderen beseitigte eine solche Zerstückelung die Arbeitsteilung, ohne sie aufzuheben – am Ende gäbe es nur noch Bauern. Statt dessen will Babeuf die großen Güter sowohl in ihrer bisherigen Größe wie auch rechtlich, d. h. als Eigentum eines Grundeigentümers, bestehen lassen. Die Grundeigentümer selbst sollten, da auch sie profitieren würden, für eine Änderung des Pachtverhältnisses sorgen: Anstatt eines Pächters würden es künftig, je nach Größe des Pachtguts, deren 20 bis 50 sein, die gemeinschaftlich das jeweilige Pachtland als einen «Kollektivhof» *(ferme collective)*[4] selbst bewirtschafteten. Babeuf denkt noch weiter: An die Stelle der kräfteverschleißenden individuellen Konkurrenz würde die Zusammenarbeit der Hofgemeinschaften treten, die sich untereinander alle erforderliche Hilfe leisteten.

Babeufs Argumentation läßt zugleich die Motive seines Vorschlags erkennen. Zum einen sollte er dazu dienen, die produktionssteigernde Fruchtwechselwirtschaft gegenüber der gewohnten Brache durchzusetzen. Da letztere aber eine wesentliche Voraussetzung für die traditionellen dorfgemeinschaftlichen Kollektivrechte (z. B. dem freien Weiderecht auf allen brachliegenden Äckern) war, sollte die künftige Solidarität gemeinschaftlicher Arbeit für deren Einschränkung bzw. Verlust einen Ausgleich bieten. Zum anderen sollte der offensichtliche Produktivitätszuwachs durch Konzentration der Produktionsmittel ohne die bislang damit verbundenen sozialen Nachteile verwirklicht werden. Schließlich ließe sich der Mangel an fruchtbarem Boden kompensieren.

Aber Babeuf hielt es für unwahrscheinlich, daß sich seine Empfehlung rasch durchsetzen würde. Da er jedoch nicht daran zweifelte, daß die bestehenden Verhältnisse verbessert werden müßten, verfiel er doch auf eine wirkliche Teilung des Pachtbesitzes (die freilich immer noch das Recht des Grundeigentümers unangetastet lassen würde). Je nach Fruchtbarkeit des Bodens dachte er dabei an maximal 60 Morgen Ackergrund, die jedem volljährigen Manne auf dem Land zur Verfügung stehen sollten. Ein knappes Jahr später, im März 1787, skizzierte Babeuf eine Gesellschaft, in welcher der Boden allen gehörte, und wenig darauf, im Juli desselben Jahres, führte er diesen Gedanken mit der Forderung aus, daß über die Hinterlassenschaft eines Grundeigentümers die «ganze Gesellschaft»[5] zu bestimmen hätte. Sie müßte dieses Erbe dann so verteilen, daß sich Gleichheit herstellte. Seine vormaligen Einwände gegen eine egalitäre Realteilung ließ Babeuf außer Betracht.

Zugleich revidierte er seinen naturrechtlichen Überbau. Hatte er vordem ein natürliches Recht auf Leben unterstellt, geht er jetzt davon aus, daß es gar keine natürlichen Rechte gibt. Die Natur verleihe niemandem Rechte, sie statte den Menschen lediglich mit Bedürfnissen und Fähigkeiten aus, wobei sie indessen gerade letztere nicht gleich verteile. Durch diese Argumentation entkräftet Babeuf zwar die Behauptung, daß das Recht auf Eigentum ein Naturrecht sei; zugleich aber begibt er sich des legitimierenden Rückgriffs auf eine vorgängige Rechtsordnung. Statt dessen macht er die Gleichheit der primären Bedürfnisse zur Begründungsbasis. Es geht für ihn nun darum, eine Ordnung zu entwerfen, die den Gebrauch des privaten Eigentums an Produktionsmitteln – das er noch nicht verwirft – jenem natürlichen Fundamente gemäß regulierte. Das war nicht schwierig, brauchte er doch bloß die bei Kleinbauern und -handwerkern verbreiteten Ansichten zu einem Plan «vollkommener Gleichheit»[6] zu radikalisieren. Danach dürfe über die Erde als «gemeinsame Mutter»[7] der Menschheit die Gesellschaft nur als ganze zu dem Zwecke verfügen, eine gleiche Verteilung zu gewährleisten. Damit wird Babeuf zu einem Befürworter des «Ackergesetzes».[8]

Die zeitgenössische Bedeutung des Ausdrucks «Ackergesetz (loi agraire)» leitete sich von der römischen *lex licinia agraria* des Jahres 367 v. Chr. her, die 500 Morgen als Maximum des Besitzes am «ager publicus» festgelegt und vorgeschrieben hatte, daß aller darüber hinausgehende Grundbesitz aufzuteilen und in Stücken von jeweils mindestens sieben Morgen landlosen Plebejern zu geben sei. In den 1780er und 1790er Jahren war in Frankreich die sich auf jene Vorschrift berufende Forderung nach einem allgemeinen Teilungsgesetz allen Bodens – zusätzlich angeregt noch durch die Aufteilung der in der Revolution nationalisierter Güter – nicht selten, wobei die radikalsten Befürworter eine genaue Gleichheit des Grundbesitzes als Endzustand anstrebten.

Die Resonanz auf diese Forderung war bei der Landbevölkerung nicht einheitlich. Die großen Grundeigentümer waren verständlicherweise ihre erbitterten Gegner, ebenso die relativ starke, auch schon im vorrevolutionären Frankreich (im Unterschied zu den englischen Tagelöhnern und fronpflichtigen Leibeignen Mittel- und Osteuropas) besitzende Bauernschaft. Gelegentliche Zustimmung regte sich hingegen unter den Landarbeitern, denn bei ihnen war das Verlangen nach einem zumindest den Eigenbedarf deckenden eigenen Acker tief verwurzelt. Zugleich jedoch besaßen auch die überlieferten Formen des Gemeineigentums und die überkommenen Kollektivrechte eine große Anziehungskraft. Obwohl mithin das Potential jener, die ein Ackergesetz befürworteten, relativ gering und wenig durchsetzungsfähig war, hielten die Herrschenden entsprechende Überlegungen für gefährlich genug: Vom März 1793 an wurde die Todesstrafe jedem angedroht, der für das Ackergesetz eintreten oder ein anderes Gesetz vorschlagen sollte, welches das Grund-, Handels- oder Gewerbeeigentum zu untergraben geeignet schien.

Babeuf rechnete folglich durchaus mit Opposition, aber er blieb davon überzeugt, daß insgeheim sehr viele das Ackergesetz befürworteten (zu denen er ebenso bezeichnender- wie fälschlicherweise Robespierre selber zählte). Gleichwohl war das Ackergesetz für ihn zu diesem Zeitpunkt nicht bloß die Antwort auf die taktische Frage, wie Mehrheiten zu mobilisieren seien, sondern er sah in ihm das geeignete Mittel, mit dem der materiellen Not wirksam entgegengetreten werden könne. D. h. er hatte seine ursprüngliche Anerkennung der höheren Produktivität größerer Höfe ganz zugunsten der populären Ansicht zurücktreten lassen, daß gerade die Teilung in kleine die Produktion steigere.

Gleichsam über eine Abwandlung der Rechtsfigur des Lehens versucht Babeuf mit seinem Ackergesetz, die beiden die Landbevölkerung beherrschenden Vorstellungen – Bewahrung der alten gemeinschaftlichen Rechte und Besitz einer eigenen Scholle – zu vereinen. Der Gesellschaft insgesamt stünde das kollektive Obereigentum über den Boden zu, der Landbesitz wäre individuell. Diese persönliche Verfügung wäre zeitlich befristet und im Umfange begrenzt. Jeder Mensch müßte bei seiner Geburt – ebenso wie Luft zum Atmen und Wasser zum Trinken – ein für den Eigenbedarf ausreichendes Stück Boden vorfinden. Zu Lebzeiten des Besitzers wäre dessen Grund und Boden unveräußerlich und unteilbar. Bei seinem Tod fiele seine Hinterlassenschaft der Gesellschaft zu, welche das Erbe dann nach Maßgabe der Egalität erneut verteilte.

Deutlich unterscheidet sich Babeufs Konzeption von der Legitimationsfigur, die Rousseau im *Gesellschaftsvertrag* vorgetragen hatte. Rousseau legt dar, daß die Güter eines jeden *fiktiv* als dem Gemeinwesen übergebene zu betrachten seien, ohne daß sie dadurch *real* zum Eigentum des Souveräns gemacht würden. Diese Konstruktion hätte die bestehende Eigentumsverteilung gerechtfertigt, denn jeder Besitzer würde hinfort als «Treuhänder öffentlichen Guts»[9] gelten, ohne daß sich seine Rechte auch nur im geringsten verändert hätten. Auf diese Weise wäre jedem Eingriff in die Eigentumsverhältnisse vorgebeugt worden – das Gegenteil von dem, was die Befürworter des Ackergesetzes anstrebten.

Rein rechnerisch erhielte bei einer gleichen Aufteilung der gesamten Bodenfläche Frankreichs auf seine damalige Bevölkerung eine vierköpfige Familie 11 Morgen Land. Babeuf war sich der Realitätsferne einer solchen Zerstückelung nicht nur deshalb bewußt, weil zu berücksichtigen war, daß nicht aller Boden landwirtschaftlich nutzungsfähig war, sondern auch, weil er überzeugt war, daß eine solche Agrarstruktur gesamtwirtschaftlich und damit gesamtgesellschaftlich nachteilige Folgen hätte. D.h. er war sich darüber im klaren, daß nur, wenn nicht jeder Mann ein Ackerbürger werden würde, ein Rückfall in wenig differenzierte, rohe Formen gesellschaftlichen Lebens vermieden werden konnte. Nicht die Produktivkraftentwicklung schlechthin, sondern deren soziale Form stellt für Babeuf das Problem dar. Allerdings hat er die manufakturielle Großproduktion tendenziell mit der Herstellung überflüssiger Luxusgüter gleichgesetzt und sich folglich für deren Auflösung und Dezentralisierung ausgesprochen. Aus der Perspektive einer vorindustriellen Subsistenzwirtschaft erzeugt Luxus, der immer nur der Reichtum der wenigen sein kann, Mangel bei den vielen.

In jedem Falle machen jene Vorbehalte die Vorsicht deutlich, die Babeuf seinem eigenen Vorschlag gegenüber walten ließ. Sie ist nicht darauf zurückzuführen, daß er von Anfang an ein ganz anderes Ziel gehabt hätte, nämlich das einer Gütergemeinschaft. Vielmehr entsprang sie seiner größer werdenden Skepsis gegenüber dem privaten Eigentum, dessen konkurrenzwirtschaftliche Folgen er als Ressourcenvergeudung, Produktverschlechterung, Verdrängung der rechtschaffenen Produzenten vom Markt verurteilte. Er hat seine Konzeption eines Ackergesetzes nicht aus der bedenkenlosen, ungebrochenen Sicht des potentiellen Kleineigentümers formuliert –, Babeuf ist, anders als deren radikaler Vorkämpfer Jacques Roux, mehr gewesen als ein Wegbereiter sansculottischer Anschauungen. Die Sansculotten bildeten eine Gruppe, die sich aus (selber arbeitenden) Kleineigentümern und Lohnabhängigen, zumal unselbständigen Handwerkern, zusammensetzte. In der vorindustriellen Gesellschaft ließen die handwerklichen (und natürlich auch die kleinbäuerlichen) Produktionsmittel dem Lohnempfänger immer die künftige wirtschaftliche Selbständigkeit als verwirklichbar, d.h. Lohnabhängigkeit als ein bloßes Zwischenstadium erscheinen. Zusammen mit den Kleinbauern waren die Sansculotten gegen die – von der Handels- und Manufakturbourgeoisie mit den entsprechenden Dekreten des Jahres 1791 durchgesetzte – unbeschränkte wirtschaftliche Freiheit. Statt dessen traten sie für ein auf persönlicher Arbeit beruhendes und an den persönlichen Bedürfnissen orientiertes Privateigentum an Produktionsmitteln ein. Von daher versteht sich ihr politischer Forderungskatalog: Preisregulierungen, Taxierungen, Requisitionen, Sondersteuern auf Reichtum und Luxus, Zwangskurs der Assignaten usw. – kurz das, was E. P. Thompson «moralische Wirtschaft»[10] genannt hat.

3. Babeufs Sozialismus

Die Differenz zwischen Babeuf und den Sansculotten gewann Kontur mit dem Ende der Jakobinerdiktatur, scheiterte diese doch gerade an dem Versuch, das Privateigentum an Produktionsmitteln von seinen kapitalistischen Konsequenzen zu trennen. Ursprünglich hatten die Jakobiner, der kleinen und mittleren Bourgeoisie entstammend, im Unterschied zu den Sansculotten keineswegs zu den Befürwortern eines durch die Forderung nach Konsumgleichheit beschränkten Eigentums gehört. Aber die sozialen und politischen Auseinandersetzungen unter dem Eindruck einer drohenden Niederlage im äußeren Kriege hatten sie radikalere Positionen beziehen und damit in Gegensatz zu ihrer eigenen bürgerlichen Basis, besonders zu großbürgerlichen Interessen, geraten lassen. Nach dem Sturz Robespierres im Juli 1794 drängten die Thermidorianer der mittleren und der Großbourgeoisie die (durch das Bündnis mit der sansculottischen Volksbewegung in ihren Augen kompromittierten) Jakobiner schrittweise zurück. Während dieser Zeit erkannten Babeuf und seine Mitstreiter, daß das Ackergesetz gegen die wirtschaftliche Konzentrationsbewegung unwirksam sein würde, eine Erkenntnis, die zu der entscheidenden Zäsur in Babeufs Entwicklung führte. Hinfort projektierte er die künftige Gesellschaft als eine Gütergemeinschaft, die mit revolutionärer Gewalt verwirklicht werden müsse. Seine an der Verteilung orientierte, nicht auf die Produktionsweise bezogene Analyse des gesellschaftlichen Kräfteverhältnisses versprach einen erfolgreichen Ausgang des Unternehmens: Babeuf stellte den 24 Millionen, welche die nützlichste und zahlreichste Klasse bildeten, die eine Million jener «Agioteure, Wucherer, Preistreiber, unersättlichen Blutsauger und Halsabschneider, gierigen Spekulanten aller Art»[11] gegenüber, welche die Gesellschaft auspreßten.

Die Idee der Gütergemeinschaft («Communauté des biens») hat eine lange Tradition. Politisches Potential als tatsächliche Alternative zum Bestehenden errang sie jedoch erstmals während der Jakobinerdiktatur. Deren reglementierte, «moralische» Wirtschaft hatte eine über sie selbst hinausgehende Vorstellung als realisierbar erscheinen lassen, nämlich die, wie Buonarroti sie später nannte, «gesellschaftliche Wirtschaft» (économie sociale).[12] Das Programm einer Gütergemeinschaft wurde freilich von keiner sozial konfliktfähigen Gruppierung politisch vertreten, massenwirksam war es schon gar nicht. Selbst bei den Abonnenten der babouvistischen Publikationen – überwiegend selbständige Handwerker und Kleinhändler sowie eine gewisse Zahl von Freiberuflern – wird man eine durchweg positive Resonanz kaum unterstellen können. Dem politischen Bündnis zwischen Babouvismus und (Links-)Jakobinismus korrespondierte ebensowenig eine gemeinsame theoretische Position, wie sich die babouvistischen mit den sansculottischen Zielen deckten – das verhinderten die jeweiligen gesellschaftlichen Interessenslagen.

Die Babouvisten umschrieben mit «Gütergemeinschaft» ganz allgemein eine Gesellschaft, in der die Früchte der Arbeit allen, die Erde (Inbegriff der Produktionsmittel) aber niemandem, sondern der «Republik» gehörte. In einer solchen Gesellschaftsordnung würde es über den kostenfreien Besuch berufsbildender Schulen grundsätzlich jedem möglich sein, denjenigen Beruf zu ergreifen, der seinen individuellen Fähigkeiten und Neigungen entspräche. Im Konfliktfalle hätten sich die persönlichen Präferenzen den gesellschaftlichen Erfordernissen zu beugen, gleiches gälte für die Wahl des Arbeitsplatzes. Die Produzenten verwalteten sich berufsspezifisch über eigene, gewählte Magistrate auf der untersten, lokalen Ebene selbst, wären jedoch der Kommunalverwaltung verantwortlich. Diese bildete einen Teil der öffentlichen Verwaltung, die, zentralistisch in drei Stufen hierarchisiert, der Regierung unterstünde. Die Verwaltungsangehörigen würden durch periodische Wahlen bestimmt. Der repräsentativ-demokratisch verfaßte Staatsapparat bliebe als besondere Macht bestehen, direkte Demokratie, die von S. Maréchal geforderte Aufhebung der Trennung von «Regierenden» und «Regierten»,[13] fand unter den Babouvisten keine Mehrheit – sie fürchteten die Verführbarkeit der Volksmassen.

Diese Einschätzung wie natürlich auch die objektiven Bedingungen in Gestalt der politischen Repression veranlaßten die Babouvisten, ihre Revolution als ein avantgardistisches Unternehmen zu planen. Es war zentriert um den Aufbau einer konspirativen Kaderorganisation, welche die politische Macht durch einen Umsturz übernehmen und sodann mit einer zeitlich begrenzten «Aufstandsdiktatur»[14] die gesellschaftliche Umwälzung innerhalb einer Generation organisieren sollte. Diese Übergangsdiktatur war zwar nach dem Bilde der jakobinischen «revolutionären Regierung» gedacht, aber ihr bewußter Entwurf als Instrument sozialer Transformation war ein Novum.

Über die Organisationsform der Landwirtschaft finden sich ebensowenig eingehende Angaben wie über Art und Weise der nicht-agrarischen Produktion, deren Stätten über das Land verteilt gedacht wurden und die ihre Erzeugnisse den Bedürfnissen der Ackerbevölkerung anzupassen hätte. Das darin sich ausdrückende Übergewicht der Landwirtschaft wird gleichfalls in der Absicht der Babouvisten deutlich, die Städte überhaupt im Lande aufgehen zu lassen. In der Tat gab das Entwicklungsniveau der Produktivkräfte im damaligen Frankreich den babouvistischen Vorstellungen einer bewußt vergesellschafteten Wirtschaft eine spezifische Gestalt: Da Arbeitspflicht bestünde, würde sich der Arbeitsanteil derjenigen, die immer schon für ihren Lebensunterhalt gearbeitet hätte, zwar spürbar verringern, die Form der Arbeit sich aber kaum verändern. Das zeigt exemplarisch Babeufs Brief an Charles Germain vom 10. Thermidor des Jahres III, in dem Babeuf auch die künftige gewerbliche Wirtschaft erwähnt. Ähnlich – freilich gerade dagegen gerichtet – der zunächst formellen Subsumtion der handwerklichen Produzenten unter das Handelskapital, erfolge die angestrebte Vergesellschaftung, durch die «jedes einzelne Gewerbe seinen privaten Charakter verlieren würde»,[15] nicht durch eine unmittelbare Kollektivierung der Arbeit, sondern durch die Unterordnung der individuellen Produzenten unter (am Wohle aller orientierte) zentrale Planvorgaben. Deren Verbindlichkeit wäre gewährleistet durch die Verteilung der Ressourcen und der Ausbildungsplätze auf die einzelnen Gewerbe. Charakteristisch für diese von der Distributionsseite her strukturierte Vorstellung einer, wie Buonarroti sie später genannt hat, «gesellschaftlichen Wirtschaft» (économie sociale),[16] die den im wesentlichen noch handwerklichen Produktionsmitteln entsprach, ist die Figur des gemeinschaftlichen Depots, des *magasin commun*.[17] Sie findet sich sowohl in den utopieliterarischen Entwürfen vorangegangener Zeiten wie in den frühsozialistischen Schriften des 19. Jahrhunderts: Die weiterhin überwiegend individuell oder in vergleichsweise überschaubaren Werkstätten arbeitenden Produzenten lieferten ihre Erzeugnisse in nationalen Lagerhäusern ab und bezögen von dort zugleich alle von ihnen zum Leben und Arbeiten benötigten Dinge. Die gemeinschaftlichen Speicher unterstünden der staatlichen Wirtschaftsverwaltung, deren wesentliche Aufgabe mithin in der direkten Verteilung aller Stoffe und Erzeugnisse für die produktive und die individuelle Konsumtion läge. Monetäre Mittel gäbe es nur noch für den Außenhandel. Der private Handel wäre abgeschafft – was die Babouvisten in ihren Propagandaschriften verschwiegen, bildeten doch die *boutiquiers,* also die kleinen Einzelhändler, einen entscheidenden Teil der städtischen Volksklassen. Die individuellen Konsumtionsmittel würden gemäß gewissenhaftester Gleichheit, der «plus scrupuleuse égalité»,[18] verteilt. Im Horizont seines landwirtschaftlichen Pessimismus, der von einer generell nicht steigerungsfähigen, die Grundversorgung aller aber gewährleistenden Agrarproduktion ausging, setzte Babeuf dabei quantitative mit qualitativer Gleichheit in eins. D. h. er begriff Bedürfnisbefriedigung tendenziell als Sättigung der Primärbedürfnisse; nur wenn das – nicht vernunftgestützte – subjektive Anspruchsniveau die Sättigung der einfachen, physischen Bedürfnisse, die «Magenkapazität»,[19] nicht übersteige, könne deren Erfüllung individuelle Bedürfnisbefriedigung insgesamt und damit eben Gleichheit bewirken. Insofern stelle Gleichheit auf der konsumtiven – nicht auf der produktiven – Seite, wie Babeuf bereits 1786 dargelegt und unverändert durchgehalten hat, eine «Egalisierung»,[20] eine «Nivellierung»[21] dar. Deren Rechtfertigung vermag ihm freilich naturalistisch gerade nicht zu gelingen – folgerichtig brachte Babeuf die «Religion der reinen Gleichheit»[22] in Anschlag. In dieser idealistischen Verkehrung seiner Argumentation manifestiert sich der Überhang von Verhältnissen, die durch die Knappheitsökonomie einer vorindustriellen Agrargesellschaft bestimmt waren.

Mit der Gesellschaft verändern sich auch deren kritische Theorien – der Babouvismus wurde zu einem aufgehobenen und zugleich aufbewahrten Moment der Geschichte des Sozialismus. Umstandslose Revitalisierungsversuche haben unvermeidlich andere Tendenzen. Schon Buonarrotis Anfang der 1830er Jahre vorgetragenes Leitbild ländlicher Einfachheit, einer «rustique simplicité»,[23] war nicht mehr gleichsam ungebrochener Ausdruck objektiver Grenzen, sondern ausdrückliches Plädoyer für den durch eine industrielle Welt vermeintlich gefährdeten tugendhaften Staatsbürger. In W. Harichs 140 Jahre später, unter dem Eindruck der Fragilität der menschlichen Ökosphäre, empfohlenem Rückgriff auf babouvistische Reglementierungsvorstellungen wiederum zeigt sich die Angst des – euphemistisch formuliert – autoritären Sozialisten vor der vermeintlichen Unzulänglichkeit kommunikativer Rationalität.[24] Dagegen steht die Einsicht, daß die Intention allemal verschieden ist von ihrer bloßen Prätention.

Markus Elsässer

ROBERT OWEN
(1771–1858)

1. Leben und zeitgenössischer Kontext

Robert Owen, der britische Sozialreformer und Unternehmer, lebte von 1771 bis 1858. Owen, der aus ländlichen Verhältnissen stammt, verläßt in früher Jugend sein Elternhaus, um im Textilhandel zu arbeiten. Schon mit zwanzig Jahren leitet er eine moderne Textilfabrik in Manchester. Im Alter von neunundzwanzig Jahren wird er Teilhaber und alleiniger Gesellschafter der weltgrößten Baumwollspinnerei in New Lanark (Schottland). Dort wirkt Owen ein Vierteljahrhundert sehr erfolgreich als Unternehmer, zudem ist er dort außerordentlich innovativ auf sozialfürsorgerischem Gebiet. Seine in New Lanark durchgeführte betriebliche Sozialreform ist für die damalige Zeit ungemein fortschrittlich, sie erlangt Weltruhm. 1825 veräußert Robert Owen seine Geschäftsanteile und reist nach Amerika. Mit vier Fünfteln seines Vermögens initiiert er in New Harmony (Indiana) ein genossenschaftliches Siedlungsprojekt. Das Vorhaben scheitert nach einigen Jahren, Owen verliert den größten Teil seines Vermögens und kehrt nach England zurück. Owen ist bis zu seinem Tode publizistisch tätig. Er ist eine Schlüsselfigur für zahlreiche soziale Bewegungen in Großbritannien (oder gar deren Begründer), so unter anderem für das Genossenschaftswesen, für die Gewerkschaften und für den Kampf um die Arbeitszeitverkürzung. Mit siebenundachtzig Jahren stirbt er in Wales nach rastlosem Einsatz für soziale Ideen.[1]

2. Werk und politische Rolle

Der hohe Bekanntheitsgrad Owens im 19. Jahrhundert ist nicht auf seine industriellen Leistungen zurückzuführen. Es ist die betriebliche Sozialreform in New Lanark, die Owens Weltruf als maßgebliche Persönlichkeit des Frühkapitalismus begründet. Sein Wirken auf sozialpolitischem Gebiet hat die moderne Sozialpolitik des 20. Jahrhunderts vorweggenommen. In der Verbindung von praktischer Realisierung sozialer Reformen und theoretischer Auseinandersetzung mit sozialen Fragestellungen und Lösungen stellt Robert Owen das Vorbild eines zukunftweisenden Reformers dar. Die mangelnde Kooperationsbereitschaft und fehlende Einsicht der Arbeitgeberschaft sowie der Regierungen veranlassen ihn, den Weg rein sozialfürsorglicher Maßnahmen zu verlassen. Mit seinem Entwurf genossenschaftlicher Arbeits- und Lebenformen ist er ein entscheidender Förderer eines ideellen Nährbodens für radikale Gesellschaftsveränderungen.

a. Produktivgenossenschaften

Innerhalb der Bearbeitung genossenschaftlicher Themenkomplexe nimmt die Produktivgenossenschaft bei Owen eine zentrale Stellung ein. Produktivgenossenschaften sind nach Engelhardt «solche freiwillig gebildeten Gruppenunternehmen (...), an denen die Genossenschaftsmitglieder durch Aufbringung von Kapitalbeträgen und durch demokratisch geordnete Mitwirkung an den Dispositionen beteiligt sind, in deren Betrieben sie aber auch alle ausführende Arbeit verrichten, deren Resultate die wirtschaftlichen Fundamente für ihre gemeinsame Selbständigkeit und zum Teil auch für gemeinschaftliches Gruppenleben in zugehörigen Haushaltungen schaffen».[2] Mit Charles Gide läßt sich sagen: «Produktivgenossenschaften sind Unternehmen, in denen jeder Beschäftigte Teilhaber und jeder Teilhaber beschäftigt ist.»[3] Ausschlaggebend bei den Produktivgenossenschaften ist nicht die Absicht der Mitglieder, mehr Wohlstand zu erreichen. In erster Linie geht es darum, den vereinigten Mitgliedern Selbständigkeit im Wirtschaftsleben zu verschaffen. Dabei ist es ohne Belang, ob die hinter der außerökonomischen Zielsetzung von Unabhängigkeit und Gemeinschaft stehenden Interessen der Mitglieder religiösen, weltanschaulichen oder anderen Beweggründen entspringen. Die Sonderform der Produktivgenossenschaft, die Siedlungsgenossenschaft, unterscheidet sich von der gewerblichen Produktivgenossenschaft insoweit, als sie Erzeugungs- und Haushaltsfunktionen gegenüber bloßen Beschaffungs- und Verwertungsfunktionen ausübt.

Robert Owen entwickelt erste Ansätze zur Konzeption produktivgenossenschaftlicher Siedlungen im Zusammenhang mit seinen Überlegungen zur Überwindung der wirtschaftlichen Depression und Arbeitslosigkeit (1815). Wesentlich ist dabei seine Auffassung, daß sich der Prozeß der Industrialisierung unaufhaltsam fortsetzen wird. Rückzugserscheinungen wie Apathie oder Auswanderung hält Owen für ungeeignet. Vor diesem Hintergrund ist sein genossenschaftliches Modell sozusagen als Korrektiv der Industriegesellschaft zu verstehen. Detailliert arbeitet er seine produktivgenossenschaftlichen Pläne im März 1817 aus. In allen Einzelheiten legt er darin die Grundzüge seiner Siedlungsgenossenschaft dar: Mitgliederzahl 1200 Menschen, eine genaue räumliche Anordnung des Genossenschaftsdorfes in einem Parallelogramm, Grünanlagen, Spielplätze, Erholungsbereiche, Häuserreihen und Außenbezirke, Werkstätten, Wäscherei, ein zentrales Kommunikationszentrum u. v. m.[4] Owen ist von den ökonomischen und außerökonomischen Vorteilen seines Entwurfes überzeugt. Er betrachtet die genossenschaftliche Kon-

Robert Owen (1771–1858)

Turnübung in einem Unterrichtssaal von Lanark

zeption als ein Mittel zur friedlichen Umgestaltung der Gesellschaft auf der Basis sich selbst verwaltender Produktivgenossenschaften. Diese sollen ausdrücklich auch öffentliche Aufgaben wahrnehmen, die im wesentlichen drei Elemente berühren:

Landwirtschaftliche Orientierung
Charakteristisch für Owens Genossenschaftskonzeption ist eine starke landwirtschaftliche Orientierung. In seinem ersten Entwurf von 1817 sind durchaus industrielle Bauten vorgesehen. Das Fehlen jeglicher betriebswirtschaftlicher Berechnungen deutet aber darauf hin, daß die industrielle Betätigung innerhalb der Produktivgenossenschaft als zweitrangig eingeschätzt wird. Auffällig ist ebenfalls, daß Owen als erfolgreicher Textilunternehmer an keiner Stelle seiner Ausarbeitung über Siedlungsgenossenschaften die Integration einer Fabrikanlage etwa der Größe New Lanarks propagiert. Vielmehr konstatiert er im August 1817 in London, daß es – unter Beschäftigungsaspekten – zur Arbeit auf dem Lande keine Alternative gebe. Darin sieht er den Idealtypus einer künftigen Gesellschaftsordnung, in der der industriellen Betätigung nur eine marginale Bedeutung zukommen soll.

Raumpolitische Gesichtspunkte
Owens siedlungsgenossenschaftliche Konzeptionen enthalten auch Aspekte der Raumordnung und einer daran orientierten Gesellschafts- und Wirtschaftspolitik. Anstelle der herkömmlichen Städte mit ihrem unsystematischen Gewirr von Straßen und Hinterhöfen ohne Zugang zur Natur sollen neuartige, durchdacht angelegte Siedlungen treten. Es gilt, für alle Bedürfnisse und Interessen des Menschen räumliche Voraussetzungen zu schaffen – Raumordnungen, die sowohl Isolierung als auch Vermassung entgegenwirken.

Eng damit verbunden ist die Idee einer Gartenstadt, die gesundheitlich-hygienischen wie gemeinschaftlich-kulturellen Zielen dient. Owen liegt dieser Aspekt besonders am Herzen. 1825 stellt er ein über drei Quadratmeter großes Holzmodell einer solchen Gartenstadt im amerikanischen Kongreß aus, um für diese Besiedlungsform zu werben. In Großbritannien propagiert er seine Gartenstadtidee als Alternative zu den Elendsvierteln in den Industriezentren (1829).

Erziehung
Einen hohen Stellenwert im Rahmen der Produktivgenossenschaft mißt Robert Owen dem Erziehungsgedanken bei. Im Siedlungsprojekt von New Harmony (Indiana/USA) entwickelt er einen Erziehungsplan, der sich durch die Verbindung von Erziehung und gesellschaftlicher Entwicklung auszeichnet. In seinen Vorträgen zu Erziehungsfragen in New Harmony (1826) vertritt Owen die Auffassung, daß die wichtigste Zeit

der Erziehung schon vor der Schulzeit liegt. Bereits nach der Geburt beeinflusse das Umfeld die Entwicklung der Menschen. Im einzelnen fordert Owen für die Kleinkindererziehung: einfache Nahrung, bequeme Kleidung, Hygiene (tägliches Waschen), eine vernünftige Ansprache der Kinder. Eine sozial kooperative Kindererziehung sei der Familienerziehung in dieser Hinsicht schon aus praktikablen Erwägungen überlegen.

In einer Zeit, in der es an der Tagesordnung ist, daß Kinder bereits mit 9 Jahren in Fabriken arbeiten, plädiert Robert Owen für eine 13jährige schulische Betreuung junger Menschen. Das Schulkonzept von New Harmony sieht drei Klassenstufen vor: Kinder im Alter von 3–8 Jahren – Anschauungsunterricht; 8–12 Jahre – eigentlicher Schulunterricht; 12–16 Jahre – letzte Klassenstufe. Owens Bildungskonzept, eingebunden in seine Produktivgenossenschaft, ist damit als extrem fortschrittlich zu werten.

b) Konsumgenossenschaften

Den Aktivitäten der Konsumgenossenschaften steht Owen zunächst skeptisch gegenüber. Ihm erscheinen sie von ihren Ansätzen wie von ihren Zielsetzungen her meist als zu eng und zu trivial, ging es ihm doch um einen gesamtgesellschaftlichen Wandel auf produktivgenossenschaftlicher Basis. Dieses Potential sieht er bei den kleinen konsumgenossenschaftlichen Läden der Arbeiter für nicht gegeben. Dennoch engagiert sich Owen zwischen 1829 und 1834 für konsumgenossenschaftliche Belange. So führt er zeitweilig den Vorsitz des Cooperative Congress 1831 in Manchester, welcher sich überwiegend mit Fragen des Konsumgenossenschaftswesens beschäftigt. Gleichzeitig wird Owen Treuhänder einer konsumgenossenschaftlichen Großhandelsgesellschaft in Liverpool. Vor allem aber sind es die von ihm herausgegebenen oder geförderten Publikationen, die als Sprachrohr der jungen Konsumgenossenschaftsbewegung dienen.

Im Zuge der erfolgreichen Ausdehnung der Konsumgenossenschaftsbewegung (nach 1844) ist Owen von seiner Nachwelt teilweise als «Vater des Konsumgenossenschaftswesens» betrachtet worden. Diese Einschätzung wird Owens tatsächlicher Grundhaltung nicht gerecht. Ebensowenig trifft es zu, von einer Gegnerschaft Owens zur Konsumgenossenschaftsbewegung zu sprechen. Robert Owen legt vielmehr gewisse ideelle Grundlagen, die von den eigentlichen Gründern der Konsumgenossenschaften in England aufgegriffen werden. Hier sind es vor allem die Rochdaler Pioniere, denen die modernen Konsumgenossenschaften ihre heutige Gestalt verdanken.

c) Radikale Ziele der Gesellschaftsreform

Die vorherrschende ideelle Strömung im England des frühen 19. Jahrhunderts ist der Utilitarismus. Er kommt vor allem in den Werken von Jeremy Bentham zum Ausdruck. Das utilitaristische Gedankengut, welches das größtmögliche Glück für die größtmögliche Zahl (der Menschen) postuliert, dient nicht nur den liberalen Wirtschaftstheoretikern des Manchestertums als Grundlage ihrer Agitation, sondern auch frühen Sozialkritikern wie Owen. Diese halten ihren liberalen Widersachern entgegen, daß der damalige Zustand in Gesellschaft und Wirtschaft nicht der utilitaristischen Maxime entspricht. Bentham und der Kreis der Liberalen sehen im Privateigentum die eigentliche Basis gesellschaftlicher Ordnung sowie in der demokratischen Reform das geeignete Mittel zur Lösung sozialer Probleme. Owen und seine Mitstreiter dagegen glauben, durch verbesserte Kooperation aller Wirtschaftsteilnehmer *(Mutual Cooperation)* sowie durch eine gesellschaftliche Umgestaltung auf genossenschaftlicher Basis eine dauerhafte Änderung sozialer Mißstände (Entwurzelung, Verelendung, Vereinzelung) zu erreichen. Einige Elemente dieses radikalen Gedankengutes können sich auf ideelle Traditionen stützen – vor allem auf die Beschreibung idealtypischer Leitbilder in Thomas Morus' ‹Utopia› im 16. Jahrhundert als auch auf die praktischen Reformvorschläge von Plockboy und Bellers im 17./18. Jahrhundert, die einer modernen gesellschaftskritischen Argumentation bereits ähneln. Robert Owen ist jedoch der erste, der der gewachsenen Wirtschafts- und Gesellschaftsordnung eines dominierenden Individualismus im beginnenden Industriezeitalter die ethischen sowie wirtschaftlichen Grundsätze eines bewußt gestalteten sozialen Systems gegenüberstellt.

Während das *Laisser-Faire* der Manchesteraner den Zeitgeist Englands bestimmt, entwirft Owen sein sozialistisches Leitbild: In einem sozialisierten Wirtschaftssystem sollen auch alle menschlichen Wertungen und Beziehungen vergegenseitigt werden. Entgegen der utilitaristischen Haltung des Egoismus zum Vorteil der Gesamtheit, fordert Owen ein sozialethisches System, welches auf dem Altruismus basiert – das Glück des einen bedingt durch das des anderen. An die Stelle des individualistischen Menschen soll Owens Utopie zufolge der soziale Mensch treten; Kooperation und Vereinigung in landwirtschaftlich-industriellen Siedlungsgenossenschaften soll das Konkurrenzdenken ersetzen.

Man kann Owen durchaus als den Künder einer neuen Moral und Geistigkeit bezeichnen. Seine sozialistische Auffassung basiert im wesentlichen auf einer Utopie des Individuums als eines sozialen Menschen sowie einer daran anknüpfenden kooperativen Utopie. Letztere zielt jedoch nicht auf eine präindustrielle Schwärmerei, sondern auf die Erziehung eines neuen uneigennützigen Menschen. Dabei gehen Owens Erfahrungen seines Sozialexperimentes in New Lanark, wonach sich Menschen wie in einem Schmelztiegel umformen lassen, der Entwicklung systemüberwindender Reformen voran. Owen versucht mit seiner Utopie, die heute noch vielen Beobachtern als problematisch erscheint, eine Versittlichung von Gesellschaft und Wirtschaft im Sinne eines personalen oder freiheitlichen Sozialismus zu erreichen. Das erklärt auch, warum er seine sozialistische Theorie als eine Art «Vernunftreligion» begreift. So befremdlich vieles an der Owenschen Utopie aus heutiger Sicht erscheinen mag, sein Beitrag zur Entwicklung sozialistischen Gedankenguts wird durchaus positiv eingeschätzt. Aus der Vielzahl radikaler Konzeptionen seien im folgenden zwei Entwürfe Owens exemplarisch erwähnt.

Arbeitsbörsen

Ähnlich wie der zeitgenössische Nationalökonom S. de Sismondi (1773–1842) erblickt Robert Owen in der geringen Kaufkraft und damit im fehlenden Nachfragepotential der breiten Massen eine Ursache für volkswirtschaftliche Krisen. Mithin führt er wirtschaftliche Problemstellungen auf einen systemimmanenten Faktor – und nicht, wie zur damaligen Zeit noch üblich, auf systemfremde Größen (Krieg, Mißernten) – zurück. Das Arbeitseinkommen wird nicht so sehr als industrielle Kostengröße, sondern als Bestandteil der volkswirtschaftlichen Gesamtnachfrage betrachtet. Die ungenügende Massenkaufkraft erklärt Owen durch Ansätze eines Arbeitswertkonzeptes, das später von Karl Marx weiterentwickelt wird. In dem vorherrschenden Wirtschaftssystem fällt nach Owen das Arbeitsprodukt nicht dem Arbeitenden selbst zu, obwohl der Faktor Arbeit als solcher alleine produktiv sei. Hieraus leitet er die Forderung nach dem vollen Arbeitsertrag für den Beschäftigten ab. Durch den Austausch der Produkte unter den Arbeitenden in sogenannten Arbeitsbörsen soll sein Konzept verwirklicht werden. Unmittelbares Wertmaß des Tausches soll die jeweilige, zur Herstellung eines Produktes benötigte Arbeitszeit sein. Die Anzahl der geleisteten Arbeitsstunden wird mit einem Arbeitsgeld, sogenannten «Labour Notes», entgolten.

Mit der Gründung von Arbeitstauschplätzen, den Arbeiterbörsen, auf nationaler Ebene in England («National Equitable Labour Exchange») verfolgt Owen das Ziel einer Umstrukturierung der Einkommensverteilung. Die «Labour Exchange» soll sowohl für den einzelnen Arbeiter als auch für die in Produktivgenossenschaften organisierten Gruppen von Werktätigen den Absatz ihrer Erzeugnisse sichern. Die Bezahlung erfolgt auf Basis der verwendeten Arbeitszeit. Unter Ausschaltung des Handels sollen die Arbeitsbörsen sodann die Produkte an die Konsumenten gegen «Labour Notes» abgeben.

1832 wird unter Owens Leitung im Zentrum Londons die erste Arbeitsbörse, die «National Equitable Labour Exchange», gegründet. In anderen Städten Englands, so in Birmingham und Liverpool, folgen weitere Gründungen. Der wirtschaftliche Erfolg der Arbeitsbörsen ist allerdings nur von kurzer Dauer.

Privateigentum
Im Rahmen der Reform einer individualistischen Gesellschaftsordnung nimmt Owen auch zu Fragen des Privateigentums Stellung. Vor allem sind es volkswirtschaftliche Störungen allokations- wie distributionspolitischer Art in der marktwirtschaftlichen Ordnung des 19. Jahrhunderts, die Owen zufolge aus der individualistischen Eigentumsverteilung resultieren. Es gelte aus dieser Überlegung heraus, Privateigentum abzulehnen und Gemeineigentum in «Communities» zu propagieren.

3. Wirkung

Die Owensche Auffassung radikaler Wirtschafts- und Gesellschaftsreform umfaßt die gesamte Spanne aller Lebensbereiche und Ordnungen – eine komplette Theorie des Lebens. Sie erstreckt sich von Konzeptionen des familiären Zusammenlebens, des Güteraustausches, der Gemeinschaftserziehung in Genossenschaften bis hin zur Forderung nach urkommunistisch geprägtem Gemeineigentum. Hierin liegt die Eigenheit seiner Haltung, die die entscheidende Basis für reformerisches Gedankengut im Großbritannien des 19. Jahrhunderts bildet.

Iring Fetscher

CHARLES FOURIER
(1772–1837)

1. Urteile über Fouriers Bedeutung

Vermutlich ist Fourier weiten Kreisen noch weniger bekannt als die anderen sogenannten «utopischen Sozialisten». Um ihn rankt sich eine Legende, die nur wenig mit seinen Theorien zu tun hat. So hat z. B. der französische Illustrator und Karrikaturist Cham (Graf Amédée de Noé, 1819–1879) ein Tier mit einem Auge am Ende des Schwanzes als Beispiel für Fouriers phantastische Narreteien gezeichnet. Ebenso haben einige bei Fourier vorkommende seltsame «Prophezeiungen», die wir noch kennenlernen werden, Anlaß zu billigem Spott gegeben.

Verglichen damit, wiegen die positiven Beurteilungen Fouriers durch Karl Marx und Walter Benjamin, J. S. Mill und Jean Jaurès weit schwerer. Mill meinte, «von allen Formen des Sozialismus ist der Fourierismus die am geschicktesten kombinierte und am besten auf alle Wirklichkeitsbereiche ausgedehnte». Jean Jaurès nennt Fourier «einen Menschen von bewundernswertem Genie, der als einziger die Kraft hatte, die Möglichkeit einer neuen Ordnung sich vorzustellen». Karl Marx kritisiert zwar Fouriers Meinung, die Arbeit «könne Spiel werden», schreibt ihm aber das Verdienst zu, «die Aufhebung nicht der Distribution, sondern der Produktionsweise selbst in höhre Form als *ultimate object* ausgesprochen zu haben».[1] Der Zentralgedanke, mühselige Arbeit in *travail attractif* zu verwandeln, «Selbstverwirklichung des Individuums», ist in der Tat die ausschlaggebende große Errungenschaft Fourierschen Denkens.

Auf einen anderen – heute mindestens ebenso aktuellen – Aspekt der Fourierschen Utopie hat erstmals Walter Benjamin aufmerksam gemacht: Die Sozialdemokratie habe in säkularisierter Gestalt die protestantische Werkmoral übernommen und eine vulgärmarxistische Auffassung entwickelt, «die nur die Fortschritte der Naturbeherrschung, nicht die Rückschritte der Gesellschaft wahrhaben» will. Zu dieser Auffassung gehöre «ein Begriff der Natur, der sich auf unheilverkündende Art von dem in den sozialistischen Utopien des Vormärz abhebt. Die Arbeit, wie sie nunmehr verstanden wird, läuft auf die Ausbeutung der Natur hinaus, welche man mit naiver Genugtuung der Ausbeutung des Proletariats gegenüberstellt. Mit dieser positivistischen Konzeption verglichen, erweisen die Phantastereien (...) eines Fouriers (...) ihren überraschend gesunden Sinn». Sie illustrieren nämlich «eine Arbeit, die weit entfernt, die Natur auszubeuten, von den Schöpfungen sie zu entbinden imstande

Charles Fourier (1772–1837)

Das Phalansterium

ist, die als mögliche in ihrem Schoße schlummern. Zu dem korrumpierten Begriff von Arbeit gehört als sein Komplement *die* Natur, welche, wie Dietzgen sich ausgedrückt hat, ‹gratis da ist›».[2] Auch wenn die konkreten Angaben Fouriers über eine Natur, die dem menschlichen Willen aufgrund der veränderten sozialen Organisation der Tätigkeit freiwillig entgegenkommt, heute eher Kopfschütteln hervorrufen, so bleibt doch der zentrale Gedanke richtungweisend, man müsse versuchen, die Produktion so zu gestalten, daß Natur nicht vergewaltigt, sondern ihrer produktiven Potentialitäten entbunden wird.

2. Fouriers Leben und Werk

Charles Fourier wird am 7. April 1772 in Besançon als Sohn eines wohlhabenden Tuchhändlers geboren. Er besucht eine weiterführende Schule, wird aber zum Kaufmannsberuf gezwungen, gegen den er offenbar schon früh eine tiefe Abneigung empfindet. 1793 verliert er während des Aufstandes der Girondisten und Royalisten sein Vermögen und wird von den siegreichen Jacobinern verhaftet und zum Tode verurteilt, weil er auf Seiten der Aufständischen zu kämpfen gezwungen war. Der Umbruch des Thermidor befreit ihn aus dem Gefängnis. Verarmt muß er fortan als Geschäftsreisender und Angestellter sein Brot verdienen. Sein glanzloses Leben verläuft in «anständiger Armut» in Lyon und Paris, wo er erst während seiner letzten Lebensjahre einen wachsenden Kreis von Schülern um sich schart; 1837 ist er dort gestorben. – Als viel lesender Autodidakt veröffentlicht er zwischen 1808 und 1836 vier große Werke und eine Vielzahl von Aufrufen, offenen Briefen und Artikeln, die immer wieder sein welterlösendes Programm verkünden: 1808 erscheint seine *Theorie der vier Bewegungen und allgemeinen Bestimmungen*, 1822 das *Traktat der häuslichen und landwirtschaftlichen Assoziation* (2 Bände), 1829/30 *Die neue industrielle und sozietäre Welt, oder Erfindung eines anziehenden und natürlichen Industrieverfahrens, das die Arbeit in leidenschaftliche Serien aufteilt;* 1833/36 *Die falsche, zerstückelte, abstoßende, lügnerische Industrie und das Gegenmittel: die natürliche, wahrhafte und anziehende Industrie.*

Um seine die Menschen befreiende Entdeckung durch ein praktisches Beispiel vor aller Augen beweisen zu können, wartete er auf einen Mäzen, der ein Modell-Phalansterium finanziert – die Gemeinschaftssiedlung von 1620 Personen, die abwechselnd im Gartenbau und in der Industrie tätig sind und in kostensparenden Gemeinschaftswohnungen verköstigt und unterhalten werden. Jeden Mittag Schlag 12 Uhr kehrt er aus seinem Büro nach Hause zurück und erwartet den Kapitalisten, der sein Experiment finanzieren sollte – bis zu seinem Tode. 1832 gründete einer seiner Schüler eine Aktiengesellschaft, die in der Nähe von

Rambouillet 500 Hektar Land kaufte, um dort ein Phalansterium zu bauen. Es gelang ihm aber nicht, genügend Kapital zusammenzubringen, so daß das Unternehmen aufgegeben werden mußte, noch bevor es eigentlich begann. Fourier selbst hat diese Initiative im übrigen ausdrücklich abgelehnt, da sie nicht die von ihm bis ins kleinste Detail fixierten Bedingungen erfüllte. Der aus dem Landkauf hervorgegangene Erholungspark konnte immerhin 1933 sein hundertjähriges Jubiläum feiern. Auch andere Versuche, ein Phalansterium ins Leben zu rufen – vor allem in den USA und vereinzelt in Algerien – sind nach wenigen Jahren gescheitert.

3. Die Kritik der «Zivilistation»

Unter «Zivilisation» versteht Fourier die zeitgenössische frühkapitalistische Gesellschaft. Die Mängel und Widersprüche dieser Gesellschaftsordnung sind so gravierend, daß Menschen wie J. J. Rousseau meinten, in eine frühe Entwicklungsstufe der Menschheit zurückkehren zu sollen. Aber Wildheit, Patriarchat, Barbarei – die drei Aspekte der frühen Kulturen, die Fourier kennt, sind nicht minder bedenklich. Sie alle widersprechen eindeutig den Intentionen der Natur (oder Gottes), die Fourier – nach Jahrtausenden des Irrtums – endlich deutlich erkannt zu haben glaubt, um sie zur Grundlage einer ihnen konformen sozialen Organisation zu machen. Seine Kritik richtet sich in erster Linie gegen das «Schmarotzertum» und die Gaunereien des Handels, gegen die zu den Leidenschaften der Menschen in Widerspruch stehende Einrichtung der lebenslangen monogamen Familie und gegen die Zerstückelung der Haushalte, die unnötige Kosten verursacht.

Am ausführlichsten kritisiert Fourier den Handel, den er aus eigener Anschauung gut kennt. Der «Mechanismus des Handels ist so eingerichtet, daß er allem gesunden Verstand geradezu ins Gesicht schlägt. Er hat die ganze Gesellschaft einer Klasse vor parasitischen und unproduktiven Agenten, den Kaufleuten, untergeordnet. Alle wesentlichen Klassen der Gesellschaft, der Eigentümer, der Landbauer, der Fabrikant und selbst die Regierung sehen sich beherrscht durch eine außerwesentliche, akzessorische Klasse, durch den Kaufmann, der ihr Untergebener, ihr angestellter Agent, ihr absetzbarer und verantwortlicher Agent sein sollte, und der dennoch nach seinem Belieben alle Triebfedern der Zirkulation leitet und hemmt».[3] «Unsere Handelssysteme, die man jetzt mit stupider Verehrung angafft, sind die Antipoden der Wahrheit, der Gerechtigkeit, also auch der Einheit» (der Gesellschaft).[4]

Den Beweis für seine Kritik sucht Fourier durch die Beispiele: Verknappung von Gütern durch Ankauf, Spekulation, Wucher, Monopole, Überfüllung der Märkte usw. zu führen. Er zählt 36 Charakteristika des «zivilisierten Handels» auf und geht mit minutiöser Genauigkeit auf den Wechsel ein. Während die Herstellung von Falschgeld in allen Staaten streng geahndet wird, sei es Kaufleuten erlaubt, in der Gestalt von Wechseln fast unbegrenzt Zahlungsmittel von fragwürdiger Zuverlässigkeit herzustellen, «ein Verbrechen, das der Falschmünzerei gleichkommt, wofür man die anderen Klassen von Spitzbuben zum Galgen schickt – und das das Handelssystem der Zivilisierten (...) legalisiert und beschützt».

Die große Wirtschaftskrise von 1826, die unter anderem in Lyon massenhafte Arbeitslosigkeit und extreme Not der Arbeiter zur Folge hatte, bestärkte Fourier in seiner Kritik an der existierenden Wirtschaftsordnung. «Hat man jemals ein Gesellschaftssystem gesehen, das den Titel ‹auf den Kopf gestellte Welt›, ganz gleich, wie diese auch immer organisiert sein mochte, besser verdiente als unsere Zivilisation? Zwanzigmal hat sie seit dem Jahre 1789 ihr Verwaltungssystem geändert. Aber dieses Chamäleon stellt unter zwanzig verschiedenen Formen immer wieder nur den Antipoden der Gerechtigkeit und der Vernunft dar, es vertritt eine kleine Menge von Müßiggängern, die die zu undankbarer Arbeit verurteilte Masse, bei der das Glück immer nur eine Ausnahme ist und wo auf sieben unglückliche Familien eine kommt, der es gut geht, verspottet. Es ist *gezwungen, eine Unterdrückungspolitik zu treiben,* eine kleine Zahl bezahlter Sklaven zu bewaffnen, um eine Menge entwaffneter Sklaven im Zaume zu halten, es ist gezwungen, immer mit der Regierung übereinzustimmen, um den Fortschritt der Aufklärung aufzuhalten».[5]

Wenn der Handel nichts ist «als angewandte Lüge und Arglist», so ist die Lage insbesondere der Frauen in der Zivilisation der eindeutige Gradmesser für die Verkehrtheit aller Verhältnisse. «Der soziale Fortschritt und der Übergang von einer Periode zur anderen erfolgt aufgrund der Fortschritte in der Befreiung der Frau und der Niedergang der Gesellschaftsordnung wird durch die Abnahme der Freiheit der Frau bewirkt. Andere Einflüsse wirken auf die politischen Wechselfälle, aber es gibt keine Ursache, die so rasch zu sozialem Fortschritt oder Niedergang führt, wie der Wechsel im Los der Frauen. (...) Die Erweiterung der Privilegien der Frauen ist die allgemeine Grundlage allen sozialen Fortschritts.»[6]

Fourier beschreibt mit pedantischer Ausführlichkeit die Folgen des ehelichen Jochs, unter der in erster Linie die Frauen, aber auch viele Männer zu leiden haben. Vor allem betont er das Leid vieler Mädchen, die keinen Mann finden und von der «anständigen Gesellschaft» dazu verurteilt werden, auf Sexualität zu verzichten oder die Achtung ihrer Mitbürger und Mitbürgerinnen zu verlieren. Diesem Mißstand will er durch die Einführung der «Großjährigkeit in der Liebe» steuern. Darunter versteht er die Emanzipation der achtzehnjährigen Mädchen, denen es freigestellt sein soll, sich Liebhaber, Freunde, Partner usw. zuzulegen.

Um diese freien Beziehungen «schicklich zu regeln», entwirft Fourier ein kompliziertes System von «Liebesbünden» unterschiedlicher Dauer und Ausgestaltung. Es soll drei große Gruppen von Bünden geben, die jeweils wieder in drei «Untergruppen oder Abstufungen unterteilt sind»: Bünde mit Gattinnen, «die wie in der Zivilisation – nur einen Gatten fürs Leben haben», solche mit «*Demoiselles* oder *demi-Dames,* die ihren Besitzer (!) wechseln können, vorausgesetzt, sie nehmen einen nach dem anderen, in regelmäßigen Abständen» und endlich die Kategorie der «Galanten, deren Statut noch weniger streng ist». In der Zivilisation stehe die öffentliche Meinung im Widerspruch zur leidenschaftlichen Natur der Menschen. Durch ein einfaches Gesetz könne das geändert werden, das «die Galanterie zum Rang eines sittsamen Vergnügens erhebt». Es sei doch einfach lächerlich, wenn «bei den Frauen als ein Laster gilt, was bei den Männern Liebenswürdigkeit genannt wird».

Die monogame Ehe – so Fouriers Eindruck – werde künftig am Ende einer längeren Periode stehen, während der Frauen wie Männer wechselnde und befriedigende Liebesbeziehungen gehabt hätten. Erst wenn die Leidenschaften schwächer geworden seien, könne eine Beziehung zwischen Mann und Frau ohne Verstoß gegen die Natur auf Dauer gestellt werden. Eine erhebliche Mitschuld an den zeitgenössischen Verhältnissen trage die Moral, welche die Philosophen lehren. Sie verlange von den Frauen, ihre Gefühle zu unterdrücken und enthalte ihnen eine intellektuelle Ausbildung vor. Offenbar habe es die «zivilisierte Ordnung» nötig, «die Frauen von Kind auf zu verdummen, um sie dem philosphischen Dogma der Knechtschaft in der Ehe anzupassen, um sie der Herrschaft eines Gatten gefügig zu machen, dessen Charakter dem ihren vielleicht entgegengesetzt ist». Solange die «Zivilisation» noch existiere, sei allerdings eine freiheitliche und gleichberechtigte Erziehung kaum sinnvoll. Die Aufgabe der Frau sei daher die denkbar stärkste Verurteilung der Zivilisation: «Sache der Frauen wäre es, die Zivilisation anzugreifen», da auf ihnen die Zivilisation am schwersten laste. «Es wäre Sache der gelehrten Frauen gewesen zu erforschen, wie die Frauen zu befreien seien (...). Mich deucht, die Tyrannei der öffentlichen Meinung sollte genügen, um einige ehrenhafte Frauen zum Angriff auf die Vorurteile anzuregen, nicht durch unnötige Reden, sondern durch das Suchen nach Neuerungen, die beide Geschlechter dem schrecklichen und erniedrigenden Zustand der Ehe entreißen könnten.»[7] Der überfällige Prozeß der Emanzipation der Frauen werde aber in jüngster Zeit (1808!) durch die «Einschleppung der venerischen Erkrankungen, deren Gefahren die Wollust in Ausschweifung verwandelt (...)», behindert, sowie durch den Einfluß des Katholizismus und durch den Islam. Im Vergleich zur Erniedrigung der Frau durch den Koran werde «ein trügerischer Schein von Glück» auf das Los der Zivilisierten geworfen. Ähnlichkeiten mit der heutigen Situation sind dabei kaum zu verkennen.

4. Fouriers Entwurf einer Gesellschaftsordnung in Übereinstimmung mit der «Natur» oder den «Plänen Gottes»

Fourier ist überzeugt, das Allheilmittel zur Überwindung der Misere der Zivilisation gefunden zu haben. Dabei folge er nur den Hinweisen, die Gott durch die natürliche Ausstattung der Menschen mit einer Fülle von Leidenschaften (passions) gegeben habe. Diese Leidenschaften, von denen die Philosophen meinen, man müsse sie im Dienste der Tugend und der Vernunft unterdrücken, seien aber – wenn sie nur richtig gegeneinander ausbalanciert würden – alle heilsam und nützlich. Statt mit Hilfe einer zwanghaften Erziehung die Menschen gewaltsam der existierenden Gesellschaftsordnung anzupassen, müsse vielmehr umgekehrt die Gesellschaft so organisiert werden, daß sich die Leidenschaften frei entfalten, gegenseitig stützen, korrigieren und zum Gemeinwohl zusammenwirken können. «Bevor ich kam, hat die Menschheit einige tausend Jahre damit verloren, sinnlos gegen die Natur anzukämpfen. Ich habe mich als erster vor ihr gebeugt, indem ich die *Anziehungskraft* studierte, durch die sie ihre Ratschlüsse kundtut: sie hat geruht, dem einzigen Sterblichen zuzulächeln, der ihr Weihrauch gestreut hat, und hat ihm ihre Schätze überantwortet. Im Besitz der Schicksalsbücher schicke ich mich an, die politischen und moralischen Finsternisse zu zerstreuen, und auf den Trümmern der inexakten Wissenschaften errichte ich die Theorie der allgemeinen Harmonie», schreibt Fourier am Ende des zweiten Teils der *Theorie der vier Bewegungen*.[8] Derartig überhebliche, ja größenwahnsinnige Deklarationen waren – wie Maxime Leroy hervorhebt – seinerzeit nicht selten. Victor Hugo, Alfred de Vigny, Honoré Balzac hielten sich wie Fourier für Männer des Schicksals und Alphonse de Lamartine glaubte, er sei «der Messias» oder – wie Royer-Collard sarkastisch meinte – sogar Gott-Vater selbst; der Saint-Simon-Anhänger Père Enfantin schließlich stellte sich als «Statthalter Gottes» vor.[9]

Wie für die Aufklärer des 18. Jahrhunderts fällt auch für Fourier die Ordnung der Natur mit dem Willen Gottes zusammen. Dabei bediene sich der Schöpfer einfacher Gesetze, die Newton für die physische Welt entdeckt habe und deren Entdeckung für die Welt der Menschen Fourier vorbehalten sei. Da Gott «gut» sei, habe er die Menschen mit Leidenschaften so ausgestattet, daß sie zum Glück gelangen könnten. Wenn das in der Zivilisation ebensowenig wie in den frühen Gesellschaftsordnungen der Fall sei, dann liege das nicht an den natürlichen Eigenschaften der Menschen, sondern an der unnatürlichen Gesellschaftsordnung.

Am Anfang der geplanten Neuordnung muß also ein Studium der Leidenschaften stehen, von denen der pedantische Systematiker insgesamt 810 verschiedene kennt. Die drei «Hauptleidenschaften» sind: 1. die Begierde nach Luxus, 2. das Bedürfnis nach Verbindung zu

Gruppen und 3. das Serienbedürfnis, d.h. das Bedürfnis, einer Spiel- oder Arbeitsserie anzugehören. – Diese drei Hauptleidenschaften entwickeln sich aber nicht von allein, sondern nur in Verbindung mit «passions motrices», in Bewegung versetzenden Leidenschaften, von denen es abermals drei gibt: 1. die Flatterhaftigkeit (la papillonne), die dem Bedürfnis nach ständiger Abwechslung entspricht, das alle Menschen spontan empfinden, 2. der Verschwörergeist (la cabaliste), die Lust an Intrigen, und endlich 3. das Streben nach gleichzeitiger körperlicher und seelischer Lust. All diese Leidenschaften suchen die Moralisten zu unterdrücken, weil sie in ihnen nur «subversive Kräfte» erblicken. Man muß sie aber in ihrem Wirken und Zusammenwirken sehen, das zugleich jede Übertreibung, jeden Exzeß verhindert. Nur die unterdrückten Leidenschaften werden explosiv und asozial. Damit hat Fourier eine Einsicht Sigmund Freuds vorweggenommen. «Das wahre Glück aber besteht nur in der Befriedigung aller Leidenschaften», sogar derer, die als «schlecht» angesehen werden.[10]

Immer wieder betont Fourier, daß alles darauf ankomme, die Gesellschaft – Produktion, Konsum, Wohnen usw. – so zu organisieren, daß die natürlichen Leidenschaften sich voll entfalten können, so daß eine «soziale Harmonie» entsteht. Da die Menschen arbeiten müssen, um sich am Leben zu erhalten, wird es so lange keine Freiheit für alle geben, wie die Arbeit «abstoßend» (rebutant) ist, oder eine gewisse Anzahl von Arbeiten diese Eigenschaft aufweisen. Unter diesen Umständen wird nämlich stets eine Minderheit von Privilegierten dafür sorgen, daß sie, von solchen Arbeiten enthoben, ein Leben des Genusses (oder der Beschäftigung mit angenehmen Tätigkeiten) führen kann. Erst wenn es gelungen ist, *alle* notwendigen Arbeiten in «anziehende Arbeit» (travail attirant) zu verwandeln, kann daher die allgemeine Freiheit aller verwirklicht werden. Dieser zentrale Gedanke war es, der Marx zutiefst beeindruckt hat. Dabei wirft er Fourier vor, er habe unterstellt, daß sich Arbeit in Spiel verwandeln könne, was ein «grisettenmäßiger» Irrtum sei. Es gehe vielmehr darum, «Arbeit» als fremdbestimmte Tätigkeit durch «freie Arbeiten» zu ersetzen. Solche «freien Arbeiten» sind für Marx in erster Linie künstlerische Tätigkeiten wie das Komponieren. Generell – so die Marxsche Annahme in den *Grundrissen*, die er vermutlich später nicht mehr im gleichen Umfang aufrecht erhalten hat – könne Arbeit «diesen (freien) Charakter nur erhalten», «dadurch daß 1) ihr gesellschaftlicher Charakter gesetzt ist». Das heißt wohl, daß sie durch den Konsens der Beteiligten unter ihnen verteilt worden ist, nicht aus Zwang und Not sowie durch objektive «Marktgesetze» oktroyiert, «2) daß sie wissenschaftlichen Charakters, zugleich allgemeine Arbeit ist, nicht Anstrengung des Menschen als bestimmt dressierter Naturkraft, sondern als Subjekt, das in dem Produktionsprozeß nicht in bloß natürlicher, naturwüchsiger Form, sondern als alle Naturkräfte regelnde Tätigkeit erscheint».[11] Derartige Arbeit würde nicht mehr als «Opfer» erfahren werden, das um des schieren Überlebens willen erbracht werden muß, sondern als Selbstverwirklichung der dem Menschen (als Gattung) eigentümlichen Kreativität (seiner Gattungseigenschaft).

So viel nur, um zu verdeutlichen, daß Marx bei aller Bewunderung für Fouriers genialen Gedanken doch ganz andere Konsequenzen aus ihm zieht. In mancher Hinsicht steht Fourier den Auffassungen Herbert Marcuses weit näher als denjenigen von Marx. Marx unterstellt nämlich keineswegs die Möglichkeit, Arbeit könne in libidinös besetzte, vergnügliche Tätigkeit verwandelt werden. Einmal betont er – im Unterschied zu Fourier, der davon sprach, daß man schon vor 2000 Jahren seine Entdekkung hätte zur Grundlage der gesellschaftlichen Organisation machen können – die Notwendigkeit der enormen Steigerung der Produktivität der menschlichen Arbeit durch die Anwendung von Wissenschaft und Technik in der modernen (kapitalistischen) Industrie. Erst auf dieser technischen Grundlage ist – so Marx – die Verwandlung der Arbeit in «freie Arbeit» möglich. Zugleich nimmt er aber auch eine Veränderung der Menschen an, die eben nicht, wie Fourier unterstellt, immer die gleichen Leidenschaften hatten und haben werden. Die bislang durch gesellschaftlichen Zwang den Menschen (soweit sie nicht privilegiert waren) auferlegte Arbeit hat für Marx auch eine positive, fortschrittliche Bedeutung: Sie habe Arbeit über die Befriedigung der Notdurft hinaus bis zu einem gewissen Grade zur Gewohnheit gemacht. Das werde auch künftig – in der «freien Assoziation der Produzenten» für die «freie Arbeit» – gelten: «Die grosse geschichtliche Seite des Kapitals ist diese Surplusarbeit, überflüssige Arbeit vom Standpunkt des blosen Gebrauchswerths, der blosen Subsistenz aus zu *schaffen*, und seine historische Bestimmung ist erfüllt, sobald einerseits die Bedürfnisse so weit entwickelt sind, daß die Surplusarbeit über das Nothwendige hinaus selbst allgemeines Bedürfniß ist, aus den individuellen Bedürfnissen selbst hervorgeht – andererseits die allgemeine Arbeitsamkeit durch die strenge Disciplin des Capitals, wodurch die sich folgenden Geschlechter durchgegangen sind, entwickelt ist als allgemeiner Besitz des neuen Geschlechts – endlich durch die Entwicklung der Productivkräfte der Arbeit, die das Capital (...) beständig voranpeitscht, soweit gediehen ist, daß der Besitz und die Erhaltung des allgemeinen Reichthums (...) nur eine geringe Arbeitszeit für die ganze Gesellschaft erfordert und die arbeitende Gesellschaft sich wissenschaftlich zu dem Process ihrer fortschreitenden Reproduction in stets größerer Fülle verhält; also die Arbeit, wo der Mensch in ihr thut, was er Sachen für sich thun lassen kann, aufgehört hat.»[12] Marx nimmt offenbar eine Art Vererbung erworbener Eigenschaften an, wenn er davon spricht, daß die «Arbeitsamkeit» durch die «strenge Disziplin des Kapitals» zum «allgemeinen Besitz des neuen Geschlechts» geworden sei. Er setzt daher nicht wie Fourier auf immer schon dem Menschen eigentümliche Leidenschaften, sondern unterstellt der kapitalistischen Produktionsweise nicht nur die Funktion der Steigerung der Produktivkräfte, die den Menschen zur Verfügung stehen, sondern auch die einer Veränderung der grundlegenden Motivationen und Haltungen der Produzenten-Konsumenten. Was sich aber unter dem Zwang der kapitalistischen Klassengesellschaft entwickelt hat, das – so die Annahme – werde auch künftig in einer klassenlosen und herrschaftsfreien Gesellschaft erhalten bleiben. Genau an dieser Stelle liegen vermutlich die am meisten von der Realität abweichenden Annahmen von Marx.

5. Die «Phalansterien» als Organisationsform von Konsum und Produktion in einer den Gesetzen der Natur konformen Gesellschaft

Durch sein Projekt der Gründung eines Modell-Phalansteriums gehört Fourier in die Gruppe der utopischen Sozialisten, die nicht von einer pauschalen Veränderung der Eigentumsordnung, sondern von ideal gedachten «Modellen» aus, die gleichsam als Inseln in der zeitgenössischen Gesellschaft entstehen sollen, die Veränderung der Welt in Angriff nehmen wollen. Werde erst einmal ein solches Phalansterium eingerichtet, so werde sich in wenigen Monaten dessen Überlegenheit gegenüber allen anderen Organisationsformen der Gesellschaft herausstellen und alle Welt werde dieses ideale Modell kopieren wollen. Freilich für den Anfang braucht es Geld und einen großzügigen, einsichtigen Mäzen, auf den Fourier – wie gesagt – vergeblich gewartet hat.

Um ein Phalansterium zu gründen, müssen 1620 Personen zusammenkommen. Es gibt nämlich 12 grundlegende Leidenschaften, aus denen durch Kombination 810 verschiedene Charaktere entstehen. Damit von jedem Charakter mindestens (und höchstens) eine Frau und ein Mann im Phalansterium vorhanden sind, sind 1620 Personen notwendig. Auch wenn diese 1620 alle in einem schloßartigen großen Gebäude zusammenwohnen, erhält doch jede Familie – entsprechend dem von ihr eingebrachten Vermögen – unterschiedlich große Quartiere zugewiesen. Jeder – auch der Eigentumslose – ist aber Teilhaber des Ganzen, dem er seine Arbeitskraft zur Verfügung stellt. Die Gewinne aus der Bewirtschaftung werden nach einem exakt formulierten Schlüssel aufgeteilt: 5 Zwölftel erhält die Arbeit, 4 Zwölftel das Kapital (das von einigen Familien eingebracht worden ist) und 3 Zwölftel das Talent. Alle erhalten ein zum Leben notwendiges Minimum, das durch die sparsame kollektive Versorgung mit Nahrung, Wohnung und Kleidung mühelos erbracht werden kann.

Zur Veränderung der Arbeit in «travail attirant» muß die Arbeitsteilung nicht etwa aufgehoben, sondern sogar umgekehrt noch weiter vorangetrieben werden. Fourier führt das vor allem für die Landwirtschaft (richtiger: die Gartenwirtschaft), auf die er größten Wert legt, bis ins Detail vor. So gibt es z. B. eine «Serie» der Birnengärtner, die wieder in 32 Gruppen unterteilt ist, von denen sich eine jede einer bestimmten Birnenart widmet: 4 Gruppen für harte Birnen, 6 für weiche Birnen, 4 für mehlige Birnen usw. usw. Alle Serienarbeiten müssen kurz sein, da sich nach spätestens eineinhalb Stunden Langeweile ausbreitet und Müdigkeit eintritt. Alle anderthalb Stunden gehen die Bewohner des Phalansteriums daher zu einer anderen Tätigkeit über. Die Gruppen wetteifern untereinander und betreiben ihre Arbeit gleichsam sportsmäßig.

Die Annahme, daß es Leidenschaften für jede Art von notwendiger Arbeit gibt, sucht Fourier unter anderem durch die Zuteilung der Abfall- und Müllbeseitigung an Kinder zu illustrieren und zu beweisen. Um sicherzustellen, daß keine notwendige Arbeit im Phalansterium verachtet und die mit ihr Beschäftigten aus der allgemeinen Geschwisterlichkeit ausgeschlossen werden, müssen schmutzige und abstoßene Tätigkeiten von jungen Männern übernommen werden, die in «kleinen Horden» zusammengeschlossen sind und ihre Ehre dareinsetzen, für Sauberkeit an allen Orten zu sorgen. Bei den Jugendlichen ist einerseits Tugend und Vaterlandsliebe noch weit lebendiger als bei Erwachsenen und andererseits kennen sie weit weniger Abneigung gegen Schmutz als die «Großen». Außerdem sind junge Leute durch Freundschaft miteinander verbunden, so daß sie sich in den «Kleinen Horden» wohlfühlen. Wenn es dagegen «in der Harmonie (der vollendeten Fourierschen Zukunftsgesellschaft, J. F.) auch nur eine einzige allgemein verachtete Tätigkeit gäbe, dann würde die Klasse der Menschen, die sie ausübt, bald auch geringgeschätzt werden (...). Sache der Kindheit ist es, den gesellschaftlichen Körper vor diesem Laster zu bewahren, indem sie sich gemeinsam aller verachteten Dienstleistungen annimmt und sie für alle übernimmt (mit Ausnahme des Dienstes am Krankenlager, der nur Korporationen reiferen Alters anvertraut werden kann; für die schmutzigen Aufgaben werden allerdings auch dort die Kleinen Horden herangezogen, I. F.) (...). Die Lust am Dreck, die bei den Kindern vorherrscht, ist nur ein noch unentwickelter Keim wie eine wilde Frucht; man muß sie verbessern, indem man zwei weitere Triebfedern hinzufügt; den Geist der Religion und die Ehre des Korpsgeistes. Auf diese Weise werden auch die abstoßenden Tätigkeiten ein Spiel der indirekten und kombinierten Attraktion (...).»[13]

Die Arbeit dieser «Kleinen Horden» ist recht anstrengend: Von drei Uhr morgens an sind sie dabei, die Ställe auszumisten, die Tiere zu versorgen, in den Schlachthallen achten sie darauf, daß die Tiere nicht unnötig gequält werden usw. Außerdem obliegt ihnen die Straßenreinigung, die so gut besorgt werden soll, daß die Landstraßen so gepflegt aussehen wie die prunkvollen Alleen der heutigen Parks. Bei Verkehrsunfällen und Beschädigungen der Landstraßen sind sie zur Stelle, führen –

wenn es nötig ist auch bei Nacht unter Fackelschein – erste provisorische Reparaturen durch und warnen Fahrzeuge vor dem Hindernis. Selbst wenn ihre Arbeit mühsamer und schwieriger ist als die anderer Serien, ist ihre Entlohnung niedrig. Ihr Statut als «Kleine Horde» enthält die indirekte Verachtung des Reichtums, es geht ihnen um die Ehre, für das Gemeinwesen eine wichtige Aufgabe erfüllt zu haben. Dienst an Armen (denen Ordensleute an bestimmten Tagen die Füße waschen) oder an Delinquenten gibt es in der «Harmonie», wie Fourier die ideale Zukunftsgesellschaft nennt, nicht mehr, da es keine Armut gibt. Damit bleibt als Aufgabe der *Caritas* nur noch die Übernahme schmutziger, abstoßender, für die Gemeinschaft notwendiger Aufgaben – und bei diesen tun sich die «Kleinen Horden» hervor. Ihnen wird dementsprechend bei den Mahlzeiten und öffentlichen Festen große Ehre zuteil.

Die jungen Mädchen von 16 bis 18 Jahren bilden aus ihrer Mitte eine Parallelorganisation, die sich gleichfalls karitativen und nützlichen Tätigkeiten widmet. Es sind dies die sogenannten «Vestalinnen», die – wie die Kleinen Horden – höchste öffentliche Verehrung genießen. In Notfällen werden sie wie die «Kleinen Horden» herbeigerufen, nur schmutzige Arbeiten müssen sie nicht verrichten. Daneben gibt es auch – wegen der prinzipiellen Gleichberechtigung der Geschlechter ist das notwendig – männliche Vestalen, die sich ebenfalls bis zum achtzehnten Lebensjahr «jungfräulich» halten und an wohltätigen Arbeiten teilnehmen.

Für alle *Harmoniens* ist die Abwechslung die wichtigste Quelle ihres Vergnügens. Während unter den normalen «Zivilisierten» eine große Anzahl von Menschen 12 und mehr Stunden lang arbeiten muß und eine kleine Minderheit müßig lebt, werden im Phalansterium *alle* arbeiten, ganz gleich, ob sie Kapital besitzen oder nicht. Sie werden aber nicht aus Not arbeiten, sondern aus Freude an der Tätigkeit, das ist der zentrale Gedanke Fouriers. Seine Pedanterie allerdings löst beim Leser Skepsis aus, ob denn das Leben in einem Phalansterium wirklich so vergnüglich geworden wäre. In *Le Nouveau Monde industriel et sociétaire* stellt Fourier zwei Tagesabläufe von *Harmoniens* vor – den eines armen und den eines reichen *Harmoniens*. Der des armen Lukas sieht im Monat Juni wie folgt aus:

3½ Uhr Aufstehen, Vorbereitungen,
4 Uhr Sitzung der Gruppe im Pferdestall,
5 Uhr Gruppe im Garten,
7 Uhr Frühstück,
7½ Uhr Gruppe der Schnitter,
9½ Uhr Gruppe der Gemüsebauern unterm Zelt,
11 Uhr Serie in den Ställen,
1 Uhr Mittagessen,
2 Uhr Sitzung mit der Waldserie,

4 Uhr Gruppe der Manufakturisten,
6 Uhr Bewässerungsgruppe,
8 Uhr an der Börse (!),
8½ Uhr Abendessen,
bis 9 Uhr amüsante Begegnungen,
10 Uhr Zubettgehen.

Jetzt beschreibe ich den Tagesablauf eines reichen Mannes, der noch verschiedenartige Funktionen ausübt, fünf Mahlzeiten bekommt und zu den zu Beginn gewonnenen Dorfbewohnern gehört:

Tagesablauf von Mondor im Sommer:
Schlaf von 10½ bis 3 Uhr morgen.
3½ Uhr Aufstehen, Vorbereitungen,
4 Uhr Hof des öffentlichen Aufstehens, Chronik der Nacht,
4½ Uhr Aufgestanden, 1. Mahlzeit, anschließend Abnahme der Industrieparade,
5½ Uhr Sitzung der Jagd-Gruppe,
7 Uhr Sitzung der Angel-Gruppe,
8 Uhr Frühstück, die Zeitungen,
9 Uhr Sitzung einer Gruppe der Kultur unterm Zelt,
10 Uhr Messe (!),
10½ Uhr Gruppe der Fasanerie,
11½ Uhr in der Bibliothek,
1 Uhr Mittagessen,
2½ Uhr Sitzung der Gruppe der Treibhäuser für Frischgemüse,
4 Uhr Sitzung der Gruppe exotischer Pflanzen,
5 Uhr Sitzung der Gruppe der Fischweiher,
6 Uhr Imbiß auf dem Lande,
6½ Uhr Sitzung der Gruppe der Merinoschafe,
8 Uhr Börse,
9 Uhr Abendessen (5. Mahlzeit),
9½ Uhr Hof der Künste, Konzert, Ball, Schauspiel, Empfänge,
10½ Uhr Zubettgehen.

Man sieht an diesem Tableau, daß nur wenig Zeit für den Schlaf vorgesehen ist: die Harmoniens sollen sehr wenig schlafen; eine raffinierte Hygiene, kombiniert mit dem Wechsel der Sitzungen, gewöhnt sie daran, bei der Arbeit nicht zu ermüden; da sie die Körper während des Tages nicht abnutzen, haben sie nur wenig Schlafbedürfnis und gewöhnen sich von früher Kindheit daran. Für eine Überfülle von Vergnügungen scheint der Tag kaum zu genügen.

In einer solchen Ordnung verlangt der Reiz – aufgrund seiner Intensität – gelegentlich eine Pause wie die der Bibliothekssitzung. Während die «zivilisierte Ordnung» Pausen einlegt, um Menschen von ermüdender Arbeit zu erholen, schiebt die sozietäre Ordnung nur Verlangsamungen der Vergnügungen ein.[14]

Aus den beiden Tagesabläufen geht ein Übergewicht der gärtnerischen Tätigkeit gegenüber der industriellen hervor. Fourier legt relativ wenig Wert auf technischen Fortschritt und unterscheidet sich in dieser Beziehung radikal von Saint-Simon. Er ist aber überzeugt, daß schon durch die Zusammenlegung von drei- bis vierhundert Haushalten, die im Phalansterium vereinigt sind, so viel Zeit eingespart wird, daß für den hohen allgemeinen Wohlstand gar nicht mehr Maschinen erforderlich sind. Großen Wert legt Fourier auch auf eine gute Küche. Die Ernährung der Harmoniens soll sich offenbar von der in der «Zivilisation» wesentlich unterscheiden: An die Stelle von Brot, das mühsam aus Getreide gewonnen werden muß, treten Gemüse und Früchte. Die Vorliebe der Kinder für süße Konfitüre, die von den Moralisten so sehr verurteilt wird, ist – nach Fourier – ein deutlicher Hinweis auf den Willen der Natur (oder Gottes). Wenn nämlich die Produktion vorwiegend auf Obst- und Gemüsebau hingelenkt wird, dann werden süße Konfitüren weit preiswerter sein als Brot. Kleine Kinder drängt es daher «natürlich» zu den billigsten Lebensmitteln – so wie sie, die Lebensmittel, einer den Erfordernissen der Natur Genüge leistenden Ordnung entsprechen.

Durch Zeitökonomie und Funktionalisierung aller menschlichen Leidenschaften soll das Phalansterium so rasch prosperieren, daß Fourier sich nicht scheut, in Form eines Prospektes für Aktionäre die immensen Profite zu preisen, die in derartige Projekte investiertes Geld verspricht, nämlich 22 Prozent!. Um einen allmählichen Ausgleich zwischen den eigentumslosen *Phalansteriens* und den reichen zu schaffen, sieht Fourier allerdings ein ziemlich kompliziertes System unterschiedlicher Zinsen (Dividenden) vor. Für die Phalansteriens, die ohne Kapital der Vereinigung beitreten, schießt die Leitung ein Jahresverdienst vor; damit sind sie am Gewinn einer Aktie beteiligt, für die die höchste Dividende bezahlt wird. Je größer das «Aktienpaket» ist, das ein Phalansterien besitzt, desto niedriger seine Dividende. Da aber das ganze Unternehmen unvergleichlich besser floriert und vor allem gegen Konjunkturrückschläge optimal abgesichert ist, lohnt es noch immer für Kapitalisten, sich zu beteiligen. Im übrigen ist die Ausstattung aller Mitglieder mit einem garantierten – fürs Leben gut ausreichenden – Minimum nur möglich, weil die Arbeit «anziehend» ist und daher aus der Versorgung ohne geforderte Gegenleistung keine Faulheit folgt.

Für die durchaus unterschiedliche Gewinnbeteiligung der Serien und Gruppen entwirft Fourier ebenfalls ein kompliziertes «System» je nach der gesellschaftlichen Nützlichkeit der betreffenden Arbeit, ihrem mehr oder minder abstoßenden Charakter (den es also doch noch gibt) und ihrem Beitrag zur Festigung des sozialen Zusammenhalts. So wird z. B.

der Metzger hoch angesehen, weil er – für alle – die schwere Last der Tötung von Tieren auf sich nimmt, wobei er bemüht ist, den Schlachttieren Leiden zu ersparen. Ebenso hoch angesehen sind viele andere – in der «Zivilisation» gering geschätzte – Tätigkeiten wie die der Krankenschwester und Pfleger, der Ammen und Kinderkrippenbetreuerinnen.

Durch die Kombination der drei genannten Gesichtspunkte gelangt man zu einer «Klassifikation» der Serien. Da im übrigen jeder Phalansterien an mindestens 30 verschiedenen Serien aktiv beteiligt ist, kann er bei der Abstimmung über die Gewinnverteilung (es gibt ja nur «Aktionäre», keine Lohnarbeiter) kaum dazu verführt werden, eine Serie zu bevorzugen. Sein Einkommen bezieht er ja nicht nur aus einer bestimmten Tätigkeit, sondern aus dem Resultat der kombinierten Arbeit. Der «Eigentumsgeist» verwandelt sich damit aus einem Motiv der Konkurrenz und des Neides in einen Hebel des Arbeitseifers für die Gemeinschaft. Das Streben nach privatem Vorteil fällt mit dem nach dem Gemeinwohl vollständig zusammen, ohne jede moralische Anstrengung!

Indem das Phalansterium allen seinen Mitgliedern das Recht auf Lebensunterhalt (durch das «garantierte Minimum») und das auf Arbeit gewährleistet, unterscheidet es sich am radikalsten von den Zuständen in der «Zivilisation». Zur Zeit des Konsulats schreibt Fourier einen Brief an den Obersten Richter Régnier: «Die Armut ist der Hauptgrund der gesellschaftlichen Unordnungen. Aus ihr gehen Unruhen, Verbrechen und Galgen, die traurigen Stützen der zivilisierten Ordnung, hervor.»[15] Sein System, so ist Fourier überzeugt, wird diese Mißstände an ihrer Wurzel beseitigen.

Die glückliche Zukunft der Harmoniens soll allerdings erst am Ende einer von Fourier vorausgesagten progressiven Entwicklung stehen: Die Menschheit durchläuft 32 Perioden, 14 inkohärente und 18 «kombinierte», ohne die Mischperioden des Übergangs zu zählen. Die «Zivilisation» ist die fünfte und eine der unglücklichsten überhaupt. Die glücklichen Perioden dauern jeweils sieben mal so lang wie die unglücklichen.[16] Der Übergang von der unglücklichen «Zivilisation» zur glücklichen Periode der perfekten «Harmonie» verläuft über die Etappen des «Garantismus» und «Soziantismus». Die Phalansterien sind dazu berufen, diese Entwicklung einzuleiten. Wenn erst einmal ein Phalansterium Erfolg gehabt hat, wird das Modell rasch Schule machen und am Ende die ganze Erde in 2985 (!) Phalansterien organisiert sein.

Diese Organisation des Ganzen soll offenbar föderalistisch sein. An die Spitze der Phalansterien stellt Fourier einen «Baron» oder «Unarchen», vier Phalansterien zusammen bilden eine Vizegrafschaft oder «Duarchie», 12 eine Kohorte oder «Triarchie», 48 eine Markgrafschaft oder «Tetrarchie», 144 ein Herzogtum oder Pentarchie, 1728 ein Königreich. Eine «Omnarchie» endlich würde die ganze Erde umfassen. Innerhalb von zwei Jahren – so Fouriers Behauptung – werde ein Kanton, in sechs Jahren die ganze Erde so organisiert sein!

6. Die Verwandlung der Natur als «Antwort» auf die natürliche Organisation der Menschen

Die «Zivilisation» hat nicht nur den Menschen die Entfaltung ihrer Leidenschaften verboten und sie damit unglücklich gemacht, sie hat auch die Natur zunehmend zerstört. Fourier ist einer der ersten Sozialisten, der auf ökologische Probleme aufmerksam macht. Kein Grund, so seine These, stolz auf unseren gegenwärtig erreichten Zustand zu sein. Verglichen mit der Natur, wie sie nach einem halben Jahrhundert in der Periode der Harmoniens aussehen wird, herrscht gegenwärtig nur Chaos und Zerstörung. Was «Wasser und Wälder anlangt, stehen wir sogar weit unter den Wilden, denn wir beschränken uns nicht wie sie darauf, die Wälder in ihrem Urzustand zu belassen, sondern rücken ihnen mit Keilen zu Leibe und verwüsten sie, woraus Bergrutsche und Klimaverschlechterungen resultieren. Dieses Laster führt auf zweifache Weise zur Unordnung des Wassersystems, indem es Quellen zerstört und Unwetter auslöst. Unsere Flüsse, die zwischen extremer Trockenheit und plötzlichen Überschwemmungen wechseln, verursachen periodenweise Schäden und können nur sehr wenige Fische ernähren (...). Wir sind also völlig barbarisch in unserem Umgang mit Wäldern und Gewässern. Wie viele unserer Nachkommen werden nicht die Zivilisation verfluchen, wenn sie so viele kahl gewordene Berge sehen, wie es im Süden Frankreichs gibt.»[17] «Man ist über die Armseligkeit der Landwirtschaft unter der ‹Zivilisation› erstaunt, wenn man die Berichte antiker Dichter über die Freuden des Landlebens liest (...).»[18]

All diese Schäden sollen nicht nur verschwinden, sondern sogar einer unvorstellbaren «Kooperation» der Natur Platz machen. Inspiriert durch phantastische Vorstellungen über die Sternenwelt (wie sie z.B. Kepler kannte), nimmt Fourier biologische Eigenschaften der Erde und der Sterne an und erwartet eine Art «Brunst, durch die das Nordlicht neue zusätzliche Eigenschaften erhält, sich auf der Erde niederläßt und in Gestalt eines Kranzes oder einer Krone emporschwebt. Während das Nordlicht heute nur eine Lichtflut ist, wird es die Eigenschaft erwerben, zusammen mit seinem Licht Wärme zu verteilen.»[19] Durch die damit einsetzende Erwärmung der Erde werden die Polkappen schmelzen (was wir heute eher als Folge des Ozonlochs fürchten) und Wein bis hinauf zum 60. Breitengrad gedeihen, während Orangen bis hinauf zum 70. Breitengrad wachsen. Ebenfalls als Folge der Einwirkung der Veränderung des Nordlichts zur «Nordkrone» wird das Seewasser entsalzt und dem Meer eine Art Limonadengeschmack verliehen werden. Diese Veränderung des Seewassers wird ihrerseits eine Mutation der Seetiere zur Folge haben: Die gefährlichen Haie werden von Anti-Haien, die Walfische von Anti-Walen abgelöst, die sich beim Fischen und als rasche Transportmittel der Menschen nützlich machen. Auch auf dem Festland sollen sich ähnliche Veränderungen ereignen: Die extrem schnellen Anti-Löwen erweisen sich als nützliche Reittiere, die zwischen Paris und Lyon schnell wie der Wind ihre Reiter befördern. In einer derart veränderten und zum Helfer und Freund gewordenen Natur werden sich auch die Menschen verändern: Sie werden bis 144 Jahre alt und bis sieben Fuß (Pariser Fuß: 0,324m, also 227 cm) groß werden. Selbst die Toten werden von der glücklichen Wende des Schicksals der Erde profitieren: «Das Glück der Verblichenen wird mit dem der Lebenden beginnen, wenn die Schrecklichkeiten der ‹Zivilisation› und des barbarischen und wilden Zustands aufgehört haben.»[20] Nicht nur auf der Erde wird sich die Natur zu einer Freundin der Harmoniens wandeln, auch fünf freundschaftliche Sterne werden sich der Erde zugesellen und ihr die Dienste von wohlwollenden Nachbarn erweisen.[21]

Eine Grenze kennt allerdings auch Fouriers harmonistische Utopie – die Bevölkerungszahl: «Was immer dieser Wohlstand auch sein wird, das Volk würde erneut in Mangel zurückfallen, wenn es sich unbegrenzt vermehren würde wie die Massen in der Zivilisation in den Ameisenhäusern Englands, Frankreichs, Italiens, Chinas, Bengaliens usw. Man wird also ein Mittel finden müssen, um das Volk vor einem grenzenlosen Wachstum zu bewahren.»[22]

So überspannt und phantastisch manche der Zukunftsvisionen Charles Fouriers auch waren, in vieler Hinsicht hat dieser ungebildete Autodidakt, der mit seiner eigenen wissenschaftlichen Ahnungslosigkeit kokettierte und sie für einen Vorteil hielt, weil sie ihn vor den Vorurteilen der «unsicheren Wissenschaften» bewahrte, Probleme (wie deren Lösungen) antizipiert, die noch heute auf der Tagesordnung stehen: die Befreiung der Frau, die Korrektur des ausbeuterischen und herrschaftlichen Verhältnisses von Mensch und Natur und die Überwindung des Gegensatzes zwischen dem unvorstellbaren Reichtum der einen und der extremen Entbehrung anderer. Bei seiner Kritik an der «Zivilisation» vergißt Fourier fast nie, darauf hinzuweisen, daß der größere Teil der Menschheit noch immer im Zustand der Wildheit oder Barbarei lebe. Sein Konzept der Welterlösung geht aber nicht von einer globalen Ausweitung der «Zivilisation» aus, sondern von einer Veränderung, die weit radikaler sein sollte als die von Marx und anderen Sozialisten konzipierte und die auch die Not derjenigen, die wir heute zur «Dritten Welt» zählen, behebt. Von allen späteren Sozialphilosophen kommt Herbert Marcuse Fourier am nächsten. Seine Hoffnung auf eine Versöhnung von Lust- und Realitätsprinzip hätte Fourier verstanden. Allerdings geht Marcuse – im Unterschied zu Fourier – gut marxistisch davon aus, daß erst der heutige hohe

Stand der Entwicklung der Produktivkräfte auch unter klimatisch ungünstigen Bedingungen jene sinnlich befriedigende, emotional positiv aufgeladene Art der produktiven Tätigkeit ermöglicht habe. Fourier unterstellt dagegen, daß bei «richtiger» – der Natur gemäßer – Organisation von Arbeit und Leben jederzeit eine Versöhnung von Lust und Realitätsprinzip, von Glück und notwendiger (aber attraktiv gewordener) Arbeit möglich sei.

Karl Hans Bergmann

AUGUSTE BLANQUI
(1805–1881)

Si nequeo superos, Acheronta movebo.
Vergil

1. Lebensweg und politische Grundsätze eines Rebellen

Um die Mitte des 19. Jahrhunderts, damals, als «das Gespenst des Kommunismus» überall in Europa auftauchte, erregte kein anderer Name einen solchen Schrecken – einen Schrecken, der an die *Grande Peur* von 1789 erinnerte – wie der des Revolutionärs Louis-Auguste Blanqui. Tocqueville, der ihn an einem kritischen Tage, dem 15. Mai 1848, auf der Rednertribüne des Palais Bourbon beobachtete, schildert ihn als ein abstoßendes Wesen von «krankhaftem, bösartigem und schmutzigem Aussehen, das in einer Kloake gelebt zu haben und aus ihr herausgekrochen zu sein schien». Kaum weniger abfällig beurteilt ihn Victor Hugo: «Ein entsetzlicher Mensch, düsteren Geschicken geweiht, der das Aussehen eines Schreckgespenstes hatte, wenn er sich der Vergangenheit entsann, und das eines Dämons, wenn er an die Zukunft dachte.» Ein Nachhall dieses Schreckens findet sich noch 1867 im *Grand dictionnaire universel du XIX*^e^ *siècle* von Larousse, der in seinem an sich wohlwollenden Beitrag über Blanqui darauf hinweist, daß dieser lange Zeit «der entsetzten Einbildung (...) als das Rätsel des sozialen Krieges erschien, als eine Art revolutionärer Sphinx, die sich vorbereitete, die Gesellschaft stillschweigend zu verschlingen».

Zum Entstehen dieses legendären Schreckens haben Blanquis äußere Lebensumstände nicht wenig beigetragen. Sohn eines Subpräfekten der napoleonischen Ära, «ein Bourgeois durch Familie und Erziehung», dazu hochbegabt und vielseitig gebildet, «beinahe ein Gelehrter», der bereits als Schüler und Student alle nur denkbaren Preise errang, verzichtete er auf eine glänzende Laufbahn, um statt dessen (wie bereits vor ihm Buonarroti) Berufsrevolutionär zu werden und das Leben eines Proletariers «in einer Dachkammer mit 50 centimes am Tag» zu führen. In seinem Leben, in dem kurze Zeiten der Freiheit mit langen Jahren der Gefangenschaft abwechselten, und in dem er ständig auf die Unterstützung durch seine Familie und seine Freunde angewiesen blieb, gab es nur eine einzige Idylle: die sieben Jahre seiner glücklichen Ehe. Aber auch sie blieben dem allgemeinen Gesetz seines Daseins unterworfen: dem unun-

Auguste Blanqui (1805–1881)

terbrochenen, illegalen Kampf gegen die bestehende Ordnung, den politischen Prozessen und schließlich dem Verschwinden in der Nacht der Gefängnisse. Eine solche Existenz mußte vielen befremdlich und mehr noch: bedrohlich erscheinen. Und da man von Blanqui wußte, daß er einen radikalen Umsturz alles Bestehenden beabsichtigte, und man ihn durchaus für fähig hielt, sich durch eine *action directe* in den Besitz der Macht zu setzen, war dies, vor allem in Zeiten politischer und wirtschaftlicher Instabilität, mehr als ausreichend, um seinen Namen wie den eines Marat mit dem Mythos des Schreckens zu umgeben.

Die Folgen seiner unaufhörlichen Rebellion gegen alle Herrschaftsformen der bürgerlichen Gesellschaft waren für ihn überaus schwerwiegend. Fünfzehnmal steht er als Staatsfeind vor Gericht, zweimal wird er – 1840 vom Staatsgerichtshof und 1871 von einem Militärgericht – zum Tode verurteilt; insgesamt muß er mehr als 33 Jahre hinter Gittern verbringen. 1878, nach seiner Wahl zum Abgeordneten in Bordeaux – er selbst sitzt zur Zeit als Gefangener in Clairvaux – bringt eine illustrierte Wochenschrift ein Bild von ihm, das ihn in seiner Zelle sitzend zeigt, mit der melancholischen Überschrift: «73 ans d'âge, 40 ans de cage.» Aber er ist, wenn auch immer noch «der Eingeschlossene», längst nicht mehr «der Vergessene». Am 5. Januar 1881, dem Tag seiner Beisetzung, säumen 200000 Menschen die Straßen, durch die sich der Leichenzug zum Friedhof Père-Lachaise begibt.

Daß Blanqui alle Schwierigkeiten und Niederlagen ungebrochen überstand, verdankte er jener «Konzentration des Willens», ohne die, wie Jacob Burckhardt sagt, «überhaupt keine Größe denkbar ist». Er wolle, gesteht er in Belle-Ile seinem Mitgefangenen Louis Combes, «unbedingt leben, systematisch fortdauern, und das während langer Jahre». Das ist die gleiche Einstellung, die er in seinen *Instructions pour une prise d'armes* von 1868 auf die kurze Formel bringt: «Die Pflicht eines Revolutionärs ist der Kampf, der Kampf trotz und alledem, der Kampf bis zum Erlöschen.»

In diesem Kampf geht es nicht selten auch um seine Person, was Blanqui, der es für «armselig und erbärmlich hält, von sich zu sprechen», besonders zuwider ist. Seit jenem 31. März 1848, an dem die *Revue rétrospective* ein Dokument veröffentlichte, das seitdem als *document Taschereau* in die Geschichte eingegangen ist, und das ihn (indirekt, ohne seinen Namen zu nennen) beschuldigt, nach seiner Festnahme im Oktober 1839 durch «Erklärungen» vor dem Innenminister der Sache der Geheimbünde einen nicht wieder gutzumachenden Schaden zugefügt zu haben, seit diesem 31. März beginnt eine wahre Treibjagd auf den als Abtrünnigen und Verräter gebrandmarkten Blanqui. In seiner *Antwort* bestreitet er kategorisch alle ihm gemachten Vorwürfe, die nichts weiter seien als gehässige Verleumdungen und Kabalen der Regierung. Die Sache zieht weite Kreise. Doch weder ein Ehrengericht noch eine erste gerichtliche Instanz bringen eine endgültige Klärung. Der Fall bleibt in der Schwebe, Grund genug, um ihn bei jeder sich bietenden Gelegenheit erneut auszugraben. Was wirklich davon zu halten ist, macht Proudhon im Januar 1851 in einem Brief an Langlois deutlich: «Blanqui hat, meiner Ansicht nach, viel zu früh als Historiker gehandelt und seine vertraulichen Mitteilungen in schlechte Hände gelangen lassen (...). In meinen Augen nimmt ihm das nichts von seinen Ehrentiteln eines Demokraten und Revolutionärs.» Doch diese Ansicht wird längst nicht von allen geteilt. Bis an sein Lebensende und über sein Grab hinaus dauert der Streit der Meinungen über den «besessenen Verschwörer», den seine Anhänger uneingeschränkt bewundern, während seine Gegner ihn ebenso uneingeschränkt verdammen, und der von sich selbst sagt: «Die Reaktion hat alle Infamien, alle Verbrechen auf mein Haupt geladen! Ich bin der Herkules des Verbrechens!»

Nur langsam löst sich aus dem Nebel der Legende das Bild des wahren Blanqui, eines Blanqui, der während eines halben Jahrhunderts, von 1830 bis 1880, unbeirrbar nur *ein* Ziel verfolgte, das gleiche, über das er 1835 in der *Propagande démocratique* schrieb: «Unser Ziel ist die gleiche Verteilung von Vor- und Nachteilen in der Gesellschaft; es ist die vollständige Errichtung der Herrschaft der Gleichheit. Ohne diese radikale Reorganisation wären alle Änderungen der Regierungsform nur Lügen, alle Revolutionen nur eine Komödie zum Nutzen einiger Streber.» Bis dies Ziel erreicht sei, werde «der Krieg zwischen Arm und Reich», zwischen der *classe bourgeoise,* die von «ihren Einkünften oder der Ausbeutung der Arbeiter» lebe, und den 32 Millionen Proletariern, die «von der Arbeit ihrer Hände» lebten, unablässig weitergehen.

Um diesen Kampf in einer Gesellschaft, in der es keine Freiheit der Presse, keine Versammlungs- und Vereinsfreiheit gibt, mit Aussicht auf Erfolg zu führen, sieht Blanqui kein anderes Mittel als den Geheimbund, der seiner Natur nach illegal ist und mit den seit Babeuf bewährten Methoden der konspirativen Geheimhaltung arbeitet. So entstehen, auf der Grundlage des bedingungslosen Gehorsams und strengster Disziplin, die «Gesellschaft der Familien» und ihre Nachfolgerin, die «Gesellschaft der Jahreszeiten», beide dazu bestimmt, Waffen und Munition zu beschaffen, sie in geheimen Verstecken zu lagern und ihre Mitglieder an diesen Waffen auszubilden. Demgegenüber treten Propaganda und ideologische Ausrichtung – bis auf ein Frage- und Antwortschema bei der Aufnahme neuer Mitglieder – in den Hintergrund. «Der Aufruhr vom 12. Mai [1839] hat eine bisher nicht beobachtete Besonderheit gezeigt», stellt Mérimée fest: «Keine Parolen von seiten der Aufständischen. Sie schossen, töteten und ließen sich töten, ohne daß jemand gewußt hätte, warum.»

Später, in der liberalen Phase des Kaiserreichs, wird Blanqui versuchen, die Möglichkeiten seiner Partei, worunter ganz allgemein die

Menschen zu verstehen sind, die mit seinen politischen Vorstellungen sympathisieren und sich seiner Führung anvertrauen, dadurch zu erweitern, daß er Fraktionen in anderen Gruppierungen bildet. Außer den illegalen, bewaffneten Kampfgruppen, dem Kern der Partei, gibt es jetzt Gruppen seiner Anhänger bei den Freidenkern, in den Syndikaten der Arbeiter, in der Pariser Sektion der Internationale und sogar bei den Freimaurern. Hinzu kommen – eine Neuerung, die Schule machen wird – blanquistische Zellen in den Wohngebieten und den Betrieben, vor allem denen der metallverarbeitenden Industrie.

Zweimal in seinem Leben, am 12. Mai 1839 und am 14. August 1870, gibt Blanqui das auslösende Signal zum offenen Kampf und beidemal unterliegt er, da sich die Bewohner der Arbeiterviertel, mit denen er fest gerechnet hatte, abwartend und unentschlossen verhalten. Zweimal, am 15. Mai 1848 und am 31. Oktober 1870, ist er führend an Massenaufmärschen beteiligt, die derart bedrohlich ausufern, daß die Regierung die Nationalgarde gegen sie aufbieten muß. Auch sie bleiben ohne Ergebnis. Hat damit dieser «Bonaparte der Straße» endgültig Schiffbruch erlitten mit seiner Theorie einer *minorité agissante,* dem Zusammenwirken einer revolutionären Elite mit den noch rückständigen Volksmassen? Wohl kaum. Denn über Erfolg oder Mißerfolg solcher Aktionen entscheidet nicht allein die Zahl der Teilnehmer oder die Wahl des Ortes, sondern vor allem die Tatsache, ob sie im richtigen Augenblick, dem einzigen, alles entscheidenden Augenblick, der eine Kettenreaktion glücklicher «Zufälle» auslöst, unternommen und von der Masse der Bevölkerung (wenn auch nur stillschweigend) gebilligt werden. Das erklärt, warum die einander so ähnlichen Aufmärsche vom 15. Mai 1848 und dem 4. September 1870 so gänzlich verschieden ausgingen: der eine mit der Verhaftung der Verantwortlichen und der andere mit dem Sturz des Kaiserreichs und der Ausrufung der Republik; und das erklärt zugleich, warum Blanquis Aufstandsversuche, die immer zu früh oder zu spät unternommen wurden, sämtlich scheitern mußten.

Doch Blanquis Energie erschöpft sich nicht in der Vorbereitung von Aufständen. In den drei Monaten der Freiheit, die ihm nach dem Februar 1848 vergönnt sind, führt er mit seinem Klub, der *Société républicaine centrale,* einen hartnäckigen Kampf um eine Vertagung der Wahlen. «Das Volk weiß nicht Bescheid: es muß Bescheid wissen. (...) Ist es denn zuviel verlangt, nachdem die Konterrevolution seit fünfzig Jahren allein das Wort führt, der Freiheit etwa ein Jahr zu bewilligen, einer Freiheit, die nicht die Hand auf den Mund ihrer Gegner legen wird?» Die bitteren Erfahrungen, die er damals mit seinen von der Provisorischen Regierung stets abgelehnten Resolutionen und Petitionen sowie mit der Wahl einer «reaktionären Versammlung», die er vorausgesagt hatte, machen mußte, begründen sein tiefes Mißtrauen gegenüber allen Regierungen und Parlamenten, einschließlich jener der Großen Revolution.

Selbst im Gefängnis gibt es für Blanqui – wo immer es die Umstände erlauben – Zeiten rastloser Tätigkeit, wie zum Beispiel die Jahre zwischen 1861 und 64 im Sainte-Pélagie, das für ihn und die blanquistische Partei zu dem wird, was das Plessis 1795 für Babeuf und die Partei der Gleichen gewesen war: ein fruchtbares Feld der geistigen Auseinandersetzung. «Blanqui gewann einen entscheidenden Einfluß auf das Quartier latin», bestätigt Lafargue, «er formte die Tridon, Jaclard, Protot, die Regnard *e tutti quanti,* die später in der großen Volkserhebung eine Rolle spielen sollten. Blanqui kommt die Ehre zu, die revolutionäre Erziehung eines Teils der Jugend unserer Generation bewirkt zu haben.» Zufrieden schreibt er im Dezember 1864 an Lacambre: «Die philosophische Bewegung ist sehr intensiv und gewinnt das Volk. Die Hochschulen sind heute mehrheitlich atheistisch und materialistisch. Diese Auffassungen greifen auch im Volk rasch um sich. Das ist vielleicht das stärkste revolutionäre Symptom (...).» Ergebnisse dieser Zusammenarbeit mit der Jugend sind Tridons *Hébertistes* (mit einer von Blanqui stammenden Einleitung) und im Jahr darauf die acht Nummern des *Candide* sowie Albert Regnards Übersetzung von Ludwig Büchners Werk *Kraft und Stoff,* das zum «Katechismus der Jugend» wird. Diese Aktivitäten, ergänzt durch politische Kontakte und gemeinsame Aktionen von Studenten und Arbeitern, bleiben nicht unbemerkt und geben der Polizei und den Gerichten Anlaß zu zahlreichen Verhaftungen und Prozessen.

Seit dieser Zeit führt Blanqui seinen Kampf unter dem Banner des Hébertismus – allerdings nicht eines auf den historischen Tatsachen basierenden Hébertismus, sondern eines, der seinem politischen Wunschdenken entspricht. Sinnbild eines solchen Hébertismus sind für ihn die Pariser Kommune von 1793 und die Verfassung des gleichen Jahres mit ihrer Forderung nach dem *bonheur commun,* die *déchristianisation* und der «Kult der Vernunft», die «direkte Demokratie» der Pariser Sektionen und die der *sociétés populaires.* Sie bedeuten für Blanqui den Gegenpol zur jakobinischen Diktatur, zur autoritären Herrschaft des Wohlfahrtsausschusses, zum «Altar des Höchsten Wesens» und vor allem zu Robespierre, dessen «spiritualistischen Deismus» er verabscheut und in dem er (gleich Michelet) einen *Napoléon prématuré* wittert.

Karl Marx, der in seinem Londoner Exil Blanquis Tätigkeit aufmerksam verfolgte, erwähnt ihn mehrfach mit dem Ausdruck unverhohlener Bewunderung. In den *Klassenkämpfen in Frankreich* sagt er über ihn: «Das Proletariat gruppiert sich immer mehr um den revolutionären Sozialismus, um den Kommunismus, für den die Bourgeoisie selbst den Namen Blanqui erfunden hat.» Elf Jahre später, im November 1861, schreibt er an Blanquis Freund Watteau: «Seien Sie versichert, daß niemand mehr als ich am Schicksal eines Mannes interessiert sein kann, den ich immer für den Kopf und das Herz der proletarischen Partei in Frankreich gehalten habe.»

Dagegen bedauert Arthur Ranc, der Blanqui gut gekannt hat, daß dieser sein Talent vor allem als Verschwörer betätigt und seine unvergleichlichen Fähigkeiten als Politiker und Staatsmann ungenutzt gelassen habe: «Ja, als Staatsmann, ich gehe davon nicht ab. Er wußte die Menschen zu handhaben, er war geboren, zu regieren. Im Anschluß an unsere langen Unterhaltungen (...) begeisterte er mich durch sein Verständnis der Affären, durch die Schärfe seines Blicks, durch die Tiefe seiner Ansichten über die allgemeine Politik. Als glühender Patriot war er einer der Großen der französischen Schule (...).»

2. Blanquis Beitrag zur Theorie des Sozialismus

Kann man Blanqui, der es stets abgelehnt hat, ein Programm zu formulieren und der verächtlich von der «Komödie der Programme» spricht, überhaupt zu den Theoretikern des Sozialismus zählen? Engels, der von Blanquis Schriften vermutlich nur den *Avis au peuple* gekannt hat, bezweifelt das. Er wirft ihm vor, die Bedeutung der Doktrin zu unterschätzen. «Blanqui ist wesentlich politischer Revolutionär», schreibt er 1874 in einem Artikel des *Volksstaat*, «Sozialist nur dem Gefühl nach, mit den Leiden des Volkes sympathisierend, aber er hat weder eine sozialistische Theorie noch bestimmte praktische Vorschläge sozialer Abhülfe.»

Blanqui selbst tat nichts, um diese damals weit verbreitete Ansicht zu entkräften. Denn was für ihn zählt, dessen Wahlspruch *acta, non scripta* hätte lauten können, sind vor allem Taten und nicht Theorien, die bei ihm stets erst an zweiter Stelle kommen. Dennoch hat er viel geschrieben, wenn auch nur wenig veröffentlicht. Zu seinen Veröffentlichungen gehörten *L'Eternité par les astres,* eine «kosmologische Spekulation» über die ewige Wiederkehr alles Gleichen, und die Sammlung seiner Beiträge aus *La Patrie en danger* über Fragen der militärischen Strategie und Taktik. Was sonst noch erschien, waren Flugschriften und Plakate oder Broschüren wie seine *Verteidigung* im Prozeß der Fünfzehn, der *Avis au peuple,* der mit den ‹Linken› in der Provisorischen Regierung abrechnete, und *L'Armée esclave et opprimée,* die eine vormilitärische Ausbildung der Jugend und einen Ersatz des stehenden Heeres durch eine Miliz forderte. Das war – selbst seine Artikel im *Libérateur,* dem *Candide,* der *Egalité* und in *Ni Dieu ni Maître* hinzugerechnet – wenig, zu wenig jedenfalls, um in ihm einen Theoretiker des Sozialismus erkennen zu können.

Dies änderte sich erst 1885, vier Jahre nach seinem Tode, mit dem Erscheinen seines Hauptwerks, der *Critique sociale.* In dieser in den letzten Jahren des Kaiserreichs entstandenen «Monographie des Kapitals» behandelt Blanqui sowohl Fragen zum Themenkreis von Kapital und Arbeit wie auch Probleme des Sozialismus und Kommunismus.

Zusammen mit dem sehr ausführlichen *Brief an Maillard,* der im Oktober des gleichen Jahres im *Cri du peuple* erschien, bewirkte die *Critique sociale* eine entschiedene Veränderung: Neben dem Rebellen erhob sich unübersehbar der Sozialist Blanqui, der seine Theorie von «der unermeßlichen schöpferischen Kraft der revolutionären Gewalt» (wie Bernstein sie treffend nannte) überzeugend darlegte und einen undoktrinären, pragmatischen und libertären Sozialismus verkündete.

In seiner Kritik des Kapitalismus beschäftigt sich Blanqui, als ein Mann des 19. Jahrhunderts, vor allem mit der Herrschaft des Finanzkapitals, dem *Capital-Monnaie,* das «einzig und allein aus dem dem Umlauf entzogenen Bargeld besteht und in gleichem Maße die Produktion einschränkt». Das Kapital sei daher keineswegs, wie seine Verteidiger behaupteten, «akkumulierte Arbeit», sondern vielmehr «unterdrückte» und zugleich «bestohlene Arbeit», da es dem eigentlichen Produzenten, dem Arbeiter, «durch die Vorwegnahme des Löwenanteils der Ergebnisse seiner Arbeit» seinen gerechten Lohn vorenthalte. Und Blanqui, der «die Illegitimität der Zinsen des Kapitals» in den Mittelpunkt seiner Kritik stellt, kommt zu dem Schluß : «Sich ein Einkommen zu verschaffen, das aus der Arbeit eines anderen stammt, ist der eigentliche und unterscheidende Charakter des Kapitals.»

Der Kapitalismus werde auf seinem einmal eingeschlagenen Wege unaufhaltsam fortschreiten, was das Entstehen kapitalistischer Großunternehmen begünstige und das Verschwinden der Klein- und Mittelbetriebe zur Folge haben werde. «Jeden Tag wird der Graben tiefer zwischen den beiden einzigen Kasten, dem Mammon und dem Elend. Die Zwischenglieder verschwinden. Alle Eroberungen der Wissenschaft werden eine schreckliche Waffe in den Händen des Kapitals gegen die Arbeit und das Denken.» Selbst die Streiks, die Blanqui an sich durchaus bejaht, seien nicht mehr als eine bloße Defensivwaffe in den Händen des Proletariats. Durch Streiks erreichte Lohnerhöhungen, die jederzeit durch Änderungen im Preisgefüge unwirksam gemacht werden könnten, seien nicht ausreichend, um die Lage der Arbeiter auf die Dauer zu verbessern. Die Volksmassen müßten vielmehr «alle ihre Anstrengungen auf die politischen Veränderungen konzentrieren, die allein imstande sind, eine soziale Änderung und eine Verteilung der Produkte gemäß den Forderungen der Gerechtigkeit zu bewirken».

Das größte Hindernis auf dem Wege zu einer wirklichen Revolution liegt für Blanqui in der Unwissenheit des Volkes: «Das Volk hat zwei tödliche Feinde, die Unwissenheit und das Elend, als doppelte Ursache der Knechtschaft. Es kann nur befreit werden durch Wohlstand und Wissen. Die kapitalistische Ausbeutung bedingt das Elend; die klerikale Erziehung verewigt die Unwissenheit!» Später kommt noch ein weiterer Feind hinzu, die Armee: «Die Sakristei, die Börse und die Kaserne sind drei miteinander verbundene Einrichtungen, die den

Nationen die Nacht, das Elend und den Tod bringen.» Von den dreien erscheint ihm die Sakristei schließlich als der gefährlichste Feind. «Die Völker haben keinen grausameren Feind als die Religion. Das Christentum und das Opium sind zwei in ihrer Wirkung identische Gifte.»

Kommunismus und Bildung sind für Blanqui untrennbar miteinander verbunden. Ohne allgemeine Bildung werde es keinen Kommunismus und ohne Kommunismus keine allgemeine Bildung geben. Der Weg zu dieser *universalité des lumières* werde allerdings nicht leicht sein. «Die Armee, die Justiz, das Christentum, die politische Organisation – alles einfache Hecken, die im Anlauf genommen werden können. Die Unwissenheit – eine furchtbare Bastion. Einen Tag für jede Hecke; für die Bastion zwanzig Jahre.»

Bundesgenossen in diesem Kampf glaubt Blanqui unter jenen «deklassierten» Intellektuellen zu finden, die dem Jacques Vingtras eines Vallès ähneln. Sie sind in seinen Augen «die unsichtbare Waffe des Fortschritts, das geheime Ferment, das unmerklich die Masse bearbeitet und sie daran hindert, in geistige Auszehrung zu verfallen. Morgen werden sie die Reserve der Revolution sein.» Mit dieser Revolution werde das Volk «aus dem Zustand der Fäulnis in den der Gesundheit» gelangen. Dazu brauche es, «während einiger Zeit, eine revolutionäre Macht». Das Wort umschreibt die Diktatur, die Diktatur von Paris über den Rest Frankreichs. Wie Babeuf, der für eine Diktatur des Geheimdirektoriums der Gleichen einen Zeitraum von allenfalls drei Monaten vorsah, denkt auch Blanqui nur an eine provisorische, zeitlich begrenzte Diktatur. Eine solche Diktatur sei durchaus nicht das Endziel, sondern nichts weiter als der notwendige Übergang zu einem Regime, in dem «nichts mehr besteht von dem Abscheulichen und Verabscheuenswerten, das sich eine Regierung nennt (...)».

In dieser Übergangszeit gelte es, durch Sofortmaßnahmen «den erpresserischen Machenschaften des Kapitals» ein Ende zu setzen, den Lebensstandard der notleidenden Massen anzuheben und «im Sturmschritt» mit der Arbeit auf dem Gebiet der Volksbildung zu beginnen. Hierbei müsse die Revolution es verstehen, «im Interesse der Sache Klugheit mit Energie zu verbinden», was besagen will, die gegnerischen Kräfte «unerbittlich» zu überwachen, aber zugleich jeden direkten Angriff auf das Prinzip des Eigentums als ebenso nutzlos wie gefährlich zu unterlassen. «Der Kommunismus muß seine Herrschaft von freien Entschlüssen des Landes abhängig machen (...).» Und noch im November 1880, auf der Mailänder Gedenkfeier für Mentana, warnt Blanqui seine Zuhörer vor der Illusion, die soziale Frage im Handumdrehen lösen zu können: «Keine großen Sprünge, sondern beharrliche Schritte sind notwendig, um voranzukommen; laßt uns also marschieren und immer und immer marschieren!»

Auf dem Wege zu dem erstrebten Endziel sei die Vielfalt der Meinungen innerhalb des Sozialismus kein Hemmnis; sie sei sogar, wie Blanqui in seinem *Brief an Maillard* unterstreicht, «von immensem Nutzen». «Jede Nuance, jede Lehrmeinung hat ihre Mission zu erfüllen, ihren Part zu spielen in dem großen, revolutionären Drama und Sie würden, sollte Ihnen diese Vielfalt der Systeme verderblich erscheinen, die unverwerflichste aller Wahrheiten verkennen: Die Einsicht entspringt nur der Diskussion.»

Damit trifft Blanqui eine in die Zukunft weisende, bedeutsame Entscheidung. Gleich Proudhon, der (in seinem Brief an Marx vom 17. Mai 1846) vor jeder «neuen Unduldsamkeit» gewarnt hatte und besonders davor, sich als «Apostel einer neuen Religion» aufzuspielen, lehnt Blanqui es ganz entschieden ab, einer bestimmten Richtung den Vorrang vor anderen zu geben. Er unterstreicht seine Unabhängigkeit sowohl gegenüber Saint-Simon, Fourier und Auguste Comte, den *chimères du siècle*, wie gegenüber Proudhon und Louis Blanc, obwohl er ihnen zugesteht, sie hätten gelegentlich «ausgezeichnete Dinge» gesagt. Diese Grundeinstellung eines freiheitlichen Sozialismus trennt Blanqui auch von Marx, mit dem ihn sonst vieles verbindet, und macht ihn – was dem Marxisten Korsch nicht entgangen ist – zu einem von dessen «großen Konkurrenten».

Blanquis *socialisme pratique* weiß sich, wie es das Beispiel der Blanquisten in der Kommune von 1871 gezeigt hat, allen Notwendigkeiten geschmeidig und undogmatisch anzupassen. «Was den praktischen Sozialismus angeht, gehört er keiner besonderen Sekte, keiner Kirche an. Er nimmt, was ihm paßt, aus jedem System; er hat keine Voreingenommenheit für eine bestimmte Richtung und will das, was existiert, umstürzen (...) mit der festen Entschlossenheit, die Zukunft zu bauen auf neuen Grundlagen, die der aufgeklärte Sozialismus liefern wird, entwickelt und geregelt durch die Ereignisse. Wir sind von dieser Kategorie.»

Der praktische Sozialismus gehe von der Einsicht aus, daß niemand «das Geheimnis der Zukunft» kenne. Selbst dem geschulten Blick enthülle sich ihr Bild nur in undeutlichen Umrissen. Allein der Revolution, die das Terrain säubere, bleibe es vorbehalten, die vielfältigen Pfade freizulegen, die zu der «neuen Ordnung» führten. «Beschäftigen wir uns mit dem Heute», mahnt er: «Das Morgen gehört uns nicht, betrifft uns nicht. Unsere einzige Pflicht ist es, der Zukunft gutes Material für ihre Organisationsarbeit vorzubereiten. Für alles übrige sind wir nicht zuständig.»

Als Summe seiner Erkenntnisse wagt Blanqui den Satz: «Die geregelte Anarchie ist die Zukunft der Menschheit», und er fügt ergänzend hinzu: «Aber wann wird diese Utopie Wirklichkeit? Nicht eher, als bis die Bildung Allgemeingut der Masse geworden ist.»

3. Anmerkungen zur Wirksamkeit des Blanquismus

Zu Beginn des 20. Jahrhunderts hört der Blanquismus auf, eine selbständige, politische Partei zu sein. Was von ihm bleibt, ist eine starke, unterirdisch wirksame Strömung innerhalb der Arbeiterbewegung, die von Zeit zu Zeit gewaltsam an die Oberfläche drängt. Sie gewinnt Gestalt im Aufstand der Matrosen von Kronstadt im März 1921 wie in den Widerstandsbewegungen des Zweiten Weltkrieges; sie taucht auf in der Blanqui-Debatte, die sich 1951 an einer Broschüre von André Marty entzündet, und bei der Rebellion der Pariser Studenten vom Mai 1968, in der auch das blanquistische *Ni Dieu ni Maître* an den Wänden der Sorbonne erscheint. In all diesen Manifestationen wiederholt sich das immer wiederkehrende und niemals erfüllte Verlangen nach einem Sozialismus, der in einer wahren Demokratie ein Höchstmaß an sozialer Gerechtigkeit mit einem Höchstmaß an persönlicher Freiheit verwirklicht.

Jürg Haefelin

WILHELM WEITLING
(1808–1871)

1. Biographie

Wilhelm Weitling wurde am 5. Oktober 1808 in Magdeburg geboren. Sein Vater, ein französischer Offizier, nahm 1812 am Rußlandfeldzug Napoleons teil und war seitdem verschollen. Darauf sah sich die Mutter gezwungen, ihren Sohn zu fremden Leuten in Kost zu geben.

Nach dem Erlernen des Handwerks eines Damenschneiders begab sich Weitling im Jahre 1826 auf die Wanderschaft. Sie führte ihn über Hamburg nach Leipzig, wo er Zeuge der September-Revolution von 1830 wurde, nach Dresden und Wien und schließlich 1835 nach Paris. Dort lernte er die Schriften der französischen Sozialisten kennen und kam mit dem politischen Vereinswesen in Kontakt. Er wurde Mitglied des «Bundes der Geächteten», einer Geheimorganisation deutscher Flüchtlinge und Handwerksgesellen, deren Zielsetzung in der Forderung nach Befreiung und Wiedergeburt Deutschlands, Begründung und Erhaltung der sozialen und politischen Freiheit sowie nach Gleichheit und Einheit bestand. Ab 1836 traten laufend Mitglieder aus diesem streng hierarchisch aufgebauten Bund aus; sie gründeten den demokratischeren «Bund der Gerechten», dem auch Weitling beitrat. In dieser neuen Organisation fand eine intensive Auseinandersetzung mit den Ideen der französischen Gesellschaftskritiker statt. 1838 erhielt Weitling von der Zentralbehörde des Bundes, der er seit kurzem selbst angehörte, den Auftrag, die Realisierbarkeit der Gütergemeinschaft durch eine Schrift zu veranschaulichen. Er erfüllte die Aufgabe, indem er eine Arbeit, betitelt *Die Menschheit, wie sie ist und wie sie sein sollte*, verfaßte. In seinem Erstlingswerk kritisiert er die bestehende Gesellschaftsordnung, für deren Mißstände er «die ungleiche Vertheilung und Geniessung der Güter, so wie die ungleich vertheilte Arbeit zur Hervorbringung derselben» verantwortlich macht.[1] Sich auf das Gebot der christlichen Nächstenliebe berufend, plädiert er für die Einführung eines brüderlichen Familienbundes, für den er einen detaillierten Plan vorlegt. Die Gütergemeinschaft preist er dabei als das «Erlösungsmittel der Menschheit», das die Erde gleichsam zu einem Paradies umgestalte.[2] *Die Menschheit, wie sie ist und wie sie sein sollte* wurde zur ideologischen Grundlage des «Bundes der Gerechten». Mit dieser Schrift profilierte sich Weitling als führender Theoretiker des vormarxistischen deutschen Sozialismus-Kommunismus.

Wilhelm Weitling (1808–1871)

Im Mai 1841 verließ er Paris, um für den Bund in der Schweiz als kommunistischer Propagandist zu wirken. Dort gab er eine Monatszeitschrift heraus, die zuerst unter dem Titel *Der Hülferuf der deutschen Jugend* und danach als *Die junge Generation* erschien. Seidel-Höppner weist darauf hin, daß es sich dabei nicht nur um die erste proletarische Zeitschrift, sondern auch um das erste internationale Organ des Proletariats handle.[3] Außer seiner Monatsschrift veröffentlichte Weitling in der Schweiz, wo er sich nach Aufgabe der Arbeit als Schneider ausschließlich der politischen Tätigkeit widmen konnte, auch sein theoretisches Hauptwerk, *Garantien der Harmonie und Freiheit;* es erschien Ende 1842 in Vevey. Im ersten Abschnitt stellt Weitling die historische Entwicklung von einem paradiesischen Urzustand zur inhumanen Gesellschaft der Gegenwart dar. Den Grund für das Auftreten der Mißstände sieht er in der Entstehung des Eigentums. Im zweiten Abschnitt sucht er nachzuweisen, daß in einer kommunistischen Gemeinschaft der Güter und der Arbeit der gesellschaftliche Idealzustand – notfalls mit Gewalt – wiederhergestellt werden könne.

Vor allem bei den in der Westschweiz arbeitenden deutschen Handwerksgesellen hatte Weitling mit seiner Propagandatätigkeit Erfolg. Durch sein Wirken und seinen Einfluß spaltete sich das politisch aktive deutsche Handwerkervereinswesen in ein Lager des «Jungen Deutschlands» und eines der Sozialisten-Kommunisten, die eigene Vereine gründeten.

Im April 1843 zog Weitling nach Zürich, wo er hoffte, für sein Werk *Das Evangelium der armen Sünder* einen Drucker zu finden. Aufgrund des Subskriptionsprospekts für dieses Buch, in dem die Verwandtschaft und letztlich die Gleichheit von Urchristentum und Kommunismus aufgezeigt werden sollte, wandte sich der Zürcher Kirchenrat an die Staatsanwaltschaft. Darauf wurde die Publikation verunmöglicht und Weitling verhaftet, da seine Werke «als zu verschiedenen Verbrechen anstiftend erscheinen».[4] Am 16. September 1843 stand Weitling vor dem Zürcher Kriminalgericht. Bei diesem Verfahren handelt es sich um den ersten eigentlichen Kommunistenprozeß im deutschsprachigen Raum. Weitling übernahm seine Verteidigung selbst; da ihm der Hauptteil der Anklage verschwiegen worden war, wurden seine Verteidigungsmöglichkeiten aber stark beeinträchtigt. Aufgrund einer juristisch fragwürdigen Gesetzesinterpretation wurde er zu einer sechsmonatigen Gefängnisstrafe verurteilt. In zweiter Instanz wurde er am 23. November vom Obergericht des Verstoßes gegen ein Gesetz, das Landesfremden die Teilnahme an einer geheimen oder politischen Verbindung untersagte, sowie der «Aufreizung zum Aufruhr» für schuldig befunden und zu zehn Monaten Gefängnis verurteilt.[5] Das Hauptmotiv für diese Prozesse ist in der zürcherischen Kantonalpolitik zu suchen: Die regierenden Konservativen wollten durch die Inszenierung eines spektakulären Kommunistenprozesses die oppositionellen Radikalen der ideologischen Verwandtschaft mit dem als verwerflich und gar als kriminell dargestellten Kommunismus bezichtigen, um durch diese Diffamierung ihre Regierung konsolidieren zu können. Sie begnügten sich dabei nicht damit, Weitling gerichtlich zu belangen, sonder erreichten auch, daß gegen Handwerkervereine vorgegangen wurde, die als kommunistisch galten. So wurden die Mitglieder solcher Vereine aus Zürich und auch aus anderen Schweizer Kantonen ausgewiesen.

Nach Verbüßung der ihm auferlegten Haftstrafe wurde Weitling im Mai 1844 nach Preußen gebracht, von wo er nach England abgeschoben wurde. Dort arbeitete er u. a. an einer *Denk- und Sprachlehre*, in der er die sprachlichen Begriffe logisch klassifizieren und eine einheitliche Weltsprache postulieren wollte. Die kritische Beschäftigung mit der Sprache entstand aus Weitlings Ablehnung der deutschen Philosophie, die er als «Quintessenz des deutschen Unsinns»[6] betrachtete und deren abstrakter Denkweise er den Bezug zur Realität absprach. Mit einer Definition aller Begriffe wollte er der «philosophischen Verwirrung» begegnen; dadurch sollten die Verständigung der Menschen gefördert und «Vorurtheile und Irrthümer» – auch im gesellschaftlichen Bereich – bekämpft werden können. Das Vorhaben Weitlings, eine *Denk- und Sprachlehre* zu schaffen, stieß in den Kreisen der Kommunisten auf Unverständnis und Ablehnung. Auch sein gesellschaftstheoretisches System, in dem er die Revolution für sofort herbeiführbar erklärte, fand immer weniger Anklang. Weitling sah sich in der Arbeiterbewegung zunehmend isoliert. Er entschloß sich deshalb, Europa zu verlassen und seine politische Tätigkeit in New York weiterzuführen, wo er einen Befreiungsbund gründete.

Die revolutionären Ereignisse des Jahres 1848 führten Weitling nach Europa zurück. In Berlin gab er die Wochenschrift *Der Urwähler* heraus. Als er ausgewiesen wurde, setzte er seine Agitation in Hamburg fort. Von dort wurde er ebenfalls weggewiesen, worauf er wieder in die USA reiste. Nach anfänglichen Erfolgen erlitt er schwere Rückschläge. Die Kolonie «Communia» in Iowa zerfiel, und die Zeitschrift *Republik der Arbeiter* mußte das Erscheinen einstellen. Weitling zog sich darauf 1855 vom politischen Geschehen zurück. Er gründete eine Familie und arbeitete im New Yorker Einwanderungsbüro. Daneben betrieb er technische und astronomische Studien. Trotz eines teilweise beachtlichen Fachwissens gelangte er dabei manchmal zu absurden Resultaten, glaubte er doch in völliger Verkennung seiner Fähigkeiten, das heliozentrische Weltbild widerlegen und nachweisen zu können, daß die Erde im Zentrum der Sonnenbahn liege. Vergeblich bemühte er sich, seine Forschungsergebnisse publik zu machen.

Am 25. Januar 1871 starb Wilhelm Weitling in New York.

2. Weitlings System des Kommunismus

Der Hauptgrund für Weitlings Hinwendung zum Kommunismus liegt in der von ihm konkret wahrgenommenen Ungerechtigkeit der bestehenden Gesellschaftsordnung, die er durch eine soziale Revolution völlig umgestalten will. Hierzu fordert er die Vereinigung der ganzen Menschheit in einem Familienbund, der auf dem natürlichen Recht aller Menschen auf Gleichstellung und Gleichbehandlung und auf den ethischen Prinzipien des Urchristentums basieren soll.

Bei der Systematisierung seiner ursprünglich gefühlsmäßigen Gesellschaftskritik wurde Weitling hauptsächlich von den Werken der französischen Denker, die in den dreißiger und vierziger Jahren in Paris diskutiert wurden, beeinflußt, so insbesondere von Lamennais, Fourier, Cabet und Saint-Simon. Von Charles Fourier inspiriert, baut Weitling sein System auf den menschlichen Begierden und Fähigkeiten auf. Er geht dabei von der willkürlichen Annahme aus, daß die Gesamtzahl der Fähigkeiten aller Individuen immer ausreiche, um «die Summe von Genüssen herbeizuschaffen, welche die Begierden Aller zu ihrer Befriedigung verlangen».[7] Von der Organisation des Austausches der Fähigkeiten sämtlicher Menschen zum Zweck der Befriedigung der Bedürfnisse aller hängt die Qualität einer Gesellschaft ab. Das bestehende, vom Egoismus dominierte System ist deshalb verwerflich, weil ein Austausch der gesamten Fähigkeiten zum Wohl aller nicht stattfindet, da eine Minderheit ihre übersteigerten Begierden mit den Fähigkeiten der ganzen Gesellschaft befriedigt. Einen umfassenden gerechten Austausch der Fähigkeiten, der es allen Menschen ermöglicht, ihre Ansprüche angemessen zu erfüllen, kann nur die brüderliche Güter- und Arbeitsgemeinschaft garantieren, in der es kein Eigentum und insbesondere kein Geld mehr geben soll.

Um sein Ziel, die Harmonie der ganzen Gesellschaft unter Erhaltung der individuellen Freiheit, erreichen zu können, postuliert Weitling die gleichmäßige Verteilung von Gütern und Arbeit nur im Bereich der Grundbedürfnisse. Die tägliche Pflichtarbeitszeit von etwa sechs Stunden begründet für alle Individuen einen existenzsichernden Anspruch auf Güter und Dienstleistungen. Wer weitere, nicht lebensnotwendige Bedürfnisse hat, muß für deren Befriedigung Überstunden leisten. Dabei gilt, daß genauso viele dieser sogenannten Kommerzstunden für den Bezug eines «Gutes des Angenehmen» zu entrichten sind, wie dessen Produktion an Zeit benötigt. Mit dem Verzicht auf eine absolute ökonomische Gleichheit zugunsten einer Gleichheit der Möglichkeiten respektiert Weitling die Verschiedenheit der Individuen und verfällt nicht der Idee der totalen Bedürfnislenkung und des Zwangsegalitarismus.

Der harmonische Familienbund wird nicht von einer Regierung, sondern lediglich von einer Verwaltung geleitet werden, der die gerechte

Verteilung von Arbeit und «Genüssen» obliegt. Die Spitze der Verwaltung wird von einer Dreierleitung gebildet, die aus den größten Philosophen besteht, «welche zugleich die vorzüglichsten Kenntnisse in der Heilkunde, der Physik und Mechanik besitzen».[8] Die Mitglieder der Verwaltung erhalten keinerlei materiellen Vorteil. Für die Aufnahme in ein leitendes Gremium soll einzig die Begabung eines Kandidaten, die in Wettbewerben geprüft wird, maßgebend sein. Weitling tritt somit für eine Fähigkeitsauslese ein und verwirft allgemeine Wahlen, weil dabei oft nur der Zufall entscheide.[9] Mit dieser Ablehnung des allgemeinen Wahlrechts distanziert er sich klar von der bürgerlich-demokratischen Opposition.

Für Weitling ist jede radikale, fortschrittliche Gesellschaftsänderung eine Revolution. Seine Annahmen bezüglich der Vorbedingungen, des Zeitpunkts und der Durchführung der ersehnten Revolution bilden die größte Schwachstelle seines Systems, ist er doch der Ansicht, daß der Sprung in die Mustergesellschaft grundsätzlich zu jedem Zeitpunkt – ungeachtet der jeweiligen ökonomischen und historischen Voraussetzungen – möglich ist. In der Tradition der Aufklärung stehend, glaubt er, daß zur Herbeiführung der Revolution das Überzeugen der Massen durch die Zukunftsvision einer glücklichen Menschheit und Appelle an die Vernunft ausreichen. Da er sein Gesellschaftskonzept für sofort realisierbar hält, lehnt er eine Beteiligung der Arbeiterschaft am Kampf für einen bürgerlichen Staat ab. Dies wäre nur ein unnötiger, zeit- und kräfteraubender Umweg.

Wie die französischen Utopisten schließt Weitling nicht aus, daß selbst Angehörige der Oberschicht durch Aufklärungsarbeit bewogen werden könnten, die kommunistische Umwälzung zu unterstützen oder sie gar selbst zu verwirklichen. «Der Umsturz des Bestehenden könnte wohl auch durch einen Monarchen vor sich gehen. Freilich ist dieses eine zweifelhafte, aber keineswegs unmögliche Sache.»[10] Für weit wahrscheinlicher als eine solch friedliche Umgestaltung von oben hält es Weitling aber, daß die Arbeiterschaft die Änderung der Gesellschaftsordnung gegen den Widerstand der Privilegierten durchführen muß. Er gehört damit zu den ersten Gesellschaftskritikern, welche die Arbeiter nicht einfach als leidende Klasse, sondern als – nach der erforderlichen Aufklärung – selbständig handelndes historisches Subjekt verstehen.

Wenn das bestehende System nicht friedlich umgestaltet werden kann, sollen die Arbeiter neue soziale und politische Verhältnisse mit Gewalt herbeiführen. Für den die Arbeiter anführenden Revolutionär sieht Weitling von der Zerschlagung der alten bis zur Realisierung der neuen Gesellschaftsordnung eine zeitlich befristete Einzeldiktatur vor. Dieser Revolutionär, der «neue Messias», weist auffallende Ähnlichkeiten mit der Person Weitlings auf, der in der *Gerechtigkeit* seinen Anspruch bzw. die «Pflicht, nach der Direktion der Übergangsperiode zu drängen», sogar explizit anmeldet.[11] Das zeugt von der Überschätzung der eigenen Bedeutung und Leistung.

Zur Zerschlagung der ungerechten Gesellschaft soll diese in ihren Grundfesten erschüttert werden: «Die schon bestehende Unordnung schnell auf den höchsten Gipfel zu treiben (...). Dieses Zweite ist, wenn dem Volke der Geduldsfaden reißt, das letzte und sicherste Mittel.»[12] Zur Destabilisierung der Gesellschaft war Weitling 1842 notfalls auch zur Zusammenarbeit mit dem «Lumpenproletariat» bereit, das die Unordnung plündernd und stehlend vergrößern sollte. Im Pariser «Bund der Gerechten» wurde eine solche Zusammenarbeit aber entschieden abgelehnt. Die Idee Weitlings, sich des Lumpenproletariats zu bedienen, hatte schließlich zur Folge, daß bei den deutschen Kommunisten in Paris und London eine Emanzipation von seinem System einsetzte, gekoppelt mit einer verstärkten Orientierung an den Lehren von Cabet und Owen.

Nicht nur im internationalen, sondern auch im schweizerischen «Bund der Gerechten» bildete sich ab 1842 eine gewisse Opposition gegen Weitling. Aus seinem übersteigerten Selbstbewußtsein und seinem Führungsanspruch resultierten Spannungen und Vorhaltungen der übrigen Kommunisten. Trotz aller Kritiken und Anfechtungen war Weitling jedoch bis zu seiner Verhaftung im Juni 1843 immer noch die zentrale Persönlichkeit im deutschen Kommunismus. Nach der Entlassung aus dem Zürcher Gefängnis mußte er dann aber feststellen, daß der Emanzipationsprozeß von seinen Ideen mittlerweile fortgeschritten war und er wider Erwarten nicht mehr als führende kommunistische Autorität anerkannt wurde. Sein moralisch-ethisches System, das er seit dem Erscheinen seiner Erstlingsschrift kaum weiterentwickelt hatte, wurde immer stärker in Frage gestellt und vor allem von Marx heftig kritisiert.

3. Kritik von Karl Marx

Am 30. März 1846 nahm Weitling in Brüssel an einer Sitzung des von Marx und Engels geleiteten «Kommunistischen Korrespondenzkomitees» teil. Bei der Erörterung der Frage, wie in Deutschland am besten Propaganda zu machen sei, vertrat Weitling den Standpunkt, daß die Revolution sofort möglich sei, wenn die Massen von deren Notwendigkeit überzeugt worden seien. Der praktischen Agitationstätigkeit maß er deshalb einen größeren Nutzen bei als der Bildung und Diskussion neuer Theorien. Er glaubte, die Bedürfnisse der Arbeiter aus eigener Erfahrung genügend zu kennen, um auf wissenschaftliche Beurteilungen verzichten zu können. Für ihn hatte die Theorie vor allem den Zustand der Unterdrückung zu beschreiben und davon eine gerechtere Gesellschaftsordnung abzusetzen. Marx lehnte dagegen die «Erweckung phantastischer Hoffnungen» entschieden ab und verlangte eine präzise ökonomische Analyse als Voraussetzung und Grundlage der gesellschaftlichen Umgestaltung. Laut Annenkow, welcher der Versammlung beiwohnte, soll Marx gesagt haben: «Zumal in Deutschland sich an die Arbeiter zu wenden ohne streng wissenschaftliche Ideen und konkrete Lehre, sei gleichbedeutend mit einem leeren, gewissenlosen Spiel mit der Propaganda, wobei einerseits ein begeisterter Apostel vorausgesetzt wird, andererseits nur Esel, die ihm mit aufgesperrtem Maule zuhören.»[13] Im weiteren erklärte Marx, daß die Verwirklichung des Kommunismus erst nach erfolgter Machtübernahme durch die Bourgeoisie möglich sei. Die Hauptkontroverse zwischen Marx und Weitling bestand somit in der unterschiedlichen Bewertung von Bedeutung und Art der Theorie des Kommunismus. Die Auseinandersetzung wurde sehr heftig geführt, ging es dabei doch sowohl für Marx wie auch für Weitling um die künftige Einflußnahme auf die Arbeiterbewegung.

Die Sitzung des Brüsseler Korrespondenzkomitees vom 11. Mai 1846 führte zur Eskalation der Spannungen und schließlich zum Bruch zwischen Weitling und Marx. Dem Willen von Marx entsprechend, unter den an der Theoriebildung beteiligten Kommunisten eine Selektion durchzuführen, wurde ein Zirkular verfaßt, in dem die von Hermann Kriege in seinem New Yorker *Volkstribun* vertretenen Auffassungen verurteilt wurden. Kriege wurde vorgeworfen, er predige eine «phantastische Gemütsschwärmerei», die nicht kommunistisch sei. Zu Recht sah Weitling in diesem Zirkular auch einen Angriff gegen sein eigenes System. Deswegen und weil ihm die Einheit der kommunistischen Bewegung wichtiger war als deren theoretische Begründung, stimmte er als einziger gegen die Verurteilung Krieges. Das Abstimmungsergebnis zeigt die Isolation, in der sich Weitling 1846 unter den führenden deutschen Kommunisten in Europa befand. In dieser Stituation entschloß er sich, das Angebot Krieges, in der Redaktion des *Volkstribuns* mitzuwirken, anzunehmen. In New York angekommen, mußte er freilich feststellen, daß das Blatt sein Erscheinen hatte einstellen müssen.

4. Fortwirken der Ideen Weitlings

Nach der Entlassung aus der Haft im Jahre 1844 gelang es Weitling nicht mehr, auf die Hauptentwicklung im deutschen Sozialismus-Kommunismus Einfluß zu nehmen. Er hatte seine ehemals dominante Stellung im «Bund der Gerechten» verloren. Die zunehmende Industrialisierung und die Weiterentwicklung der Arbeiterbewegung führten zu einer Reduktion der politischen und theoretischen Bedeutung seines statischen, teilweise noch handwerklich-zunftmäßigen Vorstellungen verhafteten Systems. Die Mehrheit der Kommunisten hielt nun die von Weitling verkündete Möglichkeit einer sofort durchführbaren, nur von der Überzeugung der Massen und der Existenz eines entschlossenen Führers abhängigen Revolution für unrealistisch. Mit fortschreitender Entwicklung von Gesellschaft und Arbeiterbewegung entstand ein Bedürfnis nach einer Theorie, die nicht an Einsicht und Moral appellieren mußte, sondern auf ökonomischen und historischen Analysen basierte. Daher wuchs der Einfluß von Marx, der in der Verwirklichung des Kommunismus den Endpunkt einer nach bestimmten und erkennbaren Gesetzen verlaufenden Entwicklung sah.

Trotz der steten Bedeutungsminderung der Ideen Weitlings wirkten sie aber auch nach den Auseinandersetzungen im Korrespondenzkomitee weiter fort. Vor allem in Paris fand Weitling noch Unterstützung – obwohl Engels bestrebt war, seinen Einfluß vollends zu untergraben. Aber selbst dort bestand der «Bund der Gerechten» nur noch zu etwa einem Drittel aus Anhängern Weitlings. 1847 wurden sie anläßlich eines Konflikts aus dem Bund ausgeschlossen. Damit war das Schicksal des direkten Einflusses Weitlings auf die Entwicklung der deutschen Arbeiterbewegung in Europa endgültig besiegelt. In der 48er Bewegung fiel ihm keine wichtige Rolle zu. Mit der definitiven Emigration in die USA schwand die Wirkung seiner Ideen in Europa weiter. – Trotzdem verlor sein System aber nicht jegliche Bedeutung. So berichtet August Bebel, daß ihm und anderen um 1860 Begriffe wie Sozialismus und Kommunismus fremd gewesen seien. Wohl hätten vereinzelte Personen «vom Weitlingschen Kommunismus gehört, auch Weitlings Schriften gelesen (...) daß es auch Arbeiter gab, die z. B. das kommunistische Manifest kannten (...), davon habe ich in jener Zeit in Leipzig nichts vernommen.»[14]

Während die Resonanz der Ansichten Weitlings in Europa abnahm, war sie in den USA in der ersten Hälfte der fünfziger Jahre noch beachtlich. Die Unfähigkeit Weitlings, seine Vorstellungen weiterzuentwickeln und sie den auch in der Neuen Welt existierenden Veränderungen in Gesellschaft und Arbeiterbewegung anzupassen, führte aber auch dort zu Anfechtungen und Konflikten. Die erlittenen Rückschläge bewogen ihn schließlich im Jahre 1855, sich vom politischen Geschehen zurückzuziehen.

5. Die Bedeutung Weitlings

Wilhelm Weitling war der führende Theoretiker im vormarxistischen deutschen Sozialismus-Kommunismus, an dessen Entstehungs- und Entwicklungsprozeß er entscheidend beteiligt war. Mit seinem Aufruf an die Arbeiterschaft, selbst aktiv zu werden und eine gerechtere Gesellschaftsordnung zu erzwingen, überwand er die Stufe der anklagend abwartenden Kritiker, die mit einer friedlichen Änderung der Gesellschaftsverhältnisse rechneten. Durch seine Ablehnung von Reformen und die Forderung einer kommunistischen Güter- und Arbeitsgemeinschaft trug er wesentlich dazu bei, die Arbeiterschaft von der bürgerlichen Opposition mit ihrem Primat der rein politischen Zielsetzung wegzuführen. Die deutsche Opposition gegen die herrschende Staats- und Gesellschaftsform spaltete sich nicht zuletzt durch seinen Einfluß in ein bürgerlich-demokratisches und ein sozialistisch-kommunistisches Lager. Die theoretische und agitatorische Tätigkeit Weitlings förderte die Bewußtseinsbildung der unterprivilegierten Massen und schuf dadurch ein Fundament, auf dem spätere Gesellschaftskritiker aufbauen konnten.

Hans Manfred Bock

PIERRE-JOSEPH PROUDHON
(1809–1865)

1. Der Repräsentant der kleinen Warenproduzenten

Unter den einflußreichen Denkern der internationalen Arbeiterbewegung war Pierre-Joseph Proudhon einer der ganz wenigen Theoretiker, die unmittelbar aus der Gesellschaftsklasse kamen, deren Emanzipation sie bewirken wollten. Er wurde in Besançon im ländlich-kleinhandwerklichen Milieu geboren und erzogen; bis zu seinem elften Lebensjahr war er Viehhirte. Den 1820 begonnenen Schulbesuch mußte er 1827 aufgrund der wirtschaftlichen Notlage seiner Eltern abbrechen, und er begann eine Ausbildung als Buchdrucker. Im Zusammenhang mit diesem Beruf unternahm Proudhon ein umfassendes Selbststudium theologischer und politisch-ökonomischer Literatur, vorübergehend war er von den Schriften des utopischen Sozialisten Charles Fourier fasziniert. 1836 kaufte er mit Freunden eine eigene Druckerei in Besançon, die freilich ein Verlustgeschäft blieb und die er 1843 wegen hoher Verschuldung wieder verkaufen mußte. Als seinen Eintritt in das öffentliche Leben sah Proudhon später den Entschluß an, sich 1838 um ein Stipendium für sein weiteres Studium zu bewerben. Diese überwiegend autodidaktischen Studien bezogen sich anfangs auf Probleme der vergleichenden Sprachforschung, der Sozialpolitik und dann immer eingehender auf Grundfragen der politischen Ökonomie. Eben einer solchen Frage war 1840 seine erste Denkschrift *Qu'est-ce que la propriété?* gewidmet, die er der Akademie in Besançon vorlegte und mit deren provozierenden Thesen er erstmals in der Öffentlichkeit bekannt wurde.

In seinem Begleitbrief zur Ersten Denkschrift über das Eigentum schrieb Proudhon am 30. 6. 1840, er wolle seine Arbeit dem Ziel der Verbesserung der physischen, moralischen und intellektuellen Lebensbedingungen der zahlreichsten und zugleich ärmsten Gesellschaftsklasse widmen. Diese Zielsetzung brachte ihn sogleich in Konfrontation mit der Gesellschaft der Juli-Monarchie, und 1842 wurde er erstmals wegen Angriffs auf das Eigentum und die Religion und wegen Aufreizung zum Klassenhaß vor Gericht gestellt. Nachdem er in der Schrift von 1840 den Grundriß und die zentralen Themen seiner auf sozio-ökonomische Veränderung zielenden Theorie formuliert hatte, faßte er 1843 seine neuen Erkenntnisse zusammen in *De la création de l'ordre dans l'humanité*. Das Buch, «eine wahre Höllenmaschine, welche alle Werkzeuge des Schaffens und Zerstörens enthalten sollte»,[1] hielt er später selbst für mißlungen.

Pierre-Joseph Proudhon (1809–1865)

Waren die philosophischen Kategorien dieser Schrift vor allem Kant, Fourier und Auguste Comte entlehnt, so machte Proudhon im Winter 1844/45 in Paris während langer Diskussionen mit Karl Marx, Karl Grün und Michail Bakunin die nähere Bekanntschaft mit der Philosophie Hegels, deren Bedeutung für sein eigenes Denken er dann höher veranschlagte als sie wohl tatsächlich nachweisbar ist. Während dieser philosophischen Lehrjahre lernte Proudhon in Lyon, wo er von 1843 bis 1847 als Angestellter einer Flußschiffahrtsgesellschaft seinen Lebensunterhalt verdiente, das Vereinswesen der Seidenweber kennen, das sich dort seit dem großen Aufstand der *canuts* ab 1831 herausgebildet hatte. Mit großer Wahrscheinlichkeit unter dem Eindruck dieser Tradition standen die Pläne einer «Société progressive», die er in seinen 1843 beginnenden Notizbüchern ausbreitete, deren praktische Verwirklichung er allerdings nicht versuchte. Die *associations* der handwerklich-manufakturellen Facharbeiter in der Juli-Monarchie waren der wichtigste praktische Bezugspunkt für die Ausformung der Grundkategorien der politischen Philosophie Proudhons vor 1848.

Seine frisch, aber aus zweiter Hand erworbenen Hegel-Kenntnisse gingen ein in die Ausarbeitung seines Buches *Système des contradictions économiques ou philosophie de la misère*, das 1846 erschien. Karl Marx und Friedrich Engels hatten 1845 noch Proudhons Eigentums-Kritik als großen wissenschaftlichen Fortschritt gewürdigt, als einen «Fortschritt, der die Nationalökonomie revolutioniert und eine wirkliche Wissenschaft der Nationalökonomie erst möglich macht.»[2] Proudhons *Philosophie de la misère* trat Marx umgehend entgegen mit der Streitschrift *Misère de la Philosophie* (1847). Daß er dort – sicherlich zu Recht – Proudhons mangelndes Verständnis von Hegels Denken bloßstellte und ihn darüber hinaus der politisch-ökonomischen Inkompetenz zieh, hatte neben den philosophischen Gründen auch politische und persönliche Ursachen. In einem Briefwechsel zwischen beiden vom Mai 1846[3] war deutlich geworden, daß Proudhon im Gegensatz zu Marx eher auf geduldige Aufklärungsarbeit als auf die revolutionäre politische Organisation und Aktion setzte und daß er es ablehnte, die politisch-ökonomischen Einsichten in die Bewegungsgesetze der bürgerlichen Gesellschaft «zum Dogma zu erheben» und auf dieser Grundlage «das Volk zu indoktrinieren». Nach der sarkastischen Kritik in Marx' Schrift von 1847 brachen die Kontakte zwischen beiden Wortführern der frühen sozialistischen Bewegung ab, deren Namen später zu Symbolen für zwei gegensätzliche praktische Wege und theoretische Paradigmen in der Arbeiterbewegung werden sollten.

Proudhon war die konkreten programmatischen Schlußfolgerungen aus seinen *Contradictions économiques* schuldig geblieben, die seinem Projekt der «Société progressive» deutlichere Konturen gegeben hätten. Er war bei Beginn der Februar-Revolution 1848 jedoch der Auffassung, daß die «Korruption» des Bürger-Königtums das Werk der Selbstzerstörung der Juli-Monarchie weitgehend selbst besorgte und daß eine aufständische Massenbewegung dieses Werk eher aufzuhalten drohte, indem sie vorrangig politische Ziele wie das allgemeine Wahlrecht und nicht grundsätzlich ökonomische Veränderungen erstreben würde. Gleichwohl ließ sich Proudhon in die revolutionäre Bewegung einbeziehen, und er versuchte, sie mit einer Reihe kleinerer Programmschriften, die überwiegend in der Reform des Kredit- und Bank-Wesens den Hebel für die revolutionäre Veränderung sahen, in ökonomische Bahnen zu lenken. Das Jahr von Februar 1848 bis März 1849 war die Periode der intensivsten revolutionären Praxis in Proudhons Leben, und erst seit dieser Zeit wurde er in der gesamten nationalen Öffentlichkeit bekannt. Er berichtete über diese Erfahrungen in seiner 1849 zuerst veröffentlichten und später meistgelesenen Schrift *Confessions d'un révolutionnaire*. Seine praktischen Erfahrungen sammelte er in drei Tätigkeitsbereichen: als politischer Journalist («Représentant du Peuple», «Voix du Peuple»), als Parlamentarier seit Juni 1848 und als Gründer einer «Tauschbank» in den ersten Monaten des Jahres 1849. Proudhon galt seit seiner spektakulären Rechtfertigungsrede für die Revolution in der *Assemblée Nationale* vom 31.7. 1848, in der er sich mit dem Proletariat identifizierte und die übrigen Abgeordneten mit der Bourgeoisie, als *homme terreur*. Aufgrund seiner öffentlichen Kritik an Louis Bonaparte, der im Dezember 1848 zum Präsidenten der Republik gewählt worden war, erhielt Proudhon u.a. wegen «Aufforderung zum Bürgerkrieg» im März 1849 eine Gefängnisstrafe von drei Jahren.

Als er im Juni 1852 aus dem Gefängnis entlassen wurde, hatte Louis Bonaparte mit seinem Staatsstreich vom Dezember 1851 die Republik liquidiert, und das von ihm errichtete autoritäre Regime des Second Empire war politisch und persönlich der einengende Handlungsrahmen des Revolutionärs bis zu seinem Tod. Proudhon hatte während seiner Gefängniszeit eine neue große Studie, *Idée générale de la Révolution au XIXe siècle*, veröffentlicht; dort forderte er u.a. die strategische Verbindung des Proletariats mit den Mittelklassen zum Sturz des Kapitalismus und unterzog die zeitgenössischen sozialistischen Tendenzen einer eingehenden Kritik wegen ihrer primär politischen und nicht ökonomischen Programmatik. Eben diese kritische Distanz zu den zeitgenössischen Richtungen des Sozialismus war eine Voraussetzung dafür, daß er in den Jahren 1852 bis 1858 relativ unbehelligt von der Polizei Napoléons III. leben konnte. Durch eine kleinere Gelegenheitsschrift von 1852 über Louis Bonapartes Staatsstreich setzte er sich vorübergehend dem Verdacht eines Arrangements mit dem neuen Regime aus. Aus einer großen Zahl von Publikationen dieser Jahre ragt das umfangreiche Werk *De la Justice dans la Révolution et dans l'Eglise* heraus, das Ende April 1858, eine Woche nach seinem Erscheinen, beschlagnahmt wurde und Proudhon eine erneute dreijährige Gefängnisstrafe einbrachte. Ihr entzog er sich durch die Ausreise nach Brüssel, wo er von Juli 1858 bis September 1862 im Exil lebte. In der von Krankheit oft unterbrochenen letzten Schaffensphase, in der er im Frankreich des Second Empire die längste Zeit mit Publikationsverbot belegt war, wandte sich Proudhon neben seinen im engeren Sinne politisch-philosophischen Arbeiten völkerrechtlichen (*La Paix et la Guerre*, 1861) und ästhetischen Fragen (*Du Principe de l'Art*, 1865) zu. Auf die sich in den sechziger Jahren organisatorisch stabilisierende Arbeiterbewegung übten seine Bücher *Du Principe fédératif* (1863) und, 1865 posthum erschienen, *De la capacité politique des classes ouvrières* den nachhaltigsten Einfluß aus.

Proudhons überaus vielfältiges Werk und sein oft widerspruchvolles Handeln lassen sich nicht umstandslos auf eine Formel bringen und soziologisch zuordnen. Manche Inkohärenzen in Werk und Leben lassen sich sicherlich mit den von Marx zuerst geltend gemachten Merkmalen des Kleinbürgertums, nämlich zugleich Proletarier und Bourgeois zu sein, in Zusammenhang bringen[4] – so z. B. Proudhons extrem patriarchalische Vorstellungen von der gesellschaftlichen Rolle der Frau und sein mehrfach belegter Antisemitismus. Differenzierender und umfassender zugleich ist der Erklärungsansatz, der in Proudhons Sozialphilosophie durchgängig strukturelle Entsprechungen zur sozio-ökonomischen Situation der handwerklichen und manufakturellen, weitgehend selbständig produzierenden Facharbeiter sieht, die in der Juli-Monarchie noch die stärkste Gesellschaftsschicht darstellten.[5] In beiden Interpretationen erscheint Proudhon als der Repräsentant der kleinen Warenproduzenten.

2. Der Theoretiker der «dritten Gesellschaftsform» als Synthese von Gleichheit und Freiheit

Proudhon war nach seiner Selbstauffassung und nach dem Urteil seiner Interpreten kein Sozialphilosoph eines abgeschlossenen und in sich widerspruchsfreien Systems, sondern ein mit dem Ziel der Emanzipation der benachteiligten Bevölkerungsklassen intervenierender politischer Soziologe und politischer Ökonom. Ohne Anspruch, zu systematisieren, was sich der Systematisierung weitgehend entzieht,[6] lassen sich doch einige Leitideen und deren Konfiguration nachzeichnen, die in Proudhons Werk zugleich Grundlage für die vehemente und wortgewaltige Kritik an der bestehenden Gesellschaft wie auch Ansatzpunkt für deren Neugestaltung waren.

Seit seiner Ersten Denkschrift von 1840 bezog sich Proudhons Kritik besonders auf das Eigentum (*propriété*) als Grundlage der existierenden Gesellschaftsordnung, aber auch auf das, was er die Gemeinschaft (*communauté*) nannte, und worin er die utopischen Zukunftsvorstellungen der zeitgenössischen Sozialismus-Konzeptionen zusammengefaßt sah. – Das Eigentum beruhte in Proudhons Auffassung auf der ungerechtfertigten Aneignung des Arbeitsertrages anderer durch einige wenige Privilegierte, es galt ihm als die Quelle aller sozialen Ungerechtigkeit. «Proudhon will das Eigentum nur durch Arbeit, als natürliches Recht auf Arbeit und ihr Produkt, darum bekämpft er das Eigentum als Herrenrecht, als Autorität, das in den Formen Pacht, Zins, Agio, Diskont, Monopol, Kommission usw. erscheint; also (den damaligen Verhältnissen Frankreichs entsprechend) das Boden- und Handelskapital, Spekulation und Wucher.»[7] Auch das vor dem Second Empire erst ansatzweise entwickelte konzentrierte Industriekapital fiel unter Proudhons Kategorie der *propriété*, also der nicht legitimierten Form des arbeitsfreien Eigentums, es stand jedoch nicht im Mittelpunkt seiner Kritik. Diesen Eigentumsformen galt sein Diktum «Eigentum ist Diebstahl!». Von ihnen unterschied er das Eigentum, das als instrumentelle Voraussetzung oder als Ertrag unmittelbar im Zusammenhang mit dem Arbeitsprozeß der Produzenten stand. Diese nicht auf Kosten anderer erworbene Eigentumsform nannte er Besitz (*possession*), und er sah in ihr die wesentliche Voraussetzung für die Emanzipation der benachteiligten Schichten, die er bald «Proletariat», bald «das Volk» nannte.

Im *peuple* oder Proletariat sah Proudhon seit der französischen Revolution den Träger des Widerspruchs gegen das nicht legitime Eigentum. Dieser Widerspruch zielte in seiner politisch radikalsten Artikulation auf die Verwirklichung der *communauté*, d.h. des Gemeinschaftsprinzips. Im zeitgenössischen Sozialismus sah Proudhon das Gemeinschaftsprinzip am nachdrücklichsten vertreten bei frühsozialistischen Autoren wie Owen, Saint-Simon, Fourier, Cabet u.a. Gegen ihren «Kommunismus» grenzte er sich deutlich ab, da er bei einer konsequenten Verwirklichung des Prinzips der *communauté* den Verlust der Individualität und der Initiative der Gesellschaftsmitglieder und eine andere Art von Autoritarismus und Tyrannei befürchtete. In seiner ausführlichsten Kritik am Gemeinschaftsprinzip, im 12. Kapitel der *Contradictions économiques*, sah er beispielsweise den «Kommunismus» der Frühsozialisten dadurch gekennzeichnet, daß er «in jeder sozialen Funktion, in der Produktion, im Tausch, in der Konsumtion, in der Erziehung, in der Familie, den Kollektivmenschen an die Stelle des Individuums» setze; wenn alles gemeinsam sei, «Arbeit, Haushaltung, Einnahme und Ausgabe, so wird das Leben abgeschmackt, ermüdend und verhaßt».[8] Das Gemeinschaftsprinzip sei letztlich nur die einfache Umkehrung des Eigentumsprinzips. Die *propriété* bedeute die Beraubung des Schwachen durch den Starken, die *communauté* bedeute die Unterdrückung der Vielfalt und der Freude an der unterschiedlichen Selbstverwirklichung der einzelnen Gesellschaftsmitglieder. Auf die Beseitigung des nicht legitimen Eigentums könne nicht die Verwirklichung des Gemeinschaftsprinzips folgen, sondern eine «dritte Gesellschaftsform»[9] müsse entstehen, in der auf der Grundlage prinzipiell gleichen Zugangs zum Besitz die freie, nur an das Gesetzesrecht gebundene Entfaltung der Produzenten erfolgen könne.

Proudhon verstand seine Arbeiten als Grundlegung des wissenschaftlichen Sozialismus, der sich vom utopischen Sozialismus unterschied. Deshalb vermied er es, Genrebilder der zukünftigen Gesellschaft zu malen; er konzentrierte sich vielmehr darauf, mit Hilfe politisch-ökonomischer Kategorien und einer ihm eigenen dialektischen Methode[10] Prinzipien zu ermitteln, die in den gegebenen Gesellschaftsverhältnissen angelegt waren und die in einer «dritten Gesellschaftsform» zum Tragen kommen könnten. Diese Prinzipien einer gerechten Gesellschaft waren vor allem die Staatslosigkeit, der Mutualismus und der Föderalismus.

Proudhon hatte besonders in seinen frühen Schriften mit offenbarer Lust an der Provokation den Begriff der Anarchie, der über Jahrhunderte gleichbedeutend war mit «schlechter Herrschaft» und «Regellosigkeit», in einem positiven Verständnis verwendet. Obwohl er «Anarchie» auch im älteren pejorativen Wortsinn weiter gebrauchte, hatte er damit seit 1840 diesem Begriff eine programmatische Bedeutung verliehen. In seinen *Bekenntnissen eines Revolutionärs* erklärte er, die beste Form der Regierung sei die An-archie, die Herrschaftslosigkeit, und er sah einen wesentlichen Grund für den raschen Niedergang der Februar-Revolution darin, daß sie gleichsam «verstaatlicht», d. h. in politische und gouvernementale Bahnen gelenkt worden sei. Er unterschied in jeder Gesellschaft eine «soziale Konstitution» von einer «politischen Konstitution», und er sah im Gang der Geschichte die Tendenz, daß die gesellschaftliche an die Stelle der politischen Verfassung trete: «Die erste ist aufs innigste mit der Menschheit verknüpft, ist liberal, progressiv, und ihr Fortschritt besteht meist darin, sich von der zweiten zu befreien, welche wesentlich willkürlicher, unterdrückerischer und retrograder Natur ist.»[11] Proudhons Werk ist durchsetzt mit Kritik an der reglementierenden und unterdrückenden Funktion der Staatsbürokratie, in der er überwiegend einen Störfaktor für die freie Selbstorganisation der Wirtschaftsgesellschaft auf der Grundlage freiwilliger vertraglicher Vereinbarungen sah. Es ging ihm nicht darum, den Staat (und seine Institutionen) frontal zu attackieren, sondern ihn überflüssig zu machen, indem seine Funktionen von der Wirtschaftsgesellschaft resorbiert wurden. Insbesondere in den Schlußkapiteln seiner *Idée générale de la Révolution* (1851) diskutierte er die Möglichkeiten, «um das politische oder gouvernementale System allmählich vom ökonomischen System aufsaugen zu lassen, indem man der Reihe nach alle Räder dieser großen Maschine, welche Regierung oder Staat heißt, reduziert, vereinfacht, dezentralisiert und beseitigt.»[12] In der Logik dieser auf eine staatenlose Reorganisation der Gesellschaft gerichteten Argumentation lag Proudhons scharfe Kritik an der Richtung im Sozialismus, die die Eroberung der Staatsmaschinerie als Voraussetzung der sozialen Revolution ansah. Einen derartigen «Staatssozialismus» sah er insbesondere durch Louis Blanc verkörpert. Dessen Konzeption und praktischer Politik galt Proudhons Kritik, die nachzuweisen suchte, daß die Ergebnisse des «Staatssozialismus», ähnlich wie die des «Kommunismus» der utopischen Sozialisten, in erneuter autoritärer Unterordnung bestünden: «Eine feste Demokratie, scheinbar auf die Diktatur der Massen begründet, aber in der die Massen nur so viel Macht haben, wie zur Sicherung der allgemeinen Sklaverei notwendig ist, nach folgenden, dem alten Absolutismus entliehenen Formen und Grundsätzen: Herrschaft der Gewalt; völlige Zentralisierung; systematische Zerstörung jedes persönlichen, korporativen und lokalen, möglicherweise die Eintracht gefährdenden Gedankens; inquisitorische Polizei (...).»[13]

Die Gesellschaftsform, die über den Weg der grundlegenden ökonomischen Veränderung der bestehenden Eigentums-Gesellschaft erreicht werden sollte, hatte nach Proudhons Vorstellungen als positives Ordnungsprinzip den Mutualismus. Auch dies Prinzip sah er – wie das der Anarchie – in der jüngeren Vergangenheit und in der Gegenwart bereits im Volk bzw. in der Arbeiterschaft wirksam und, so namentlich in Lyon und Paris, praktiziert. Proudhon verstand unter Mutualismus die praktisch gewordene Synthese von *propriété* und *communauté*. In der eingehenden Erläuterung des neuen ökonomischen und gesellschaftlichen Prinzips im zweiten Teil seiner Spätschrift *De la capacité des classes ouvrières* (1865) definierte er den Mutualismus durch die Maxime: «Füge anderen nicht zu, was Du nicht willst, daß man Dir tue, und laß anderen stets das Gute zukommen, das Du von ihnen erhalten willst.»[14] Proudhon sah in der Anwendung dieses Prinzips der Gegenseitigkeit in den von ihm beobachteten Arbeitervereinigungen die Möglichkeit angelegt, die bestehende Gesellschaftsordnung vollständig umzuwälzen, indem man es auf alle Bereiche des wirtschaftlichen und politischen Gemeinwesens übertrug. In einer mutualistisch reorganisierten Gesellschaft sei der Arbeiter nicht mehr der Leibeigene des Staates: «Er ist der freie Mensch, der wirklich souverän ist und auf der Grundlage eigener Initiative und persönlicher Verantwortung handelt; er ist gewiß, für seine Güter und Dienstleistungen einen gerechten und hinreichend einträglichen Preis zu erzielen; und er ist sicher, bei seinen Mitbürgern hinsichtlich seiner Verbrauchsgüter die vollkommenste Rechtschaffenheit und Garantie zu finden. Das gleiche gilt für den Staat; die Regierung ist nicht mehr ein Souverän, die Autorität ist dann nicht mehr die Antithese von Freiheit: Staat, Regierung, öffentliche Gewalt, Autorität usw., das alles sind Ausdrücke, die dazu dienen, von einem anderen Gesichtspunkt her die Freiheit selbst zu benennen, der älteren Ausdrucksweise entlehnte allgemeine Formeln, mit denen jeweils die Summe, die Verbindung, die Übereinstimmung und die Gemeinsamkeit der Einzelinteressen bezeichnet wird.»[15] Der Mutualismus, der schon der Ausgangspunkt für Proudhons Tauschbank-Projekt von 1849 gewesen war, bezog sich in erster Linie auf die Neugestaltung der Wirtschaftsbeziehungen zwischen den Menschen. Im Föderalismus dagegen sah er überwiegend das politische Prinzip für die Neuorganisation einer gerechten Gesellschaft.

Der Föderalismus wurde im Spätwerk Proudhons zum zusammenfassenden und zentralen Konzept seines Denkens, das mit dem Prinzip der Staatslosigkeit und des Mutualismus eng verbunden war. Im *Principe fédératif* (1863) und den posthum erschienenen Schriften wird sein Suchen nach Möglichkeiten der Gewährleistung der Einheit – d.h. der Bannung der Gefahr der Auflösung und Anomie – einer tendenziell staatsfreien und mutualistischen neuen Gesellschaftsordnung deutlich. Als Organisationsprinzip im nationalen und internationalen Rahmen, das den Zusammenhalt des Ganzen und die Autonomie der Teile, die Autorität und die Freiheit, in ein sinnvolles Gleichgewicht zu bringen vermochte, fand er den Föderalismus. Ihn definierte er in den Kapiteln 7 und 8 des *Principe fédératif* als einen Vertrag, in dem die Vertragspartner für einen oder mehrere genau umrissene Zwecke eine Übereinkunft treffen, bei der jedoch immer der Teil an Selbständigkeit und Handlungsfreiheit, der bei ihnen verbleibt, größer ist als der Teil, den sie abgeben. Je größer die Zahl der in eine Föderation eintretenden Kontraktanten wäre, umso präziser und begrenzter sollte der Zweck sein, der Gegenstand der Übereinkunft war, weil andernfalls die Mandatsträger übermächtig zu werden und die Initiative und Selbstverantwortung der Basiseinheiten verloren zu gehen drohe. Nach Proudhons Überzeugung war eine föderative Neuordnung aufzubauen auf den Basiseinheiten der Werkstätten, dem Ort der Selbstverwirklichung der Menschen in der gemeinsamen Arbeit, und in den Gemeinden, dem Ort ihrer Selbstregierung im überschaubaren sozialen Kontext. In der Entwicklung des Proudhonschen Denkens ist sogar eine wachsende Bedeutung festzustellen, die er den Gemeinden neben den Werkstätten als Grundeinheiten des föderativen Systems zumißt. Die Besonderheit seiner Föderalismus-Konzeption im Vergleich zu älteren Föderalismus-Theorien liegt in ihrer gleichzeitigen Ausdehnung auf den wirtschaftlichen wie auf den politischen Bereich der neuen Gesellschaftsform. In aktualisierender Ausdrucksweise wurde sie folgendermaßen zusammengefaßt: «An der Basis die autonome Gemeinde und Werkstatt, die wirklich und direkt die Organisationsgewalt ausüben wird unter der ständigen Kontrolle der Bürger, die auch die Arbeiter sind. Darauf eine Pyramide von freien, vertraglichen Zusammenschlüssen, die mit repräsentativen, sorgfältig begrenzten sowie gestreuten Institutionen ausgestattet sind, deren Befugnisse immer spezialisierter und reduzierter werden, je mehr sich ihr Geltungsbereich ausdehnt. An der Spitze eine Verwaltung, der es zukommen wird, nicht dieses Ganze zu regieren – weil es sich selbst regieren wird –, sondern die immer mögliche Wiederkehr gouvernementaler Zentralisation zu verhindern bzw. zurückzudrängen (...). Die Einheit der Föderation wird eine ganz andere Kraft haben, weil sie, weit entfernt, Gegensätze und Konflikte zu leugnen, auf einer Gesamtheit von beweglichen vervollkommenbaren Institutionen beruhen wird, die in der Lage sind, die letzteren sich entfalten zu lassen und die ersteren zu schlichten.»[16] Proudhon sah in dieser Art von Föderalismus ein universell realisierbares Prinzip und nicht zuletzt eine Grundlage für die zukünftige Neugestaltung der Beziehungen der europäischen Nationen untereinander.

3. Der Klassiker der unbegrenzten Auslegbarkeit?

Die offene und unabgeschlossene Denkweise Proudhons lud die Nachwelt zu vielfältigen Interpretationen und Lesarten geradezu ein. Je nach der Hervorhebung der Komponenten Staatslosigkeit, Mutualismus oder Föderalismus in seiner Theorie konnte diese von ganz unterschiedlichen, ja sogar konträren politisch-gesellschaftlichen Bewegungen in Anspruch genommen werden. Ein Überblick über die – im Detail erst noch zu erforschende – Rezeptionsgeschichte Proudhons mag das verdeutlichen.

In dem halben Jahrhundert von Proudhons Tod bis zum Ersten Weltkrieg war die Rezeptionsgeschichte des Proudhonismus weitgehend identisch mit der Geschichte des Anarchismus. In der 1864 gegründeten Internationalen Arbeiter-Assoziation, der Ersten Internationale, dominierte bis Ende der sechziger Jahre der Proudhonsche Mutualismus. Er blieb in der französischen Sektion vorherrschend bis zum Kommune-Aufstand 1871, dessen Urheber sich größtenteils als Proudhonianer verstanden und einige Aspekte des Mutualismus und Föderalismus zu praktizieren versuchten. Als sich 1872 die Erste Internationale spaltete in eine von Marx beeinflußte Richtung und eine von der Schweizer Jura-Föderation angeführte «antiautoritäre» Tendenz, blieb in diesem letzteren Teil der Arbeiterbewegung die Theorie Proudhons lebendig. Zwar wurde in der hier entstehenden anarchistischen Bewegung der Proudhonsche Mutualismus in der Folgezeit durch den kollektivistischen und schließlich den kommunistischen Anarchismus verdrängt; doch die einflußreichsten Theoretiker des internationalen Anarchismus bis 1914, Bakunin und Kropotkin, sahen übereinstimmend in Proudhon den Begründer der Bewegung, und die von ihm dargestellten Prinzipien der Staatslosigkeit und des Föderalismus blieben dauerhafte Bestandteile anarchistischen Selbstverständnisses. Die deutlichsten (direkten wie indirekten) Bezüge zu Proudhon und zu der auf ihn sich berufenden Tradition in der französischen Arbeiterbewegung sind in den beiden letzten Jahrzehnten vor dem Ersten Weltkrieg im revolutionären Syndikalismus nachweisbar. Nicht nur der bedeutendste Praktiker dieser in viele europäische Länder ausstrahlenden Bewegung, Fernand Pelloutier, und ihr bekanntester intellektueller Mitstreiter, Georges Sorel, beriefen sich nachdrücklich auf Proudhon. Auch die strategische Konzeption der *Confédération Générale du Travail* der Vorkriegszeit, der außerparlamentarische und rein ökonomisch zu führende Klassenkampf, und ihre föderalistische Organisationspraxis sind ohne das proudhonistische Erbe in der französischen Arbeiterbewegung nicht hinreichend verständlich. In den verschiedenen Richtungen, die sich 1905 zur sozialistischen Partei SFIO zusammenschlossen, war die Theorie Proudhons bei den sogenannten «Possibilisten» (Paul Brousse) einflußreich, und der große SFIO-Führer der Vorkriegszeit Jean Jaurès würdigte Proudhon gleichermaßen als Sozialisten und Liberalen. Es gab nach der Jahrhundertwende jedoch nicht nur eine den Gewerkschaften nahestehende Vereinigung, «Amis de Proudhon», sondern auch einen «Cercle Proudhon», der engstens verbunden war mit der militant antirepublikanischen Bewegung der «Action Française»[17] und der seine Lesart von Proudhon auf dessen Gewerkschaftsfeindlichkeit, Antifeminismus und angebliche Kriegsverherrlichung stützte.

In Deutschland, dem Land der lassalleanisch-«staatssozialistischen» und marxistischen Arbeiterbewegung par excellence, hatte die Proudhon-Rezeption vor dem Ersten Weltkrieg stets eine antimarxistische Stoßrichtung. Von den führenden Theoretikern der SPD vermochte allein Eduard Bernstein dem «Kleinbürger» Proudhon einige positive Seiten abzugewinnen.[18] Der getreueste Verkünder der Lehre Proudhons war über mehrere Jahrzehnte der württembergische Arzt Arthur Mülberger. Blieb dessen Proudhon-Propagierung überwiegend epigonal, so bemühte sich der hervorragendste Vertreter des philosophischen Anarchismus in Deutschland, Gustav Landauer, im letzten Vorkriegsjahrzehnt um eine selbständige Aneignung der Schriften Proudhons. Er übersetzte viele kleinere Texte von ihm und veröffentlichte sie im *Sozialist*; nach seiner Auffassung traf die «Kleinbürger»-Invektive der Marxisten nicht; Proudhon habe «den Menschen seines Volkes und seiner Zeit, vorwiegend kleinen Bauern und Handwerkern prachtvoll gezeigt (...), wie sie sofort, ohne erst den sauberen Fortschritt des Großkapitalismus abzuwarten, zum Sozialismus hätten kommen können.»[19] In einem sozialreformerischen Sinne verlief schließlich vor und nach dem Ersten Weltkrieg die kritische Auseinandersetzung Karl Diehls mit Proudhons Werk; er formulierte seit seiner Dissertation 1888 über Proudhon im Versuch der Widerlegung und Korrektur von dessen ökonomischen Thesen eine eigene Konzeption der «sozialrechtlichen Volkswirtschaftslehre».

Während die Proudhon-Rezeption vor dem Ersten Weltkrieg überwiegend von politischen Bewegungen mit sozialrevolutionärer Programmatik vollzogen wurde, war seit deren fast vollständiger Einbeziehung in die kommunistische Weltbewegung seit der russischen Oktoberrevolution die Inanspruchnahme Proudhons durch sozialreformerische Kräfte vorherrschend. Der Kreis der «Amis de Proudhon» umfaßte nach dem Ersten Weltkrieg Wissenschaftler, Intellektuelle und Gewerkschaftler; auch der langjährige Vorsitzende der nicht-kommunistischen Gewerkschaftsrichtung Léon Jouhaux bekannte sich zu Proudhon. In Deutschland wurde das mit Karl Diehl einsetzende akademische Interesse an Proudhon in der Zwischenkriegszeit u.a. von dem Frankfurter Sozialwissenschaftler Gottfried Salomon verstärkt und dokumentierte sich in nicht weniger als fünf dem französischen Klassiker gewidmeten Dissertationen. In einem abermals anderen Zusammenhang wurde Proudhon in den dreißiger Jahren als historischer Kronzeuge für einen spezifisch nationalfranzösischen Sozialismus von zahlreichen revoltierenden Gruppierungen für sich reklamiert –, von Intellektuellen, die gleichermaßen Liberalismus und Kapitalismus wie Marxismus und Kommunismus bekämpften (z.B. dem «Neo-Sozialisten» Déat oder den Intellektuellen um die Revue *Ordre Nouveau*, Dandieu u. a.).[20] Gleichzeitig berief sich der aus der Tradition des sozialen Katholizismus kommende *personnalisme* Emmanuel Mouniers und der Zeitschrift *Esprit* nachdrücklich auf Proudhon, der die Stichworte für die Kritik am bürgerlichen Liberalismus und am Totalitarismus bereithielt.

In der Zeit nach dem Zweiten Weltkrieg blieb zunächst die sozialreformerische Interpretation Proudhons dominant. In ihren nicht-revolutionären Aspekten boten die Prinzipien des Mutualismus und Föderalismus Anknüpfungspunkte für den Subsidiaritätsgedanken der katholischen Soziallehre und entsprechend kamen einige der wichtigsten Beiträge zur Proudhon-Forschung von namhaften Theologen (H. de Lubac, P. Haubtmann). In Deutschland entdeckte Thilo Ramm Anfang der sechziger Jahre Proudhon als den «Theoretiker, der dem derzeitigen Gesellschafts- und Staatsbewußtsein Westdeutschlands wohl am meisten entspricht».[21] Er sei insbesondere der Theoretiker des sozial gebundenen Eigentums, der Eigentumsstreuung und des Föderalismus. In einem ausdrücklich als Aktualisierungsversuch Proudhonschen Denkens deklarierten Beitrag zur Demokratie-Theorie hat Karl Hahn Mitte der siebziger Jahre die bei Ramm angedeutete Rezeption des französischen Klassikers theoretisch vertieft. Eine einstweilen letzte und umfassende Neuinterpretation der Proudhonschen Sozialphilosophie als Quelle der Selbstverwaltungs-Debatte (*autogestion*) in der französischen Linken wurde in den sechziger Jahren in den Arbeiten von Georges Gurvitch und Jean Bancal vorbereitet. Diese Aktualisierung Proudhons als Ahnherr einer Strategie systemverändernder Reformen im *courant autogestionnaire* der französischen Linken der siebziger Jahre, die besonders eindrucksvoll im Proudhon-Buch von Jacques Langlois dokumentiert ist,[22] wird nicht die letzte sein. 1932 schrieb einer der Proudhon-Editoren, «die Vielfalt der Interpretationen, zu denen das Denken Proudhons Anlaß gibt, nimmt nicht ab».[23] Er hat recht behalten. Proudhon ist der sozialistische Klassiker der zwar nicht beliebigen, aber anscheinend unbegrenzten Auslegbarkeit geblieben.

Christine Held-Schrader

LOUIS BLANC
(1811–1882)

1. Lebensweg eines demokratischen Sozialisten

Louis Blanc wurde am 29. 10. 1811 in Madrid geboren, wo sein Vater, der aus einer katholischen, royalistisch eingestellten Bürgerfamilie stammte, eine Stelle als Generalinspektor der Finanzen unter König Joseph Bonaparte einnahm. Nach dem Sturz Napoleons kehrte die Familie Blanc nach Frankreich zurück. Louis Blanc besuchte mit seinem Bruder Charles, der als Kunstkritiker und Kunsthistoriker bekannt geworden ist, das königliche «Collège de Rodez», wo er im Sinne katholischer und legitimistischer Ideale erzogen wurde. Kurz nach der Julirevolution traf er im Jahr 1830 in Paris ein.

Nachdem alle Versuche fehlgeschlagen waren, sich in der Hauptstadt den Lebensunterhalt zu verdienen, fand er schließlich 1832 eine Hauslehrerstelle in Arras. Sie ließ ihm genug Zeit für das Studium der Geschichte und Philosophie der Französischen Revolution, wobei er seine Bewunderung für Rousseau und vor allem Robespierre entwickelte, und sie verschaffte ihm den ersten Kontakt mit dem modernen Industrieproletariat: Im Unternehmen seines Arbeitgebers, in dem zu der Zeit ca. 600 Arbeiter beschäftigt waren, hatte er Gelegenheit, ihre Arbeits- und Lebensbedingungen kennenzulernen. Hier in Arras begann auch die schriftstellerische Tätigkeit Louis Blancs, der wohl als der publizistisch erfolgreichste unter den französischen Frühsozialisten angesehen werden kann. 1833 und 1834 gewann er den von der Akademie von Arras ausgeschriebenen Gedichtwettbewerb; in derselben Zeit wurde er Mitarbeiter einer fortschrittlichen lokalen Zeitung, die für republikanische und demokratische Ziele eintrat.

1834 kehrte Blanc nach Paris zurück, um nun hauptberuflich als Journalist zu arbeiten. Im Lager der bürgerlich-republikanischen Opposition wirkte er an verschiedenen Zeitungen mit, so z. B. bei der *Revue républicaine* und bei der Wochenzeitung *Bon Sens*, deren Chefredakteur er 1836 wurde. Nach einem Streit mit dem Eigentümer über die Verstaatlichung der Eisenbahn verließ er 1838 mit einem Großteil der Redakteure das Blatt und gründete im Januar 1839 die *Revue du progrès politique, social et littéraire*, deren politische Richtung eindeutig nicht nur als republikanisch, sondern schon als sozialistisch einzuordnen ist.

Erst in diesem Jahr, einer Zeit großer sozialer Erregung in Frankreich, verließen die Schriften Blancs den Rahmen einer republikanisch-demo-

Louis Blanc (1811–1882)

kratischen Kritik des Bürgerkönigtums. Besonders deutlich wird dies in der Artikelserie *Organisation du travail*, die 1840 umgearbeitet als Buch erschien und zur Überwindung der kapitalistischen Anarchie durch die Organisation der Arbeit aufrief. Diese Schrift machte Blanc in der französischen Arbeiterschaft schlagartig berühmt und weit über die Grenzen Frankreichs hinaus bekannt, ihr Titel wurde zum Schlachtruf der Massen der 1840er Jahre. In kurzer Zeit wurden 6000 Exemplare verkauft; innerhalb von 10 Jahren erfolgten 9 Auflagen. Durch den großen Widerhall zeigte sich auch der Innenminister alarmiert; die erste Auflage wurde z. T. von der Polizei beschlagnahmt.[1]

Die *Revue du progrès* stellte im Dezember 1842 ihr Erscheinen ein. Im folgenden Jahr gründete Blanc zusammen mit anderen radikalen Republikanern die Zeitung *La Réforme*, die für das allgemeine Wahlrecht eintrat. Seine journalistische Aktivität diente ebenso politischen Zielen wie die Tätigkeit als Geschichtsschreiber. Die *Histoire de dix ans. 1830–1840* (1842) stellt eine soziale Anklage gegen die Politik der Julimonarchie und der Bourgeoisie dar. Auch dieses Werk, das er wie die *Organisation du travail* in den nächsten Jahren wiederholt bearbeitete und neu herausgab, war ein Erfolg und trug dazu bei, sein Ansehen bei der Arbeiterschaft und in der politischen Linken zu erhöhen.

Der Februarumsturz 1848 brachte ihm dann Regierungsverantwortung: Am 24. 2. wurden Blanc und der Arbeiter Albert zu Mitgliedern der Provisorischen Regierung gewählt. Um die beiden Vertreter der Arbeiterinteressen zu neutralisieren und zu beschäftigen, wurden sie von der bürgerlichen Mehrheit der Regierung auf ein Abstellgleis geschoben. Louis Blanc wurde zum Präsidenten der «Commission du Luxembourg pour l'organisation du travail» ernannt, einer Arbeitskommission, die die Vertreter der sozialistischen Schulen zu einem Streit über die Prinzipien vereinigte, während die wichtigen Entscheidungen an anderer Stelle fielen. Nach den Erhebungen der Arbeiter im Mai und Juni wurde Blanc der Beteiligung an den Unruhen beschuldigt und seine Immunität wurde aufgehoben. Noch vor seiner Verurteilung zur Deportation gelang ihm die Flucht nach England, wo er bis 1870 im Exil lebte und seine Tätigkeit als Schriftsteller und Journalist fortsetzte. Nach dem Sturz Napoleons III. kehrte er im September 1870 nach Frankreich zurück. 1871 wurde er in die Abgeordnetenkammer gewählt und blieb dort, bis kurz vor seinem Tod am 6. 12. 1882, ein politischer Wortführer der radikalen Linken.

2. Louis Blancs Beitrag zur Theorie des Sozialismus

Blancs Hauptaktivität, sowohl die publizistische als auch die politische, fällt in die Zeit der Julimonarchie, in der unter der ökonomischen

Herrschaft der Großbourgeoisie die Voraussetzungen für die Industrialisierung Frankreichs und damit für die Entstehung des Proletariats geschaffen wurden. Noch 1848 jedoch bestand die Bevölkerung zu 75 % aus Kleinbauern, und in den Städten überwog das kleine Gewerbe. Die wirtschaftliche Konjunktur verschlechterte die Lage sowohl der Arbeiter als auch der Mittelschichten aufgrund von mehreren rasch aufeinanderfolgenden Rezessionen und Krisen (1827–32, 1836/37, 1839/40, 1845–48); eine verschärfte Konkurrenz führte zu sinkenden Löhnen, steigender Arbeitslosigkeit und einem Anstieg der Konkurse, vor allem bei den kleineren Produzenten. Die Arbeiter und Kleingewerbetreibenden, die ohne Wahlrecht blieben und zudem ökonomischen und politischen Repressionen ausgesetzt waren, zeigten sich empfänglich für die sozialistischen Gedanken, die ab Ende der 1830er Jahre in einer Fülle von Publikationen an die Öffentlichkeit getragen wurden. Diese unterzogen die kapitalistische Gesellschaftsform einer grundlegenden Kritik und entwickelten Alternativen, die den Hoffnungen der Arbeiter und der Kleinbourgeoisie Ausdruck gaben. In ihrer Kritik gingen sie häufig von den Problemen aus, denen nicht nur Arbeiter, sondern auch Angehörige der gesellschaftlichen Zwischenschichten ausgesetzt waren, und entwikkelten dabei Lösungsmodelle, die auch den kleineren selbständigen Existenzen zugute kommen sollten.

So gingen auch Blancs theoretische Überlegungen von den gesellschaftlichen Bedingungen des Frühkapitalismus aus; die Ereignisse des Jahres 1848 ließen ihn zwar einige Korrekturen an seiner Konzeption vornehmen, Grundlegendes änderte sich jedoch nicht. Seine sozialistische Theorie enthält eine Synthese des historischen Denkens und der soziologischen Analyse der Saint-Simonisten, der Gesellschaftskritik der Fourieristen sowie der politischen Forderungen der radikalen Demokraten. Durch die enge Verbindung seiner sozialen Forderungen mit dem politischen Kampf für einen demokratischen, auf der Souveränität des Volkes beruhenden Staat und durch die Entwürfe einer Übergangsgesellschaft, für die er praktikable Grundsätze einer assoziativen Ordnung entwickelt, entfernt er sich jedoch von den Spekulationen vieler anderer Frühsozialisten, insbesondere Fouriers.

Grundlegend für Blancs theoretische Konzeption ist seine Geschichtsauffassung, die darauf basiert, daß die Geschichte einer vorgegebenen Gesetzlichkeit folgt, in der sich letztendlich das «Gute» durchsetzt. Er gliedert die historische Entwicklung in eine Abfolge von drei Perioden, die jeweils von drei spezifischen Prinzipien bestimmt werden: das der «Autorität», das bis zur Reformation vorherrschend gewesen sei, das des «Individualismus», das von Luther in die Geschichte eingeführt und durch die Revolution von 1789 zum Sieg gebracht worden sei, und das der «Brüderlichkeit», das die zukünftige Gesellschaft bestimmen werde.

Sicher gibt es auch Passagen in seinen historischen Werken, in denen

Blanc eine weniger idealistische Interpretation der Geschichte liefert, so wenn er z. B. in seiner Analyse der Französischen Revolution feststellt, daß die Revolution «den Interessen einer dominierend gewordenen Klasse, der Bourgeoisie», diente.[2] Und auch in der *Histoire de dix ans* deutet er die Geschichte als Klassenkampf zwischen Bourgeoisie und Volk und sieht in den Klasseninteressen der Bourgeoisie die entscheidenden Antriebskräfte der Politik des Bürgerkönigtums. Obwohl Blanc einen engen Zusammenhang zwischen den materiellen Bedingungen und den philosophischen Ideen erkennt, gelangt er jedoch nicht zu einer materialistischen Interpretation der Geschichte; letztendlich sind es für ihn doch die Ideen, die den von Gott vorgegebenen Ablauf der Geschichte bestimmen. So ist demzufolge auch seine Hoffnung auf die soziale Revolution getragen vom Glauben an die überzeugende Kraft der Idee der «Brüderlichkeit», die als im Interesse aller Klassen liegende Idee zwangsläufig den Sieg über den «Individualismus» und die «Anarchie» davontragen werde.

Blancs Analyse der bestehenden «industriellen Anarchie» greift die bekannten Kritikpunkte anderer Frühsozialisten wieder auf. Ihr Ausgangspunkt ist die Feststellung des Gegensatzes zwischen einer relativ kleinen Zahl Besitzender und der großen Masse derjenigen, die abhängig und in Armut leben. Die beiden Klassen, die Blanc bisweilen als «peuple» und «bourgeoisie», bisweilen auch als «capitalistes» und «travailleurs» bezeichnet, werden von ihm unterschieden nach dem Besitz bzw. Nichtbesitz an «Kapital» und «Arbeitsinstrumenten».[3] Zwischen den beiden Klassen – aber auch zwischen den «Kapitalisten» selbst – herrsche eine unbeschränkte Konkurrenz, ein rücksichtsloser Kampf, der sich in den Formen des Krieges vollziehe, ja mit diesem identisch sei: «Konkurrenz bedeutet Krieg, auf den Bereich der Arbeit übertragen (...).»[4]

Die unbeschränkte Konkurrenz führe sowohl zur Verelendung der Arbeiter als auch zum Untergang der Bourgeoisie selbst, da die dadurch ausgelöste Konzentration in der Produktion zunächst die kleine, dann aber auch die mittlere Industrie vernichte und letztlich die gesamte Bourgeoisie ruiniere.[5] Die Verarmung der Lohnarbeiter resultiere ebenfalls aus der Konkurrenz. Zum einen zwinge die Konkurrenz der Arbeiter untereinander diese dazu, sich gegenseitig die Löhne zu drücken, zum anderen würden aufgrund der Konzentrationsprozesse Einsparungen an menschlicher Arbeitskraft ermöglicht. Schließlich trage auch das Bestreben der Produzenten, im Wettbewerb möglichst billig zu produzieren, zu einer kontinuierlichen Reduzierung der Löhne bei: «Das ständige Sinken der Löhne ist eine zwangsläufig allgemeine, keineswegs außergewöhnliche Tatsache (..).»[6] Damit formuliert Blanc ein Lohngesetz, «das noch rigoroser erscheint als das Lassallesche».[7]

Andererseits werde trotz des durch sinkende Löhne erzwungenen sinkenden Verbrauchs der Produktionseifer der Bourgeoisie durch die

Konkurrenz immer weiter angetrieben. Ohne über sichere Konsumenten und Absatzmärkte zu verfügen, werde blind «im Dunkeln» produziert, so daß das für den Reichtum einer Nation so erstrebenswerte Gleichgewicht zwischen Produktion und Konsum nie entstehen könne.[8] Wie einige andere Frühsozialisten weist Blanc damit auf den tiefen inneren Widerspruch hin, den die Konkurrenz im kapitalistischen System hervorrufe: eine stetig wachsende Produktion bei gleichzeitig zunehmender Einschränkung der Kaufkraft.[9] Die Unterkonsumtion wird von ihm als eine dem kapitalistischen System inhärente Erscheinung gedeutet, die zu periodisch auftretenden Überproduktionskrisen führe.[10] Als einziger Ausweg aus dieser Misere biete sich die Ersetzung des alten, auf dem Prinzip des «Individualismus» beruhenden Systems durch die «Assoziation» an.

Zwar habe die Bourgeoisie bislang noch ein anderes Palliativ: die Expansion auf äußere Märkte, die von Blanc als eindeutiger Versuch der Kapitalisten entlarvt wird, der sozialen Revolution zu entgehen.[11] Mit dieser Feststellung des ökonomisch begründeten Expansionszwanges der kapitalistischen Staaten, der zwangsläufig mit kriegerischen Konflikten verbunden sei,[12] vollzieht Blanc schon im Jahr 1839 die Ausweitung der Unterkonsumtions- zur Imperialismustheorie. Seine Kritik an den Ursachen und Formen der kapitalistischen Expansion hindert ihn jedoch nicht daran, sich vehement für eine Stärkung der Macht Frankreichs durch Expansion, Kolonisation und Krieg einzusetzen – was am Ende jedoch auch dem Fortschritt und der Lösung der sozialen Frage dienen soll.

Blanc bleibt bei seiner Analyse nicht bei der Feststellung des ökonomischen Expansionszwanges stehen, sondern versucht, die Ausweglosigkeit dieses Ausweichens auf äußere Märkte nachzuweisen. Er verweist auf die zunehmende wirtschaftliche Unübersichtlichkeit und Krisenanfälligkeit durch die territoriale Ausweitung des Marktes, die Konkurrenz der anderen Industrienationen, die Möglichkeit von nationalen Erhebungen der unterdrückten Völker, und schließlich sei die Aufnahmefähigkeit der äußeren Märkte ohnehin durch den nach außen getragenen Widerspruch des kapitalistischen Systems selbst beschränkt.

Mit dem Nachweis des sicheren Zusammenbruchs des kapitalistischen Systems nähert sich Blanc schon 1839 der Vorstellung der wissenschaftlich erwiesenen Notwendigkeit der sozialistischen Revolution. Er geht diesen Weg jedoch nicht konsequent weiter, sondern hofft, die Katastrophe vermeiden zu können, indem er die Bourgeoisie durch Appelle an ihr Eigeninteresse zu Reformzugeständnissen zu bewegen versucht. Damit will er sie zu der Einsicht zwingen, daß ihre Interessen mit denen der Arbeiter identisch sind, da das gegenwärtige System für beide Klassen den Ruin bedeute: «Aus diesem Beweis geht klar hervor, daß alle Interessen übereinstimmen und eine Sozialreform für alle Glieder der Gesellschaft ohne Ausnahme vorteilhaft ist.»[13] Durch dieses Festhalten an der Interessensolidarität und die damit verbundene Hoffnung auf eine friedliche Lösung der sozialen Frage unterscheidet sich Blanc deutlich von Marx und Engels, die seine Theorien demzufolge auch als illusionär und kleinbürgerlich bezeichneten. Blancs Konzept der Transformation der Gesellschaft baut nicht auf dem Klassenbewußtsein und dem Kampf des Proletariats auf, sondern – entsprechend seiner idealistischen Auffassung vom Fortschritt in der Geschichte – auf der Durchsetzung des neuen Prinzips der «Brüderlichkeit», die im wohlverstandenen Interesse aller Menschen liege. So werde der freiwillige Selbstverzicht der «aufgeklärten» Kapitalisten eine reformerische Umwälzung der Gesellschaft, die soziale Revolution, ermöglichen; jede Form gewaltsamen Kampfes um die soziale Veränderung wird dagegen von Blanc abgelehnt.

Seine Analyse der Revolutionsgeschichte führt ihn zu der Feststellung, daß der Umwälzungsprozeß sich in drei Stufen gliedern lasse: auf die *révolution intellectuelle*, die aufgrund zunehmender sozialer Mißstände zur grundlegenden Infragestellung der bestehenden Ordnung führe, folge die *révolution politique*, die dann auf dem Weg gesetzlicher Maßnahmen die *révolution sociale* in die Wege leite.[14] Die Erkenntnis dieser Abfolge läßt Blanc zu der Einsicht gelangen, daß zunächst das politische System verändert werden müsse: Der durch das allgemeine Wahlrecht demokratisierte Staat soll die soziale Umwälzung und auch die politische und moralische Erziehung des Volkes in die Wege leiten, ohne die eine echte soziale Demokratie nicht möglich sei.

Blanc entwirft ein Modell für einen schrittweisen Aufbau der Zukunftsgesellschaft, in der der Staat nach einer Phase stärkerer Intervention zunehmend in den Hintergrund tritt, ohne allerdings ganz zu verschwinden. Das kapitalistische System soll in dieser Übergangsphase mit seinen eigenen Waffen bekämpft und schließlich überwunden werden. Eine zentrale Rolle spielen dabei die «gesellschaftlichen Werkstätten», die *ateliers sociaux*, die als vom Staat gegründete Produktionsstätten nach und nach das «Prinzip» der künftigen Gesellschaft verwirklichen und durch ihre «unwiderstehliche Anziehungskraft» die individuellen Betriebe allmählich «aufsaugen» sollen. Die zunächst notwendige staatliche Verwaltung der Produktionsstätten werde nach und nach der Selbstverwaltung weichen, wobei allerdings eine von den Arbeitern gewählte zentrale Oberleitung bestehen bleiben müsse, um zu verhüten, daß die Produktivassoziationen untereinander in Vernichtungskonkurrenz geraten. An die Stelle der «Regierung des Zufalls» soll die «Regierung des Wissens» treten. Das notwendige Kapital werde sich die Regierung durch Anleihen verschaffen; später sieht Blanc auch in der Verstaatlichung der Eisenbahn, der Versicherungsgesellschaften und der Minen eine Möglichkeit der Geldbeschaffung. Durch die Ausweitung der «Assoziation» auf die gesamte Wirtschaft würden alle Produktionsmittel letztlich in gesellschaftliches Eigentum übergehen. Die Verfügungsgewalt über die Produktionsmittel sollten die von den Arbeitern selbst jährlich zu wählenden Verwaltungsräte haben. Der Lohn müsse vorerst noch ein ungleicher bleiben, bis in einem höheren Reifezustand der Gesellschaft der moralische Antrieb zum Dienst an der Gesellschaft den materiellen Anreiz entbehrlich mache und die Bedürfnisse der einzelnen sich einander angeglichen hätten. Dann werde ein «jeder nach seinen Fähigkeiten arbeiten» und «nach seinen Bedürfnissen verbrauchen».

Das Ziel dieser «Organisation der Arbeit» ist letztlich die Assoziation der gesellschaftlich organisierten, von den Arbeitern selbst verwalteten Produktionsstätten in einer gesamtgesellschaftlich koordinierten Selbstverwaltung, in einem demokratischen Staat. Die Notwendigkeit einer einheitlichen Staatsmacht, die als oberster Beschützer der Assoziation die soziale Sicherheit nach innen und den Schutz nach außen garantiert, wird von Blanc nicht bestritten. Für diesen Staat entwirft er das Modell einer repräsentativen Demokratie mit parlamentarischem System, wobei die Allmacht des Parlaments, das nach dem allgemeinen gleichen Wahlrecht für Mann und Frau gewählt werden solle, durch häufige Wahlen, durch die Möglichkeit des Rückrufs der Abgeordneten vom Volk, durch eine administrative Dezentralisation, durch die Garantie der politischen und persönlichen Freiheiten und durch den rechtlichen Schutz der Minderheiten einzuschränken sei. Selbst eine mögliche Kontrolle der Verfassungskonformität der Gesetze wird von ihm in Erwägung gezogen, da er kein absolutes Vertrauen in die Unfehlbarkeit der Mehrheitsentscheidungen hat.[15]

Wie kaum ein anderer Frühsozialist entwickelte Blanc – wohl gerade aufgrund seines reformerischen Ansatzes – sehr präzise Vorstellungen über die instituionellen Bedingungen eines demokratischen sozialistischen Systems und entwarf dabei ein Modell, das in seinen Grundzügen der modernen «wehrhaften Demokratie» ähnelt. Allerdings hat er bei seinen Überlegungen zur Transformation des Systems wohl die Frage der politischen Macht unter- und die Reformbereitschaft der Bourgeoisie überschätzt, wie sein Scheitern in der Revolution 1848 beweist.

3. Blanc als Politiker

Nachdem Blanc in den 1840er Jahren durch den Erfolg seiner Schriften zum Wortführer der französischen Arbeiterbewegung geworden ist, die in ihm eher als in den utopischen Denkern und den Schülern diverser «sozialistischer Schulen» die Person sah, die sich wirklich um die Verbesserung der Arbeits- und Lebensbedingungen der Arbeiter kümmerte, erhält er 1848 die Gelegenheit zum aktiven politischen Einsatz. In den Februarunruhen nimmt er eine führende Rolle ein; gestützt auf die bewaffnete Macht der in der Nationalgarde organisierten Arbeiterschaft erläßt er am 25. 2. 1848 eine Proklamation, welche die zukünftige Republik auf eine sozialistische Richtung festzulegen versucht. Das Recht auf Arbeit und die Garantie der Existenz des Arbeiters sollen anerkannt, sozialistische Grundsätze zur Regelung des industriellen Wirtschaftsprozesses durchgesetzt werden. Inzwischen hat sich aber schon deutlich gezeigt, daß das Bündnis der Arbeiter, die soziale Veränderungen anstreben, mit dem kleinen und mittleren Bürgertum, dem lediglich an einer politischen Korrektur gelegen ist, zerbrechen muß. Die Mehrheit der Mitglieder der Provisorischen Regierung ist bürgerlich und versucht nun, den Einfluß Blancs auf zwei Wegen einzuschränken: durch seine Entfernung von der tatsächlichen politischen Macht (als Präsident der Luxembourg-Kommission) und durch die Diskreditierung seiner sozialistischen Ideen.

Statt eines «Fortschrittsministeriums», das Blanc am 27. 2. fordert, um darin die soziale Reform in Angriff nehmen zu können, beschließt die Provisorische Regierung die Einsetzung einer Kommission für die *travailleurs*, die – ohne eigenes Budget und nur mit einem Vorschlagsrecht ausgestattet – politisch machtlos ist. Tiefergehende soziale Veränderungen sind somit nicht mehr zu erreichen. Die Kommission bewirkt nur eine Verkürzung der Arbeitszeit, die allerdings in der Praxis kaum eingehalten wird, ein Verbot der Tätigkeit von «Zwischenunternehmern» und ein Verbot der Diskriminierung ausländischer Arbeiter. Darüber hinaus ist sie als Schlichter bei Arbeitskämpfen tätig und unterstützt handwerkliche Genossenschaften, in denen auf Blancs Initiative die Idee der Arbeiterassoziation zumindest ansatzweise erprobt wird. Als nach den Arbeiteraufständen im Mai/Juni die Staatsaufträge für diese Assoziationen gestrichen werden, ist ihr Zusammenbruch unausweichlich. Ebenso scheitern die «Nationalwerkstätten», die den Rechtsanspruch des Arbeiters auf Arbeit durchsetzen sollten. Um den revolutionären Druck der immer stärker von der Wirtschaftskrise bedrohten Arbeiter aufzufangen, werden von der Provisorischen Regierung sogenannte *ateliers nationaux* eingerichtet, die in ihrer Anlage jedoch Blancs Vorstellungen von den *ateliers sociaux* kaum entsprechen, sondern eher eine Art produktive Arbeitslosenhilfe darstellen. Die aus dem falschen Ansatz und der schlechten Organisation resultierenden Mißstände in den Nationalwerkstätten werden von der Bourgeoisie zum Anlaß genommen, das Recht auf Arbeit überhaupt zu diskreditieren und vor allem Blancs Konzeption der *ateliers sociaux* als unsinnig hinzustellen.

Blanc läßt sich von diesem politischen Mißerfolg nicht entmutigen und setzt seine Tätigkeit als Propagandist für die soziale und politische Reform fort, nun allerdings im Exil in England. Sein großer Einfluß auf die französische Arbeiterbewegung geht aufgrund jenes Scheiterns allerdings weitgehend verloren. Auch nach seiner Rückkehr nach Frankreich 1870 gelingt es ihm nicht, wieder einen bestimmenden Einfluß auf die

Arbeiterklasse zu erlangen. Er verurteilt den Kommuneaufstand, setzt sich aber zwei Jahre später für eine Amnestie der Kommunarden ein. Obwohl er seinen Entwurf der zukünftigen Gesellschaft als universale Ordnung projektiert hat, lehnt er die Internationale ab, wendet sich freilich gegen ein gesetzliches Verbot. Einen wirklichen Anschluß an die neue Arbeiterbewegung findet er nicht.

Im Parlament, dem er seit 1871 bis kurz vor seinem Tod angehört, repräsentiert er die radikale Linke und trägt einiges dazu bei, das Bewußtsein der Radikalen für soziale Probleme zu schärfen. Seine Hauptaktivität gilt demokratischen Zielsetzungen und schrittweisen sozialen Reformen. In zahlreichen Gesetzesvorschlägen setzt er sich ein für die Repräsentierung der Minderheiten, die Dezentralisierung, die rechtliche Gleichstellung der Frau, für Versammlungsfreiheit, Abschaffung der Kinderarbeit und das Recht auf Gründung von Arbeiterassoziationen. Sein Programm einer gemäßigten sozialen Reform faßt er 1872 prägnant in einem Satz zusammen: «Der radikalen Partei angehören heißt wollen, daß die Republik, die sich auf das allgemeine Wahlrecht stützt, die Verbesserung der moralischen, intellektuellen und physischen Lebensumstände aller zum Ziele hat».[16]

4. Blancs Bedeutung für die Geschichte des Sozialismus

Blancs Bedeutung für die Geschichte des Sozialismus liegt weniger in seiner politischen Praxis als in seinen theoretischen Beiträgen. Wenn seine Ideen auch weniger originell und anspruchsvoll waren als die anderer zeitgenössischer sozialistischer Theoretiker, so hatte er – vielleicht gerade deshalb – eine größere Breitenwirkung.

Für die Ideengeschichte des Sozialismus sind verschiedene Beiträge Blancs von Bedeutung gewesen, wenn auch nicht immer direkte Beeinflussungen anderer Theoretiker nachzuweisen sind. So ist Blanc z. B. der erste Sozialist gewesen, der die kriegerische Expansion nach Übersee und die zwangsläufig damit verbundene Entstehung imperialistischer Kriege deutlich als inhärentes Element des kapitalistischen Systems erkannt hat. Durch die pointierte Darstellung dieses Zusammenhangs hat er einen wesentlichen Beitrag zur Entwicklung der sozialistischen Imperialismustheorie geleistet.[17] Sicher ist aber andererseits auch die Inkorporation des militanten Nationalismus und des humanitären Kolonialismus in die sozialistischen Doktrinen des ausgehenden 19. Jahrhunderts mit auf Blanc zurückzuführen, der sich vehementer noch als andere Frühsozialisten in den 1840er Jahren für eine französische Expansionspolitik eingesetzt hat.

Wesentlicher noch als diese Aspekte, die ohnehin nur Randprobleme in seiner Theorie darstellen, ist jedoch der Beitrag, den er zur Entwicklung des reformistischen Flügels des Sozialismus und zur Entstehung des französischen Radikalismus geleistet hat: «Als strenger Vertreter eines konsequenten und aufgeklärten Reformismus hat er die Fundamente der großen Zeit des Radikalismus gelegt.»[18] Durch die Verbindung der sozialen mit der für ihn oft vorrangigen politischen Frage und durch den konsequenten Einsatz für eine schrittweise Reform der Gesellschaft hat er den Weg für den demokratischen Sozialismus um die Jahrhundertwende und im 20. Jahrhundert bereitet. In Blancs Theorie sind all die Themen schon enthalten, die sich noch ausgeprägter dann im späteren Revisionismus, z. B. bei Bernstein, finden lassen: die Ablehnung des Klassenkampfes und der Glaube an die Möglichkeit eines gewaltlosen Fortschritts durch das Bündnis der großen sozialen Schichten, die vorrangige Rolle der moralischen Faktoren, das Bestehen auf der Kontinuität der politischen Demokratie im sozialistischen System und auf der Untrennbarkeit beider Prinzipien. Durch sein unbeirrbares Eintreten für diese Ziele auch in den Jahren nach 1870 hat Blanc unbestreitbar einen großen Einfluß auf den radikalen Sozialismus gehabt, der die Dritte Republik entscheidend prägte und die französische Politik bis 1940 bestimmte. Der erste Herausgeber der *Revue socialiste*, Benoît Malon, äußerte die Meinung, daß Blancs Ideen auch in den 1890er Jahren noch von Gültigkeit wären, und empfahl sie den sozialistischen Abgeordneten im Parlament. Auch Jean Jaurès zeigte sich beeindruckt von Blancs Sozialismus und verteidigte ihn gegen Angriffe von Jules Guesde.

Abgesehen vom unmittelbaren Einfluß auf den Radikalismus der Jahrhundertwende, wird man Blancs Denken jedoch auch eine gewisse Aktualität nicht absprechen können. Das Erbe Blancs lebt weiter im heutigen französischen Sozialismus bis in die Reformpolitik Mitterands hinein: «Die Modernität seines kohärenten sozialen Konzepts führt dazu, daß der Geist seiner Konzeptionen sich in jenen des Präsidenten Mitterand wiederfindet.»[9]

Zwi Rosen

MOSES HESS
(1812–1875)

1. Lebensstationen des «Kommunistenrabbi»

Moses Heß wurde im Jahre 1812 in Bonn als Sohn eines erfolgreichen jüdischen Industriellen geboren. Er lebte zuerst in Köln und später im Exil in Paris, Brüssel und Genf, war Begründer und Redakteur der radialen *Rheinischen Zeitung*, des führenden Organs der preußischen Opposition, und arbeitete mit Marx zusammen, der eine Zeitlang Chefredakteur dieser Zeitung war. In den vierziger Jahren des 19. Jahrhunderts gab es keine sozialistische oder radikale Zeitschrift und keine revolutionäre Organisation, an der Heß nicht beteiligt war. Er kämpfte sein Leben lang für den Erfolg des Sozialismus und gehörte zusammen mit Marx dem Zentralkomitee des Bundes der Kommunisten an. Nach Franz Mehrings Ansicht «fehlte es ihm weder an Gaben, noch an Fleiß, und am wenigsten an Ehrlichkeit; manchmal schien es in dieser Zeit, als werde er der Dritte im Bunde von Marx und Engels werden». Dazu kam es jedoch wegen Kontroversen mit Marx nicht. Nach Scheitern der Märzrevolution von 1848 setzte Heß sein revolutionäres sozialistisches Wirken fort. In den Jahren 1848 bis 1851 war er in Paris und später in der Schweiz tätig. Fast zwei Jahre führte er in Genf die Sektion des Bundes der Kommunisten (Fraktion Willich-Schapper). Nach Verfolgung und Zerschlagung der Arbeiterbewegung durch die Polizei mußte er seine politischen Aktivitäten für längere Zeit unterbrechen. Er nutzte die Pause für naturwissenschaftliche Studien und Forschungen über Probleme des Judentums. Seine intensive Beschäftigung mit Fragen der Zukunft des Judentums schlug sich in dem bekannten Werk *Rom und Jerusalem* nieder. Heß wurde einer der geistigen Väter des Zionismus.

Als 1863 der «Allgemeine Deutsche Arbeiterverein» mit Lassalle an der Spitze gegründet wurde, stellte Heß sich zur Verfügung, wurde Bevollmächtigter für Köln und arbeitete eng mit Lassalle zusammen. Nach der 4. Generalversammlung des ADAV (1866) zog sich Heß jedoch von ihm zurück. Er protestierte öffentlich gegen das dort verabschiedete Programm, weil es Bismarckisch, also preußisch-reaktionär geprägt sei.

Der Internationalen Arbeiterassoziation, die 1864 gegründet wurde, stand Heß zunächst ablehnend gegenüber, näherte sich ihr dann schrittweise und trat ihr 1868 bei; als Delegierter nahm er an den Kongressen in Brüssel (1868) und Basel (1869) teil. Heß begrüßte die Gründung der Sozialdemokratischen Arbeiterpartei in Eisenach im Jahr 1869 als «eine der glücklichsten Tatsachen für die europäische Demokratie». Daß diese Partei und der ADAV sich 1875 in Gotha auf ein gemeinsames Programm einigten und sich zusammenschlossen, erfüllte ihn mit Hoffnung: «Ich habe freilich nicht das Ziel meiner Wünsche erlebt, aber ich weiß jetzt, daß sich die Sozialdemokratie in Deutschland eine unzerstörbare Macht, eine Macht, die sich bald Anerkennung und Verwirklichung verschaffen wird, errungen hat.» Kurze Zeit später starb Heß in Paris.

2. Weltgeschichte als Heilsgeschehen: Heß' Geschichtsphilosophie

In seinen beiden ersten Büchern, *Die Heilige Geschichte der Menschheit* (1837) und *Die europäische Triarchie* (1841), befaßt sich Heß überwiegend mit Geschichtsphilosophie. Sie entspringt bei ihm dem jüdisch-christlichen Glauben, nach dem Geschichte Heilsgeschehen ist, und führt letzten Endes zur Säkularisierung der altreligiösen Eschatologie. In sein Tagebuch aus den Jahren 1835/36 schreibt Heß, der in dieser Zeit an der *Heiligen Geschichte* arbeitet, er sei berufen, «das Werk des heiligen Geistes zu verkünden». An anderer Stelle heißt es, er sei «wie einst Johannes berufen (...), von dem Lichte zu zeugen»,[1] und in der *Heiligen Geschichte* selbst betrachtet er sich als «geringes Werkzeug der ewigen Vorsehung».[2] – Die eschatologische Tendenz findet ihren zusätzlichen Ausdruck in der handschriftlichen Version der *Heiligen Geschichte*, die mit dem veröffentlichten Text nicht übereinstimmt. Dort lesen wir: «Da wir nicht zu denjenigen gehören, die nur, wie Kinder, über das Übel schreien, das sie drückt, ohne für die Heilung desselben zu sorgen, so heben wir neben der uns bevorstehenden Not auch zugleich das Mittel der Rettung hervor».[3]

Unter diesem Gesichtspunkt, der Löwiths Ansicht nach als Charakteristikum der jüdischen Prophetie gelten kann,[4] versucht Heß, «Ordnung in das Chaos zu bringen (...), die Weltgeschichte in ihrer Ganzheit und Gesetzmäßigkeit aufzufassen.»[5] Dazu bedarf es einer Interpretation der Geschichte am Leitfaden eines Prinzips, das verschiedene historische Ereignisse in Zusammenhang bringt, auf einen Endzweck hin richtet und als in Übereinstimmung mit der Vorsehung eines göttlichen Willens erscheinen läßt. So verstanden, ist die Weltgeschichte ein Heilsgeschehen, da ihr letzter Sinn mit dem Reiche Gottes auf Erden zusammenfällt.[6]

Ausgangspunkt der Geschichtsphilosophie von Heß ist die Krisis seiner Zeit, die – als Entzweiung aufgefaßt – ihren Ausdruck im Gegensatz von Geist und Natur, Gott und Welt, Religion und Politik, Theismus und Atheismus, Theorie und Praxis, Regierung und Volk, Gesellschaft und Staat, Ordnung und Freiheit, Geldaristokratie und Pauperismus findet. Heß war überzeugt, daß es die Aufgabe seiner Zeit ist, diese Gegensätze aufzuheben, um eine Welt der Harmonie zu schaffen, in der

Moses Heß (1812–1875)

«die Menschheit im Innern einig» sei und die alten Gegensätze der Niedern und Hohen, der Plebejer und Patrizier, der Armen und Reichen – «diese Quelle aller Kollisionen, Störungen, Ungerechtigkeiten und Grausamkeiten – (...) ihre Gifte verloren haben (...) und am Ende ganz und gar aufhören müssen».[7] Als das «letzte Ziel des sozialen Lebens» erscheint in der *Heiligen Geschichte* die Gütergemeinschaft. Heß weißt darauf hin, daß sie den Begriff der Gleichheit «am genauesten und am schärfsten bezeichnet». In der *Triarchie* spricht er explizit von der Abschaffung des Privateigentums an Produktionsmitteln als notwendiger Voraussetzung für die Etablierung einer freien Assoziation und die Gründung einer vereinigten Menschheit.[8]

Um diese soziale Harmonie, d.h. seinen Kommunismus zu begründen, konstruiert Heß ein phantastisches Schema, nach dem die Geschichte in zwei Hauptteile gegliedert wird: Der erste befaßt sich mit der Vergangenheit als Grund dessen, was geschehen wird; der zweite betrachtet die Zukunft als Folge dessen, was geschehen ist. Der erste Hauptteil umfaßt 14 weltgeschichtliche Perioden, die sich in drei Gruppen zusammenschließen, auch der zweite besteht aus drei Gruppen. Die erste Epoche umfaßt die Anfänge der Geschichte, sie beginnt mit Adam und reicht bis zur Erscheinung Jesu. Sie ist gekennzeichnet durch das Vorherrschen von Phantasie und Passivität der Menschen. Gott und Natur sind miteinander vereint, doch unbewußt; der Geist wirkt unmittelbar in der Geschichte. In der zweiten Epoche, die mit Jesus beginnt und mit Spinoza endet, entwickelt der Mensch seine geistigen und kulturellen Aktivitäten. Das geistige Element löst sich unter dem Einfluß des Christentums vom Natürlichen und zieht sich in die Innerlichkeit des Gemüts zurück. Auf diese Weise kommt es zum Widerspruch, ja zum Kampf zwischen Innen- und Außenwelt, Religion und Politik, Kirche und Staat. Die Widersprüche werden aber mit Fortschreiten der Zeit aufgehoben, es beginnt die Versöhnung zwischen Mensch und Gott, innerer und äußerer Welt, Natur und Geist.[9]

Die dritte Epoche ist durch die allmähliche Entwicklung des Verstandes gekennzeichnet. In ihr realisiert sich die Rückkehr zur Einheit von Geist und Natur – aber nicht mehr als primitiver und unreflektierter, sondern als bewußter und tätiger Einheit. Der Zwiespalt zwischen Innerem und Äußerem, Geist und Realität, Phantasie und Verstand wird für immer aufgehoben. An der Schwelle dieser Epoche steht Spinoza, durch dessen Begriff des Absoluten die Einheit von Ansichsein und Fürsichsein, die Identität von Objekt und Subjekt (wenn auch nur theoretisch) geleistet wird. In der Hegelschen Philosophie erreicht der Begriff der Identität von Objekt und Subjekt ihren Höhepunkt, aber auch hier nur im theoretischen Verständnis. Die Philosophie muß sich nach Heß nun anstrengen, von der Interpretation der Vergangenheit zur Tat zu gelangen. Auf dieser Entwicklungsstufe fallen menschliche Freiheit und geschichtliche Notwendigkeit in eins zusammen, weil sich das, was sich nach den Plänen des Geistes in der Geschichte erfüllen soll, nur infolge der bewußten Tat verwirklicht: «In unserer Zeit muß das Bewußtsein der Geschichte, die eben keine unbewußte Tatsache mehr, sondern eine freie Tat sein soll, stets vorangehen».[10]

Vom gesellschaftlichen Standpunkt aus gesehen stehen am Anfang der Geschichte die Gütergemeinschaft und die natürliche Gleichheit. Unter Rousseaus Einfluß, den Heß in seinem Tagebuch als wichtigsten Faktor für seine erste sozialistische Orientierung bezeichnet,[11] erblickt er in der Urgesellschaft eine auf dem Prinzip der Harmonie und sozialen Gleichheit fußende Gesellschaftsstruktur, in der die Menschen einig waren, weil sie nur einfache Bedürfnisse hatten, «die sich nicht feindselig durchkreuzten». Aus diesem Grund konnten «keine Kollisionen unter den Menschen entstehen».[12]

Ursprüngliche Gütergemeinschaft und Gleichheit werden aber durch das Eigentums- und Erbrecht vernichtet, die gesellschaftliche Ungleichheit und Egoismus erzeugen: «Das Eigentumsrecht kam auf; die äußere Ungleichheit folgte bald».[13] Der Egoismus erreicht seinen Kulminationspunkt in der modernen, kapitalistischen Gesellschaft, in der sich der Antagonismus zwischen der besitzenden Klasse und den Volksmassen beträchtlich verschärft. Der wachsende Reichtum der wenigen und die zunehmende Armut der vielen anderen vertiefen die Ungleichheit und den Egoismus, haben andererseits jedoch auch eine positive Seite: Sie werden zur Quelle der Empörung und zur Basis einer sozialen Revolution, denn sie «treiben den Gegensatz des Reichtums und der Armut auf einen Gipfel, nach dessen Erreichung er sich notwendig ausgleichen muß».[14] Die apokalyptische Not schlägt, nachdem sie ihren Höhepunkt erreicht hat, in das Heil der kommunistischen Gesellschaft um, in der die Gütergemeinschaft die soziale Harmonie etabliert und sichert.

Die geschichtliche Entwicklung der Menschheit bis zur Entstehung des Kommunismus ist keine echte Geschichte, sondern – mit Heß' Worten – «die Entstehungsgeschichte des humanen Wesens oder der Menschheit».[15] Die Bestimmung der ganzen bisherigen Geschichte als Vorgeschichte hat ihren Grund darin, daß die Menschen nur als Individuen, jeder für sich, Aktivität entwickeln konnten, weil sie nicht als Glieder eines und desselben organischen Ganzen, als Glieder der Menschheit, harmonisch zusammenzuwirken vermochten. Aus diesem Grunde zerstörten sie sich gegenseitig und deshalb erwarben sie ihre materiellen und geistigen Güter mittels roher Gewalt, Ausbeutung und raffinierten Betrugs. In diesem Zusammenhang schreibt Heß: «Die bisherige Geschichte ist nichts als Geschichte der Regelung, der Begründung, der Durchführung, der Verallgemeinerung des Raubmordes und der Sklaverei».[16] Bei solcher Sichtweise verwundert es nicht, daß Heß im Kommunismus den «Schluß der Entstehungsgesellschaft» erblickt.[17]

Die echte Geschichte ist dagegen charakterisiert durch Humanität,[18] verstanden als Idee der Menschlichkeit und Streben nach menschlicher Lebens- und Daseinsgestaltung. Menschlichkeit bestimmt sich nach dem, was dem Wesen des Menschen – hierin ist Heß von Feuerbach beeinflußt[19] – angemessen und würdig ist. In der Ethik dieser echten, noch der Zukunft angehörenden, aber von Heß schon entworfenen Geschichte ist der Mensch Selbstzweck, aber eben der wirkliche Mensch als gesellschaftliches Wesen. Als solches findet er – mit dem *zoon politikon* von Aristoteles fast identisch – seinen Ausdruck in der Verknüpfung seiner Existenz mit der anderer Menschen. Der Mensch vermag nämlich nur in Kollektivität, in Gemeinschaft mit anderen, zu leben.

3. Die Verbindung von Theorie und Praxis

Heß' erster Vorläufer im Kreis der Junghegelianer, der sich intensiv mit dem Problem der Umgestaltung der Wirklichkeit durch die Tat befaßt hat, war August von Cieszkowski, der sich mit seinem Werk *Prolegomena zur Historiosophie* (1838) einen Namen gemacht hat. Cieszkowski kritisiert die als «kontemplativ» bezeichnete Haltung Hegels bezüglich der Verwirklichung der Philosophie. Die modernen, zur Reife gelangten Menschen sind ihm nicht, wie im Hegelschen Konzept der List der Vernunft, «blinde Werkzeuge, sei es nun des Zufalls oder der Notwendigkeit, sondern bewußte Werkmeister ihrer eigenen Freiheit».[20]

Bei Hegel ist der Wille nur eine besondere Weise des Denkens. Für Cieszkowski ist das eine falsche und unbegründete Auffassung; für ihn ist das Denken vielmehr ein bloß integrales Moment des Willens, denn das Denken, das wieder zum Sein wird, ist erst der Wille und die Tat.[21] Ist die Tätigkeit subjektiv durch das adäquate Ausbilden des Willens gekennzeichnet, so ist sie es objektiv durch das adäquate Ausbilden des Staatlebens.[22] Die Philosophie wird vom Gedanken entlassen und geht über ins politische und soziale Leben: «So muß sich die Philosophie künftig gefallen lassen, hauptsächlich angewandt zu werden (...) und muß (...) aus der Höhe der Theorie in die Gefilde der Praxis herabsteigen (...).»[23]

Unter dem Einfluß von Cieszkowski stehend, ist auch für Heß die Überwindung Hegels der Ausgangspunkt seiner Auseinandersetzung mit der Problematik von Theorie und Praxis. Die Hegelsche Philosophie ist seiner Meinung nach eine Philosophie des puren Geistes, als solche umfaßt sie das ganze Gebiet des Denkens. Obwohl sich das Hegelsche System in Logik, Philosophie der Natur und Philosophie des Geistes gliedert, bleibt seine Grundkategorie, die Vernunft, immer, was sie am Anfang war, nämlich eine Idee, d.h. ein Produkt des Denkens: «(...) das Denken allein ist ihm (Hegel, Z.R.) das Letzte wie das Erste».[24]

Heß nimmt an, daß sich der Hegelsche Idealismus auf die Sphäre der Innerlichkeit beschränkt und eo ipso die Geschichte keine bewußte Schöpfung des Geistes bildet: «Er konnte die Geschichte überhaupt», heißt es bei Heß, «die vergangene wie die gegenwärtige, die religiöse wie die politische, die heilige wie die profane, nur als eine notwendige, objektive, aber nicht auch als eine ebenso freie, bewußte Schöpfung rechtfertigen».[25]

Heß sieht in Hegel den bedeutendsten Vertreter der deutschen Philosophie, die durch ihren theoretischen Charakter gekennzeichnet ist. Während die Franzosen politisch aktiv waren und viel Blut für die Befreiung des Volkes vergossen, saßen «Deutschlands größte Männer, von Kant bis Goethe und Hegel, in ihren Studierstuben und kämpften einen ähnlichen Kampf und feierten einen ähnliche Sieg – im Geiste».[26] – Der Begriff der *theoria* wird von Heß nirgends definiert, allem Anschein nach versteht er unter Theorie jedes in sich zusammenhängende Gedankengebäude. Entscheidend für den Aufbau und den inneren Zusammenhalt einer Theorie ist, daß jeder auftretende Gedanke nur innerhalb des Ganzen seinen Stellenwert erhält. Theorien gehorchen einer immanenten Logik, die den Wahrheitsanspruch und den Aussagewert jeder ihrer Teile erst begründet. Das die Zukunft antizipierende und das die Tat setzende Bewußtsein hat den Bereich des reinen Denkens jedoch verlassen: «Was durch die moderne Wissenschaft Positives errungen werden kann, liegt nicht mehr im Gebiete der eigentlichen Philosophie, nicht mehr im Denken überhaupt. (...) Das Positive muß jetzt in einem anderen Gebiete als der theoria gesucht werden. (...) Kann aber die Philosophie nicht mehr zum Dogmatismus zurückkehren, so muß sie (...) über sich selbst hinaus zur Tat fortschreiten».[27] Dem Kritiker wird das bloße Denken leid, er möchte auch Taten sehen. Er wiegt sich im Wissen, daß das Denken, wenn es konsequent ist, kritisch ist und als solches Wirkungen zeitigt. Von dieser These bis zum Schluß, daß die Philosophie zum praktischen Handeln werden muß, ist es nicht weit. Die Philosophie muß in Praxis umschlagen, und das kann sie nur, wenn sie sich mit dem Sozialismus verbindet und der geistigen und materiellen Knechtschaft ein Ende macht.[28]

Heß' Auffassung der Praxis als Negation der Philosophie läßt sich als Überwindung der reinen Philosophie und der Reflexion verstehen. Die reine Philosophie ist als Theorie der Realität fremd, sie befaßt sich mit Logik und Gedankengebäuden, deren Verhältnis zur Wirklichkeit sie nicht interessiert. Die Philosophie hat ihre Legitimität nicht verloren, wenn Heß die soziale und politische Struktur in ihr reflektiert und sich kritisch mit Aspekten des Staates, des Privateigentums, der Ausbeutung etc. auseinandersetzt, denn die Konfrontation von Sein und Sollen, Leben und Idee, Realität und Zukunft erhält nur im Rahmen der Philosophie ihre volle Relevanz. Es hat hingegen keinen Sinn, sich darüber zu täuschen, daß die Philosophie als denkende Betrachtung der Gegenstände, als Wissenschaft der sich selbst begreifenden Vernunft, ihre autonome Existenz einbüßt, wenn dadurch eine neue Situation entsteht – wenn in der sozialistischen Gesellschaft fortan mit Freiheit geschieht, was bisher mit Notwendigkeit geschah, d. h. wenn die Notwendigkeit im freien Tun wirksam wird und Selbstbewußtsein und Geschichtsprozeß in eins fallen. Nur eine mit der Praxis organisch verbundene Philosophie, die die menschlichen Bedürfnisse richtig auffaßt, kann ihre Prinzipien in der Wirklichkeit realisieren. Die Philosophie, die ihr Gedankenbild in die Realität projiziert, hört für Heß auf, Philosophie zu sein, weil ihr Inhalt nicht mehr ihr, sondern der Wirklichkeit angehört. Die Wirklichkeit verwandelt sich infolgedessen in eine «philosophische», d. h. sie wird auf das Niveau der Philosophie gehoben, während diese selbst sich ihrer Prinzipien entleert. Das neue gesellschaftliche Leben ist durch Gemeinschaftseigentum, Freiheit und Gerechtigkeit gekennzeichnet. Es ist in Heß' Augen eine wahre und absolute Einheit, in der «innere und äußere Harmonie beisammen sind» und der Dualismus zwischen Gedanke und Tat, Theorie und Praxis verschwindet.[29] Die selbstbewußte, nicht von fremden Mächten aufgezwungene Tat wird zum Regulativ des individuellen und gesellschaftlichen Lebens.

4. Heß' Theorie der Entfremdung

Moses Heß macht die reale Situation des Menschen in der modernen kapitalistischen Gesellschaft zum Gegenstand seiner Reflexion; primär interessiert ihn dabei das Eigentum. Seit dem fernen Altertum gilt es ihm als Quelle aller Übel, denn mit «dem Eigentumsrecht» wurden «dem Zufall und der Willkür, dem Aberglauben und dem blinden Gehorsam, der Ungerechtigkeit und der Sklaverei Tür und Tor geöffnet».[30]

Privateigentum an materiellen Gütern ist nichts anderes als Ausdruck der entfremdeten Tätigkeit: Es institutionalisiert Verhältnisse, die auf menschlicher Entfremdung fußen. Deshalb kann die Beseitigung des Privateigentums durch die Etablierung einer kommunistischen Kollektivgesellschaft zum Prinzip des Humanismus erklärt werden. Kommunismus bedeutet von diesem Standpunkt aus Negation des Privaten und ist das programmatische Schlagwort für die Integration des Menschen. «Privat» steht hier als Synonym für das Eigene, das man insofern ausschließlich für sich hat, als andere an ihm nicht partizipieren können. Das «Commune» oder «Gemeinschaftliche» bezeichnet dagegen ein Gemeinsames, das man nur hat, indem man es mit anderen teilt. Heß erweitert die Feuerbachsche Konzeption der Entfremdung für seine Theorie der sozialökonomischen Entäußerung. Ihr entsprechend ist das Wesen Gottes das transzendente Wesen des entfremdeten Menschen: In erster Linie aber ist das Wesen des Menschen die Gesellschaft, die Kooperation, das Zusammenwirken verschiedener Individuen für einen gemeinsamen Zweck. Heftige Kritik übt er an Feuerbachs Theorie der Entfremdung, wenn er darauf hinweist, daß Feuerbach den Humanismus als Aufhebung der Entfremdung nur teilweise und sehr fragmentarisch erfaßt habe. «Das Wesen Gottes, sagt Feuerbach, ist das transzendente Wesen des Menschen und die wahre Lehre vom göttlichen Wesen ist die Lehre vom menschlichen Wesen: Theologie ist Anthropologie – das ist wahr – aber ist nicht die ganze Wahrheit. Das Wesen des Menschen, muß hinzugefügt werden, ist das gesellschaftliche Wesen (...) und die wahre Lehre vom Menschen, der wahre Humanismus, ist die Lehre von der menschlichen Gesellschaft, das heißt: Anthropologie ist Sozialismus.»[31]

Die Entfremdung findet ihren Ausdruck im bestehenden Eigentum, das nichts anderes ist als das entäußerte, verkäufliche soziale Besitztum als Basis der bürgerlichen Welt. Es erscheint dem Produzenten als von ihm unabhängige Macht, und noch schlimmer: Es bildet den entscheidenden Faktor im gesellschaftlichen Leben des Menschen, der seine Existenz im Rahmen des Kapitalismus führt. In seinen charakteristischen Eigenschaften widerspricht das kapitalistische Eigentum dem echten Eigentum notwendigerweise, solange die kapitalistische Gesellschaftsordnung existiert. Das «bestehende Eigentum ist das Gegenteil von dem (...), was es zu sein scheint und was es in Wahrheit sein sollte. Denn es sollte ein mit dem Menschen innig verwachsenes soziales Besitztum und als solches, d. h. als das ihm zu einer sozialen Tätigkeit dienende Material, eben so unveräußerlich sein, wie Alles, was der Mensch sonst als Material oder Mittel zu seiner Lebenstätigkeit sein Eigentum nennt, z. B. sein Körper, sein Erlerntes usw.» Der isolierte, egoistische Mensch wurde, so Heß, als der authentische ausgegeben. Wo sich aber der Privat- vom Gemeinmenschen am weitesten entfernt hat, leidet man mehr denn je an der Trennung vom Eigentum: Während eine Minorität alles Gute zu ihrer Disposition hat, lebt ein Teil der Bevölkerung «mitten in diesem Reichtum von Kummer und Not, in Tierheit versunken, das Nötigste entbehrend, ohne Bildung, ohne Brot, ohne Kleidung, ohne Obdach. Die Menschen und ihre Produkte sind voneinander getrennt – und beide verderben».[32]

Heß' Entfremdungstheorie geht von den Menschen, ihren Leiden und Bedürfnissen aus, weil sich daraus für ihn die radikale Kraft einer Theorie ergibt, die ihre Legitimation aus dem Engagement für eine veränderte Praxis herleitet. Im Altertum waren nach Heß Geist und Natur, Innerliches und Äußerliches, Religion und Politik, Kirche und Staat im sozialen Leben entäußert und entfremdet. Der Mensch lebte in einer Welt der totalen Entfremdung, ohne sich dessen bewußt zu sein, da er zwischen Geist und Natur, Innerlichem und Äußerlichem nicht unterschied. Der christliche Dualismus, der zwischen Geist und Stoff, Himmel und Erde zu vermitteln versuchte, konnte dies nur mit Hilfe der Reflexion. Deshalb entwickelte sich das Bewußtsein der Entfremdung. Der erniedrigte, geknechtete Mensch des Mittelalters, der nicht imstande war, seine Lebensverhältnisse zu beeinflussen, geschweige denn zu ändern, nahm die Tatsache der Entfremdung wahr.[33] Entfremdung bedeutet in diesem Kontext Leiden, physische und geistige Not, Ausgeliefertsein des Menschen an den sozialen, politischen und geistigen (religiösen, ideologischen) Apparat. In der neuen Geschichte wird die Entfremdung nun theoretisch erkannt und in der Praxis durch den selbstbewußten Menschen überwunden.[34]

Wenn Heß konstatiert: «Gott und Geld regieren die Welt, jawohl die Welt der Gläubiger und Krämer, die Alles, was sie in sich, entäußert haben, und die daher selbst zu Objekten herabsinken, welche veräußerlich, verkäuflich sind», so bekommt der Zusammenhang von Religions- und Ökonomiekritik einen konkreten Inhalt. Gott und Geld (Kapital) sind Grund, aber auch Manifestation der entfremdeten Tätigkeit des Menschen. Was Gott für das theoretische, das ist Geld für das praktische Leben der «verkehrten Welt»: das entäußerte Vermögen des Menschen, seine verschacherte Lebenstätigkeit, «der in Zahlen ausgedrückte menschliche Wert, (...) der Stempel unserer Sklaverei, (...) der geronnene Blutschweiß der Elenden».[35]

Mit seiner aus den Jahren 1837 bis 1843 stammenden Kritik des Geldes und des Geldsystems als Verkörperung der kapitalistischen Wirtschafts- und Gesellschaftsordnung hat Heß eine Entwicklung eingeleitet, die für seine und auch für Marx' Theorie, die auf diesem Gebiet von Heß inspiriert wurde, wichtige Konsequenzen hatte. Das Geld wird als Produkt der wechselweise entfremdeten Menschen betrachtet; Geld ist deshalb das, was als menschliche Produktionskraft, als wirkliche Lebenstätigkeit des menschlichen Wesens gilt. In einer Gesellschaft, die auf Ausbeutung beruht, ist es die Quelle der Akkumulation gesellschaftlicher Produktion und sozialer Tätigkeit. Geld (Kapital) wird infolgedessen von der Nationalökonomie als aufgehäufte Arbeit und als Tauschwert aufgefaßt. «Was nicht vertauscht, was nicht verkauft werden kann, hat auch keinen Wert. Sofern die Menschen nicht mehr verkauft werden können, sind sie auch keinen Pfennig mehr wert – wohl aber, sofern sie sich selbst verkaufen oder verdingen».[36]

Die Entfremdung der Menschen voneinander und die Entfremdung der Arbeit im Geld vollzieht sich in einer Gesellschaftsstruktur, in der die Trennung von Person und Eigentum, von Produkt, Produzent, Existenz- und Produktionsmitteln charakteristisch ist für die Produktions- und Aneignungsweise. Daraus schließt Heß, daß in «unserer Krämerwelt daher praktisch, wie im christlichen Himmel theoretisch, das Individuum Zweck, die Gattung nur Mittel des Lebens ist». Die Analogie Religion (Gott)-Geld(Kapital) geht so weit, daß er im Geld «das realisierte Wesen des Christentums» sieht.[37] Dementsprechend ist die politische Ökonomie die Wissenschaft von der irdischen Entfremdung, wie die Theorie die Wissenschaft von der himmlischen Entfremdung ist.

Der Mensch als Individuum lebt in der kapitalistischen Gesellschaft als reiner Egoist. Anstatt sich zu organisieren und für das Wohl der Gattung als Gesamtheit zu schaffen, eignen sich die einzelnen, die nur ihre eigenen Interessen verfolgen, die Produktivkräfte der Gattung in Form von Privateigentum und Geld an. Der «moderne Krämerstaat» ist also eine «verkehrte Welt», in der der Mensch entmenscht ist, weil er das Regime der Entfremdung als ein natürliches Phänomen auffaßt. «Das bloße Faktum der wirklichen Sklaverei wird zum Prinzip erhoben und konsequent durchgeführt».[38] Andernorts betont Heß allerdings, daß die niederen Stände «ihren Druck (...) selbst nicht empfanden».[39] – Die Geschichte der Entfremdung erreicht ihren Kulminationspunkt insofern im Kapitalismus, als er zur «Zerfallenheit unserer Gattung» mit sich selbst führt und diese Entwicklung in ihm universell geworden ist.[40] Heß charakterisiert unter soziologischem Aspekt den Gipfel der kapitalistischen Entwicklung als Abschluß des Prozesses der Zersplitterung des gemeinschaftlichen Eigentums, welches dem Privaterwerb früher noch entgangen ist – mit der Folge restloser Isolierung der Menschen voneinander und allgemeiner gegenseitiger Ausbeutung. Letztere gelangt «bis zu jener schrecklichen Höhe hinauf, von welcher aus die antike Sklaverei und mittelalterliche Leibeigenschaft (...) noch als eine Wohltat für die besitzlosen Arbeiter erscheinen».

Nicht nur die Arbeiter sind sich selbst enfremdet, sondern auch die Kapitalisten. Heß ist überzeugt, daß es in einer unmenschlichen, von Egoismus, Mammon und Ausbeutung geprägten Gesellschaft keine humane Tätigkeit gibt. Deshalb behauptet er, daß der Kapitalist durch seinen Gewinn nicht menschlich vermögender, tatkräftiger und talentvoller wird. Auch der Arbeiter, der mit Maschinen konkurriert und dabei selbst zur Maschine herabsinkt, ist nicht auf menschliche Weise tätig. «Ist der Kapitalist, der sich die Mühe gegeben hat, geboren zu werden, um den Blutschweiß seiner Mitmenschen mit Anstand zu konsumieren, menschlich tätig? Wo haben wir denn in unserer Krämerwelt eine menschliche Lebenstätigkeit? Sind wir nicht alle, ohne alle Ausnahme, müssen wir nicht allesamt Lohnarbeiter oder Kannibalen, Hammer oder Amboß sein?» Diese rhetorische Frage aus dem Aufsatz *Fortschritt und Entwicklung* (1845) findet sich als These bereits in der Anfang 1844 verfaßten Abhandlung *Über das Geldwesen*, die zu den bedeutendsten intellektuellen Leistungen des deutschen Vormärz gehört. In ihr vertritt Heß die Auffassung, daß alle Mitglieder der bürgerlichen Gesellschaft verhindert sind, füreinander zu schaffen und zu wirken. Statt dessen müssen sie ihr Wesen, die freie Lebenstätigkeit, zunehmend entäußern.[41] Den Unterschied zwischen der Entfremdung des Kapitalisten und des

Arbeiters sieht er unter anderem im Bereich der Psyche: «Wenn die Sklaverei bei den Besitzlosen sichtbarer, so ist sie bei den Besitzern desto mehr Gemütszustand».[42]

Nachdem die Entfremdung auf die Spitze getrieben wurde, ist für Heß «die Entstehungsgeschichte der Gesellschaft» abgeschlossen: «Der sozialen Tierwelt wird bald die letzte Stunde schlagen». Die bourgeoise Gesellschaft kann sich nur innerlich auflösen, ihre Stelle nimmt der Kommunismus ein: «Das Gegenteil der universellen Veräußerung ist die universelle Zurücknahme des veräußerten Lebens, der materielle Kommunismus». Der Kommunismus ist also gleichbedeutend mit der Aufhebung der Entfremdung, der Entstehungs- und Vorbereitungsgeschichte der Menschheit. Er wird als totale Umwälzung des menschlichen Seins aufgefaßt, schafft das Privateigentum und die Teilung der Arbeit ab. Die Entzweiung der Menschen, der Klassenantagonismus, die Differenz zwischen den einzelnen und der Gesellschaft, das verzerrte Bewußtsein, von Heß als Egoismus bezeichnet, werden beseitigt. Mit der Auflösung des praktischen Egoismus, dessen prägnanter Ausdruck die Geldsucht, das Privateigentum, die Konkurrenz und die Ausbeutung sind, wird auch der «theoretische Egoismus», der den praktischen sanktioniert, werden Religion und Staat zu Grabe getragen.[43] Der Arbeitende ist nicht mehr Knecht seines Gegenstands, er hört auf, ein nur physisches Subjekt zu sein. Die entäußerte, entfremdete Arbeit wird im Zustand der Freiheit und Harmonie aufgelöst und durch die freie Tätigkeit ersetzt. Nach Heß besteht diese aus einem breiten Spektrum von Neigungen und Beschäftigungen, die dem Menschen nicht aufgezwungen werden, so daß sie aufhören, «Arbeit» zu sein: «Zu irgendeiner Tätigkeit, ja zu sehr verschiedenartiger Tätigkeit hat jeder Mensch Lust – und aus der Mannigfaltigkeit der freien menschlichen Neigungen oder Tätigkeiten besteht der freie, nicht tote, sondern lebendige, ewig junge Organismus der freien menschlichen Gesellschaft, der freien menschlichen Beschäftigungen, die hier aufhören, eine Arbeit zu sein, die hier vielmehr mit dem Genuß durchaus identisch ist».[44]

Heß war überzeugt, daß die Menschheit erst zu seiner Zeit, nachdem sie Unterdrückung, Zerstörung und Ausbeutung erfahren und ihre materiellen und geistigen Kräfte so weit entwickelt hatte, daß sich der einzelne in der Gesellschaft frei betätigen konnte, in der Lage war, die verschiedenen Formen der Entfremdung zu überwinden und aufzuheben. Da dies mit der Gründung einer kommunistischen Gesellschaftsordnung geschehen sollte, wurde der Kommunismus als *Eschaton* begriffen. In ihm sollten die Menschen die völlige Kontrolle über ihre Lebensbedingungen gewinnen.

5. Freiheit und Harmonie: Heß' Idee des Kommunismus

Heß benutzt die Begriffe Sozialismus und Kommunismus gleichbedeutend. Das entspricht durchaus dem damaligen Gebrauch der Termini, die keinen festumrissenen, aus der Analyse der verschiedenen Theorien und Systeme gewonnenen Konzeptionen zuzuordnen sind.[45] In seiner Besprechung des Buches von Lorenz von Stein über den Sozialismus und Kommunismus in Frankreich gebraucht Heß das Wort «Sozialismus» freilich eher für eine Theorie der Gesellschaft, die sich im Grunde nur auf die Organisation der Arbeit bezieht, während «Kommunismus» überwiegend praktische Bestrebungen bezeichnet, das ganze gesellschaftliche Leben umfaßt und eine Radikalreform, die Aufhebung des Privateigentums und jeder Herrschaft, meint. Dabei richtet sich die Verteilung der Güter nach den Bedürfnissen (im Sozialismus: nach den Fähigkeiten) des einzelnen. Trotzdem hebt Heß hervor, «daß das Grundprinzip beider identisch ist».[46] Diese Identität findet er im demokratischen Geist, der sich bereits vor der Revolution in Frankreich entwickelt habe, mit ihr ins Leben getreten sei und sich nach der Verwirklichung ihrer Prinzipien noch entschiedener ausbilde: in der schicksalhaften Verklammerung von Sozialismus und Kommunismus mit dem Emanzipationskampf des Proletariats und im Prinzip der Gleichheit als dem spezifischen Element französischen Denkens, das aber ohne Freiheit und Solidarität nicht bestehen könne.[47]

Der Sozialismus bzw. Kommunismus beruft sich aber nicht nur auf den revolutionären Geist in Frankreich. Ausgehend von der von Heinrich Heine postulierten Parallele zwischen den verschiedenen Phasen der französischen Revolution und der deutschen Philosophie, konzipiert Heß eine Analogie in der Entwicklung von Philosophie einerseits und Sozialismus/Kommunismus andererseits. Er konstatiert eine große Ähnlichkeit der philosophischen Lehren Fichtes, Schellings, Hegels und Feuerbachs mit dem Kommunismus von Babeuf, Saint-Simon, Fourier und Proudhon.[48] So z. B. hätten Hegel und Fourier den Geist auf die Höhe des Absoluten gehoben, so daß die Freiheit der Persönlichkeit und die völlige Gleichheit aller Personen in der Gesellschaft sich als gegenseitig ergänzende Momente eines und desselben Prinzips, des Prinzips der Einheit allen Lebens erschienen. Heß sieht in der Religionskritik der deutschen Philosophie (Hegel, D. F. Strauß, B. Bauer, Feuerbach) und in der Politikkritik (bzw. der Ablehnung jeder politischen Herrschaft) der französischen Sozialphilosophie die gemeinsame Tendenz der Gegenwart: die Negation der Begriffe Staat und Religion. Religion und Politik stehen und fallen für ihn miteinander, «denn die innere Unfreiheit der Geister, die himmlische Politik, stützt die äußere, und diese wiederum jene».[49] Die verschiedenen politischen Ordnungen sind für Heß jedoch nicht gleichwertig. Im Gegenteil: Der demokratische Staat, wie er in den Vereinigten Staaten Nordamerikas und in Europa seit der Französischen Revolution besteht, stellt für ihn einen großen Fortschritt dar gegenüber den feudalistischen und despotischen Regierungsformen, d.h. den noch von Abstammung, Privilegien, Nationalität, Religion etc. geprägten Staaten: «Wenn ich Wahl hätte zwischen Nordamerika und Rußland oder zwischen der französischen und österreichischen Politik, so würde ich die erstere (...) gewiß (...) vorziehen.»

Trotzdem ist Heß der Meinung, daß die Regierungsform prinzipiell keine entscheidende Rolle spielt, weil die bisherige Geschichte, unabhängig von der jeweiligen politischen Ordnung, gekennzeichnet ist durch den blinden Kampf zwischen dem Staat und der bürgerlichen Gesellschaft und durch das Prinzip des persönlichen Eigentums und damit der Ausbeutung und sozialen Diskriminierung. Auch in der demokratischen Republik ist es die Pflicht des Staates, die abstrakte persönliche Freiheit und das persönliche Eigentum zu garantieren. Den Platz der privilegierten Gewalttätigkeit übernimmt die zufällige Eigentümerposition in der Form der Menschenrechte, die formell als allgemeine gelten: «Die Menschenrechte sind die gleichen Rechte aller isolierten Tiermenschen, d.h. aller sogenannten unabhängigen, freien Individuen auf das entäußerte Wesen aller; der Krieg Aller gegen Alle ist sanktioniert. Die feierliche Erklärung der Menschenrechte ist die feierliche Erklärung, weshalb alle Raubtiere gleichberechtigt sind».[50] Das Prinzip der Volkssouveränität ist angesichts der Konzentration der Produktionsmittel und der politischen Macht in wenigen Händen nicht mehr als eine Phrase.

Heß stellt bereits 1842 fest, daß «keine Regierungsform» den sozialen Konflikt zwischen der herrschenden Klasse und dem arbeitenden Volk «heilen» kann. Alle politischen Reformen, sogar die radikalsten, sind nichts anderes als «Palliativmittel».[51] An der «Klippe» der sozialen Frage sind alle «freien Staatsverfassungen», auch die der französischen Republik, gescheitert.

Heß' Hauptziel ist die Emanzipation des Menschen, aber diese kann nicht gelingen, solange der Staat damit beschäftigt ist, das Eigentum, die Religion und die Nationalität, d.h. die bestehenden Vorrechte und Differenzen, zu schützen. Im Aufsatz über das Geldwesen formuliert er seinen Standpunkt bezüglich der Scheidung von Privatmensch und Gemeinwesen, von privatem und öffentlichem Leben. Die Französische Revolution hat die politischen Rechte erweitert, indem sie dem dritten Stand ermöglichte, sich am politischen Leben zu beteiligen. Gleichzeitig hat sie aber den Bereich menschlicher Aktivität, der öffentlichen Charakter trägt – nämlich die wirtschaftliche Tätigkeit – der privaten Initiative des einzelnen überlassen. Die Spaltung des als Einheit aufgefaßten Ganzen in das Individuelle und das Allgemeine, in bürgerliche Gesellschaft (als Inbegriff der isolierten «Monaden», denen es unmöglich war, «miteinander in Verkehr zu treten») und Staat (als pseudo-harmonische Kooperation der Individuen), soll aufgehoben werden, zumals die im Staat verkörperte Allgemeinheit für Heß keine echte Allgemeinheit ist: Diese ist allein in den empirischen und tätigen Individuen verankert.[52]

Heß erkennt in der Wechselwirkung der deutschen und französischen Freiheit die «wesentliche Tendenz der Gegenwart» und konkretisiert den Begriff der Freiheit in deutscher Version als Geistesfreiheit, in der französischen als «soziale Freiheit». Er postuliert die Vereinigung beider: «Es ist wie man sieht, hohe Zeit, daß die isolierten Bestrebungen sich zusammenfassen».[53] Dieser Vereinigung widmet er viel Aufmerksamkeit und versucht dabei, den Kommunismus bzw. Sozialismus in philosophischen und sozialen Kategorien zu beschreiben. In der Untersuchung *Über die sozialistische Bewegung in Deutschland* (1845) schreibt er, der Sozialismus sei in Deutschland von zwei Seiten angeregt worden: von den deutschen Handwerkern, die im Ausland – in Frankreich und in der Schweiz – Vereinigungen gebildet hätten, um die seit der Französischen Revolution entwickelten Ideen in ihrem Heimatland zu verbreiten; und von der deutschen Philosophie, die zu ihrem Wesen, dem Humanismus, durchdringe. Der Sozialismus in Deutschland sei damit den Klassenkämpfen in Frankreich und ihrer Legitimation in der deutschen Philosophie zu verdanken. Mit den Worten von Heß: Er sei durch die «praktische Not des Proletariats von Außen herein gekommen, und durch die theoretische Notwendigkeit der Wissenschaft von Innen heraus entstanden».[54]

Heß stellt sich auch praktisch auf die Seite der Proletariats und wird Herausgeber des *Gesellschaftsspiegels*, der mit dem Untertitel «Organ zur Vertretung der besitzlosen Klassen» insgesamt zwölfmal – von Mai 1845 bis Juni 1846 – erscheint und die erste Zeitschrift in Deutschland ist, die «ausschließlich die Interessen des Proletariats» vertritt.[55] Die vehemente Kritik der sozialen Verhältnisse in den industriellen Ländern Europas, in Belgien, England, Frankreich und vor allem in Deutschland, die Enthüllung der materiellen und geistigen Not des Proletariats und die sozialistische Propaganda des *Gesellschaftsspiegels* finden in ganz Deutschland und in Kreisen der deutschen politischen Emigranten im Ausland Resonanz. Im Vorwort der Zeitschrift erklärt Heß, sie setze sich zur Aufgabe, die soziale Lage aller Klassen zu untersuchen, um so den sich bildenden, um Abhilfe des gesellschaftlichen Übel bemühten Vereinen an die Hand zu gehen. Die Situation der arbeitenden Klasse solle im besonderen Maß berücksicht werden, da sie am schlimmsten unter den Mißständen der bürgerlichen Welt zu leiden hätten. Die Redaktion wolle die Vertretung dieses schutzlosen Teils der Bevölkerung gegen Macht und Willkür des kapitalistischen Systems übernehmen, «welches die Grundfesten der Gesellschaft untergräbt, und die ganze Gesellschaft durch einen brutalen Eigennutz demoralisiert».[56]

Bildet in Frankreich nach Heß' Anschauung das Proletariat die soziale Basis des Sozialismus, so ist es in Deutschland ein Teil der Intelligenz («eine Minorität der Gebildeten»), der die soziale und politische Wirklichkeit ablehnt und zum Sozialismus und Kommunismus übergegangen ist. Weil das besitzlose Proletariat und damit der Klassenkampf zwischen ihm und der Bourgeoisie in Deutschland wenig entwickelt sind, ist auch das proletarische Klassenbewußtsein nicht ausgebildet. Infolgedessen wird das Proletariat gehindert, zu der Erkenntnis zu gelangen, daß es eine dialektische Relation zwischen seiner objektiven Lage und dem Kommunismus als Bewegung und Ziel gibt. Die Rolle des industriellen Proletariats als Totengräber des Kapitalismus übernimmt in Deutschland «die Geistesaristokratie», das «denkende, gebildete Proletariat, das Proletariat des Kopfes». Dieses Proletariat ist «das gefährlichste für die bestehende Misère – es ist die Revolutionspartei Deutschlands oder, wenn man will, die eigentliche Hefe des Volkes, welche das Ganze in Gährung setzt».[57] Heß läßt keinen Zweifel daran, daß er selbst, Marx und Engels zu denen gehören, die «sich mit der ganzen Energie ihres an der deutschen Philosophie großgezogenen Geistes dem Sozialismus zugewandt» haben.[58]

Die Geschichte ist laut Heß durch einen Determinismus gekennzeichnet, der zu ahnen ermöglicht, was unvermeidlich eintreten wird. Not und Armut, Sklaverei und Knechtschaft, Massenelend und Unheil, Entstehung des Proletariats, Polarisierung der Gesellschaft in zwei Klassen, Akkumulation des Kapitals und periodische Krisen sind Anzeichen für das Heraufkommen einer sozialistischen Gesellschaftsordnung, in der der Antagonismus von Arbeit und Kapital in Gleichheit, Freiheit und Harmonie aufgelöst wird. Heß gibt sich jedoch mit der deterministischen Beschreibung der gesellschaftlichen Änderungen nicht zufrieden. Aus der Gesetzmäßigkeit des historischen Prozesses und der Unvermeidbarkeit des Sozialismus will oder kann er nicht schließen, daß der Sozialismus wünschenswert ist. Er sucht für sein soziales Engagement sittliche Gründe und formuliert demgemäß Werturteile, die eine normative Ethik enthalten. Von diesem Standpunkt aus läßt sich seine moralisierende Zeitkritik begreifen, die sittliche Empörung über die «geistige und soziale Knechtschaft», über den Mangel an Gerechtigkeit, seine Brandmarkung der Ausbeutung, des Hungers, des Pauperismus etc.:[59] Es ist die Folge der Verbindung einer geschichtsphilosophischen und gesellschaftlichen Theorie mit einer Ethik, die Gegenwart und Zukunft am Maßstab der Humanität und der Gerechtigkeit mißt. «Wir wollen es nicht in Abrede stellen, nein, wir schämen uns dessen nicht, daß unser Herz, unser Mitgefühl mit dem geistigen, sittlichen und physischen Elende unserer Nebenmenschen uns zur Idee und Fortbildung des Kommunismus antreibt; aber es ist nicht unser Herz allein (...), es ist auch der Verstand (...), welcher uns die Zuversicht einflößt, daß die Zeit nicht mehr fern ist, in der sich alle Menschen als Glieder einer und derselben Familie betrachten und in Gemeinschaft zusammen wirken werden».[60] Heß macht also kein Hehl daraus, daß der Kommunismus ethisch begründet sein muß, daß er ohne sittlichen Gehalt seinen Sinn einbüßt.

Eine solche Auffassung der Relation von Sein und Sollen macht die Teilnahme an der revolutionären Bewegung verständlich, die für eine Sache kämpft, deren Erfolg ohnehin gesichert scheint: Der Kapitalismus erzeugt seine Negation, den Sozialismus, mit Notwendigkeit; die Frage ist, welchen Charakter dieser Sozialismus tragen wird. Heß schließt die Möglichkeit nicht aus, daß der Kommunismus dem Despotismus ähnlich sein wird, wenn er die Arbeit als Pflicht betrachtet und sich der Idee verweigert, Kreativität und Spontaneität der freien Persönlichkeit zu stimulieren. In diesem Zusammenhang beschreibt er ein kommunistisches Gesellschaftssystem, in dem es unvermeidlich zur «Vernichtung aller Freiheit», zum «Rückfall in einen orientalischen Despotismus oder in einen sonstigen bereits überwundenen Zustand der Herrschaft und Knechtschaft kommen muß».[61]

Diesem unmenschlichen Kommunismus stellt Heß eine sozialistische Gesellschaft entgegen, die von «Freiheit des Lebens» und der maximalen Entwicklung der «menschlichen Fähigkeiten und Kräfte» bestimmt wird, denen «keine Hindernisse in den Weg gelegt» werden. In einem so verstandenen Kommunismus fällt das Privatinteresse des Menschen mit dem allgemein-gesellschaftlichen Interesse zusammen: Es kommt zum «harmonischen Zusammenwirken aller Kräfte» und Lebenstätigkeiten «der verschiedenen Individuen». Der Kommunismus dieser Art wird von Heß als Verkörperung der Prinzipien des Humanismus und der sozialen Gerechtigkeit aufgefaßt.[62]

Bis an sein Lebensende war Heß der Idee treu, daß der Sozialismus bzw. Kommunismus die Emanzipation der ganzen Menschheit bedeute und zur Erreichung derselben sowohl soziale Revolutionen als auch Reformen nützlich sein könnten. In den Anschauungen des jungen Heß dominiert der Gedanke des schrittweisen Übergangs vom bestehenden Gesellschaftssystem zum Sozialmus, seit 1843 betont er die Notwendigkeit einer proletarischen Revolution. Bei seinem späten Wirken im ADAV (Allgemeiner Deutscher Arbeiterverein) und in der Internationalen Arbeiterassoziation (I. Internationale) tendiert er wieder in Richtung einer reformistischen Lösung der Gegensätze zwischen den Trägern der bestehenden Gesellschaftsordnung und der sozialistischen Bewegung. Arbeiterassoziation, allgemeines Wahlrecht, Mehrheiten in den Parlamenten werden, davon ist Heß überzeugt, der Sozialdemokratie ermöglichen, eine sozialistische Gesellschaft zu gründen. Weil Heß sein Leben lang für Sozialismus und Humanität kämpfte und weil er der Meinung war, daß das Ziel – die vollkommene Emanzipation des Menschen – sowohl durch Revolutionen als auch durch soziale, politische und ökonomische Reformen erreicht werden könne, wurde er von Orthodoxen wie Franz Mehring und Reformisten wie Eduard Bernstein verehrt. Mehring widersprach offen Marx' und Engels' Meinung, daß Heß' Anschauungen ganz unbestimmt und mystisch, ja durch ihre ewige Wiederaufdrängung antiquiert, langweilig und reaktionär seien; der «wahre Sozialist» Heß habe auch nicht etwa ideologische Verdrehungen vorgenommen, Konstruktionen der Wahrheit *a priori* ausgeführt und sich nur mit Verbreitung von Schlagworten wie «Realisierung des Menschentums», «Proletariatsjammer», «Organisation der Arbeit», «Hebung der niedrigen Volksklassen» usw. beschäftigt.[63] Mehring würdigte Heß' intellektuelle und politische Tätigkeit als bedeutende Errungenschaft des deutschen Sozialismus. Bernstein veröffentlichte in der von ihm herausgegebenen Zeitschrift *Documente des Sozialismus* den wichtigen Aufsatz von Heß, *Jugement dernier du vieux monde social*, der 51 Jahre früher in Genf als Broschüre erschienen war. In seinem Vorwort bezeichnete er Heß als «Vorkämpfer des Sozialismus» und bescheinigte ihm: «Was den Hauptinhalt der Heß'schen Broschüre, die Darlegung des modernen Sozialismus betrifft, so steht sie unseres Erachtens auf der Höhe des sozialistischen Wissens ihrer Zeit».[64]

Trotz seiner Kritik ist Marx in den Frühschriften von Heß abhängig und inspiriert. Als Beispiel kann man hier Marx' Ideen über das Verhältnis von Theorie und Praxis, über die ökonomische Entfremdung, die Emanzipation vom Gelde und von der Habsucht nennen.[65] – Heß' humanistischer und ethisch gefärbter Sozialismus setzte sich freilich weit stärker in der Sozialdemokratischen Partei durch. Als er starb, nahmen von ihm die deutschen Sozialdemokraten Carl Hirsch und Paul Kersten Abschied. In seiner Trauerrede sagte Kersten u. a.: «Ich halte es für meine Pflicht, am Sarg des großen Toten dem Gefühl der Trauer Ausdruck zu geben, der Trauer, die hunderttausende deutsche Arbeiter mit uns empfinden werden. (...) Dieser Denker starb, wie er lebte, treu der Sache des arbeitenden, leidenden Volks, der Menschheit. (...) Deine Schriften, dein Handeln sichern Dir ein ewiges Gedächtnis».[66] Heß' Freunde in der SPD ließen auf seinem Grabstein im Friedhof zu Deutz bei Köln die Inschrift einmeißeln: «Hier ruht der Vater der deutschen Sozialdemokratie».

Peter von Oertzen

KARL MARX
(1818–1883)

Dem Andenken an Ursula von Oertzen (1920–1989)

1. Mensch und Geschichte: Der historische Materialismus

Der Marxismus versteht sich als Lehre vom geschichtlichen Handeln des Menschen. Der Mensch ist das Subjekt der Geschichte, und zwar ein bewußt und planmäßig handelndes Subjekt. Was menschliche Tätigkeit, etwa die Arbeit, von äußerlich scheinbar ganz gleichartigen, tierischen Verhaltensweisen unterscheidet, ist die Tatsache, daß – mit einem Wort von Marx aus dem *Kapital* gesagt – «am Ende des Arbeitsprozesses (...) (ein Resultat heraus kommt), das beim Beginn desselben schon in der Vorstellung des Arbeiters, also schon ideell vorhanden war».[1] Und entsprechend formuliert Engels (den ich als authentischen Interpreten der Gedanken von Marx betrachte): «Wir machen unsere Geschichte selbst, aber», so fügt er hinzu, und das ist der andere Angelpunkt dieses zentralen Gedankenganges, «unter sehr bestimmten Voraussetzungen und Bedingungen».[2]

Unter jenen – sowohl geschichtlichen als auch gesellschaftlichen – «Voraussetzungen und Bedingungen» spielen die ökonomischen eine besondere Rolle. Diese Rolle ist begründet, wie es Engels in seiner Rede am Grab von Karl Marx ausgedrückt hat, in der «bisher unter ideologischen Überwucherungen versteckten Tatsache, daß die Menschen vor allen Dingen zuerst essen, trinken, wohnen und sich kleiden müssen, ehe sie Politik, Wissenschaft, Kunst, Religion usw. betreiben können».[3] Aus diesen Feststellungen geht zweierlei hervor:

1. Das menschliche Handeln ist für Marx (und Engels) also nicht bloßes Produkt materieller oder ökonomischer Prozesse. Menschliches Tun ist bewußtes Tun und wird durch Ideen geleitet. (Auch die Befriedigung der materiellen und biologischen Bedürfnisse des Menschen vollzieht sich «natürlich» durch den Kopf.)[4]
2. Die Ökonomie – die Erzeugung der für das menschliche Leben notwendigen Güter und Leistungen – ist zwar die unverzichtbare Grundlage des geschichtlichen Handelns der Menschen, insofern also seine «Basis»; aber die Bestandteile des sogenannten «Überbaus»[5] – Sitte, Recht und Staat, Kunst, Philosophie und Religion – sind ebenfealls reale und wirksame Momente der gesellschaftlichen Exi-

stenz des Menschen. Sie alle beeinflussen sein Handeln und stehen – so Engels – in «Wechselwirkung» miteinander.[6]

Die oft – und gegenüber bestimmten Strömungen des Marxismus nicht ohne Grund – erhobenen Vorwürfe des «Materialismus» und des «Ökonomismus» richten sich bei Marx und Engels selbst an die falsche Adresse. Auch die Kritik an dem angeblich «geschichtsphilosophischen Determinismus»,[7] am Glauben an eine scheinbar naturgegebene unaufhaltsame Entwicklung trifft vielleicht die marxistische Theorie und Programmatik nach 1890, also August Bebel oder Karl Kautsky, nicht aber Marx und Engels. Der ursprüngliche Marxismus ist eine durchaus aktivistische Theorie, weit mehr «idealistisch» als «materialistisch» im umgangssprachlichen Sinn dieser Begriffe.

Die Auseinandersetzung mit der Philosophie ihrer Zeit war für Marx und Engels kein Selbstzweck, sie diente dem «Hauptzweck» der «Selbstverständigung»; die schriftlichen Ergebnisse überließ man – so Marx – der «nagenden Kritik der Mäuse».[8] Nichtsdestoweniger läßt sich aus den veröffentlichten und den nachgelassenen Werken von Marx und Engels der deutliche Umriß einer dialektischen Anthropologie und (Geschichts-)Philosophie erkennen.[9] Nichts am Menschen ist schlechthin «natürlich», nichts ist entweder nur «ideell» oder nur «materiell». Der Mensch ist kein fertig gegebenes Wesen, er «schafft sich selbst» in seiner Geschichte:[10] «Die Menschen haben Geschichte, weil sie ihr Leben produzieren müssen»; dabei produzieren sie ihre materiellen Lebensgrundlagen ebenso wie die kulturellen und ideellen Formen ihres Lebens. Sie produzieren sie bewußt, aber «das Bewußtsein ist von vorneherein (...) ein gesellschaftliches Produkt (...)» und «die Umstände (machen) ebenso so sehr die Menschen wie die Menschen die Umstände (...)».[11]

2. Geschichte, Arbeitsteilung und Klassengesellschaft

Auf die konkrete Analyse der menschlichen Gesellschaft und ihrer geschichtlichen Formen angewendet, ergeben sich aus diesen allgemeinen Erkenntnissen für Marx und Engels folgende Konsequenzen: Jede höhere Zivilisation beruht auf Arbeitsteilung. Erst wenn bestimmte Menschengruppen sich ausschließlich dem Handwerk widmen, andere der Kunst, wieder andere dem Kultus, der Verwaltung, der Regierung oder der Verteidigung, sind wirtschaftlicher Fortschritt, geistige Entwicklung sowie differenzierte soziale und politische Organisation möglich. Das setzt freilich voraus, daß alle gesellschaftlichen Spezialisten von den Urproduzenten, den Bauern und Hirten, mit ernährt werden können. In allen alten Zivilisationen bis an die Schwelle der industriellen war nun die Produktivität der Wirtschaft so niedrig, daß Hunderttausende von Sklaven, Leibeigenen oder Bauern hart arbeiten mußten, um wenige Tau-

Karl Marx (1818–1883)

sende von Handwerken, Händlern, Bürokraten, Adligen, Priestern und Fürsten zu unterhalten. Alle alten Zivilisationen waren also «Klassengesellschaften», beruhten auf der wirtschaftlichen Ausbeutung, der politischen Unterdrückung und der geistigen Unmündigkeit der land- und handarbeitenden Massen, und zwar notwendigerweise.[12]

Das hier formulierte «materialistische» Strukturprinzip aller entwikkelten historischen Gesellschaftsformen – das Marx und Engels im *Kommunistischen Manifest* auf die Formel gebracht haben: «Die Geschichte aller bisherigen Gesellschaft ist die Geschichte von Klassenkämpfen»[13] – sagt in seiner Allgemeinheit freilich noch nichts aus über die konkrete Gestalt der Klassenverhältnisse und insbesondere über den Zusammenhang von ökonomischer «Basis» und sozialem, politischem, ideellem «Überbau». Marx und Engels haben vier große geschichtliche Gesellschaftsformationen und die ihnen entsprechenden Produktionsweisen zwischen der als klassenlos angenommenen Urgesellschaft und der klassenlosen Gesellschaft der Zukunft zu sehen gemeint: Die asiatische Gesellschaft, die antike Sklavenhaltergesellschaft, den Feudalismus und den modernen Kapitalismus.[14] In jeder dieser Gesellschaftsformationen bedeuten «Klasse» und «Klassenherrschaft» etwas verschiedenes, und die Ökonomie nimmt in der jeweiligen Gesellschaft eine nur dieser eigentümliche Stellung ein.

Erst die durch den Kapitalismus eingeleitete Industrialisierung hat die Notwendigkeit der Klassenherrschaft wenigstens im Grundsatz aufgehoben. Die Produktivität der menschlichen Arbeit ist derart ungeheuerlich gestiegen, die Fülle der Güter und das Angebot an freier Zeit sind so groß geworden, daß jeder einzelne zu Wohlstand, Beteiligung am politischen Leben und zu Bildung gelangen kann. Ausbeutung, Unfreiheit und Unmündigkeit, d.h. die materiellen Grundlagen der Klassenherrschaft, sind – wenigstens ökonomisch betrachtet – in den industriell fortgeschrittenen Ländern überflüssig geworden. Die reale Freiheit und Gleichheit aller Menschen, die klassenlose Gesellschaft, ist zum ersten Mal in der menschlichen Geschichte wirklich möglich.[15]

3. Klassenlose Gesellschaft: Das Ende der Entfremdung?

Diese Idee, deren weltgeschichtliches Pathos vielfach kritisiert worden ist, findet ihren klarsten Ausdruck in den berühmt gewordenen Sätzen, mit denen Engels die historische Bedeutung der staats- und klassenlosen Gesellschaft des Sozialismus charakterisiert: «Damit erst scheidet der Mensch in gewissem Sinn endgültig aus dem Tierreich, tritt aus tierischen Daseinsbedingungen in wirklich menschliche. (...) Die objektiven, fremden Mächte, die bisher die Geschichte beherrschten, treten unter die Kontrolle der Menschen selbst. Erst von da an werden die Menschen ihre

Geschichte mit vollem Bewußtsein selbst machen. (...) Es ist der Sprung der Menschheit aus dem Reich der Notwendigkeit in das Reich der Freiheit.»[16]

Die Parallele zur Hegelschen Geschichtsmetaphysik ist unverkennbar.[17] «Die Weltgeschichte ist der Fortschritt im Bewußtsein der Freiheit«, dieser Hegelsche Satz könnte auch von Marx und Engels stammen.[18] Die Aufhebung – oder zumindest Modifikation – der Arbeitsteilung ist materielle Voraussetzung und Kern der Entwicklung einer klassenlosen Gesellschaft. In deutlicher Parallele zum sich selbst entfremdeten Geist Hegels, der im Gang der Weltgeschichte zu sich selbst kommt, ist es im Kommunismus der in Gesellschaft lebende Mensch, der in der Geschichte in den Besitz seines wahren Wesens gelangt.

Dieser Gedanke zieht sich durch das gesamte Werk von Marx und Engels. In der *Deutschen Ideologie* findet sich die berühmt gewordene Formulierung, daß die kommunistische Gesellschaftsordnung es möglich machen werde, «heute dies, morgen jenes zu tun, morgens zu jagen, nachmittags zu fischen, abends Viehzucht zu treiben, nach dem Essen zu kritisieren (...).» Und es folgt der Kernsatz der materialistischen Geschichtstheorie: «Dieses Festsetzen der sozialen Tätigkeit, diese Konsolidation unseres eigenen Produkts zu einer sachlichen Gewalt über uns, die unserer Kontrolle entwächst, unsere Erwartungen durchkreuzt, unsere Berechnungen zunichte macht, ist eines der Hauptmomente in der bisherigen geschichtlichen Entwicklung (...).» Und im weiteren folgt die kategorische Feststellung, daß «die kommunistische Revolution (...) die Teilung der Arbeit aufhebt (...).»[19] Fast dreißig Jahre später findet sich in Marx' *Kritik des Gothaer Programms* die lapidare Feststellung, daß der Kommunismus möglich werde, «nachdem die knechtende Unterordnung unter die Teilung der Arbeit, damit auch der Gegensatz geistiger und körperlicher Arbeit verschwunden ist»[20], d. h.:

– Loslösung des Menschen aus den «naturwüchsigen» gesellschaftlichen Verhältnissen der vorkapitalistischen Zivilisation.[21]
– Entfaltung des Industriesystems durch den Kapitalismus. Dadurch eine «Entwicklung der gesellschaftlichen Produktivkräfte und (...) Schöpfung von materiellen Produktionsbedingungen, welche allein die reale Basis einer höheren Gesellschaftsform bilden, deren Grundprinzip die volle und freie Entwicklung jedes Individuums ist».[22] Erst wenn die «Springquellen des gesellschaftlichen Reichtums voller fließen», ist Kommunismus möglich,[23] weil andernfalls «nur der Mangel verallgemeinert» werde, «also mit der Notdurft auch der Streit um das Notwendige wieder beginnen und die ganze alte Scheiße sich herstellen müßte».[24]
– Die Bindung der Menschen an die materiellen Notwendigkeiten ihrer Existenz kann freilich nicht gelöst werden. Die Notwendigkeit, zu arbeiten, um ihre Bedürfnisse zu befriedigen und ihr Leben zu erhal-

ten, bleibt für sie bestehen. «Die Freiheit in diesem Gebiet kann nur darin bestehen, daß der vergesellschaftete Mensch, die assoziierten Produzenten diesen ihren Stoffwechsel mit der Natur rationell regeln, unter ihre gemeinschaftliche Kontrolle bringen, statt von ihm als von einer blinden Macht beherrscht zu werden, ihn mit dem geringsten Kraftaufwand und unter den ihrer menschlichen Natur würdigsten und adäquatesten Bedingungen vollziehen. Aber es bleibt dies immer ein Reich der Notwendigkeit. Jenseits desselben beginnt die menschliche Kraftentwicklung, die als Selbstzweck gilt, das wahre Reich der Freiheit, das aber nur auf jenem Reich der Notwendigkeit als seiner Basis aufblühen kann. Die Verkürzung des Arbeitstages ist die Grundbedingung».[25]

- Die «Verkürzung des Arbeitstages» schafft jene materiellen und kulturellen Freiheiten für alle Menschen, die sie brauchen, um sich zu bilden, ihre gesellschaftlichen Verhältnisse zu durchschauen und unter ihre Kontrolle zu bringen und sich als Individuen wie als gesellschaftliche Wesen frei zu entfalten.[26]
- Die formelle Teilung der Arbeit, oder anders ausgedrückt: das System der kooperativen industriellen Arbeit wird zwar nicht abgeschafft, wohl aber die im Kapitalismus «naturgesetzlich» verfestigte Herrschaft der Verhältnisse über die Menschen und die durch sie bedingte «knechtende Unterordnung der Individuen» unter fixierte soziale Rollen: Mann oder Frau, Kopf- oder Handarbeiter, Produktionsmitteleigentümer oder Lohnarbeiter.

Wie eine solche klassenlose Gesellschaft ökonomisch, sozial und politisch organisiert werden könnte, wird von Marx und Engels nur angedeutet: Umfassende Bildung und persönliche Entfaltung für alle, Planung, genossenschaftliche Organisation der Arbeit, Jobrotation, Dezentralisierung der politischen Organisationen, Abschaffung aller ökonomischen, sozialen und politischen Privilegien bestimmter Klassen oder Schichten, radikale Demokratie.[27] In erster Linie aber ging es ihnen darum, darzutun, daß die bestehende kapitalistische Gesellschaftsordnung umgewälzt werden müsse und daß die materiellen Möglichkeiten für eine neue, höhere Gesellschaftsordnung bestünden. Diese Möglichkeit zu realisieren, war Sache einer sozialen Revolution.

4. Die allgemeine Theorie der sozialen Revolution

Die allgemeine Revolutionstheorie von Marx entspringt unmittelbar seiner Geschichts- und Gesellschaftstheorie. In jener berühmt gewordenen Textstelle, in der Marx im Jahre 1859 selbst das «allgemeine Resultat» seiner bisherigen Studien zusammengefaßt hat, folgt unmittelbar auf die Darlegung des Verhältnisses von materieller Basis, politischem Überbau und gesellschaftlichem Bewußtsein, von «ökonomischen Produktionsbedingungen» und «ideologischen Formen» die zentrale Aussage: «Auf einer gewissen Stufe ihrer Entwicklung geraten die materiellen Produktivkräfte der Gesellschaft in Widerspruch mit den vorhandenen Produktionsverhältnissen oder, was nur die juristische Ausdrucksweise dafür ist, mit den Eigentumsverhältnissen, innerhalb derer sie sich bisher bewegt hatten. Aus Entwicklungsformen der Produktivkräfte schlagen diese Verhältnisse in Fesseln derselben um. Es tritt dann eine Epoche sozialer Revolution ein».[28]

Die hier – und im gesamten Werk von Marx und Engels – verwendeten zentralen Kategorien «Produktivkräfte» und «Produktionsverhältnisse» (ebenso wie die beide miteinander verknüpfende Kategorie «Produktionsweise») sind nirgendwo im Marxismus zweifelsfrei definiert worden und waren daher stets höchst unterschiedlichen Interpretationen unterworfen.[29] Es ist jedoch sicher, daß sie nicht im Sinne einer abstrakten sozialwissenschaftlichen Begrifflichkeit verstanden werden dürfen, sondern als theoretische Annäherung an reale geschichtliche Entwicklungen.

Es ist offensichtlich, daß Marx bei seinem theoretischen Konzept von «sozialer Revolution» die Epoche der bürgerlichen Revolutionen vor Augen gehabt hat, die die unproduktive, parasitär gewordene Gesellschaftsordnung der feudal-ständischen Monarchie stürzte. Diese Erinnerung an die Wirklichkeit der bürgerlichen Revolutionen macht deutlich, daß Kategorien wie «Produktionsverhältnisse», «Produktivkräfte», «Widerspruch», «soziale Revolution» nur die eine, die von der theoretischen Analyse formulierte «objektive» Seite der gesellschaftlich-geschichtlichen Entwicklung bezeichnen. Die konkrete historische Entwicklung vollzieht sich jedoch im Zusammenarbeiten oder im Gegeneinanderkämpfen lebender Menschen: von einzelnen oder Gruppen, von Kommunen oder Nationen, von Ständen oder Klassen; das ist die «subjektive» Seite des Geschichtsprozesses. Nicht die abstrakten, bürgerlichen «Produktivkräfte» sprengten die Form der feudal-monarchischen «Produktionsverhältnisse», sondern sehr konkrete Bourgeois, Kleinbürger, Proletarier und Bauern entmachteten Monarchie, Bürokratie, Feudalaristokratie und Klerus und errichteten in Gestalt der bürgerlichen Gesellschaft unter der Hegemonie der Bourgeoisie eine neue Klassenherrschaft.

Die «objektive» Möglichkeit dafür, daß der «subjektive» revolutionäre Faktor – die kämpfenden Menschen – eine «Gesellschaftsformation» stürzen und eine neue errichten, wird freilich durch die materielle Entwicklung der Produktivkräfte geschaffen. Objektive gesellschaftliche Entwicklung und subjektives politisch-soziales Handeln sind Momente einer dialektischen Einheit. Oder wie der junge Marx es in seiner *Einleitung zur Kritik der Hegelschen Rechtsphilosophie* 1844 formulierte: «Es genügt nicht, daß der Gedanke zur Verwirklichung drängt, die Wirklichkeit muß sich selbst zum Gedanken drängen».[30]

Allen möglichen Zweifeln, ob die hier skizzierten Grundsätze der Marxschen Revolutionstheorie auch auf die kommende sozialistische Revolution Anwendung finden sollen, begegnet der zentrale Satz aus der schon 1847 erschienen Polemik gegen Proudhon, *Das Elend der Philosophie*; dort spricht Marx ganz unmißverständlich nicht nur über soziale Revolutionen ganz allgemein, sondern über die «Befreiung der arbeitenden Klasse»: «Soll die unterdrückte Klasse sich befreien können, so muß eine Stufe erreicht sein, auf der die bereits erworbenen Produktivkräfte und die geltenden gesellschaftlichen Einrichtungen nicht mehr nebeneinander bestehen können. Von allen Produktionsinstrumenten ist die größte Produktivkraft die revolutionäre Klasse selbst. Die Organisation der revolutionären Elemente als Klasse setzt die fertige Existenz aller Produktivkräfte voraus, die sich überhaupt im Schoße der alten Gesellschaft entfalten konnten».[31]

In diesem Zusammenhang wird zugleich klar, daß «Revolution» im Marxschen Sinne nicht in erster Linie den gewaltsamen Umsturz einer politischen Ordnung, Aufruhr und Bürgerkrieg bedeutet. Soziale Revolution heißt gesellschaftliche Umwälzung, sie ist ein langer, historischer Prozeß, der sowohl auf revolutionärem Weg (im Sinne des üblichen Sprachgebrauchs) als auch evolutionär, als eine im wesentlichen friedliche Entwicklung vor sich gehen kann.

5. Die «Anatomie» der bürgerlichen Gesellschaft. Kritik der politischen Ökonomie

Obgleich in der bürgerlich-kapitalistischen Gesellschaft die ökonomisch begründete Notwendigkeit von Klassenstrukturen zu verschwinden beginnt, entfalten sich auch in ihr Widersprüche. Der Grundwiderspruch entwickelt sich zwischen gesellschaftlicher Produktion und individueller kapitalistischer Aneignung: Die rasch wachsenden Reichtümer der kapitalistischen Gesellschaft werden in einem komplizierten, arbeitsteiligen Prozeß von allen Menschen erzeugt, aber nur eine kleine Minderheit, die Klasse der Kapitalisten, verfügt über sie, eignet sie sich an, und entwickelt im Bündnis mit Berufspolitikern, Bürokraten und Militärs abermals eine Klassenherrschaft.

Die bürgerlich-kapitalistische Klassenherrschaft unterscheidet sich jedoch sowohl in ihren ökonomischen Grundlagen als auch in ihren politischen und geistig-kulturellen (Herrschafts-)Formen grundsätzlich von allen vorangegangenen auf Klassenherrschaft beruhenden Zivilisationen. Die Auflösung der überkommenen (genossenschaftlichen, patrimonialen, feudalen, ständischen) Wirtschafts-, Sozial- und Herrschaftsstrukturen, die Trennung von Gesellschaft und Staat, d.h. von wirtschaftlicher Macht und politischer Herrschaft, die Lösung des Individuums aus (einengenden, aber auch schützenden) gesellschaftlichen Bindungen, die formale, rechtlich abgesicherte Freiheit und Gleichheit aller Bürger – das sind die Existenzbedingungen der bürgerlichen Gesellschaft.

Ökonomische Ausbeutung und politische Herrschaftsausübung sind nicht unmittelbar sichtbar, sondern zeigen sich als Ergebnis gleichsam naturgesetzlicher, auf der Grundlage rechtlicher Gleichheit aller Menschen ablaufender «objektiver» Prozesse; auf diese Weise gewinnen sie den Anschein sowohl der Gerechtigkeit als auch der Unvermeidlichkeit. Die ökonomisch herrschende Klasse, die Klasse der Kapitalisten, beutet die arbeitende Klasse nicht direkt durch Einsatz sozialer oder politischer Zwangsmittel aus. Der Lohn des – persönlich freien – Arbeiters bestimmt sich nach den objektiven Gesetzen der Konkurrenz auf dem (Arbeits-) Markt. Der Lohnarbeiter erhält den vollen Tauschwert seiner Arbeitskraft vergütet, nämlich den Wert derjenigen Güter, die er benötigt, um seine Arbeitskraft zu erhalten bzw. die verausgabte Arbeitskraft wiederherzustellen. «Der Umstand, daß die tägliche Erhaltung der Arbeitskraft nur einen halben Arbeitstag kostet, obgleich die Arbeitskraft einen ganzen Tag wirken, arbeiten kann, daß daher der Wert, den ihr Gebrauch während eines Tages schafft, doppelt so groß ist als ihr eigener Tageswert (diese Differenz bezeichnet der sog. «Mehrwert», v. Oe.), ist ein besonderes Glück für den Käufer, aber durchaus kein Unrecht gegen den Verkäufer» (den Arbeiter).[32] Auf diese Weise also, in voller Übereinstimmung mit den scheinbar objektiv gültigen und unverbrüchlichen Gesetzen der «kapitalistischen» Ökonomie, eignen sich die Kapitalisten – in Gestalt des «Mehrwerts» – das gesellschaftliche «Mehrprodukt» an, d. h. jenen Teil des gesellschaftlichen Gesamtprodukts, der nicht für die bloße Wiederherstellung der Arbeitskraft der Arbeitenden und für die materielle Erhaltung der Gesellschaft wie der Gesellschaftsmitglieder auf einem einmal gegebenen ökonomischen, sozialen und kulturellen Niveau benötigt wird.[33]

Grundcharakteristikum der vorkapitalistischen sozialen Strukturen war ihre relative Stabilität. Zwar hatten sie eine Geschichte, aber sie kannten keine wirklich fortschreitende, qualitative Entwicklung, d. h. eine Entwicklung, die die materielle Basis ihrer Existenz, die Vorherrschaft der Agrarwirtschaft und die niedrige Produktivität der menschlichen Arbeit, wesentlich berührt hätte. Auch die Verfeinerung von Handwerk und Technik, die in allen vorkapitalistischen Produktionsweisen weniger oder mehr entwickelte Geldwirtschaft, die Entfaltung von Markt und Handel, die Anhäufung von Reichtum, materiellen Kulturgütern und Wissen änderten im Grundsatz daran nichts.[34] Erst die Entstehung und Entwicklung der kapitalistischen Produktionsweise hat diese materiellen Schranken durchbrochen, sie hat sozioökonomische Strukturen und Prozesse hervorgebracht, die sich von denen der vorkapitalistischen Gesellschaften radikal unterscheiden:

- Die produktiv Tätigen, die «Arbeiter», werden von ihren Produktionsmitteln getrennt; es entsteht eine rechtlich freie, aber eigentumslose Lohnarbeiterklasse.
- Das private Eigentum an den Produktionsmitteln setzt sich gegenüber früheren, gemeinschaftlich, genossenschaftlich, staatlich, feudal gebundenen Eigentumsformen durch und konzentriert sich in den Händen einer Minderheit, der Klasse der Bourgeois oder Kapitalisten.[35]
- Die Verfügung über die Produktionsmittel unterliegt nicht mehr moralischen, sozialen, politischen Bindungen, sondern richtet sich ausschließlich auf ökonomische Zwecke.
- Die Produktion erzeugt nützliche Güter nicht mehr unmittelbar für konkrete, menschliche Bedürfnisse, sondern als «Waren» für den anonymen Markt.
- Die kapitalistische Produktion orientiert sich nicht am Gebrauchswert der erzeugten Waren (wie noch in der vorkapitalistischen einfachen Warenwirtschaft begrenzter und überschaubarer «Märkte»), sondern an ihrem Tauschwert und dem auf dem Markt erzielbaren Profit.
- Die Konkurrenz der Kapitalisten auf dem Markt zwingt sie dazu, permanent die Produktionsmittel zu erneuern und zu vermehren sowie Produktion und Zirkulation der Waren auszudehnen.
- Zu diesem Zweck wird der von den Arbeitern erwirtschaftete und ihnen von den Kapitalisten abgenommene Mehrwert von letzteren überwiegend nicht konsumiert, sondern in den Produktionsprozeß zurückgeleitet, «akkumuliert».
- Der Prozeß der Akkumulation gewinnt den Charakter eines «Selbstzwecks»: «(...) das Kapital und seine Selbstverwertung (erscheinen) als Ausgangspunkt und Endpunkt, als Motiv und Zweck der Produktion»; die Produktion ist «nur Produktion für das Kapital (...) und die Produktionsmittel sind nicht umgekehrt bloße Mittel für eine sich stets erweiternde Gestaltung des Lebensprozesses». «Die Bewegung des Kapitals ist daher maßlos».[36]
- Der kapitalistische Produktionsprozeß beginnt auf einem quantitativ erweiterten und qualitativ verbesserten Niveau stets aufs neue: Der räumliche Wirkungsbereich der kapitalistischen Produktionsweise wird auf die ganze Erde ausgedehnt, Wissenschaft, Technik, Arbeitsorganisation und gesellschaftliche Arbeitsteilung werden entfaltet und verfeinern sich, die Produktivkraft der menschlichen Arbeit steigert sich, der – zumindest potentielle – materielle Reichtum der menschlichen Gesellschaft erreicht eine zuvor ungeahnte Höhe: «Die Bourgeoisie hat in ihrer hundertjährigen Klassenherrschaft massenhaftere und kolossalere Produktionskräfte geschaffen als alle vergangenen Generationen zusammen» *(Kommunistisches Manifest)*.[37]

Gleichzeitig treibt der Kapitalismus die gesellschaftliche Entfremdung der Menschen auf die Spitze: Nicht mehr wie in den vorindustriellen, überwiegend agrarischen Zivilisationen traditionelle, der bewußten Gestaltung weitgehend entzogene, mit Marx gesprochen: «naturwüchsige», sondern von den Menschen bewußt selbst geschaffene gesellschaftliche Verhältnisse fesseln die weitere menschliche Entwicklung. Die Verhältnisse erscheinen ihnen als objektive Sachgesetzlichkeit, die von ihnen in freier Entscheidung als Unabänderlichkeit akzeptiert wird. Dieser «fetischistische», «verdinglichte»[38] Schein ist der angemessene Ausdruck der realen (kapitalistischen) gesellschaftlichen Welt und zugleich die Verschleierung ihres wirklichen Wesens in einem. Der Doppelcharakter der die Köpfe der Menschen in der kapitalistischen Gesellschaft beherrschenden Vorstellungen ist übrigens der theoretische Kern der marxistischen Kategorie der «Ideologie»; die kapitalistische Klassenherrschaft ist also in einem ganz spezifischen Sinne «ideologisch» vermittelt. Das gilt für ökonomische wie für politisch-soziale Herrschaftsformen: Auch die politisch-soziale Organisation der kapitalistischen Gesellschaft beruht nicht in erster Linie auf formeller Ungleichheit, Willkür und offener Unterdrückung (obgleich alle diese Faktoren in der Geschichte der bürgerlichen Gesellschaft wirksam geworden sind und wirksam bleiben), sondern prinzipiell auf der freiwilligen Zustimmung ihrer Bürger, auch großer Teile der Arbeiterklasse.

Der Widerspruch zwischen den ungeheuerlich entwickelten Produktivkräften und den – den realen Bedürfnissen und Möglichkeiten der Menschen extrem entfremdeten – Produktionsverhältnissen entwickelt sich vor allem in der Ökonomie selbst. Diesen Prozeß zu analysieren, zu begreifen und seine Entwicklungstendenzen zu erfassen, ist der Gegenstand der Marxschen *Kritik der politischen Ökonomie*, des *Kapitals*, der «Anatomie der bürgerlichen Gesellschaft».[39] – Daß die kapitalistische Ökonomie in ihrer Entwicklung zu krisenhaften Schwankungen neigt, wird auch von vielen Nichtmarxisten anerkannt. Ob diese Krisentendenzen mit Wahrscheinlichkeit oder sogar unausweichlich zum «ökonomischen Zusammenbruch» des Kapitalismus führen werden, bleibt bei Marx und Engels offen. Die von Marx und vielen (wenn auch nicht allen) Marxisten behauptete Tendenz zum Fall der Profitrate würde freilich in der Tat bedeuten, «daß die durch das Kapital selbst in seiner historischen Entwicklung herbeigeführte Entwicklung der Produktivkräfte auf einem gewissen Punkt angelangt, die Selbstverwertung des Kapitals aufhebt».[40] Aber ob diese theoretisch aus der Analyse des Kapitals abgeleitete Tendenz sich in der geschichtlichen Wirklichkeit durchsetzen wird oder sogar muß, ist umstritten. Kaum mehr bestritten wird, daß Marx und Engels nicht von einer absoluten «Verelendung» der Arbeiterklasse ausgingen. Hingegen nahmen sie eine Tendenz zur sogenannten relativen Verelendung des Arbeiters an, d. h. zur Verschlechterung seiner Gesamtlage in der kapitalistischen Gesellschaft, «welches immer seine Zahlung, hoch oder niedrig».[41]

Von theoretisch wie praktisch entscheidender Bedeutung im Marxismus ist freilich, daß er die ökonomischen Tendenzen niemals loslöst vom konkreten (durch die historische Entwicklung mitbedingten gesellschaftlichen und politischen) Handeln der Menschen. Der Konkurrenzkampf der nationalstaatlich organisierten kapitalistischen Systeme und die durch ihn verursachten oder zumindest mitbedingten Konflikte, also jene Prozesse, die die spätere marxistische Theorie als «Imperialismus» bezeichnet hat,[42] haben auf die Entwicklung des Kapitalismus zurückgewirkt und tun es noch – ebenso wie seit 1917 die Existenz eines Lagers nichtkapitalistischer Gesellschaftssysteme oder die nationalen und sozialen Befreiungsbewegungen der Dritten Welt. Innerhalb der bürgerlichen Gesellschaft und im Rahmen, ja im wohlverstandenen Eigeninteresse der kapitalistischen Klassengesellschaft haben politisch-soziale Reformen die Entwicklungsbedingungen des Kapitalismus verändert. Marx selbst hat eine der frühesten politischen Eingriffe dieser Art, die Durchsetzung des Zehn-Stunden-Tags in der britischen Industrie, als eine im eigentlichen Sinne des Wortes revolutionäre Veränderung betrachtet, als den «Sieg eines Prinzips», den Sieg «der politischen Ökonomie der Arbeiterklasse».[43] Die wahrhaft revolutionäre, die Existenzbedingungen des Kapitalismus berührende gesellschaftliche Kraft aber war und ist für den Marxismus das sich entfaltende Bewußtsein der arbeitenden Menschen über ihre wirkliche Lage, über die Widersprüche der kapitalistischen Gesellschaft und über die objektive Notwendigkeit und Möglichkeit, sie in einer sozialen Revolution zu überwinden.

Dreierlei politisch ungemein bedeutsame Konsequenzen folgen aus dieser Struktur des Marxschen Denkens:

- Die von ihm so oft beschworenen «Naturgesetze» der kapitalistischen Produktion, «diese mit eherner Notwendigkeit wirkenden und sich durchsetzenden Tendenzen», sind keine Naturgesetze im naturwissenschaftlichen Sinne, sondern aus der Logik des reinen Kapitalismus erschlossene «theoretische Vereinfachungen», die in der historisch-sozialen Wirklichkeit eben nur als «Tendenzen» in Erscheinung treten.[44]
- Die oft von Marxisten beschworene «Todeskrise» des Kapitalismus ist daher auch kein aus rein ökonomischen Ursachen erklär- und vorhersehbarer Zusammenbruch, sondern eine Gesamtkrise der kapitalistischen Gesellschaft in allen ihren ökonomischen, sozialen, politischen und ideellen Aspekten.[45]
- Insofern gibt es auch keine ökonomisch begründete Unausweichlichkeit und «naturgesetzliche Notwendigkeit» des Sozialismus. Entscheidend ist immer die bewußte Tat der handelnden Menschen.[46]

In der Geschichte der Revolution war der Kampf gegen die herrschenden Ideen (die nach Marx «stets nur die Ideen der herrschenden Klasse» sind[47]) immer von großer Bedeutung, wie man an der Rolle der Aufklärung für die bürgerlichen Revolutionen erkennen kann. Die feudalständische Gesellschaft beruhte im letzten doch auf direkter politisch-militärischer Herrschaft, die als solche erkannt und in Frage gestellt werden konnte. Die kapitalistische Klassenherrschaft hingegen ist in einer nur ihr spezifischen Weise «ideologisch» strukturiert. Sie beruht ihrem Wesen nach auf einer «Verdinglichung» des Denkens, die die Einsicht in die wirklichen Mechanismen des Kapitalismus verstellt, sowie auf tief im Unterbewußtsein verankerten und längst habitualisierten sozialen Einstellungen und Verhaltensweisen, die es den Menschen verwehren, sich eine andere Gesellschaftsordnung vorzustellen als die auf Konkurrenz und Profitstreben beruhende. So ist die Frage nach den ideellen Bedingungen für die Konstituierung des «Subjekts» der sozialistischen Revolution von ausschlaggebender Bedeutung.

6. Das «Proletariat»: das gesellschaftliche Subjekt der Revolution

Das gesellschaftliche Subjekt der kommenden sozialistischen Revolution, das die durch den Kapitalismus geschaffenen, objektiven materiellen Möglichkeiten ergreift und auf ihrer Basis den Kommunismus errichtet, ist für Marx das Proletariat. Lange bevor seine intensiven Studien zur Kritik der politischen Ökonomie des Kapitalismus zu einem Ergebnis geführt hatten, proklamierte er die historische Rolle des Proletariats als Subjekt der kommenden deutschen Revolution, der «Emanzipation der Deutschen», die zugleich «die Emanzipation des Menschen» sei.[48]

Fünfundzwanzig Jahre später, im ersten Band des *Kapital*, wird die revolutionäre Rolle des Proletariats strikt empirisch-historisch begründet, und es wird die Umsetzung des objektiven ökonomisch-sozialen Prozesses in das subjektive politisch-soziale Potential der revolutionären Arbeiterklasse scheinbar bruch- und problemlos abgeleitet: Im kapitalistischen System wird der Arbeiter verstümmelt und entwürdigt, «die geistigen Potenzen des Arbeitsprozesses» werden ihm entfremdet. Zugleich mit Elend, Druck, Knechtschaft, Entartung, Ausbeutung wächst «aber auch die Empörung der stets anschwellenden und durch den Mechanismus des kapitalistischen Produktionsprozesses selbst geschulten vereinigten und organisierten Arbeiterklasse (...)». Die «kapitalistische Hülle (...) wird gesprengt».[49]

Bei näherem Zusehen ist auch bei Marx selbst das Problem der revolutionären Rolle des Proletariats keineswegs gelöst. Streng ökonomisch leitet er die Existenz der drei großen Klassen der kapitalistischen Gesellschaft aus ihrer Stellung im Produktionsprozeß und ihren «respektiven Einkommensquellen: Arbeitslohn, Profit und Grundrente» ab.

Indessen sieht Marx Schwierigkeiten, die konkrete gesellschaftliche Gruppierung der Klassen und damit die Basis ihres subjektiven politischen Handelns aus diesen Grundeinsichten abzuleiten. Und er reflektiert auf «die unendliche Zersplitterung der Interessen und Stellungen, worin die *Teilung der gesellschaftlichen Arbeit* (Hervorhebung vom Verf.) die Arbeiter wie die Kapitalisten und Grundeigentümer (...) spaltet.»[50]

An dieser Stelle muß man sich erinnern, daß Marx die Arbeiterklasse nicht bloß als Objekt der kapitalistischen Ausbeutung, sondern ebensosehr auch als kollektiven Produzenten, als Träger der arbeitsteiligen und kooperativen modernen Industriewirtschaft, als «größte Produktivkraft» begriffen hat. Nur unter dieser Voraussetzung ist seine These sachlich begründet, daß die Arbeiterklasse in der Lage sein würde, die Gesellschaft auf genossenschaftlicher, kommunistischer Basis zu reorganisieren und die vom Kapitalismus geschaffenen Produktivkräfte im Interesse aller zu nutzen. In der Tat erscheint die «Arbeiterklasse» im Werk von Marx und Engels auch unter diesem Gesichtspunkt, und zwar in der Gestalt des «gesellschaftlichen Gesamtarbeiters».[51] Er ist der Inbegriff aller schöpferischen Kräfte, die im Kapitalismus entwickelt worden sind: das wahre Subjekt der modern technisierten, arbeitsteilig-kooperativen Produktion, der wahre Eigentümer der in ihrer Produktivität ins Unermeßliche gesteigerten gesellschaftlichen Arbeitskraft.

Das bedeutet freilich, daß die Industriearbeiterklasse, an die Marx und Engels ihre Analysen und Strategien im wesentlichen adressierten, zwar ein wesentlicher Bestandteil des revolutionären Subjekts «Proletariat» ist, aber nicht der einzige. Vom Begriff her gehören Wissenschaftler, Lehrer, Techniker, Organisatoren, Manager mit dazu – so abschätzig sich Marx und Engels auch in der konkreten politischen Auseinandersetzung über die bürgerliche Intelligenz geäußert haben.[52]

Die systematische Voraussetzung dafür, daß die so verstandene «Arbeiterklasse» (= «gesellschaftlicher Gesamtarbeiter») der ihr vom Marxismus zugeschriebenen «revolutionären» Aufgabe gerecht wird, ist das zureichende Bewußtsein ihrer Rolle als arbeitsteiliger, kollektiver Produzent; denn nur auf dieser Grundlage wäre sie imstande, eine von der Herrschaft des Kapitals befreite Gesellschaft neu zu organisieren. Der vom nach-Marxschen «Marxismus» entwickelte Begriff des «Klassenbewußtseins» erfüllt diese Voraussetzung nur teilweise. Er bezieht sich im wesentlichen auf den sozialen Antagonismus der Lohnarbeiter zum Kapital, auf die Erfahrung ihrer gemeinsamen Interessen und auf ihre Bereitschaft zum Klassenkampf, die sie aus diesen Erfahrungen entwikkeln. Die konkrete Vorstellung von der «Teilung der gesellschaftlichen Arbeit» und von den aktuellen oder potentiellen Kooperationsformen innerhalb der Arbeiterklasse ist in diesem «Klassenbewußtsein» kaum enthalten. Am ehesten war diese Vorstellung in den anarchistisch-syndikalistischen und rätesozialistischen Strömungen der Arbeiterbewegung lebendig.

7. Sozialismus und Demokratie

Ziel der sozialistischen Revolution ist es, den kapitalistischen Grundwiderspruch zwischen gesellschaftlicher Produktion und individueller Aneignung aufzuheben, die Produktion nicht mehr am Automatismus der Marktkonkurrenz und dem Maßstab der Profiterwirtschaftung, sondern an den konkreten Bedürfnissen der Menschen auszurichten und damit die «Naturgesetzlichkeit» des Prozesses der Akkumulation und Verwertung des Kapitals außer Kraft zu setzen. Anstelle der Verfügung der Kapitalistenklasse über die Produktionsmittel und anstelle der kapitalistischen Regelung von Produktion und Verteilung soll «eine gesellschaftlich-planmäßige Regelung der Produktion nach den Bedürfnissen der Gesamtheit wie jedes einzelnen» treten. Das ist der Sinn der vielberufenen «Vergesellschaftung» oder «Sozialisierung» der Produktionsmittel; ihr Ergebnis: «einerseits direkte gesellschaftliche Aneignung als Mittel zur Erhaltung und Erweiterung der Produktion, andererseits direkte, individuelle Aneignung als Lebens- und Genußmittel».[53]

Es leuchtet unmittelbar ein, daß die Funktionsweise einer solcherart vergesellschafteten Produktion es erfordert, daß alle Gesellschaftsmitglieder auf der Grundlage freiwilliger Übereinkunft in gleicher Weise an ihr teilhaben. Andernfalls handelte es sich wieder um die Herausbildung einer ausbeutenden und unterdrückenden herrschenden Minorität. Alle über ihr Werk verstreuten gelegentlichen Aussagen von Marx und Engels über die zukünftige «genossenschaftliche» Produktion, insbesondere aber über die Stellung des Individuums im Sozialismus, bestätigen diese Interpretation. Der Sozialismus ist ihnen «eine Association, worin die freie Entwicklung eines jeden die Bedingung für die freie Entwicklung aller ist.»[54] Anders ausgedrückt: Die Kooperations- und Organisationsformen des Sozialismus können nur die einer radikalen, rechtlich gesicherten «Demokratie» sein.

Daß die Idee einer «Diktatur des Proletariats» als der politschen Form des Übergangs von der kapitalistischen zur sozialistischen Gesellschaft in der Marxschen Theorie eine zentrale Stellung einnimmt, ist unbestreitbar.[55] Und gar im Lichte der Leninschen Definition von «Diktatur» als einer «sich unmittelbar auf Gewalt stützenden Macht, die an keinerlei Gesetze gebunden ist»,[56] scheint diese Idee jede Demokratie auszuschließen. Aber schon der berühmte Engelssche Satz: «Seht euch die Pariser Kommune an, das war die Diktatur des Proletariats», erweist ein solches Urteil als voreilig; war doch die Pariser Kommune auf der Basis breitester

Demokratie organisiert und wurde von Marx in diesem Sinne interpretiert.[57] Es scheint, daß Marx eher einen soziologischen als einen staatsrechtlich-politischen Begriff von Diktatur im Auge gehabt hat, der nichts anderes bedeutete als Klassenherrschaft oder auch – mit Gramsci gesprochen – «Hegemonie», entweder der Bourgeoisie oder der Arbeiterklasse.

Auf einer vergleichbaren Mehrdeutigkeit der verwendeten Begriffe beruht auch die von Marx und Engels häufig geübte Kritik an Staat, Recht und «Demokratie». Eine einheitliche Staats- und Rechtstheorie gibt es bei ihnen nicht. Auf der einen Seite steht der Begriff von Staat und Recht als der politischen Form der Klassenherrschaft; und auch die «Demokratie» ist insofern ein Instrument der Klassenherrschaft – erst das der Bourgeoisie, danach im Übergang zum Sozialismus eines des Proletariats. Freilich wird bei Marx auch ein weiterer Begriff von «Staat» angedeutet, wenn er von ihm als der «bürgerlichen Gesellschaft in ihrer Aktion» spricht und die «Staatsmacht» als «die konzentrierte und organisierte Gewalt der Gesellschaft» bezeichnet.[58] Als Inbegriff der genossenschaftlichen Organisation der Gesellschaft, der immer noch nötigen «Verwaltung von Sachen und Leitung von Produktionsprozessen», würde ein solcher «Staat» anstelle der in der Klassengesellschaft praktizierten «Regierung über Menschen» auch im Sozialismus erforderlich bleiben – einschließlich der damit verknüpften verbindlichen Regelungen, die man als «Recht» bezeichnen könnte. Daß selbst in einer herrschaftsfreien Gesellschaft «Leitung» und «Autorität» erforderlich bleiben, haben Marx und Engels immer wieder betont, mit besonderer sarkastischer Schärfe gegenüber der Anarchisten.[59]

8. Marxismus, Wissenschaft und Arbeiterbewegung – oder – Ist Marx überholt?

Ein besonders drastisches Beispiel für die Auflösung der einstigen «weltgeschichtlichen Vereinigung» (*Werner Sombart*)[60] von Marxismus und realer Arbeiterbewegung ist die geschichtlich wirksamste und machtvollste Gestalt des «Marxismus»: der «Leninismus». Er ist nichts anderes als die Anwendung des Marxismus auf ein unterentwickeltes Land. Die marxistisch-leninistische Bewegung entfaltete sich nicht als die «selbständige Bewegung der ungeheuren Mehrzahl im Interesse der ungeheueren Mehrzahl» (*Kommunistisches Manifest*),[61] d. h. als Bewegung einer radikalen Demokratisierung, sondern als eine elitäre, autoritäre und sich rasch bürokratisierende Organisation – nicht Diener und Ausdruck, sondern Herr und Vormund der Arbeiterklasse. Der Widerspruch zwischen Produktivkräften und Produktionsverhältnissen wurde im «real existierenden Sozialismus» nicht aufgehoben, sondern im Gegenteil zugespitzt: Die Produktionsverhältnisse dieses «marxistischen» Gesellschaftssystems – die zentralistisch autoritäre Herrschaft privilegierter bürokratischer, kastenähnlich strukturierter Gruppen über Wirtschaft, Staat, soziales Leben und Kultur – sind in eine «Fessel» für die schöpferischen Kräfte der Gesellschaft umgeschlagen. Logischerweise rebellieren denn dort mittlerweile auch die «Produktivkräfte» (Arbeiter, Bauern, Techniker, Wissenschaftler, Kulturschaffende) gegen die von der Bürokratie beherrschten vorgeblich sozialistischen «Produktionsverhältnisse».

Rückblickend betrachtet, hat sich damit die «materialistische» These von Marx als zutreffend erwiesen, daß die ökonomische (aber auch die soziale, politische und kulturelle) «Reife» der gesellschaftlichen Entwicklung, wie sie unter dem voll entfalteten Kapitalismus erreicht wird, die unverzichtbare Voraussetzung für den Übergang zu einer höheren Gesellschaftsformation ist. Dementsprechend haben sich auch alle Hoffnungen, die «revolutionäre» Erneuerung des Marxismus werde aus den antikolonialen und antifeudalen nationalen Revolutionen der Dritten Welt hervorgehen, als Illusion erwiesen.

In den entwickelten kapitalistischen Industriegesellschaften hat sich die Verbindung zwischen Marxismus und historischer Arbeiterbewegung aus ganz anderen Gründen und unter völlig verschiedenen Bedingungen aufzulösen begonnen. Die auf eine Interessenvertretung der industriellen Arbeitnehmerschaft reduzierte «sozialistische Arbeiterbewegung» hat nirgendwo mehr erreicht und nur selten mehr erstrebt als die Umgestaltung des klassischen Kapitalismus zum modernen demokratischen und sozialen – wenn auch immer noch kapitalistischen – Wohlfahrtsstaat.[62] Die marxistische Erkenntnis, daß es keine ökonomische, «naturgesetzliche» Notwendigkeit für den Zusammenbruch des Kapitalismus gibt, ist durch die Geschichte bestätigt worden.

Die gesellschaftlichen Probleme sind im Laufe dieser Entwicklung freilich nicht geringer geworden, die materiellen Möglichkeiten ihrer Lösung hingegen größer. Der objektive Widerspruch zwischen Produktiv- (und Destruktiv-) Kräften und Produktionsverhältnissen hat sich zugespitzt. Weniger als je zuvor kann die Lösung dieser Probleme vom Automatismus des kapitalistischen Akkumulations- und Verwertungsprozesses erwartet werden. Die von der drohenden Umweltzerstörung dringend erforderte «Kritik der politischen Ökologie» ist allerdings von Marx selbst nicht geleistet worden (obwohl er mit Nachdruck darauf hingewiesen hat, daß nicht nur die Arbeit, sondern auch die Natur ein Quell des gesellschaftlichen Reichtums sei). Aber sie kann zwanglos aus der Marxschen Kritik entwickelt werden.[63]

Ist der Marxismus wissenschaftlich, und wenn ja, worin wurzelt sein Wahrheitsanspruch? Einzelwissenschaftliche Begründungen oder Widerlegungen bestimmter marxistischer Thesen lösen das Problem nicht.

Georg Lukács hat einmal geschrieben, man könne «orthodoxer» Marxist bleiben, auch wenn die «neuere Forschung (...) die sachliche Unrichtigkeit sämtlicher einzelner Aussagen von Marx einwandfrei nachgewiesen» hätte. Orthodoxie in Sachen des Marxismus beziehe sich vielmehr «ausschließlich auf die Methode».[64]

Angelpunkt dieses Anspruchs ist der historische Materialismus. Er entdeckt in der Produktion und Reproduktion des materiellen Daseins, also in der ökonomischen Struktur der Gesellschaft den Leitfaden, an dem entlang sich der Gang der Menschheitsgeschichte erklären läßt, und er entdeckt gleichzeitig den vergesellschafteten Menschen als Verfasser und Schausteller seiner eigenen Geschichte. Erst im Kapitalismus tritt die Ökonomie rein hervor, herrscht zum ersten Mal «das gesellschaftlich, historisch geschaffene Element» und wird deshalb die Geschichte als vom Menschen gemachte erkennbar. Die materialistische Geschichtsinterpretation ist nur sinnvoll und möglich von der Gegenwart aus, und die Produktionsverhältnisse vergangener Gesellschaftsformen sind nur von der bürgerlichen Gesellschaft her zu begreifen: «Die Anatomie des Menschen ist ein Schlüssel zur Anatomie des Affen». «Die sogenannte historische Entwicklung beruht überhaupt darauf, daß die letzte Form die vergangenen als Stufen zu sich selbst betrachtet.» «Weltgeschichte existierte nicht immer. Die Geschichte als Weltgeschichte – Resultat».[65]

Das geschichtsphilosophische Konzept Hegels vom Geist, der in der Weltgeschichte zu sich selbst kommt, schimmert deutlich wieder durch. Nur freilich begreift Marx nicht den Weltgeist, sondern die gesellschaftlich lebenden und handelnden Menschen als Subjekt der Geschichte, und deren konkrete Lebensumstände lassen sich empirisch – d.h. verifizierbar und falsifizierbar – erforschen und darstellen. Insoweit ist der Marxismus – wenn seriös vertreten – immer auch streng fachliche Wissenschaft. Nur – der Gesamtzusammenhang des Marxschen Denkens läßt sich auf diese Weise nicht als wahr begründen. Die Zirkelstruktur des Marxismus ist unabweisbar: Der historische Materialismus erklärt einen Geschichtsprozeß, der seinerseits den historischen Materialismus begründet.

Freilich: Der Marxismus ist keine bloße Theorie. Marx wollte die Welt nicht bloß interpretieren, er wollte sie verändern. 1930 schrieb ein junger marxistischer Intellektueller in der Auseinandersetzung mit Karl Mannheim: «Solange es Menschen gibt, die ihr Handeln nach der Marxschen Überzeugung ausrichten, so lange ist Marx nicht ‹widerlegt› – denn eben dies war ja seine Erwartung, daß es solche Menschen geben werde».[66] Das gilt noch heute.

Walter Euchner

FRIEDRICH ENGELS
(1820–1895)

1. Vom Industriellensohn zum Begründer des «Wissenschaftlichen Sozialismus»

Es ist Friedich Engels wahrlich nicht an der Wiege gesungen worden, daß er einmal zum «internationalen Vertrauensmann des klassenbewußten Proletariats» (Lafargue) werden würde. Er entstammte einer im Bergischen Land alteingesessenen Industriellenfamilie, wurde in Barmen geboren und besuchte das Gymnasium im benachbarten Elberfeld. Sein Vater betrieb in Manchester und Engelskirchen eine Baumwollspinnerei.

Der Vater wollte aus Friedrich einen Unternehmer machen, nahm ihn ein Jahr vor dem Abitur aus der Schule und schickte ihn 1838 nach Bremen in ein Großhandelskontor zur Lehre. Doch der geniale und vielseitig begabte Sohn wollte seine geistigen Interessen nicht hintanstellen. Er begann zu schreiben, für Heinrich Gutzkows *Telgraph für Deutschland*, einem Organ der literarischen Richtung des «Jungen Deutschland», auch für andere Blätter. Seine *Briefe aus dem Wuppertal* enthalten eine ausgezeichnete sozialkritische Reportage. Sie zeigen, daß sich Engels vom massiven Pietismus seiner Familie gelöst hatte. Ihn inspirierte, wie so viele seiner Zeitgenossen, das dogmenkritische Werk des schwäbischen Theologen David Friedrich Strauß über *Das Leben Jesu*; er gelangte darüber zum Junghegelianismus. Als Engels 1841 in Berlin seinen Militärdienst ableistete, schloß er sich der radikalen junghegelianischen Gruppierung der «Freien» an, der neben Max Stirner und Bruno Bauer auch Marx zugehört hatte.

Die stupende philosophische Einsichtsfähigkeit des jungen Engels zeigt sich in seiner Kritik an Schellings Altersphilosophie. Schelling war an die Berliner Universität berufen worden, um die von der konservativen Reaktion befürchteten atheistischen und liberalen Konsequenzen des vorherrschenden Hegelianismus abzuwehren. Engels war Zeuge der Schellingschen Antrittsvorlesung vom November 1841. In seiner Kritik vermochte er überzeugend darzulegen, daß «Schelling den konkreten Gedanken nicht fassen» könne und «ihn in die schwindelndste Abstraktion», letztlich zur theologischen Offenbarung, hinauftreibe.[1] Wie viele seiner junghegelianischen Gesinnungsgegenossen erblickte Engels in dem sinnlich anschauenden Materialismus Ludwig Feuerbachs den Ausweg aus dem spekulativen Idealismus. Aus der gesellschafts- und ideologiekritischen, «negierenden» Attitüde des Junghegelianismus, Feuerbachs

Friedrich Engels (1820–1895)

Materialismus und den aus Frankreich herüberdringenden Informationen über die dortigen liberalen, sozialistischen und kommunistischen Strömungen bildete sich das Weltbild der neuen deutschen Linken. Deren Organ war die *Rheinische Zeitung* mit ihrem Chefredakteur Karl Marx. Engels machte sich im Oktober 1842 auf den Weg nach Köln, um Marx zu besuchen. Statt diesem traf er in der Redaktion Moses Heß, der ihn zum Kommunismus bekehrte.[2]

Engels arbeitete vom November 1842 bis zum August 1844 im väterlichen Unternehmen in Manchester. Er schrieb Korrespondenzen für die *Rheinische Zeitung* und zwei glänzende Beiträge für die *Deutsch-Französischen Jahrbücher*, die Marx und Arnold Ruge herausgaben. Es handelt sich um die *Umrisse zu einer Kritik der Nationalökonomie* und *Die Lage Englands*, einen einfühlsamen Kommentar zu der sozialkritischen Schrift des englischen Konservativen Thomas Carlyle, *Past and Present*. Engels studierte die sozialen und ökonomischen Verhältnisse Englands und sammelte das Material zu seinem Werk *Die Lage der arbeitenden Klassen in England*, das er 1845 bei Wiegand in Leipzig herausbrachte. Er knüpfte Kontakte zu führenden Chartisten und publizierte in Organen der Chartistenbewegung –, die damals geschaffene Verbindung mit der englischen Arbeiterbewegung riß nie wieder ab.

Die enge Freundschaft mit Marx datiert aus ihrer Begegnung in Paris im August 1844. Die Freunde inspirierten sich gegenseitig auf vielen Gebieten; Marx z. B. profitierte von Engels' Kenntnissen wirtschaftlicher Realia und der theoretischen Nationalökonomie, Engels ließ sich von Marx' theoretisch-dialektischer Durchdringung der bestehenden gesellschaftlichen Verhältnisse und ihrer bürgerlichen Ideologie belehren. Die so gewonnenen Überzeugungen schlugen sich in ihrer gemeinsamen Schrift *Die heilige Familie* (1845) und der erst posthum veröffentlichten *Deutschen Ideologie* (verfaßt 1845/48) nieder. Sie bekämpften darin die Positionen der junghegelianischen Freunde von einst, die nach ihrer Auffassung kleinbürgerlichem Denken verhaftet blieben. Es kam ihnen auf eine Verankerung in der wirklichen Arbeiterbewegung an. Dies gelang ihnen im «Bund der Kommunisten»: In dessen Auftrag verfaßten sie das *Kommunistische Manifest*.

Polizeiliche Verfolgung zwangen Marx und Engels zu häufigem Wechsel des Wohnorts. Die Februarrevolution 1848 vertrieb sie von Brüssel nach Paris; der Ausbruch der deutschen Revolution führte die Freunde nach Köln, wo sie in der *Neuen Rheinischen Zeitung* eine Politik des Bündnisses aller demokratischen Kräfte in Deutschland verfochten. Die Mehrheit der Paulskirchenabgeordneten erschien ihnen als inkonsequent und liebedienerisch gegenüber den alten Mächten. Engels schloß sich schließlich der aufständischen pfälzisch-badischen Revolutionsarmee an und diente August Willich, einem Mitglied des Bundes der Kommunisten und ehemaligem preußischen Leutnant, als Adjudant. Nach dem Zusammenbruch der revolutionären 48er-Bewegung gelangte Engels auf Umwegen wieder nach Manchester, um seine Arbeit bei «Ermen und Engels» fortzusetzen. Er war dort für den Ein- und Verkauf zuständig. Seine wirtschaftliche Tätigkeit war überaus erfolgreich, so daß er bald zum wohlhabenden, in die gute Gesellschaft Manchesters voll integrierten Unternehmer wurde. Ohne die großzügige Unterstützung, die Engels seinen Freunden Marx und dessen Familie zuteil werden ließ (auch, als er selbst noch nicht so gut gestellt war), hätte dieser sein Lebenswerk nicht vollbringen können.

Engels nützte seine Mußestunden zu weitverzweigten Studien. Konsequent eignete er sich romanische, skandinavische und slawische Spachen an, vielfach anhand der Nationalliteratur. Immer wieder beschäftigte er sich konzentriert mit Naturwissenschaften, vor allem mit Chemie und Biologie. Auch für Mathematik interessierte er sich; sein Lieblingsgebiet war freilich die Militärwissenschaft. Zu Recht ist Engels als «Polyhistor» bezeichnet worden.

Nach dem Wiedererstarken der Arbeiterbewegung in den sechziger Jahren, die zur Gründung der Ersten Arbeiterinternationalen (1864) und der sozialdemokratischen Arbeiterparteien in Deutschland führte, wuchs Engels die Aufgabe zu, deren Programmatik und Politik theoretisch zu fundieren. Marx' Schriften, die *Kritik der politischen Ökonomie* (1859) und der erste Band des *Kapital* (1867), konnten dies nicht leisten, denn sie waren thematisch beschränkt und schwerverständlich. Engels' Schriften gewannen überragenden Einfluß auf die internationale Arbeiterbewegung; die wichtigsten Führer der deutschen, österreichischen, französischen, italienischen und spanischen Arbeiterbewegung – Wilhelm Liebknecht, Karl Kautsky, Eduard Bernstein, Victor Adler, Paul Lafargue, Filippo Turati, José Mesa – wurden zu seinen Schülern und Vertrauten. Einen erheblichen Teil seiner Arbeitskraft mußte Engels in die Herausgabe des zweiten und dritten Bandes des *Kapital* investieren. Er starb am 5. August 1895 in London. Ziel des sozialistischen Kampfes sei, daß «ein Bund Freier, Gleicher die Erde umspanne», sagte August Bebel in seiner Grabrede.

2. Die Lage der arbeitenden Klasse

Engels' erste literarische Arbeit von Gewicht befaßt sich mit der sozialen Lage der Arbeiter im Wuppertal. Er schildert die gedrückte Existenz der Weber, Gerber und «Karrenbinder», die sich an ihren staubigen und feuchtheißen Arbeitsplätzen Brustkrankheiten holen und dem Alkoholismus verfallen, greift sodann den in der Gegend herrschenden Pietismus an, der Frömmigkeit, Kinderarbeit und Lohndrückerei wohl zu verbinden wisse.[3] Die Arbeits- und Wohnbedingungen der Arbeiterschaft beschäftigten Engels zeitlebens. In großem Stil griff er diese Frage in seinem bedeutenden Jugendwerk *Die Lage der arbeitenden Klasse in England* (1844) auf. Er beschrieb ausführlich die elenden Wohnquartiere der Arbeiter in den englischen Industriestädten, wobei er mit Hilfe von Skizzen die Lage der verwahrlosten Innenhöfe zeigte – eine Pionierarbeit, wie die heutige Literatur bestätigt. Eingehend schildert er die Arbeitssituation der einzelnen «Sektionen» des Proletariats: der Fabrikarbeiter, der Strumpfwirker, Kattundrucker, Metallarbeiter, Näherinnen, des Bergwerk- und Ackerbauproletariats und weist auf Kinderarbeit, Berufskrankheiten und Sterblichkeitsraten hin. Schließlich informiert er über die zusätzliche Knebelung der Arbeiterfamilien durch den Zwang, bei den Unternehmern Lebensmittel einzukaufen und in den von diesen bereitgestellten Wohnungen zu wohnen (Truck- und Cottagesystem).

Engels analysierte seinen empirischen Befund mit Hilfe der Einsichten, zu denen ihn sein Studium der englischen Nationalökonomie geführt hatte. Seine noch recht vorläufigen Erkenntnisse stellte er in dem oben erwähnten Aufsatz *Umrisse zu einer Kritik der Nationalökonomie* dar und bestärkte damit Marx in der Auffassung, daß jede sozialistische Theorie Studium und Kritik der politischen Ökonomie voraussetze. Engels begriff die gegenwärtige Lage der Arbeiterschaft als Resultat des Konkurrenzsystems.[4] Es ist erstaunlich, wie viele der Sichtweisen, die später von Marx entfaltet wurden, von Engels vorweggenommen wurden: Den Arbeitsvertrag bezeichnet er als «Schein», der dem Arbeiter die Illusion vorspiegle, er handle aus freiem Willen als mündiger Mensch; in Wirklichkeit sei der Proletarier «der Sklave der Bourgeoisie». Angesprochen wird auch, wenngleich arbeitswerttheoretisch noch nicht begriffen, das Problem des «Äquivalents« zwischen «Arbeit» und «Lohn» (d. h. dem Existenzminimum an Lebensmitteln) und dasjenige des Verhältnisses von Angebot und Nachfrage, das je nach Konjunktur die Arbeiter bald ins, bald «außer Brot» setze. Engels weist bereits damals darauf hin, daß die Hochkonjunktur auch von der «Eroberung fremder Märkte» abhänge und thematisiert somit ein imperialismustheoretisches Problem.[5]

Hauptzweck der *Lage der arbeitenden Klasse* ist der Nachweis, daß die Arbeiter beginnen, «sich als Klasse in ihrer Gesamtheit zu fühlen», daß sie gewahr würden, «daß sie (...) zusammen eine Macht sind (...) und (...) soziale und politische Bedeutung» bekommen. Die großen englischen Städte seien Zentren der Arbeiterbewegung und des Klassenkampfes geworden.[6] Ausführlich schildert Engels den Kampf der Arbeiterbewegung gegen Kinderarbeit und für die 10-Stundenbill sowie die «Arbeiterassoziationen» (Gewerkschaften) und die überwiegend proletarischen «Chartisten» (die englische Wahlrechtsbewegung). Er weist auf das bürgerliche, sozialreformerische Element im englischen Sozialismus hin und meint, dieser sei nicht imstande, «sich mit der englischen Arbeiterklasse zu amalgamieren». Denn – davon ist Engels überzeugt – für eine friedliche Lösung sei es zu spät. Der ganz offene, direkte Krieg der Armen gegen die Reichen, d.h. die Revolution, sei in England unvermeidlich geworden.[7]

Das Darstellungsprinzip der *Lage der arbeitenden Klasse* – realistische Situationsschilderungen, ihre Interpretation mit Hilfe der Kritik der politischen Ökonomie (später in der reifen Marxschen Fassung), Folgerungen für den revolutionären Prozeß – wurde von Engels immer wieder angewandt. Im Jahre 1872 analysierte er in einer Artikelserie, die später unter dem Titel *Zur Wohnungsfrage* als Broschüre erschien, die Wohnungsnot der Arbeiter und kritisierte die Reformvorschläge deutscher Proudhonisten, die den Erwerb von Wohneigentum durch Zins- (d.h. Raten-)zahlungen für möglich gehalten hatten. Auch die Anregung bürgerlicher sozialreformerischer «Kathedersozialisten», dem Problem durch Errichtung von Baugenossenschaften beizukommen, verfielen dem Engelsschen Verdikt. Die Wohnungsfrage könne nur nach der sozialen Revolution endgültig gelöst werden; «soziales Flickwerk» war ihm ein Greuel.[8] Die spätere Reformpolitik der Sozialdemokratie hat ihm Unrecht gegeben. – Von Interesse ist auch Engels' Vorwort zur zweiten deutschen Auflage der *Lage der arbeitenden Klasse* aus dem Jahr 1892: Die 1844 analysierten Zustände gehörten größtenteils der Vergangenheit an; die Wohnungsnot bestehe zwar noch fort, doch das Trucksystem sei verschwunden. Die Entdeckung der australischen Goldfelder habe zu einer unvorhergesehenen Hochkonjunktur geführt. Bedeutsam für die weitere Entwicklung sei auch ein politischer Faktor gewesen, nämlich die französische Revolution von 1848. Sie habe das kleinbürgerliche Element aus der Chartistenbewegung gelöst, diese praktisch zerstört und den wirtschaftlichen und politischen Liberalismus zur Vorherrschaft geführt. Die Arbeiterklasse habe vom Freihandel ökonomisch profitiert; auch würden ihre *trade unions* nunmehr anerkannt. Schließlich übernähmen die Arbeiter selbst mittlerweile liberale Lehren. So sei in England eine «Arbeiteraristokratie» entstanden. (Damit gab er Lenin das Stichwort, der Jahrzehnte später die Schuld am Ausbleiben der Revolution im Westen der «Arbeiteraristokratie» zuschrieb.) Freilich – die nächste Wirtschaftskrise stehe vor der Tür ... Doch der späte Engels setzte nicht mehr auf den eruptiven Krieg der Armen gegen die Reichen, sondern hauptsächlich auf das disziplinierte Fortschreiten der deutschen Sozialdemokratie.[9]

3. Geschichte als revolutionärer Prozeß

Zu den bleibenden Leistungen von Engels als Historiker gehört, daß er das Marxsche Schema der sich ablösenden Gesellschaftsformationen aus dem Vorwort zur *Kritik der politischen Ökonomie* durch differenzierte

Analysen historischer Umbrüche auszufüllen versucht hat. Seine Darstellung der *Deutschen Reichsverfassungs-Campagne* zeigt zwar klassenanalytisch die soziale Trägerschaft der achtundvierziger Bewegung (vorrangig das Kleinbürgertum – mit Arbeitern und Bauern als militantem Element und gewisser Ausstrahlung aufs große und mittlere Bürgertum), doch die Schilderung bleibt überwiegend erzählend.[10] In seiner zweiten historischen Schrift größeren Umfangs, dem *Deutschen Bauernkrieg* aus dem Jahre 1850, legt Engels dar, wie der produktionstechnische Fortschritt auf die Klassen einwirkte und wie in Wechselwirkung mit dem ideologischen Überbau eine revolutionäre Situation entstand. Er beschreibt die Verselbständigung der Fürsten gegen den Kaiser, die Verarmung des niederen Adels; die ökonomische und politische Rolle des katholischen Klerus mit dem Papst an der Spitze, die soziale Struktur der Städte, die er durch den Gegensatz zwischen Patriziat und «bürgerlicher Opposition» geprägt sieht, schließlich die Lage der breiten Bauernschaft, auf der «der ganze Schichtenbau der Gesellschaft» gelastet habe. Die Unterschichten bezeichnet er als «Plebejer», in denen er ein «embryonisches proletarisches Element» wahrzunehmen glaubt.[11] Der Darstellung der Klassenstruktur folgt eine Analyse der ideologischen Positionen, die sich hauptsächlich in theologischen Kategorien ausdrückt. Engels unterscheidet drei «Lager»: das «katholische oder reaktionäre» der an der Erhaltung des *status quo* orientierten Kräfte, das hauptsächlich in den Städten angesiedelte «lutherische bürgerlich-reformierende» und das «revolutionäre». Luthers erstes Auftreten, seine Opposition gegen die Verfassung der katholischen Kirche, sei ursprünglich in Sprache und Wirkung durchaus revolutionär gewesen (vor allem habe er mit der Bibelübersetzung der plebejischen Bewegung «ein mächtiges Werkzeug» geschaffen), doch unter dem Eindruck der radikalen Forderungen der Bauern im Bauernkrieg habe er sich der bürgerlichen und fürstlichen Seite angeschlossen. Der theologische Führer der «revolutionären Partei» der Bauern und Plebejer, eben Müntzer, sei von der häretischen Theologie der Wiedertäufer und anderer Sekten beeinflußt gewesen, die aus der «Gleichheit der Kinder Gottes» den «Schluß auf die bürgerliche Gleichheit und selbst teilweise schon auf die Gleichheit des Vermögens» gezogen hätten. Müntzer habe ein «Phantasiebild des Tausendjährigen Reiches» der sozial-republikanischen Gleichheit gezeichnet.[12]

Engels' Stilisierung der sozialen Voraussetzungen des deutschen Bauernkrieges vereinfacht die Gesellschaftsstruktur jener Zeit bisweilen über Gebühr. Es muß bezweifelt werden, ob die Klassenbegriffe «Bürgertum» (das sich in den Städten oppositionell verhalten habe und dessen Sprecher Luther gewesen sei) und «Plebejer» der historischen Situation angemessen sind –, in Luthers Theologie finden sich Gedanken, die gerade nicht «bürgerlich» sind. Die von Engels inspirierte Charakterisierung der

Reformation als «frühbürgerliche Revolution» ist deshalb eher irreführend.[13] Andererseits ist Engels' Bauernkriegsstudie ein gutes und trotz seiner Schematismen eindrucksvolles Beispiel für die gesellschaftstheoretische Durchdringung einer historischen Situation. Hinzu kommt, daß es Engels letztlich gar nicht um Geschichtsschreibung gegangen ist, sondern um den Nachweis, daß in einer politischen Krisensituation, in welcher die revolutionären «plebejischen» Kräfte noch zu schwach sind, um sich durchsetzen zu können, und sich das Bürgertum – obwohl seine Interessen antifeudal sind – aus Angst vor den radikalrevolutionären Forderungen den alten herrschenden Mächten anpaßt, die Revolution versanden muß: im Bauernkrieg so gut wie in der gescheiterten Achtundvierzigerrevolution.

Engels führte deshalb an vielen Stellen seines Werkes die klassenanalytischen Ausführungen bis zu einer Analyse der Kräfteverhältnisse im Deutschland der Restaurationszeit und unter Bismarck weiter. Wie überall in Europa, so habe auch in Deutschland nach dem Zusammenbruch der revolutionären Welle eine ökonomische Prosperität eingesetzt. Doch die deutsche Bourgeoisie habe die ihr zuwachsende Stärkung nicht dazu benützt, ein parlamentarisches System nach englischem Muster anzustreben, sondern sich mit der «äußere(n) konstitutionelle(n) Form» begnügt: «Die Bourgeoisie erkauft ihre allmähliche gesellschaftliche Emanzipation mit dem sofortigen Verzicht auf eigene politische Macht». Sie habe sich zunächst mit wirtschaftlichen Vereinheitlichungen im nationalen Rahmen zufriedenstellen lassen.[14] Andererseits habe in Deutschland das Proletariat fast gleichzeitig mit dem Bürgertum die politische Bühne betreten; bereits in den siebziger Jahren spricht Engels von einem «Gleichgewicht zwischen Bourgeoisie und Proletariat».[15] Dies Gleichgewicht bewirkt nach Engels' Vorstellung eine spezifische Herrschaftsform, deren Kern darin liegt, daß sich zwischen den sich gegenseitig ausbalancierenden Klassen ein verselbständigter Staat mit relativem Eigengewicht erheben kann. Er nennt diese in Anlehnung an die Herrschaftspraktiken des französischen Kaisers Louis Bonaparte *Bonapartismus*. Bismarck sei Ausdruck des deutschen Bonapartismus; das Machtgleichgewicht zwischen Bourgeoisie und Proletariat ermögliche es ihm, mit Hilfe der Bürokratie und des Militärs, die sich hauptsächlich aus dem Junkertum (eigentlich eine schwache, absteigende Klasse) rekrutierten, zu herrschen.[16]

Seit dem deutsch-französischen Krieg von 1870/71 hege Europa die Erwartung, der revolutionäre Umschwung in Europa werde vom deutschen Proletariat eingeleitet. Es rage an Disziplin und Organisationskraft hervor; die deutsche Arbeiterbewegung sei die erste gewesen, der es gelang, Abgeordnete in die Parlamente zu entsenden. Damit stehe sie «innerhalb meßbarer Entfernung vom Triumph».[17] Der parlamentarische Kampf habe den Barrikadenkampf prinzipiell ersetzt. Engels glaubt zwar nicht, daß der Sozialismus in jedem Falle mit friedlichen parlamentarischen Methoden erkämpft werden könne. In autokratischen Regimes wie in Preußen oder Rußland werde es ohne Gewalt kaum abgehen. In England jedoch «bedeutet Demokratie nicht mehr und nicht weniger als die Herrschaft der Arbeiterklasse». Sie brauche nur zu wollen – nichts würde sie an der Durchsetzung der sozialen und politischen Reform hindern können. Demokratisch-parlamentarische Verhältnisse, allgemeines Wahlrecht, bürgerliche Freiheitsrechte, Presse-, Vereins- und Versammlungsfreiheit sind für Engels die Voraussetzungen des Sieges der Arbeiterklasse.[18] Auf diese Sichtweise konnte sich die spätere reformistisch-parlamentarische Politik der deutschen Sozialdemokratie zu Recht berufen.

Es versteht sich von selbst, daß auch Engels' berühmte Untersuchungen zum Militärwesen – die ihm den Spitznamen «General» eintrugen – hauptsächlich unter revolutionstheoretischen Gesichtspunkten angestellt wurden. In seinen überaus sachkundigen Analysen mischen sich Aspekte der Waffentechnik, der nationenspezifischen Moral in der Armee, der geographiebedingten Strategie und Taktik (Engels hat den «Schlieffenplan» aus dem Ersten Weltkrieg, d. h. die Einsicht, daß Frankreich am besten über Belgien erobert werden könne, vorweggenommen.) sowie der allgemeinen Politik. Die Entwicklung der Waffentechnik, z. B. bei der Panzerung von Schlachtschiffen, richte sich nach ökonomischen Vorbedingungen. Aber auch politische Konstellationen spielten im Krieg eine bedeutende Rolle. So seien sowohl in den amerikanischen wie den französischen Revolutionskriegen die Schützenschwärme der Revolutionäre der starren Linientaktik der alten Armeen überlegen gewesen.[19] Bisweilen genüge einfach die bessere Waffentechnik, z. B. das Zündnadelgewehr, zum Sieg. Diese Erkenntnis machte Engels anläßlich des preußisch-österreichischen Krieges, bei dem er zunächst einen Sieg der österreichischen Armee vorausgesagt hatte, weil diese in den Italienfeldzügen Kriegserfahrung erworben habe.[20] Politisch-strategisch argumentiert er in seinen Analysen des Gegensatzes zwischen Frankreich, Italien und Österreich in *Po und Rhein* (1859) und *Savoyen, Nizza und der Rhein* (1860). Es sei eine Legende, daß Deutschland den Rhein am Po verteidigen müsse. Deutschland solle sich aus diesem Gegensatz heraushalten und lieber seine eigene Einheit sowie die Italiens fördern. Engels schreibt in diesen viel beachteten, anonym erschienenen Schriften in fast bürgerlich-nationalem Sinn – mit dem Hintergedanken, die nationale Einigung unter bürgerlicher Vorherrschaft werde zugleich die Kampfbedingungen für das Proletariat fördern.[21] Dieser Argumentationslinie folgt auch die Schrift *Die preußische Militärfrage und die deutsche Arbeiterpartei* aus dem Jahre 1865. Die deutsche Arbeiterbewegung solle die zweijährige allgemeine Wehrpflicht akzeptieren. Denn die allgemeine Wehrertüchtigung breiter Volksschichten werde zusammen mit einer

Parlamentarisierung der deutschen Staaten, um die gleichfalls gekämpft werden müsse, die Siegesaussichten des Proletariats verbessern.[22] Der alte Engels gab freilich unter dem Eindruck der gigantischen finanziellen Rüstungslasten und der vernichtenden Wirkung der modernen Waffentechniken den Glauben an die Vorteile stehender Heere und die fortschrittliche Wirkung von Kriegen auf. 1893, kurz vor seinem Tode, trat er für Vereinbarungen zwischen den europäischen Mächten über Abrüstung und Herabsetzung der Dienstzeit sowie für die Einführung eines defensiv orientierten Milizsystems ein. So wurde er zu einem Vorkämpfer der Abrüstung und hat auch darin die künftige Politik der Arbeiterbewegung inspiriert.[23]

4. Der «wissenschaftliche Sozialismus»

Der erste Anlaß zu einer systematischen Darstellung der «materialistischen Geschichtsauffassung» (bzw. des «wissenschaftlichen Sozialismus») ergab sich daraus, daß der Berliner Privatdozent Eugen Dühring den Entwurf eines philosophischen Systems vorlegte, dessen sozialphilosophischer Teil die sozialistische Idee einer «Föderation von Wirtschaftskommunen» enthielt.[24] Die Vorstellungen Dührings begannen vor allem unter Berliner Sozialdemokraten Anklang zu finden. Wilhelm Liebknecht, neben Bebel der bedeutendste Führer der deutschen Sozialdemokratie, forderte Engels zu einer Widerlegung auf. So entstand der *Anti-Dühring*, die umfassendste und einflußreichste Darstellung der materialistischen Geschichtsauffassung durch einen ihrer Begründer, sie erschien 1878. Noch einflußreicher war die 1880 zuerst in französischer Sprache herausgekommene Kurzform *Die Entwicklung des Sozialismus von der Utopie zur Wissenschaft*, die alsbald in alle Kultursprachen übersetzt wurde. Auch *Der Ursprung der Familie, des Privateigentums und des Staates* aus dem Jahre 1884 und *Ludwig Feuerbach und der Ausgang der klassischen deutschen Philosophie*, 1886 in Kautskys Zeitschrift *Neue Zeit* und 1888 in Buchform erschienen, dienten dem Zweck, die «Marxsche Weltanschauung» als die einzige wissenschaftliche Theorie des Sozialismus zu propagieren.[25]

In der heute noch mit Gewinn zu lesenden Feuerbachschrift stellt Engels die gegen Hegel gerichtete Materialismusrezeption Feuerbachs vor, die trotz ihrer Mängel den entscheidenden Anstoß zur Herausbildung der Hegelschen Linken (D. F. Strauß, B. Bauer, M. Stirner) gegeben habe. Erst Marx – und darin sieht Engels dessen geniale Leistung – habe einen Weg gefunden, den Materialismus und «die revolutionäre Seite» des Hegelianismus, «die dialektische Methode», zu vereinen. Da die von Marx in diesem philosophiegeschichtlichen

Zusammenhang entwickelte materialistische Geschichtsauffassung zur Theorie der deutschen Arbeiterbewegung geworden sei, könne sie «als Erbin der deutschen klassischen Philosophie» angesehen werden.[26]

Engels betrachtete es als seine Aufgabe, das System des «wissenschaftlichen Sozialismus», das von Marx und ihm selbst nur in seinen ökonomischen und historischen Teilen ausgeführt worden war, durch die Integration mathematisch-naturwissenschaftlicher Bereiche zu ergänzen. Der gemeinsame Nenner aller Erkenntnisgegenstände ist die Dialektik in doppelter (objektiver und subjektiver) Form: die «Einheit der Gegensätze» oder «Widersprüche», die den «Bewegungsformen der realen Welt» innewohne, und die «Widerspiegelung» dieser «Bewegung in Gegensätzen» im «dialektischen Denken». Engels gelangt zu folgender Begriffsbestimmung: «Die Dialektik ist aber weiter nichts als die Wissenschaft von den allgemeinen Bewegungs- und Entwicklungsgesetzen der Natur, der Menschengesellschaft und des Denkens.»[27]

Der *Anti-Dühring* hebt zwei spezielle dialektische Gesetzmäßigkeiten hervor, das *Umschlagen von Quantitäten in Qualität* und die *Negation der Negation*. Um den universellen Geltungsbereich dieser Gesetze zu zeigen, illustriert Engels sie durch Beispiele aus der Mathematik, den Naturwissenschaften und der Geschichte. Ein bekanntes Beispiel für die Dialektik von *Quantität und Qualität* stammt aus der organischen Chemie: Eine quantitative, proportional gleichbleibende Vermehrung der Elemente einer chemischen Grundformel führe zu einer «ganze(n) Reihe von qualitativ verschiedenen Körpern, mit wachsenden Siede- und Schmelzpunkten»: Ameisensäure, Essigsäure usw. Im Anschluß daran nennt Engels ein gesellschaftlich-historisches Beispiel: In den napoleonischen Kriegen hätten sich zwei mamelukische (vorzügliche, aber undisziplinierte) Reiter drei französischen (schlechten, aber disziplinierten) Reitern überlegen gezeigt, 100 Mameluken seien 100 Franzosen gleichwertig gewesen, 1000 Franzosen hätten 1500 Mameluken geworfen. Zur Illustration der *Negation der Negation* bringt Engels ein mathematisches Beispiel: Negiere man die algebraische Größe a, «so haben wir $-a$ (minus a). Negieren wir diese Negation, indem wir $-a$ mit $-a$ multiplizieren, so haben wir $+a^2$, d. h. die ursprüngliche positive Größe, aber auf einer höheren Stufe, nämlich auf der zweiten Potenz.» Nach einem Versuch, dialektische Strukturen in der Differentialrechnung nachzuweisen, greift Engels wieder ein historisch-gesellschaftstheoretisches Beispiel auf, nämlich die Geschichtskonstruktion, daß das urgeschichtliche Gemeineigentum vom Privateigentum an Grund und Boden negiert worden sei; dieses werde künftig wiederum von einer weit höheren, entwickelteren Form von Gemeinbesitz negiert, das nicht länger eine Schranke der Produktion bilden (wie die vorherigen Eigentumsformen), sondern eine volle Ausnutzung des wissenschaftlich-technischen Fortschritts gestatten werde.

Engels setzt sich mit dem kritischen Argument auseinander, daß er immer mit speziellen Negationen hantiere und allgemeine Negationen, die keine Negation der Negation zuließen (z. B. wird *a* durch –*a* zu Null, und das Gerstenkorn wird nicht durch die Gerstenpflanze negiert, sondern vermahlen), verschweige. In der Tat hänge die Negation von der Natur des einzelnen Falles ab: «Ich muß also die erste Negation so einrichten, daß die zweite möglich bleibt. (...) Jede Art von Dingen hat also ihre eigentümliche Art, so negiert zu werden, daß eine Entwicklung dabei herauskommt, und ebenso jede Art von Vorstellungen und Begriffen.»[28] Es ist Engels und seinen Nachfolgern im Bereich des sowjetmarxistischen Dialektischen Materialismus nicht gelungen, über das bloße Exemplifizieren hinaus zu einer ausgearbeiteten Wissenschaft der dialektischen Bewegungsgesetze zu gelangen. Engels' Dialektik ist im Grunde eine weltanschauliche Sichtweise geblieben, der bei der Betrachtung des Prozeßcharakters bestimmter Entwicklungen in der Natur durchaus Plausibilität zukommt, z. B. beim Werden und Vergehen der Arten in Pflanzen- und Tierwelt nach dem Muster der von Marx und Engels geschätzten Darwinschen Evolutionslehre oder bei geschichtlichen Übergängen, z. B. von der Gesellschaftsformation des Feudalismus. Methodologisch mangelhaft sind sicherlich seine futuristisch-normativen Konfigurationen der Dialektik, in denen die künftige kommunistische Gesellschaft als notwendig eintretende «Negation der Negation» bestimmt wird. Es darf jedoch nicht übersehen werden, daß die Argumentation des *Anti-Dühring* sich in der Regel auf der Höhe der naturwissenschaftlichen Kenntnisse der Zeit bewegt und dieser zu Recht als erstes Lehrbuch des «wissenschaftlichen Sozialismus» gerühmt wird.[29]

Im zweiten Teil des *Anti-Dühring* stellt Engels die Marxsche Kritik der politischen Ökonomie dar (wobei der theoriegeschichtliche Teil aus Marx' Feder stammt). Im dritten Teil, der sich mit dem Übergang zum Sozialismus und dessen Grundprinzipien beschäftigt, übernimmt er das Grundtheorem des historischen Materialismus, der Fortschritt der Produktivkräfte bewirke, daß die Produktionsverhältnisse einer Gesellschaftsformation zu einer Fessel der ökonomischen Entwicklung würden, so daß der (zumeist revolutionäre) Übergang zu einer höheren Gesellschaftsformation notwendig werde. Die Ausführungen Engels' sind deshalb von besonderem Interesse, weil er die Rolle des Staates beim Übergang zum Sozialismus ins Zentrum seiner Argumentation rückt. Er interpretiert die Funktion des Staates zunächst im Sinne der traditionellen marxistischen Agenturtheorie: Der Staat ist «kapitalistische Maschine, Staat der Kapitalisten, der ideelle Gesamtkapitalist». In der Endphase des Kapitalismus übernimmt er jedoch immer mehr Produktivkräfte in sein

Eigentum und wird so zum «wirklich(en) Gesamtkapitalist(en)». Nach der Revolution kann sich die Arbeiterklasse diese Entwicklungsstufe zunutze machen. Sie kann die im Staat konzentrierten Produktionsmittel «gesellschaftlich-planmäßig» einsetzen und schließlich in das Eigentum der «assoziierten Produzenten» verwandeln. Zur Charakterisierung der gesellschaftlich-politischen Zustände im entwickelten Sozialismus benützt Engels die Formel Saint-Simons von der «Verwaltung von Sachen», die an die Stelle der politischen Herrschaft trete. In dieser Situation «stirbt» der Staat «ab». Er wandert «ins Museum der Altertümer, neben das Spinnrad und die bronzene Axt».[30]

Obwohl sich Marx und Engels stets von den Ausmalungen künftiger Zustände nach Art des utopischen Sozialismus distanziert haben, zeigen Engels' Ausführungen über die sozialistische Zukunft Züge eines utopisch-futuristischen Konstruktivismus, der mit fadenscheiniger Dialektik begründet wird. Das gilt auch für seine Äußerungen über die sozialistische Wirtschaftsweise. Sie soll von den assoziierten Produzenten planmäßig auf Grund unmittelbarer Arbeitszeitberechnungen betrieben werden. Da Privatproduktion entfällt, folglich kein hinter dem Rücken der Produzenten sich bildender Wert entsteht – und damit das Geld überflüssig wird –, werden die «Leute (...) alles sehr einfach ab(machen) ohne Dazwischenkunft des viel berühmten ‹Werts›».[31]

Mit Engels' leichtfertigem Konstruktivismus kontrastiert seine Fähigkeit zur scharfsinnigen Anlayse der systembedingten Defizite der kapitalistischen Produktionsweise, die bis heute eine Stärke der marxistischen Denkweise geblieben ist. Es ist wenig bekannt, daß er im *Anti-Dühring* die umweltzerstörenden Konsequenzen des modernen kapitalistischen Industrialismus klar erkannt und beschrieben hat: In den Fabrikstädten werde «alles Wasser in stinkende Jauche» verwandelt. Hinzu komme «Luft-, Wasser- und Bodenvergiftung». Damit «untergräbt (die große Industrie) gleichzeitig die Bedingungen ihres eigenen Betriebes». Die Versöhnung der menschlichen Kultur mit der Natur, die Überlegung, daß diese nicht beherrscht werden dürfe «wie ein Eroberer ein fremdes Volk beherrscht», gehörte zu seinen wie zu Marxens zentralen Leitbildern.[32] Es lag außerhalb ihrer Vorstellungswelt, daß ein kommender «realer Sozialismus», der sich auf ihre Lehren berufen würde, dieses Prinzip mit Füßen treten werde.

Zum philosophischen Verhältnis des alten Engels gehört die Interpretation des sogenannten ökonomischen Determinismus der materialistischen Geschichtsauffassung. Die ökonomische Lage sei die Basis der politischen Formen des Klassenkampfes, der im übrigen von der «Wechselwirkung» politischer, juristischer, philosophischer und religiöser Theorien bestimmt werde, wobei auch eine «unendliche Menge von Zufälligkeiten» eine Rolle spielen könnten. Engels gebraucht das Bild eines «Kräfteparallelogramms», dessen politische Resultante sich «bewußtlos» herstelle. Das ökonomische Moment, «Produktion und Reproduktion des wirklichen Lebens», bestimme den Geschichtsverlauf erst «in *letzter Instanz*». So und ähnlich argumentierte der alte Engels in Briefen an junge Leute, die die materialistische Geschichtsauffassung kennenlernen wollten.[33] Sie gehören bis heute zur Pflichtlektüre jener, die die gleiche Absicht haben.

Shlomo Na'aman

FERDINAND LASSALLE
(1825–1864)

1. Herkunft und frühe Prägungen

Ferdinand Lassalle war, was man seit dem 20. Jahrhundert «Ostjude» nennt. Sein Vater Heymann war nach Breslau übergesiedelt, wo Ferdinand 1825 geboren wurde. Die Familientradition war der religiösen Aufklärung mendelssohnscher Prägung verpflichtet, Vater und Sohn unterstützten die jüdisch-liberale Reformgemeinde. Der Vater war seit 1841 liberaler Stadtverordneter. Der heranwachsende junge Ferdinand zeigte noch Interesse für junge jüdische Zuwanderer aus dem Osten und half ihnen beim Eintritt ins Gymnasium durch die Erteilung von Hilfsunterricht, aber schon als Student nahm sein Interesse für jüdische Belange schnell ab, bis sein Hegelstudium ihm bewies, daß das Judentum einer überlebten Geistesstufe entsprach. Auch der reife Lassalle zeigte gegenüber dem Judentum eine (damals modisch gewordene) ablehnende Haltung, die freilich die Tolerierung seines Brauchtums noch zuließ: Er trat aus der jüdischen Gemeinde nicht aus und verwahrte sich nicht ausdrücklich gegen ein jüdisches Begräbnis, was seine Mutter nach Lassalles Duelltod dazu benutzte, ihn nach jüdischem Ritus beizusetzen.[1]

Das ist der Rahmen für den Lebensgang eines Außenseiters, zu dem ihn seine Gerichtshändel, die Kassettenaffaire (auf die noch einzugehen sein wird), sein rätselhaftes Verhältnis zur Gräfin Hatzfeld und sein zur Schau getragenes Bekenntnis zur freien Liebe stempelten. Lassalle war ein extrovertierter Mensch, mitteilungs- und anerkennungsbedürftig, von ungemein schneller Auffassungsgabe und schnellen Formulierungen, fähig, mutig und einsatzbereit, aber er sah sich selbst immer im Mittelpunkt und an der Spitze stehend. Wieweit das mit Herkunft, Familie und Milieu zusammenhängt, ist unbestimmbar, besonders, da einige überlieferte Feststellungen, die von der Kulturlosigkeit der Ostjuden ausgehen, sicherlich in ihrer Echtheit anzuzweifeln sind, wie die erhaltenen Familienbriefe (die auch Lassalles Vorfahren betreffen) bezeugen. Eins ist festzuhalten, weil nachweisbar: Wie alle Juden verehrte auch die Familie Lassalle die Französische Revolution, die den Juden die menschliche und bürgerliche Gleichstellung gebracht hatte, in gleichem Maße allerdings auch die preußische Reformzeit nach Jena (1806) – und aus gleichem Grund. Gegenstände der Verehrung waren auch die großen Männer der Aufklärung mit Rousseau und Lessing an der Spitze. Dies ist insofern wichtig, weil zeitlebens Frankreich und Preußen vor Lassalles Augen stehen, wenn bei ihm vom Staat die Rede ist. Das sind die beiden Staaten, deren Rechtssystem und politische wie soziale Organisation er im Verlauf seiner Prozesse genau kennenlernte. Bis zum Ausgang der Revolution von 1848 bestimmte ihn die Französische Revolution samt ihren Ausläufern,[2] nachher – der preußische Staat.

Beide Pole seiner Welterfahrung verband seit 1841 die Philosophie Hegels, die Lassalles Rechts- und Staatsdenken Inhalt und Methode gaben. Soweit Lassalle Theoretiker sein wollte – aufgehen in der Theorie wollte er nie –, unternahm er es, Hegel zu ergänzen, was er mit der *Philosophie Herakleitos des Dunklen von Ephesos* und mit dem *System der erworbenen Rechte* auch ausführte, da Hegel selbst beide Themen als ergänzungsbedürftig bezeichnet hatte. Ein drittes Gebiet bedrängte Lassalle sehr – das der politischen Ökonomie –, aber trotz aller Studien gelang ihm keine eigenständige Theorie. Zwar kündigte er deren Ausarbeitung unentwegt an, aber sein Nachlaß wies nur Fragmente auf. Auch die geplante Reformierung und Harmonisierung des Hegelschen Systems scheiterte.[3] Statt dessen stürzte sich Lassalle in einige abenteuerliche praktische Unternehmen. Er entwarf ein *Kriegsmanifest an die Welt*, mit dessen Hilfe er die Massen in revolutionäre Bewegung zu bringen hoffte (1845);[4] Anfang 1846 besuchte er mit seinem Schwager Ferdinand Friedländer Heinrich Heine in Paris, um diesen für ein Investitionsprojekt zu interessieren. Lassalle bot sich bei dieser Gelegenheit als Rechtsbeistand an, um dem Dichter eine Rente zu sichern, die ihm seine Familie in Hamburg ausgesetzt hatte, aber als Druckmittel gegen dessen Aufsässigkeit zurückhielt. Heine distanzierte sich von dem Vorhaben, als Lassalle seinen «Hamburger Erbfolgekrieg» vom Zaun brach.[5]

Unmittelbar danach unternahm es Lassalle mit Unterstützung zweier seiner Gehilfen, des Assessors Oppenheim und des Mediziners Mendelssohn, der Gräfin Sophie von Hatzfeldt beizustehen, deren Gatte Edmund sie andauernd schwer körperlich und psychisch mißhandelte.[6] Die Hatzfeldtprozesse, die sich über acht Jahre hinzogen, nehmen in Lassalles Leben eine zentrale Stellung ein, einmal, weil sie auf Jahre hin seine Energie absorbierten, zum anderen, weil seine Vertiefung in das preußische und das französisch-rheinische Recht sein Verständnis für das Staats- und Gesellschaftsleben ungemein förderten und ihn zur Ausarbeitung seines *Systems der erworbenen Rechte* befähigte. Die vielen als Manuskript gedruckten Eingaben, Beschwerden und Berufungen, mit denen er die Öffentlichkeit zu gewinnen hoffte, stempelten Lassalle zum Außenseiter, von wenigen geachtet, von vielen verachtet, besonders nachdem die drei Beteiligten nacheinander der Entwendung einer Kassette mit wichtigen Dokumenten beschuldigt wurden, wobei Lassalle knapp der Verurteilung entging. Der «Kassettendieb» blieb er doch für immer. Anrüchig blieb auch das Geld, das er aus einer Rente bezog, die ihm beim gerichtlichen Vergleich von der Gräfin ausgesetzt wurde.

Ferdinand Lassalle (1825–1864)

Sich selbst betrachtete Lassalle als sozialistischen antifeudalen Kämpfer für das Recht; sein einzigartiges Verhältnis zur Gräfin Sophie von Hatzfeldt sah er als das zweier freier Menschen; der vierte Band seines Nachlasses, der alles einschlägige Material zum Verhältnis beider enthält, beweist deren absolute Aufrichtigkeit. In der Öffentlichkeit galt ihre Beziehung als das übliche Liebesverhältnis, aber das war es nie. Es mag sein, daß das Verhältnis der drei Komplizen zeitweise auch erotisch war, wegen der verschleiernden Ausdrucksweise der Quellen ist das nicht zu klären und letztlich belanglos, da das Verhältnis Lassalles zur Gräfin die Prozesse überdauerte und vollkommen verschieden von der Vielzahl seiner Liebesverhältnisse war: Bei diesen verlangte er von den Frauen bedingungslose einseitige Hingabe, die er für sich selbst freilich ablehnte.[7] Von der Aufgabe eigener Wünsche konnte er bei der Gräfin nicht einmal träumen; sie blieb immer völlig unabhängig. Wohl konnte er von ihr seelische Ruhe und eine moralische Stütze erwarten; sie war ihm Partner beim Schmieden von Plänen, politischer und privater Natur. Die Gräfin war der einzige Mensch, vor dem er Respekt hatte, außer seinem Vater, den er aber nur selten sah. Sie, der «männliche Freund», beriet den isolierten Außenseiter Lassalle nach Ausgang der Prozesse, als der nunmehr Dreißigjährige seine Zukunft plante. Das Rheinland, das ihn wegen der Güter der Gräfin bis zum gerichtlichen Vergleich an sich binden konnte, war jetzt Provinz; nunmehr war sein Platz in Berlin, das bestimmt war, der Mittelpunkt Deutschlands zu werden, aber nur unter der Bedingung, daß die Gräfin auch dort wohnen könnte. Lassalles Kampf um Berlin wurde zu einer Fortsetzung seiner Hatzfeldtfehde.[8]

Lassalle und die Gräfin wußten, daß die Bedingungen, unter denen er während der Revolutionszeit im Rheinland eine Proto-Partei geschaffen hatte, in Berlin nicht wiederkehren würden. Wissenschaft und Theorie waren dort die Schlüsselworte, denen die Praxis dann nachfolgen würde.

2. Theorie und Praxis

Seit seinem Hegelerlebnis hat Lassalle nie geglaubt, daß es Praxis ohne zwingende Theorie geben könne. Andererseits ist er zur Theorie nur bruchstückweise gekommen. Es läßt sich zeigen, daß er seine ersten phantastisch-praktischen Pläne erst entwickelte, nachdem er ein theoretisches Unternehmen angefangen hatte, zu dem seine geistigen Kräfte nicht ausreichten. Der von ihm postulierte Primat der Theorie ist immer wieder vom Zwang zur Tat gestört worden, am deutlichsten bei der Arbeiteragitation.

Der Unterschied zwischen Marx (in London) und Lassalle (in Berlin), die beide im Rheinland zusammen gewirkt hatten, ist hierfür aufschlußreich. Marx sah das Ende der Theorie und den Beginn der Praxis mit der kommenden *wirtschaftlichen* Krise, die 1857 tatsächlich einsetzte; Lassalle sah das Kommen einer *politischen* Krise seit dem Krimkrieg, die mit dem Krieg in Italien zwischen Österreich und Frankreich weitreichende Perspektiven eröffnete. Marx hat sich auf die kommende Krise mit der Fertigstellung eines «Rohentwurfs» zum *Kapital* vorbereitet, Lassalle dagegen mit dem Drama *Franz von Sickingen*. Der Themenunterschied ist beachtlich. Das Sickingendrama ist das Drama der revolutionären Führerschaft, die in Tragik umschlägt, sobald sie Vernunft durch Klugheit ersetzen will, Prinzipienfestigkeit durch taktisches Lavieren. Von ihr hängt das «Volk» ab, repräsentiert durch die Bauern, die ohne wegweisende Führung reaktionär handeln, weil sie nur ihr kleinliches Wohl im Auge haben. In die Zukunft weisen die Fürsten, die die erste Stufe des Staatsbegriffs und seiner Raison darstellen: Sie gilt es zur Einheit zu zwingen.[9] Die Taktik Lassalles der Jahre 1863/64 ist hier schon vorgezeichnet, einschließlich der Hinwendung zu den Arbeitern, die jetzt das «Volk» sind.

Lassalles erstes großes theoretisches Werk, *Die Philosophie Herakleitos des Dunklen von Ephesos*, das er 1858 in Berlin veröffentlichte, sollte den Verfasser vor der geistigen Elite der kommenden Hauptstadt rehabilitieren, da das Werk in den Tagen konzipiert wurde, als er des Kassettenraubes verdächtigt wurde. Zugleich wollte er Heraklit als Urvater des dialektischen Denkens, der selbst die Entwicklung der Nationalökonomie ahnte, hinstellen. Das Werk will keine Theorie liefern, der die Praxis auf dem Fuß folgt, sondern das dialektische Denken als Mutterboden jeglicher Tätigkeit darstellen, sei sie geistiger, sei sie politischer Natur: Das war auch die Position von Marx und Engels, nur meinten sie, daß Lassalle gründlich mißverstehe, was die Dialektik eigentlich sei.

Als theoretisches Werk, dem die Praxis nachfolgen soll, hat Lassalle das *System der erworbenen Rechte* geschrieben, auf dessen sozialpolitische Anwendung er, so deutlich es damals ging, hinwies.[10] Das *System* ist sein theoretisches Hauptwerk, und ganz zu Recht hat ihm Eduard Bernstein vier von zwölf Bänden der Gesamtausgabe von Lassalles Reden und Schriften gewidmet. Das war im Jahr 1919, als die Frage der Entziehung erworbener Rechte höchst akut war, so wie in den Jahren 1860/61 – denjenigen der entstehenden Verfassungskrise in Preußen. Das *System* behandelt das Individuum als alleinige Quelle jeden Rechts- und Besitzanspruches, womit gesagt ist, daß jeder Anspruch, der durch Handlungen anderer entsteht oder entstanden ist, relativ und ablösbar ist und nur zur Untersuchung steht, ob er nicht automatisch verfallen ist: Das ist methodisch der Zugang eines Sozialisten zur Besitzfrage, unter anderem zur Erbfrage, die damals heftig diskutiert wurde. Lassalle untersucht eingehend die Frage des römischen Erbrechts, von dem er behauptet, daß ihr ursprünglicher Inhalt die Perpetuierung des Willens des Erblassers war und nicht etwa die Übertragung des Besitzes. Was sich als eine rein theoretische Untersuchung ausgibt, stellt in Wahrheit die Abhängigkeit der modernen Persönlichkeit vom Eigentum als Aberglauben hin, wodurch jedes Zensuswahlrecht zum Absurdum wird. Aus der Heiligkeit des Willensaktes folgert Lassalle, daß nur Gesetze darüber stehen können, aber nie rückwirken dürfen. Dieser Rückwirkung widmet er breiten Raum – mit dem überraschenden Ergebnis des Nachweises, daß die Gesetzgebung aus dem Preußen der Reaktionszeit ständig gegen das Recht verstieß, aber die des französischen Revolutionskonvents sehr selten.

Zusammenfassend kann man sagen, daß Lassalle eine Kritik der *erworbenen* Rechte gibt, die in ein System *entzogener* Rechte umschlägt: Der Sozialphilosoph Friedrich Albert Lange wie später Eduard Bernstein haben das sofort erkannt. Als Bernstein 1892 Lassalles Schriften zum ersten Mal herausgab, veröffentlichte er nur Auszüge aus dem *System*.[11] Aber 1919 veröffentlichte er das ganze Werk, denn die Frage der Entziehung erworbener Rechte war in der Form von Enteignung und Vergesellschaftung der Produktionsmittel durch die russischen und deutschen Revolutionen äußerst aktuell geworden: Rußland hatte gezeigt, daß Enteignung und Sozialisierung ohne geordnete Rechtsbegriffe zu Gewalt, Willkür und wirtschaftlichem Zusammenbruch führen; in Deutschland dagegen hatte die Begriffslosigkeit zu Mutlosigkeit und Stillstand geführt. Da schien es, daß das Studium des *Systems* Hinweise zu geregeltem rechtlichen Vorgehen geben könne.

Die Frage, inwieweit das Recht als Überbau von der ökonomischen Basis abhängt, kannte Lassalle nach eingehendem Studium von Marx' Schrift *Zur Kritik der politischen Ökonomie* (1859), die er selbst zum Druck gebracht hatte.[12] Ihr hat er weitgehend seine Verfassungsbroschüren der Jahre 1862/63 angepaßt, in denen er die Verfassung eines Staates nicht in der Verfassungsurkunde sehen wollte, sondern in den faktischen Machtverhältnissen, unter ihnen auch die Besitzverhältnisse der Bourgeoisie.[13] Doch darüber hinaus konnte er nicht gehen, weil er unbedingt an den Staat als unabhängige Kategorie über der Gesellschaftssphäre glaubte. Wenn also der Rechtswandel entsprechend der Entwicklung des Rechtsbewußtseins Norm ist, so kann ihn nur der Staat vollziehen. Wenn das Recht in Gegensatz zum Rechtsbewußtsein gerät, bleibt es solange unantastbar, bis der Staat es ändert. Das *System* und die Verfassungsreden bilden eine Einheit, die es Lassalle erlaubt, mit dem Staat zu «prozessieren», aber nicht, seine Autorität anzutasten.

Lassalles Staat ist immer der preußische Staat. Dies ist das Dilemma seiner Volksagitation der Jahre 1862 und seiner Arbeiteragitation 1863/64.[14] Preußen war in Umbildung begriffen, deren Stichworte «Neue Ära» und «Ära Bismarck» hießen. Das Parlament, hinter dem die öffentliche Meinung stand, repräsentiert durch den Deutschen Nationalverein, befand sich in offenem Konflikt mit der Exekutive (mit Bismarck an der Spitze).[15]

Lassalles Stellung in diesem Konflikt ist zweideutig. Die Reichsverfassung von 1849 lehnt er ab, weil sie die erworbenen Rechte der Herrscher auf Teile Deutschlands anerkennt, anders ausgedrückt, weil sie föderativ ist; die preußische Verfassung lehnt er ab, weil sie das demokratische Wahlrecht durch das Dreiklassenwahlrecht ersetzt hat (1849). Deswegen verhöhnt er den feigen bourgeoisen Parlamentsklüngel, sagt aber nicht, daß ein demokratisch gewähltes Parlament allein zum Herrschen bestimmt sei. Das Parlament solle bis zum äußersten kämpfen, ohne zum Herrschen berechtigt zu sein (da es nicht demokratisch gewählt sei), andererseits deutet er an, daß er ein durch Bismarck oktroyiertes demokratisches Wahlrecht anerkennen würde, obwohl das Parlament nie souverän sein würde, solange Bismarck an der Macht sei.[16]

Zunächst liebäugelten die Liberalen von der Fortschrittspartei mit Lassalles Agitation unter den Arbeitern, denn sie wollten das «Volk» als Rückendeckung und Druck- und Drohmittel gegen die Regierung in Reserve halten. Deshalb erlaubten sie Lassalle, in den Bürgervereinen der Vorstädte Berlins aufzutreten. Doch nach seinem Vorschlag eines Parlamentsstreiks reagierten sie mit panischer Angst und direktem Boykott. Sie waren entschlossen, sein weiteres Auftreten zu verhindern. Die Berliner Arbeiter hingen in ihrer Mehrheit der Fortschrittspartei an; deshalb scheiterte auch Lassalles Plan einer «Zernierung Berlins» im Herbst 1863. Er ließ daraufhin den Gedanken fallen, einen «Nationalverein des Volkes» aufzubauen. Doch die Grundidee eines «Anti-Nationalvereins» verwirklichte er im Frühjahr mit der Gründung des «Allgemeinen Deutschen Arbeitervereins» (ADAV).[17]

3. Der Begründer der Deutschen Sozialdemokratie

Lassalles Vorstellung von einem volkstümlichen Nationalverein, den die Entwicklung des Verfassungskonflikts hervorbringen sollte, steht hinter den Verfassungsbroschüren, aber Lassalle hat seine Idee auch entwicklungsgeschichtlich begründet, und zwar in einer mehrfach wiederholten Ansprache vor Bürger- und Arbeitervereinen mit dem umständlichen Titel *Über den besonderen Zusammenhang der gegenwärtigen Geschichtsperiode mit der Idee des Arbeiterstandes*, die unter der Bezeichnung *Arbeiterprogramm* bekannt wurde. Diese Bezeichnung führt irre, denn die «Arbeiter», die hier angesprochen werden, sind alle Werktätigen, Unternehmer wie Lohnarbeiter, entsprechend der Losung «Arbeiter sind wir alle». «Arbeiter» ist also ein synonymer Ausdruck für «Volk», organisiert in Arbeiter-, Turn-, Wehr- und Gesangsvereinen.

Lassalles Gedankengang ist einfach: Die Zeit, in der die Herrschaft über den Boden und dessen Bebauer Grundlage der Gesellschaftsordnung war, ist seit der Französischen Revolution abgelaufen. Stattdessen ist nun die Arbeit das herrschende Prinzip, das alle Werktätigen vertreten. Sein politischer Ausdruck ist das demokratische Wahlrecht. Diesem Gleichheitsprinzip steht in der politischen Wirklichkeit das Privileg der Bourgeoisie entgegen, die durch das Dreiklassenwahlrecht die Gesetzgebung usurpiert und zu ihren Gunsten pervertiert. Die Klassenscheidung ist nicht wie im *Kommunistischen Manifest*, auf das sich Lassalle offensichtlich stützt, die zwischen den Herren der Produktionsmittel und den Lohnarbeitern, sondern die zwischen dem Volk, reich oder arm, und einer privilegierten Schicht von reichen Ausbeutern. Damit propagiert er einen populistischen Demokratismus, der alle Bürger umfaßt, die bereit sind, auf unrechtmäßige Privilegien zu verzichten, wenn ihr wirklich erworbenes Eigentum gesichert ist: Der Anklang an das *System der erworbenen Rechte* ist deutlich. Die «Idee des Arbeiter*standes*» ist offensichtlich nicht die Idee der *Klasse* der Lohnarbeiter, sondern die der Werktätigen, seien sie Unternehmer, Handwerker oder Lohnarbeiter. Gemeint ist die Emanzipation der Arbeit ganz allgemein, wie sie prinzipiell schon in der Französischen Revolution verkündet wurde. Das hat Moses Heß im Namen Lassalles ganz richtig in seiner Broschüre *Rechte der Arbeit* verkündet.[18] Wäre seine Werbeaktion für die Demokratie aller Werktätigen erfolgreich verlaufen, wäre kein ADAV der Lohnarbeiter mit Lassalle an der Spitze entstanden. Gescheitert ist Lassalle, weil Kleinbürger wie Lohnarbeiter sich nicht überzeugen ließen, daß privilegierte Bourgeois, Fortschrittspartei und Nationalverein identisch seien. Mißverstanden wurde auch sein Begriff der «Herrschaft des Arbeiterstandes», mit dem er die Demokratie aller Produzenten charakterisieren wollte:[19] Er wurde nämlich im Sinne der «Herrschaft der Lohnarbeiter» aufgefaßt.

Trotz des Mißerfolges seiner Auftritte in Arbeiter- und Bürgervereinen gab Lassalle seine Grundgedanken, die Kombination seines *Systems*, der Verfassungsreden und der Idee des Arbeiterstandes, nicht auf. Das beweisen seine großen Verteidigungsreden in den anschließenden Prozessen wegen Aufhetzung der Arbeiter gegen die Besitzenden. Er weist nach, daß mit dem Begriff «Arbeiter» alle produktiv Arbeitenden gemeint sind, daß sein Kampf nur der Bourgeoisie gilt – jedes persönlich erworbene Eigentum ist Lassalle heilig! –, d. h. denen, die ihre Macht zur Usurpation des Wahlrechts und zu ihrer Befreiung von den Steuern benutzen, indem sie die direkten Steuern in indirekte verwandeln und diese dem arbeitenden Volk aufbürden. Vor dieser Bourgeoisie warnt er den Staat; sie wolle ihn abbauen, damit niemand sie im Genuß ihrer Privilegien stören könne.[20]

Der Mißerfolg brachte Lassalle nach langen inneren Kämpfen dazu, seine Wahlrechtsforderung aus der Höhe einer allgemeinen Idee auf die Basis der materiellen Interessen herunterzuschrauben. Der Anreiz dazu kam von den Arbeitern Leipzigs, die seine *Idee des Arbeiterstandes* gelesen hatten und im Sinne einer «Arbeiterklasse» interpretierten. Hier bot sich Lassalle Gelegenheit, nicht als Prediger in der Wüste aufzutreten, sondern als überlegener Ratgeber. So entstand im März 1863 das *Offene Antwortschreiben*:[21] Das materielle Interesse soll durch Staatskredite für die Finanzierung von «kooperativen Fabriken» befriedigt werden, in denen der Unternehmergewinn den Arbeitern zukommt. Sobald die Arbeiter das allgemeine, direkte und gleiche Wahlrecht besitzen, können sie im Parlament für die nötigen Kredite votieren. So wird das demokratische Wahlrecht zum sozialen Prinzip erhoben. Dem Einwand, daß die Allgemeinheit nicht für die Interessen einer Minderheit aufzukommen habe, begegnet Lassalle mit einer Elendsstatistik, der zufolge über 90 % der Bevölkerung darben, also Interesse an einem Unternehmergewinn haben, der bei kooperativen Unternehmen den Arbeitern gehört. Auffällig ist, daß die Argumentation Lassalles, Gleichheit des Wahlrechts zum sozialen Prinzip zu erheben, nur einen Teil des Leipziger Arbeiter-Komitees überzeugte und dessen Spaltung das Ergebnis war. Der überzeugte Teil vertrat den «Lassalleschen Vorschlag» bei der Gründung des ADAV und blieb ihm auf Jahre hinaus treu; der andere Teil hielt an der traditionellen Überzeugung fest, daß das demokratische Wahlrecht Menschenrecht sei und nur im Dienst der Allgemeinheit gebraucht werden dürfe.[22]

Der Übergang Lassalles von einem populistischen Demokratieverständnis zu einem sozialen ist mit einem Riß in seiner Theorie verbunden und, was noch schwerer wiegt, mit einem unausgereiften Plan eines Gesellschaftsbaus, den er erst im Laufe des Jahres mit Hilfe von Rodbertus überdenkt. Wären die Ergebnisse dieses Denkprozesses zur Kenntnis der Mitglieder des ADAV gekommen, so hätten sie den Verein gesprengt. So sollten z. B. die Arbeiter nie über die Produktionsmittel verfügen und der Gewinn nicht direkt den Produzenten zukommen. Die Forderung der Errichtung von Produktivassoziationen mit dem Argument, daß 90 % der Bevölkerung darbten, war künstlich und die Verbindung des sozialen Interesses mit dem Wahlrecht oberflächlich.[23] Jede Kritik wird feststellen müssen, daß die Gründung des ADAV durch Lassalle eine hastige Improvisation war, auf die sein Lebensweg nicht zielstrebig hinweist. Und doch bekommen alle Reden und Schriften durch diese Vereinsgründung rückwirkend ihre Bedeutung. In den Ortsgruppen des ADAV – Gemeinden genannt – unterlagen Lassalles Gedanken und Anregungen einer «natürlichen Auslese», sie wurden richtig oder falsch interpretiert, überbetont oder unterschlagen, aus dem Zusammenhang gerissen und anders gruppiert. Auf diese Weise entstand eine regelrechte Arbeiterkultur, die auf die Bedürfnisse der Arbeiter zugeschnitten war. Vollkommen unberechtigt ist es, den ADAV generell zu einer Sekte zu stempeln, der andauernd nur Gedanken Lassalles kolportierte.

Lassalles Einfluß geht weit über den ADAV hinaus und berührt die ganze frühe Arbeiterbewegung. Besonders ist hier sein Werk *Bastiat-Schulze* zu erwähnen, das im Untertitel die Behandlung von *Kapital und Arbeit* versprach, also eine Nationalökonomie für Arbeiter sein wollte und auch wurde.[24] Schulze-Delitzsch wird hier mit dem Franzosen Bastiat in Verbindung gebracht, dem Apostel des Freihandels und der Selbstregulierung der Wirtschaft. Die Polemik gegen Schulze-Delitzsch beherrscht das ganze Buch, verliert aber an Wichtigkeit gegenüber dem eindringlichen Nachweis, daß der Arbeiter ausgebeutet würde trotz der wirtschaftlichen Blüte – *das* war für die entstehende Arbeiterbewegung das Entscheidende. Zweitrangig war dagegen die theoretisch anfechtbare Begründung der Ausbeutung mit dem «ehernen» Lohngesetz, demzufolge in der Wirtschaft der freien Konkurrenz der Arbeitslohn durch das Existenzminimum bestimmt würde – anfechtbar, da sein «eherner» Charakter tagtäglich mit der Lebenserfahrung der Arbeiter kollidierte; sein brutaler Charakter leuchtete aber ein und lieferte eine unersetzliche eindrucksvolle Losung für die Werbung. Die Mehrwerttheorie von Marx, die etwas später bekannt wurde, war keine hastige Improvisation wie das «eherne» Lohngesetz und erklärte das Phänomen der Ausbeutung weit besser, war aber kompliziert und verlangte eingehende Schulung. Als Vorschule hat der *Bastiat-Schulze* der gesamten Arbeiterbewegung unschätzbare Dienste geleistet.

Er endet mit einer Apotheose des allgemeinen Wahlrechts, das wie ein Blitz vom Himmel plötzlich einschlagen wird.[25] Dies bedeutet in der praktischen Politik seine Einführung durch Bismarck. Lassalle hat verschiedentlich in seinen Gerichtsreden einen Zusammenhang zwischen diesem Schritt Bismarcks und seiner Agitation behauptet. Das war für denkende Arbeiter eine unpassende Verabsolutierung einer langjährigen demokratischen Forderung, die immer mit liberalen Garantien verbunden war, um ihren Mißbrauch im Sinne von Louis Napoleon (Napoleon III.) auszuschließen. Jetzt kam Lassalle und berief sich auf den *deutschen* Napoleon! Trotzdem übernahmen die Arbeiter seine Losung, wobei sie sich freilich über die Lassallesche Interpretation hinwegsetzten. Im Jahre 1865 wurde sie auch von seinen Gegnern, der Bebelschen Bewegung des «Vereinstags Deutscher Arbeitervereine» (VDAV), aus bewußter Rivalität mit dem ADAV und unter direktem Einfluß des *Bastiat-Schulze* übernommen:[26] Das allgemeine Wahlrecht mit liberaldemokratischen Garantien wurde der gemeinsame Nenner der Arbeiterbewegung (einschließlich des ADAV) und Lassalle ihr Verkünder. Der energielose Beschluß einer Einführung des demokratischen Wahlrechts durch den Nationalverein schon im Jahre 1862 wurde einfach übergangen, auch von der Geschichtsschreibung.

Alles Wissenswerte zur Kritik Lassalles, sowohl seiner Staatsauffassung wie seiner Improvisationen in der Arbeiterbewegung, hat Bernstein anläßlich der Herausgabe seiner Reden und Schriften vermerkt.[27] Das ist wichtig, ist aber die Hauptsache nicht. Die Hauptsache ist die Wirkung von Lassalles Schriften, will sagen das, was die Arbeiterbewegung, nicht nur der ADAV, aus ihnen gemacht hat.

4. Lassalles Wirkung, speziell in Israel

Über das Ausmaß der Verbreitung der Lassalleschen Schriften unterrichtet die Bibliographie des jüngst verstorbenen Bert Andréas; die Liste der Neu- und Nachdrucke, autorisierter und nicht autorisierter, wie der Übersetzungen in Dutzende europäischer und nichteuropäischer Sprachen, ist beeindruckend lang. Stark vertreten ist z.B. Jiddisch, die Sprache der jüdischen Arbeiter, die vor dem Ersten Weltkrieg in der sozialistischen Bewegung einflußreich waren, schwach dagegen Hebräisch, die Sprache, in deren Zeichen sich der Aufbau Israels vollzog. Zwei Beispiele können zeigen, wie mit Lassalles Schriften dort – wie in jeder Arbeiterbewegung – umgegangen wurde. Berl Katznelson, der leitende Kopf in der Pionierzeit nach der Balfourdeklaration, setzte einer der wichtigsten seiner programmatischen Schriften ein langes Zitat aus Lassalles *Arbeiterprogramm* voraus, gipfelnd in dem abgewandelten Wort aus dem *Neuen Testament:* «Sie sind der Fels, auf welchem die Kirche der Gegenwart gebaut werden soll!» Natürlich vermeidet Katznelson das Wort «Kirche» und ersetzt es durch ein Wort, das den Sinn von «Tempel» hat, aber Lassalles Worte werden analog der damals herrschenden Auffassung gebraucht, daß der Pionier («Chaluz») dazu bestimmt ist, zur Grundlage der neuen Gesellschaft zu werden. Verschwunden ist der blasphemische Gebrauch eines Christuswortes, ausgelöscht auch eine mögliche Anspielung auf Lassalle, den weltlichen Erlöser, oder auf den ADAV als einer weltlichen Kirche, geblieben sind die Werktätigen als Fundamente der Gesellschaft.

Ein anderes Beispiel: Im Jahre 1926 erschien im Auftrag der Arbeiterpartei, in der Katznelson wirkte, vielleicht gar auf dessen Anregung, Lassalles Verteidigungsrede *Die indirekte Steuer und die Lage der arbeitenden Klassen,* die wegen ihrer Schmeicheleien Bismarcks und der Bürokratie stark umstritten war und noch ist. All das wurde im Jahr 1926 übersehen. Die Leser waren begeistert von der Schärfe der Angriffe Lassalles auf den Raub an den Volksmassen, und das hatte folgenden aktuellen Hintergrund: Die jüdische Bourgeoisie schob die Mandatsregierung zur Verteidigung des Systems der indirekten Steuern vor – angeblich weil es schwer war, direkte Steuern einzuziehen, in Wahrheit, weil nur die Zahlung direkter Steuern den Massen das Wahlrecht zu den Munizipalitäten verliehen hätte. Infolge des Systems der indirekten Steuern entglitt damals die Stadtverwaltung Tel-Avivs den Händen der Arbeiter; die Rechtsparteien herrschen dort bis heute.

Es besteht ein Überfluß an kritischer Literatur über den Sozialisten und Arbeiterführer Lassalle, besonders aus marxistischer Sicht, dagegen ein Mangel an Kritik an Lassalle, dem Demokraten. Über beidem sollte eine Wirkungsgeschichte stehen, die zeigt, wie die Theorien und Führungsprinzipien in der Praxis aller frühen Arbeiterbewegungen angewendet und zugleich umgemodelt wurden: Durch «natürliche Auslese» kommt dann Lassalle historisch zu seinem Recht.

Hans-Josef Steinberg

AUGUST BEBEL
(1840–1913)

1. Der Weg zum «Gegenkaiser»

August Bebel war der bedeutendste Führer der deutschen Sozialdemokratie und eine der einflußreichsten Gestalten des internationalen Sozialismus vor dem 1. Weltkrieg. Während der Wilhelminischen Epoche galt er den Zeitgenossen als eine Art Gegenkaiser oder als *Shadow Emperor*, wie es ein amerikanischer Historiker jüngst formulierte. Bezeichnend für den Einfluß, der Bebel oft unter Verkennung der inneren Situation des Kaiserreichs im Ausland zugeschrieben wurde, ist eine Darstellung im Rotterdamer *Uilenspegel* nach den Reichstagswahlen von 1903, die ihn zeigt, wie er Wilhelm II. in Gestalt eines uniformierten, säbelrasselnden Winzlings in der rechten Hand hält. Dazu der Text: «Was ist er in meiner Hand!»[1]

August Bebel wurde am 22. Februar 1840 als Sohn eines Dienstmädchens und eines preußischen Unteroffiziers in Deutz bei Köln geboren. Seine Kindheit und seine Jugend waren von Not und Elend bestimmt, und sein lebenslanger Kampf für die Ausgebeuteten und Geschundenen, also für die Proletarier, und gegen die Soldatenmißhandlungen und die Brutalitäten gegenüber der eingeborenen Bevölkerung in den deutschen Kolonien haben hier eine Wurzel. Nach dem Besuch der Volksschule mußte er zu einem Drechsler in die Lehre, die er 1857 mit der Gesellenprüfung abschloß. Wie damals üblich, begab er sich auf die Wanderschaft, die ihn 1860 nach Leipzig führte, wo er seßhaft wurde. Der bildungsbeflissene Handwerksgeselle trat hier im Februar 1861 dem neugegründeten «Gewerblichen Bildungsverein» bei, in dem er bald Karriere machte. 1863 vertrat er den Verein auf dem ersten «Vereinstag der deutschen Arbeitervereine» in Frankfurt. Ein Jahr später wurde er in den ständigen Ausschuß des «Vereinstags» gewählt. Von besonderer Bedeutung für seine weitere politische Entwicklung war das Jahr 1865, in dem er den Bruch mit den Liberalen vollzog und seine politische Position als linksdemokratisch begriff. Hinzu kam die Bekanntschaft mit Wilhelm Liebknecht, der in diesem Jahr aus Preußen ausgewiesen wurde und sich in Leipzig niederließ.

Liebknecht, ein aktiver «Achtundvierziger», entkam nach dem Scheitern der Reichsverfassungskampagne 1849 in die Schweiz und lebte von 1850 bis 1862 in England, wo er in regelmäßigem Kontakt zu Marx und Engels stand. Bis zum Sozialistengesetz galt er als der marxistische

Theoretiker in der deutschen Arbeiterbewegung, als der wichtigste Vermittler der Wissenschaft und Weltanschauung von Karl Marx. Wie wenig Marx und Engels von dieser Vermittlung angetan waren, blieb den Zeitgenossen in Deutschland verborgen. Was den Einfluß Liebknechts auf Bebel angeht, so ist dieser generell überschätzt worden. August Bebel hatte bis zum Spätsommer 1865 eine eigenständige Entwicklung auf dem Weg zum Sozialismus genommen. Immerhin hat er schon 1864 – wenn auch vergeblich – versucht, Marxens Schrift *Zur Kritik der Politischen Ökonomie* durchzuarbeiten, vor allem aber war es die konkrete politische Erfahrung – so zum Beispiel der Leipziger Buchdruckerstreik im Frühjahr 1865 –, die Bebel den Klassengegensatz von Kapital und Arbeit vor Augen führte. Die Bekanntschaft mit Liebknecht hat seine Entwicklung zweifellos beschleunigt. Karl Marx aber sah das durchaus nicht nur als positiv an. Bebel habe «das sonderbare Pech, in Herrn Wilhelm seinen ‹Theoretiker› zu finden».[2]

Die Linkswendung im «Vereinstag der deutschen Arbeitervereine» wurde 1867 durch die Wahl Bebels zum Präsidenten dokumentiert. Ein Jahr später beschloß der VDAV in Nürnberg auf Bebels Initiative hin den Anschluß an die Bestrebungen der Internationalen Arbeiterassoziation. Die Gründung der Sozialdemokratischen Arbeiterpartei, die Bebel mit Liebknecht und ehemaligen Mitgliedern des Allgemeinen Deutschen Arbeitervereins betrieb, bedeutete einmal die Trennung von der bürgerlichen Demokratie, zum anderen wurde das bis heute gültige demokratische Organisationsprinzip für eine sozialdemokratische Partei der Präsidialdiktatur der Lassalleaner entgegengestellt.

Zwei Jahre zuvor war August Bebel – noch als Kandidat der Sächsischen Volkspartei – in den konstituierenden Norddeutschen Reichstag gewählt worden. Seine politische Haltung wurde bis zum deutsch-französischen Krieg durch einen scharfen Gegensatz zur sogenannten Einheit des Norddeutschen Bundes bestimmt. In seiner Jungfernrede im Parlament bezeichnete er die Neugründung als «einen Bund, der dazu bestimmt ist, Deutschland zu einer großen Kaserne zu machen, um den letzten Rest von Freiheit und Volksrecht zu vernichten».[3]

Bei Ausbruch des deutsch-französischen Krieges enthielten sich Bebel und Liebknecht in der Abstimmung über die Kriegskredite der Stimme, was von Marx und Engels, die diesen Krieg in seiner ersten Phase als einen deutschen Nationalkrieg einschätzten, gerügt wurde. Das Reich von 1871 entsprach nicht den Vorstellungen Bebels, dem ein großdeutscher, freier Volksstaat vorschwebte, der durch eine Massenbewegung von unten her geschaffen werden sollte und auf dessen Boden die soziale Frage gelöst werden konnte. Stattdessen sah er sich mit der Reichseinigung von oben konfrontiert, die auf einem Klassenkompromiß zwischen nationalliberalem Bürgertum und der preußischen Staatsmacht beruhte und die Arbeiterbewegung ausschloß. Es war von eindringlicher Symbo-

August Bebel (1840–1913)

lik, daß im Augenblick der Kaiserproklamation im Spiegelsaal des Versailler Schlosses Bebel, Liebknecht und andere führende Sozialdemokraten in Haft saßen.

Für Bebel, der spätestens 1868 die Notwendigkeit des internationalen Zusammengehens der Arbeiter erkannt hatte, wurde angesichts der spezifisch preußisch-kleindeutschen Reichsgründung die Pariser Kommune der freudig begrüßte Vorbote der sozialen Revolution – «ein kleines Vorpostengefecht», wie er am 25. Mai 1871 im Reichstag erklärte, was wiederum Vorwand für verschärftes Vorgehen gegen die «vaterlandslosen» Sozialdemokraten bot.

Im berüchtigten Leipziger Hochverratsprozeß von 1872 wurde Bebel zu zwei Jahren Festungshaft verurteilt. Er nutzte diese Zeit zu Studien über Geschichte und Nationalökonomie und arbeitete nach seiner ersten Lektüre (Ende 1869) den 1. Band des *Kapitals* noch einmal gründlich durch. Man wird allerdings auch in jenen Jahren nicht vom «Marxisten» Bebel sprechen können. Zweierlei hatte er bis dahin der Marxschen Lehre entnommen: 1. die Gewißheit eines bevorstehenden Zusammenbruchs der kapitalistischen Wirtschafts- und Gesellschaftsordnung und 2. die Überzeugung, daß die Sozialdemokratie ihrem Wesen nach eine Partei der Arbeiterklasse sein müsse. Was die Theorie angeht, so war er keineswegs auf einen wie auch immer gearteten Marxismus fixiert, sondern hielt etwa Eugen Dühring für einen vortrefflichen Ökonomen, der willkommene Waffen für die politischen Auseinandersetzungen bereitstelle.

Unter dem Druck der wirtschaftlichen Krise und der staatlichen Verfolgung, die beide Parteien gleichermaßen trafen, schlossen sich der Allgemeine Deutsche Arbeiterverein und die Sozialdemokratische Arbeiterpartei 1875 in Gotha zur Sozialistischen Arbeiterpartei Deutschlands zusammen. Maßgeblichen Anteil daran hatte Wilhelm Liebknecht, der auch in erster Linie für das von Marx heftig kritisierte Programm verantwortlich zeichnete. Dabei traf er zweifellos die Stimmung der Basis, wenn er der Theorie in der Situation des Jahres 1875 keinen allzu großen Wert beimaß. Schrieb doch damals ein Lassalleaner-Führer angesichts des Drucks von unten, daß man jedes Programm annehme, und sei es auch nur ein weißes Blatt Papier mit einer geballten Faust darauf.

Mit dem Sozialistengesetz begann der Aufstieg Bebels zum unangefochtenen Führer der deutschen Sozialdemokratie. In engem brieflichen Kontakt mit Friedrich Engels, dessen Autorität als Theoretiker er anerkannte, gegenüber dessen politischen Ratschlägen er jedoch seine Eigenständigkeit bewahrte, richtete er die orientierungslose, schwer getroffene Partei wieder auf. Er betrieb die Abgrenzung gegenüber anarchistischen Strömungen und kämpfte erfolgreich aus der Minderheitenposition gegen die staatssozialistischen Neigungen der Fraktionsmehrheit, die im Dampfersubventionsstreit eine entscheidende Niederlage erlitt.

Während der Einfluß des auf Kompromisse ausgerichteten Liebknecht zur Zeit des Sozialistengesetzes allmählich zurückging, wuchs die Popularität Bebels bei den sozialdemokratischen Arbeitern durch seine unbeugsame Haltung gegenüber dem Staat, der die Partei unter das Ausnahmegesetz gestellt hatte. Das hinderte ihn nicht daran, im Reichstag Gesetzentwürfe zum Arbeiterschutz, zur Arbeiterversicherung und zur wirtschaftlichen und politischen Gleichstellung der Arbeiter einzubringen. Hier ist das angelegt, was sich in den 90er Jahren voll entfaltete, jene revolutionäre Parlamentstaktik, die gerade mit Bezug auf das Endziel, die revolutionäre Umgestaltung der Staats- und Gesellschaftsordnung, alle Möglichkeiten nutzte, die das Parlament bot. Von Bedeutung für die weitere Entwicklung der Sozialdemokratie war es, daß Bebel auf eine nachrückende Generation von marxistischen Theoretikern setzte, vor allem auf Karl Kautsky und Eduard Bernstein, die beide mit seiner Unterstützung das Erfurter Programm von 1891 formulierten, was gleichsam die Ablösung des Theoretikers Wilhelm Liebknecht markierte.

2. Klarer Kurs zwischen «Jungen» und «Revisionisten»

Obwohl nach dem Fall des Sozialistengesetzes nur Kassierer im Parteivorstand, war Bebel unbestritten der erste Mann in der Sozialdemokratie. Wiederum war er es, der die Partei auf Kurs hielt, einmal in der Auseinandersetzung mit den «Jungen», die sich mit der Strategie, nach dem Fall des Sozialistengesetzes Revolution und Legalität zu verbinden, nicht abfinden wollten, zum anderen gegenüber dem Reformismus eines Georg von Vollmar, der auf dem Boden der bestehenden Staats- und Gesellschaftsordnung wesentliche Verbesserungen wirtschaftlicher und politischer Art erreichen wollte. Bebel wurde bei diesen Auseinandersetzungen getragen von der Zustimmung der Massen, die weder den ultralinken Kurs der Jungen, noch den Reformismus wollten, sondern eine kurzfristige Revolutionserwartung hegten, kein Wunder angesichts der verschärft krisenhaften wirtschaftlichen Entwicklung während der frühen 90er Jahre. Immerhin wollte Bebel 1894 «keinen Dreier» verwetten gegen 1898 als Datum der sozialen Revolution.[4]

Mitte der 90er Jahre erkannte er – weitsichtiger als zum Beispiel Karl Kautsky – die Notwendigkeit, eine Bündnispolitik gegenüber den kleinen und mittleren Bauern programmatisch abzusichern. Daß er sich in der Debatte um ein Agrarprogramm nicht durchsetzen konnte, war die einzige Niederlage in seiner politischen Laufbahn; die Geschichte hat ihm aber auf eindrucksvolle Weise recht gegeben. Der Sieg der Dogmatiker um Kautsky, die die mittlere und kleine Landwirtschaft dem ökonomischen Untergang geweiht sahen, hat dazu geführt, daß die Sozialdemokraten die Bauern links liegen ließen, und so wurden letztere schließlich empfänglich für die nationalistische Agitation von rechts.

Im Revisionismusstreit stand Bebel an der Spitze der Gegner Bernsteins. Dessen Thesen, nach der die Partei sich theoretisch zu dem bekennen sollte, was sie in der Praxis schon längst sei, eine sozialreformerische Partei, hielt er für schädlich, was die Begeisterung und den Elan der Mitglieder anging. Das Selbstbewußtsein der Massen beruhte ja gerade auf der von Bernstein angezweifelten «Wissenschaftlichkeit» der Prognose vom notwendigen Untergang der kapitalistischen Gesellschaftsordnung; sie erfüllte die Menschen mit Begeisterung und Zuversicht – jener Zuversicht, wie sie Bebel selbst hatte, der immer wieder unter dem Beifall der Massen betonte, er werde den Anbruch der neuen Gesellschaft noch erleben. Doch der Kapitalismus hatte sich in der zweiten Hälfte der 90er Jahre regeneriert, die Zusammenbruchserwartungen erwiesen sich als obsolet. Revisionisten, linke Radikale, Praktizisten, reformistische Gewerkschaftsführer, sie alle suchten nach neuen Strategien im Zeitalter einer nie zuvor gesehenen wirtschaftlichen Prosperität, im Zeitalter des Imperialismus, der das Bürgertum und auch einige Revisionisten als Gegenutopie zum Sozialismus in seinen Bann schlug.

Am 7. August 1900 starb Wilhelm Liebknecht, der langjährige Mitstreiter August Bebels. In der Partei hatte er nur noch wenig Einfluß, aber bei den Massen war er beliebt wegen seines beispielhaften persönlichen Eintretens für die Interessen der Arbeiter. Bei seinem Begräbnis gaben ihm mehr als 150000 Berliner die letzte Ehre. So etwas hatte die Stadt noch nie gesehen, sein Tod läutete gleichsam eine neue Ära ein.

August Bebel blieb vorerst der Alte, aggressiv nicht nur gegen die Herrschenden. Auf dem Parteitag zu Dresden inszenierte er sehr bewußt eine große Abrechnung mit jeder Spielart des Revisionismus, als dessen «Todfeind» er sich bezeichnete, und in der ersten Massenstreikdebatte, ausgelöst durch die Russische Revolution von 1905/06 war er kämpferisch wie immer, mußte aber schließlich das sogenannte Mannheimer Abkommen mittragen, das dem gewaltigen Wachstum der Gewerkschaften und dem gestiegenen Selbstbewußtsein ihrer Führer Rechnung trug. Während der zweiten Massenstreikdebatte war er nicht mehr in der Lage, maßgeblich einzugreifen. Andauernde Krankheit, der Tod seiner Frau im November 1910, der plötzliche Tod des Schwiegersohnes im Januar 1912, die darauf folgenden schweren Depressionen seiner geliebten Tochter hatten ihn mürbe gemacht: «Ich hatte mir das Ende anders vorgestellt», schrieb er am 8. Oktober 1912 verbittert an Karl Kautsky.[5] Am 13. August 1913 starb er in Passugg in der Schweiz. Mit seinem Tod wurde das Ende der großen Zeit des deutschen und internationalen Sozialismus eingeläutet, das Ende des «goldenen Zeitalters» dieser Bewegung.

August Bebel ist im strengen Sinn des Wortes kein Klassiker des Sozialismus, aber er hat bewiesen, daß man sehr viele Menschen für diesen Sozialismus gewinnen und begeistern kann. Im Gegensatz zu den meisten «Klassikern» hatte er einen untrüglichen Klasseninstinkt. Wenn dieser ihm sagte, was richtig sei, dann kannte er kein Tabu. Wir stehen heute mit fassungsloser Bewunderung davor, daß dieser Drechsler, der den friedensgefährdenden Wahnsinn der deutschen Flottenrüstung früh erkannte, nicht nur im Reichstag in Reden – die ihresgleichen suchen – den Militarismus anprangerte, sondern auch über Kontakte in der Schweiz die englische Regierung gleichsam nötigte gegenzuhalten, auf daß dem deutschen Militarismus die Puste ausgehe. Wir begreifen ihn als deutschen, sozialdemokratischen Patrioten, der immer – *expressis verbis* – bereit war, die Flinte über die Schulter zu legen: aber nicht zur Verteidigung eines innenpolitisch nicht mehr reformierbaren deutschen Kaiserreichs, sondern um die größte Partei der Arbeiter vor dem zaristischen Despotismus zu schützen, der für ihn – wie auch schon für Marx und Engels – gleichsam das böse Prinzip der europäischen Politik verkörperte. Daß er einen Eroberungskrieg nicht unterstützen würde, hatte er ja schon 1870/71 bewiesen.

August Bebel hat viel geschrieben, meistens in der Haft. Mit der Unbekümmertheit eines Menschen, der sich alles zutraut, unter anderem ein Buch über *Die mohammedanisch-arabische Kulturepoche*. Warum auch nicht! Aber er hat auch geschrieben über die Lage der Arbeiter in den Bäckereien, die Sonntagsarbeit, die Weber in Sachsen, kurz, über das Elend seiner Klassengenossen. Vor allem aber ist ihm mit seinem Buch *Die Frau und der Sozialismus* etwas gelungen, was ihn selbst überrascht hat: Keine Publikation aus dem Bereich des Sozialismus erreichte seinerzeit so viele Menschen wie Bebels *Frau*. Zuerst 1879 erschienen, wurde die 50. Auflage 1910 publiziert. Dies Buch, das den sozialistischen Zukunftsstaat als Ergebnis der fortschreitenden Entwicklung auf allen Gebieten des Lebens begreift, hat mehr sozialistische Überzeugung bei den Arbeitern in Europa vor dem 1. Weltkrieg geschaffen, als alle Schriften von Marx und Engels, Kautsky und Bernstein zusammen.

Es ist nicht verwunderlich, daß heute Bebel von allen beansprucht wird, die sich Sozialisten nennen. Willy Brandt, nach August Bebel wohl der bedeutendste Führer der deutschen Sozialdemokratie, bezeichnet sich selber als einen späten Erben August Bebels. Fazit: Das Erbe ist umstritten, der Erblasser nicht.

Gian Biagio Furiozzi

ANTONIO LABRIOLA
(1843–1904)

1. Werdegang und Bedeutung für die Theorie des Sozialismus

Aus Anlaß des zwanzigsten Todestages von Antonio Labriola im Jahre 1924 bemerkte Rodolfo Mondolfo, das Erscheinungsjahr von Labriolas ersten Schriften habe in der Geschichte des italienischen Sozialismus keine geringere Bedeutung als das Gründungsjahr der Sozialistischen Partei. Als Schüler von Bertrando Spaventa in Neapel, dem bedeutendsten und originellsten Vertreter des italienischen Hegelianismus, hatte es sich Antonio Labriola tatsächlich schon seit seinen ersten Schriften zu diesem Thema zur Aufgabe gemacht, den Marxismus von seinen positivistischen Verformungen zu befreien. Viel mehr als die ökonomischen und soziologischen Aspekte der marxistischen Lehre faszinierten ihn deren theoretische Grundlagen. Auch wenn sein Interesse für Marx – wie in einem seiner Briefe an Benedetto Croce zu lesen ist – zum geringsten Teil dem Philosophen und zu fünfundneunzig Prozent dem Theoretiker des Sozialismus galt, blieb es doch stets sein oberstes Ziel, den Marxismus als eine eigenständige und originelle Weltanschauung weiterzuentwickeln und ihn nicht einfach – um einen für ihn charakteristischen Ausdruck zu verwenden – als eine Philosophie zum privaten Gebrauch der Sozialisten zu betrachten. Der Marxismus war für Labriola in der Tat eine Philosophie, die noch am Anfang ihrer Entwicklung stand, und die Entwicklung einer Philosophie erfordert, mit Hegel gesprochen, kritisches Verständnis und Überwindung der ursprünglichen Positionen. Obwohl überzeugter Marxist, machte sich Labriola doch nie zum Wächter über eine unabänderliche Orthodoxie.[1]

Labriola wurde 1843 geboren; erst nach einem langen intellektuellen Werdegang stieß er zum Marxismus. Hierüber gibt es ein bekanntes Urteil von Croce: «In seiner Jugend war Labriola Hegelianer, doch dann ließ er Hegel fallen und wechselte zu Herbart; es gelang ihm aber nicht, sich Herbarts Metaphysik oder auch seine Logik anzueignen; schließlich verschrieb er sich dem etwas verfälschten Hegelianismus eines Marx, oder mehr noch, eines Engels.»[2] Die Worte von Croce sind gewiß summarisch und erlauben es keineswegs, die innere Logik in Labriolas Entwicklung zu erfassen. Denn Croce glaubte auch nicht an eine wirkliche innere Logik in Labriolas Entwicklung; er sprach vielmehr von einem ruckartigen Verlauf. Die jüngere Kritik ist dagegen zu wesentlich anderen Ergebnissen gekommen. Sie stimmt darin überein, Labriolas Werdegang als Einheit aufzufassen. Zum einen werden die Vorbehalte betont, die er Hegelianismus und Herbartismus entgegenbrachte, zum anderen wird gezeigt, daß sein ganzes Forschen einer Art von transzendentalem Historizismus verhaftet blieb, sozusagen auf halbem Wege zwischen einer rein empirischen und einer spekulativen Geschichtsbetrachtung. Selbst der Marxismus wird von ihm (wenn auch mit einigen Schwankungen) innerhalb dieses Interpretationsrahmens gedeutet.

Den Hegelianismus hatte Labriola in der Schule von Bertrando Spaventa kennengelernt, jenem Spaventa, dem das unumstrittene Verdienst zukommt, die italienische Philosophie aus dem Provinzialismus heraus- und in den Kreis des europäischen Denkens zurückgeführt zu haben. Unter Spaventas Führung war Labriola mit der gesamten hegelianischen und nachhegelianischen Literatur vertraut geworden und hatte 1866–1869 das Studium Feuerbachs und dann des Tübinger Philosophen Edmund Zeller aufgenommen. Da er sich dem Lehramt widmen wollte, hatte er sich allmählich der wissenschaftlichen Psychologie von Herbart zugewandt, jedoch ohne sich mit den wichtigsten philosophischen Strömungen jener Zeit wie dem Darwinismus, dem Positivismus, dem Neukantianismus usw. befaßt zu haben – ein eigenwilliger Werdegang, der jedoch einen bedeutungsvollen roten Faden besaß, über den er Jahre später an Engels schreiben konnte: «Vielleicht – oder vielleicht gerade deswegen – bin ich Kommunist geworden infolge meiner hegelianischen Ausbildung, nachdem ich durch die Psychologie von Herbart und die Völkerpsychologie von Steinthal und anderes hindurchgegangen war.»[3]

Der vorherrschende Einfluß des Hegelianismus auf Labriola, wofür dessen Schrift *Gegen die Rückkehr zu Kant, vertreten von Zeller* (1862) ein erstes Zeugnis ablegt, kann zu Beginn der siebziger Jahre, als Labriola eine Monographie über Sokrates veröffentlichte, als beendet gelten. Von historiographischen Studien ging er zu moralischen Problemen über, wobei er sich an Psychologie und Ethik Herbarts orientierte. Zeichen dieser neuen Interessen sind die Rezensionen der Bücher von Lindner, eines Herbartianers. Kurze Zeit später veröffentlichte Labriola den Aufsatz *Von der moralischen Freiheit* (1873), in dem die herbartianische Ausrichtung konsolidiert ist. Der Einfluß von Herbart dauerte lange an, mindestens ein Jahrzehnt, worauf ein weiteres Jahrzehnt der theoretischen Unsicherheit, aber auch der politischen Erfahrungen folgte, die ihn schrittweise zum Marxismus hinführten.

2. Der Übergang zum Marxismus

1879 interessierte sich Labriola zum ersten Mal für den Sozialismus, aber erst nach weiteren zehn Jahren bekannte er sich uneingeschränkt zum Marxismus. Und es verging noch zusätzliche Zeit, bevor er schriftlich

Antonio Labriola (1843–1904)

darlegte, was er aus der langen Beschäftigung mit den Werken von Marx und Engels gewonnen hatte: Erst 1895 veröffentlichte er den ersten seiner berühmten Aufsätze über die materialistische Geschichtsauffassung.

Viel ist über die Gründe von Labriolas Wechsel zum Marxismus geschrieben worden. In einem Brief an Engels vom 3. April 1890 schreibt er dazu: «Als ich als Professor nach Rom kam, war ich unbewußt Sozialist und einzig und allein aus abstrakten Motiven ein erklärter Gegner des Individualismus. Danach beschäftigte ich mich mit öffentlichem Recht, Verwaltungsrecht und politischer Ökonomie, und zwischen 1879 und 1880 hatte ich mich schon fast vollständig zur sozialistischen Auffassung bekehrt, aber mehr durch eine allgemeine Geschichtsauffassung als durch den inneren Antrieb einer tiefen persönlichen Überzeugung.» Danach führt er in Anspielung auf die nächsten Jahre fort: «Eine langsame und beständige Annäherung an die realen Probleme des Lebens, der Abscheu vor der politischen Korruption und der Kontakt mit den Arbeitern haben nach und nach aus dem wissenschaftlichen Sozialisten *in abstracto* einen wahren Sozialdemokraten gemacht.«[4]

1872 schrieb Labriola in Zeitschriften des liberalen Spektrums wie dem *Piccolo* in Neapel, der *Unità nazionale* in Bologna und *La Nazione* in Florenz. Zu diesem Zeitpunkt war er ein Gemäßigter, der insbesondere eng mit Ruggero Bonghi zusammenarbeitete. In seinem Aufsatz über Sokrates (von 1871) hatte er die Bedeutung einer Methode unterstrichen, mit der das Leben zum Suchen wird, Handeln und Denken konvergieren (bzw. Tugend und Wissen) und die Pädagogik mit der Politik verschmilzt. Von 1874 an kamen bei Labriola immer deutlicher und bestimmter politische Entwicklung und Lehrtätigkeit zur Deckung; so reifte der langsame Übergang vom gemäßigten zum radikalen Liberalismus und schließlich zum Sozialismus: Im Oktober 1874 beteiligte er sich in Bologna noch am Wahlkampf der gemäßigten Liberalen und schrieb für die Zeitung *Il Monitore*, wenn auch, wie er später zugab, ohne große Begeisterung. Am 10. Februar 1877 kündigte er Spaventa an, daß er im Begriff sei, «Sozialist zu werden» und Arbeitern Unterricht über ihre Rechte und Pflichten erteile. Ebenfalls 1877 hatte er die Leitung des «Museums für Unterricht und Erziehung» übernommen, das zwei Jahre zuvor von Ruggero Bonghi in Rom gegründet worden war. Er versuchte, daraus ein wirksames Instrument zur Lösung des dringenden Problems der Grundschullehrerausbildung zu machen. Der Volksschule widmete er stets seine Aufmerksamkeit, denn er sah in ihr ein entscheidendes Element für die demokratische Umwandlung der Gesellschaft.

In der Rede, die er am 16. Dezember 1888 in Terni unter der Überschrift *Für eine streitbare Demokratie* hielt, sagte er: «Die Volksschule ist mein eigentliches Ideal. Ohne sie werden wir keine Demokratie haben, keine kundige Verwaltung, keinen Volksrichter und keine moralische Gleichheit.» Zwischen 1879 und 1881 studierte er die schulischen Einrichtungen anderer europäischer Länder und unternahm auch eine Studienreise nach Deutschland; danach begann er, von Einschränkungen des Privateigentums und staatlichen Eingriffen in die Wirtschaft zu sprechen. Bei den Wahlen von 1886 wurde ihm eine Kandidatur für Perugia auf der Liste der radikalen fortschrittlichen Opposition angetragen, aber daraus wurde nichts. Im Frühjahr 1888 schrieb er im *Il Messaggero* in Rom (bei dem auch Andrea Costa mitarbeitete) über die Krise der Bauwirtschaft und vertrat die Meinung, daß die Regierung die Beschäftigung der Arbeiter sichern müsse.

Ein bezeichnendes Dokument seines Annäherungsprozesses an den Sozialismus ist die Rede *Über den Sozialismus*, die er am 20. Juni 1889 in Rom vor dem Römischen Arbeiterzirkel für soziale Studien hielt, von dem er gebeten worden war, der Pariser Kommune zu gedenken. Einige Wochen zuvor hatten rechte Studenten seine Vorlesung über die Französische Revolution mit Protestdemonstrationen unterbrochen. – Im Oktober 1890 schickte er zusammen mit Filippo Turati eine Grußadresse an den Parteitag der Deutschen Sozialdemokratie in Halle. Nach einer Würdigung der Partei als entschiedenem «Motor und Erzieherin in der jüngeren Geschichte» und als «Avantgarde des kämpferischen Proletariats» hieß es dort: «Das kämpferische Proletariat wird auf dem Weg, der direkt zur Sozialisierung der Produktionsmittel und zur Abschaffung des gegenwärtigen Lohnsystems führt, sicher voranschreiten, wenn es nur auf seine eigenen Mittel und auf seine eigenen Kräfte vertraut.» Letztlich sei es unausweichlich, «die ökonomische Ordnung des sozialen Zusammenlebens» grundlegend zu verändern.[5]

Ebenfalls im Jahr 1890 begann Labriola einen Briefwechsel mit Engels, den er bis zu dessen Todesjahr 1895 fortführte. Außer mit Turati trat er mit vielen Führern des internationalen Sozialismus wie Kautsky, Adler, Liebknecht, Bebel, Lafargue und Ellenbogen in Verbindung und arbeitete mit den wichtigsten deutschen Zeitschriften zusammen. Als er im *Sozialdemokrat* eine Bilanz der Demonstrationen zum 1. Mai 1890 in Italien zog, zeigte er sich mehr als befriedigt über das Erreichte, auch wenn es nicht gelungen sei, Arbeiter auf breiter Front zu mobilisieren. Aber die tragikomische Furcht des italienischen Bürgertums vor dem Gespenst der Revolution, das erneut in Europa umgehe, habe dazu beigetragen, einer Demonstration, die ansonsten vielleicht unbeachtet geblieben wäre, Bedeutung zu verleihen. Insbesondere machte er sich die neue Parole des Achtstundentags, die im Jahr zuvor auf dem internationalen Kongreß von Paris ausgegeben worden war, zu eigen, da er sofort deren strategisches Potential erkannte. Und zwar nicht nur für solche Länder, die in der kapitalistischen Entwicklung schon weiter vorangeschritten waren, sondern auch für Italien, das einer Bewegung bedurfte, die die verschiedenen sozialen Kräfte zusammenführte, um seine historische Rückständigkeit zu überwinden.[6]

Labriola leistete durch seine oft harte und hartnäckige Kritik einen gewissen Beitrag zum Programm der im August 1892 in Genua gegründeten Sozialistischen Partei Italiens (PSI). Er lehnte es jedoch ab, am Kongreß teilzunehmen, und in einem eine Woche später verfaßten Brief an Turati beschuldigte er die Sozialisten von Mailand, die die Initiatoren gewesen waren, «in einem einzigen, dehnbaren und zweideutigen Programm Legalisten und Antilegalisten, Mazzinianer und Antimazzinianer zusammengespannt zu haben» (d. h. Verfechter einer Politik der Teilhabe am Staat bzw. des Fernbleibens vom Staat). Er fügte hinzu, daß nur der «Zufall» dazu geführt habe, daß «vernünftige Entscheidungen» getroffen worden seien.[7] In Wirklichkeit erscheint der Kongreß von Genua in der Geschichte der italienischen Arbeiterbewegung als die Krönung einer langdauernden Anstrengung, als deren Ergebnis die verschiedenen sozialen Gruppen trotz ihrer ideologischen Unterschiede auf einen gemeinsamen Nenner hinsichtlich der fundamentalen Fragen der Zeit verpflichtet werden konnten.[8]

1893 war Antonio Labriola Delegierter auf dem sozialistischen Kongreß in Zürich, wo er Engels begegnete. Im folgenden Jahr begrüßte er die Bewegung der sizilianischen «Fasci» als «das bedeutendste Ereignis des italienischen Sozialismus».[9] In einer Artikelserie für die *Leipziger Volkszeitung* berichtete er bis 1895 über die politischen Unruhen in Italien und polemisierte in der Zeitschrift *Critica sociale* gegen die positivistischen Tendenzen in der Sozialphilosophie.[10]

3. Labriolas Leistung als Interpret des Marxismus

Im Jahre 1895 veröffentlichte Labriola die erste jener Arbeiten, die ihn als Theoretiker des Marxismus bekannt machten, nämlich den Aufsatz *Zur Erinnerung an das Kommunistische Manifest*. Darin beschwört er leidenschaftlich die historischen Ereignisse (ideologische wie politische), die das *Manifest* des «kritischen Kommunismus», wie er es gerne nannte, hervorbrachte. Von diesem ersten Aufsatz an treten die Tendenzen von Labriolas Marx- und Engelslektüre klar zutage, einer Lektüre, die direkt oder indirekt die Strukturmerkmale für den gesamten italienischen Marxismus vorgab: Vorrang der philosophischen Ebene und deshalb das Bestehen auf allgemeinen Begriffen wie Notwendigkeit, Struktur der Praxis, Funktion der Dialektik, Beziehung zwischen Metaphysik und Geschichte usw.; Marxismus als Humanismus und daher die Bedeutung, die den Faktoren des Überbaus beigemessen wird; geringe Kompetenz der ökonomischen Analyse, und daher eine gewisse Abstraktheit der Theorie, die solcherart unfähig wird, sich mit einer konkreten politischen Strategie zu verbinden. In diesem ersten Aufsatz geht es um eine Interpretation des berühmten kommunistischen Dokuments anhand einer

Untersuchung seiner *Entstehungsgeschichte*, die sein Wesen und seinen bestimmenden Charakter ans Licht bringen soll. Jener Charakter besteht für Labriola vor allem in der neuen Geschichtsauffassung. Mit ihr «fand der Kommunismus, indem er aufhörte, Hoffnung, Streben, Erinnerung, Entwurf oder Notlösung zu sein, zum ersten Mal seinen adäquaten Ausdruck im Bewußtsein seiner eigenen Notwendigkeit; nämlich in dem Bewußtsein, der Ausweg und die Lösung für die augenblicklichen Klassenkämpfe zu sein».

Das theoretische Bewußtsein des Sozialismus besteht folglich in der Einsicht in seine historische Notwendigkeit, was wiederum zwei Konstruktionen, die den Utopisten lieb und teuer waren, nichtig werden läßt: der Kommunismus als ideale Gegenposition zur harten Realität der Geschichte und der Kommunismus als Naturzustand des menschlichen Lebens, der den unvermeidlichen geschichtlichen Abweichungen und Verirrungen vorangeht. Der Kommunismus ist nicht durch spartanischen Verzicht oder christliche Resignation zu erreichen, sondern auf Grund der fortschreitenden Dynamik der Kräfte, die der kapitalistischen Gesellschaft innewohnen und deren Selbstauflösung bewirken. Im Erkennen dieses Prozesses liegt für Labriola der Übergang vom utopischen zum wissenschaftlichen Sozialismus. In der Praxis folgt dieser Übergang einer Entwicklungslinie, die, vom Ursprung der Aufklärung ausgehend, über den Hegelianismus und die Auseinandersetzung der Linkshegelianer schließlich im historischen Materialismus mündet.[11]

In seinem ersten Aufsatz versuchte Labriola durch Nachzeichnen der Entstehungsgeschichte des *Manifests* die Notwendigkeit des kritischen Kommunismus als einer historischen Epoche nachzuweisen, die dazu bestimmt sei, die bürgerliche Welt abzulösen. Die allgemeinen Probleme der neuen Lehre, die ja zugleich eine Geschichtsphilosophie, eine Kritik der politischen Ökonomie und eine revolutionäre Strategie war, wurden nur angedeutet. Labriolas zweiter Aufsatz, *Der Historische Materialismus. Einführende Erläuterung*, beabsichtigt nun, gerade diese allgemeinen Probleme zu klären, die den Marxismus auch (aber nicht nur) zu einer Geschichtsphilosophie machen. Darin will er vor allem die *wissenschaftliche* Natur des Historischen Materialismus aufzeigen; deshalb rückt er ihn dezidiert ab von den «Idolen der Vorstellung», den «Notlösungen der literarischen Künstlichkeit» und den «Konventionalismen» der bürgerlichen Kultur. An die Stelle dieser Verschleierungen der Wirklichkeit setzt der Historische Materialismus «die positiv wirkenden Kräfte» oder besser, die Menschen in den ihnen eigenen gesellschaftlichen Situationen. Das ist, fügt Labriola hinzu, «der revolutionäre Gehalt und das wissenschaftliche Ziel der neuen Lehre, die die Erklärung der historischen Prozesse *objektiviert* und sie sozusagen als *Naturphänomene* betrachtet».

Doch Labriola weist beizeiten darauf hin, daß der Vorgang der «Zurückführung auf Materielles» nicht simplifiziert werden darf. Die Beziehungen zwischen Unterbau und Überbau sind äußerst vielschichtig und bedürfen einer Vielzahl aufeinander aufbauender materieller Erklärungen. Belehrt vom späten Engels, betont er immer wieder: Die ökonomische Struktur ist zwar die Erklärung der Geschichte, aber sie umfaßt nicht sämtliche Ursachen, sondern ist nur Ursache «in letzter Instanz». Daraus folgt für ihn die Bedeutung «dieses Komplexes von Begriffen und von Bewußtseinsebenen», der in Ermangelung eines anderen Ausdrucks Sozialpsychologie genannt werden kann. Es handele sich dabei zwar um einen «Ersatz», aber dieser sei von großem Nutzen. Für uns, versichert Labriola, sei das Prinzip unumstritten, daß nicht die Formen des Bewußtseins den Menschen bestimmen, sondern vielmehr der Lebensprozeß das Bewußtsein (Marx); aber diese Formen des Bewußtseins seien ihrerseits Geschichte.

Die Nähe zum Determinismus, der von Marx in dem berühmten Vorwort *Zur Kritik der politischen Ökonomie* deutlich zum Ausdruck kommt, regt Labriola zu einem kurzen Exkurs über das Verhältnis von Marxismus und Darwinismus an. Er sympathisiert mit dem Darwinismus, warnt aber vor allen Versuchen, den Marxismus mit dem Darwinismus zu verbinden und dabei letzterem die Rolle der philosophischen Gesamtschau zu überlassen (wie dies bei Spencer geschehen ist), in die dann der Marxismus nur als systematischer *Teil* einzufügen wäre. Solche Versuche hätten unweigerlich eine Verzerrung des Marxschen Denkens zur Folge. Der Hauptgrund für die Unvereinbarkeit der Entwicklungslehre mit dem Historischen Materialismus liege darin, daß die Evolutionstheorie menschliches Handeln unmöglich mache. Darwinismus ist für Labriola gleichbedeutend mit unmittelbarem Naturalismus und deshalb mit Fatalismus. Hätte der Darwinismus recht, so hätten die materiellen Bedingungen die absolute Herrschaft über die Geschichte und folglich hätte der Mensch gar keine Möglichkeit, sich von anderen Teilen der Natur zu unterscheiden.

Labriola legt in seinem Essay sodann die materialistische Staats- und damit Rechtsauffassung dar; es folgen Moral, Wissenschaft und schließlich Philosophie, der er Kunst und Religion zuordnet. Er wiederholt seine Warnung, die verschiedenen Formen der menschlichen Geschichte allzu mechanisch auf ökonomische Faktoren zurückzuführen. Abgeschlossen wird die Darlegung durch ein sehr seltsam anmutendes Kapitel über die Natur des menschlichen Fortschritts – seltsam deshalb, weil sich dort einerseits Betrachtungen aneinanderreihen, die beweisen sollen, daß der Fortschritt nicht notwendig ist, andererseits in der Schlußfolgerung die Notwendigkeit der Herausbildung einer kommunistischen Gesellschaft bekräftigt wird, in der alle Widersprüche der bürgerlichen Gesellschaft aufgehoben sein würden. Aber der Widerspruch erscheint Labriola nicht als solcher, da er unter Fortschritt das Konzept einer teleologischen Entwicklung versteht – ein bürgerliches Konzept, während der geschichtliche Fortschritt in der marxistischen Theorie als das Resultat gesellschaftlicher Widersprüche auf bestimmten Stufen der gesellschaftlichen Entwicklung dargestellt wird.[12]

Seine dritte Untersuchung über den Historischen Materialismus trägt den Titel *Abhandlung über Sozialismus und Philosophie* (1898). Sie ist in die Form von Briefen an Georges Sorel gekleidet. Der Anlaß war eher zufällig, nämlich das beiden Gesprächspartnern gemeinsame Anliegen, den Marxismus unter Ablehnung jeder dogmatischen Position zu verstehen, zu entwickeln und zu vertiefen, zum anderen der Wunsch, eine Serie von kritischen Studien zu initiieren. Den Marxismus verstehen heißt bei Labriola, ihn in seinen historischen Entstehungszusammenhang zurückzuversetzen und das herauszuschälen, was in seinen Voraussetzungen schon implizit enthalten ist. Auf diese Weise sollte das Verhältnis des Marxismus zur Philosophie abgesteckt und definiert werden.

Der Essay wird eingeleitet mit dem Wunsch, die deutsche Sozialistische Partei möge es sich zur Aufgabe machen, eine vollständige und kritische Ausgabe der Schriften von Marx und Engels herauszubringen, versehen mit erläuternden Einführungen, mit Registern, Anmerkungen und Verweisen. Der Historische Materialismus, in dem Labriola ein natürliches Ergebnis der deutschen Kultur sieht, stellt sich ihm unter drei Aspekten dar: einer philosophischen Richtung der allgemeinen Lebens- und Weltanschauung, einer Kritik der Ökonomie und schließlich einer Interpretation der Politik des Proletariats auf dem Weg zum Sozialismus.[13] Diese drei Aspekte erscheinen ihm im Sinne von Marx als ein einziges Ganzes und begründen deshalb drei Arten von Studien und Betrachtungen, die aber untereinander eng verknüpft seien, so daß die Politik schließlich die Praxis des Historischen Materialismus sei und die Philosophie, die er implizit enthält, zugleich der Kritik der politischen Ökonomie innewohne, welche wiederum die angemessene Weise sei, Geschichtsphilosophie zu betreiben. Die vollkommene Unmittelbarkeit eines Denkens, das sich des Gegenstandes seiner Reflexion kritisch bewußt ist, führe zur Aufhebung des traditionellen Unterschiedes von Wissenschaft und Philosophie. Und wenn es erforderlich wäre, das Ganze in einer Formel zusammenzufassen, so könne man sagen, daß «die Philosophie, die der historische Materialismus impliziert, die Tendenz zum Monismus ist», wobei das Wort Tendenz «das Sichhingeben des Geistes in der Überzeugung, daß alles als Genese denkbar ist, daß das Denkbare nichts anderes ist als Genese und daß die Genese fast den Charakter der Kontinuität hat», ausdrückt.[14]

Labriola, der von bloßer Rezeptivität nichts hielt, warnt davor, den Marxismus als eine Art von Katechismus oder Dogma aufzufassen. Außerdem ist und bleibt der Marxismus seiner Meinung nach nicht ganz auf die Schriften von Marx und Engels beschränkt, sondern die Studien und Forschungen müßten fortgeführt werden, um den Marxismus zu einer auf alle Phasen der Vergangenheit anwendbaren Lehre und zu einer Interpretationsmaxime für alle gegenwärtigen und kommenden Zustände werden zu lassen. «Wie jene Lehre an sich schon *Kritik* ist», schreibt er, «so kann sie auch nur *kritisch* fortgeführt, angewandt und korrigiert werden».[15] Er bejaht zum ersten Mal in Italien die Selbständigkeit der «Philosophie der Praxis». Hierin muß man das eigentlich Neue und Originelle seines Denkens im Vergleich mit den theoretischen Entwürfen der Zweiten Internationale sehen. Wie Antonio Gramsci geschrieben hat, «ist Labriola der einzige, der es unternommen hat, die Philosophie der Praxis wissenschaftlich zu untermauern, indem er die Meinung vertritt, daß sie von jeder anderen philosophischen Strömung unabhängig, daß sie selbständig ist».[16]

In diesem Sinne kann man sagen, daß die Abhandlung sozusagen eine vorweggenommene Antwort auf den Revisionismus darstellt,[17] auch deshalb, weil Labriola darin verlangt, der Historische Materialismus müsse sich als Philosophie verstehen, und besser noch als «Lebens- und Weltanschauung».[18] In anderen Worten: Für Labriola hatte sich die materialistische Weltanschauung mehr denn jede andere als imstande gezeigt, ein Interpretationsschema für den ganzen Komplex des menschlichen Handelns zu liefern.[19] In diesem Sinne maß er der gründlichen theoretischen Reflexion und der kritischen Übung der Vernunft größte Bedeutung bei, weil die wissenschaftliche Forschung Begründungen für die Richtung des Handelns geben könne. Natürlich müsse die politische Leidenschaft hinzutreten. Bezeichnenderweise schrieb er 1898 an Karl Kautsky in der Überzeugung, dessen Zustimmung zu finden: «Ein junger Marx würde in aller Bescheidenheit die Logik in den Werken von Wundt studieren.»[20] Wenn auch der Schlüsselbegriff von Labriolas Philosophie der Praxis – wie Andrea Arato bemerkt hat[21] – ihn mit Plechanow zu verbinden scheint, so ist der Unterschied beim Vergleich mit Plechanows technologischer und antiteleologischer Interpretation der Produktion doch offensichtlich. In der Tat besitzt für Labriola wie für Marx jede Arbeit notwendigerweise eine geistige Dimension und ist von ihrer sozialen Dimension nicht zu trennen.

Antonio Labriola wirkte nach Kräften jener intellektuellen Erschütterung am Ende des 19. Jahrhunderts entgegen, die als «Krise des Marxismus» bekannt ist und deren wichtigste Vertreter Bernstein in Deutschland, Sorel in Frankreich, Croce und Merlino in Italien sind: Er stemmte sich energisch dagegen und brach öffentlich seine Beziehungen zu deren Verfechtern in einer unnachgiebigen Weise ab, die bei einem kritischen Geist wie dem seinen überraschen mag. Nahm er zu Beginn noch eine Haltung ostentativer Gleichgültigkeit ein und bezeichnete die ersten Äußerungen der revisionistischen Polemik als einen Sturm im Wasserglas, so äußerte er später seinen tiefen Abscheu in heftigen Wutausbrüchen, zumeist in Briefen. Daß Croce die in ihn gesetzten Hoffnungen enttäuschte, daß Sorel einen anderen Weg ging, daß Bernstein sich lossagte, das alles traf ihn zutiefst. Die orthodoxen Deutschen erschienen ihm eher als die Bewahrer einer Tradition denn als bewußte Erben von Marx und Engels. So nahm er schließlich zur Kenntnis, daß im Vormarsch des Sozialismus und folglich in der Entfaltung des Marxismus eine Pause eingetreten war. Seine wissenschaftliche Aktivität nahm ab; dagegen mehrten sich die Briefe und Diskussionen in römischen Cafés mit Studenten, von denen sich aber keiner in der Geschichte des italienischen Sozialismus einen Namen gemacht hat.

4. Labriolas Auffassung zum Kolonialismus

Auf einen Aspekt in Labriolas Denken, den die marxistischen Forscher allzuoft und allzugerne übergehen, soll noch hingewiesen werden, nämlich auf seine offen kolonialistischen und manchmal an Rassismus grenzenden Äußerungen, die befremdlich wirken. – Am 9. März 1890 veröffentlichte die Zeitschrift *Der Aufbruch* (*Il risveglio*) in Florenz einen Brief Labriolas an Alfredo Baccarini, in dem er bezüglich der Kolonie Eritrea dazu aufforderte, «ernst und intensiv über die Organisation der Kolonialverwaltung zu diskutieren». Er schlug ein System der direkten landwirtschaftlichen Nutzung vor, wobei Formen der Beteiligung oder der genossenschaftlichen Zusammenarbeit erprobt werden könnten: um den Grund und Boden den Großkapitalisten zu entziehen und ihn den armen Bauern anzuvertrauen, die sonst nach Mittelamerika auswandern würden. Labriola war also der Meinung, die Kolonie Eritrea könnte wenigstens teilweise eine Lösung für das Auswanderungsproblem sein. Genau diese Position nahmen zwanzig Jahre später die revolutionären Syndikalisten ein.[22] Labriolas Auffassung wurde sowohl von Engels als auch von Filippo Turati kritisiert.

1897 kam Labriola anläßlich einer öffentlichen Kundgebung für den griechischen Besitzanspruch auf Kreta erneut auf das Problem der kolonialen Expansion zu sprechen. Seine Meinung ist unzweideutig: «Wir liquidieren zur Zeit die europäische Türkei. (...) In diesem Eroberungswettkampf, der immer da legitim ist, wo keine vitalen Nationen vorhanden sind, kommt Italien aus Gründen der Opportunität und der Verteidigung das Gebiet zu, das der Türkei in Afrika noch verbleibt, nämlich Tripolis. Die Sozialisten sollen nicht murren. (...) Wir brauchen Kolonialland, und Tripolis ist dafür sehr geeignet. Sie mögen bedenken, daß jedes Jahr zweihunderttausend Proletarier aus Italien auswandern, planlos und schutzlos, und sie mögen sich daran erinnern, daß es keinen Fortschritt des Proletariats geben kann, wo das Bürgertum unfähig zum

Fortschritt ist.» Der Artikel schloß mit der Aufforderung, Italien müsse nach einer langen Periode der Dekadenz durch Erwerb von Kolonien «von neuem einen Platz in der Geschichte einnehmen».[23]

Wenn seine Wirtschaft wie auch seine Politik zukünftig eine internationale Dimension habe, könne sich Italien keineswegs gewissen Entwicklungen verschließen. Man müsse sich entscheiden, ob man auf Seiten der passiven oder der aktiven Völker stehen wolle. Man dürfe sich auch nicht vor Gewaltanwendung scheuen, die durchaus ein Element der geschichtlichen Entwicklung sei.[24] Der berühmte Ausspruch über die Erziehung des Papua, der – durch Croce überliefert – später von Gramsci scharf kritisiert wurde, paßt ins Bild. Auf die Frage, welches die beste Erziehung für einen Eingeborenen des Papua-Landes sei, hatte Labriola geantwortet: «Vorübergehend würde ich ihn zum Sklaven machen.»[25]

Wie die italienische Forscherin C. Ottaviano festgestellt hat, konnte sich Labriola nicht von Vorstellungen des 19. Jahrhunderts freimachen. Fortschritt war für ihn an die Vorstellung gebunden, daß sich Geschichte in aufeinanderfolgenden Stufen vollziehe und folglich keine Stufe übersprungen werden könne. Wie der Eingeborene in Papua zuerst einmal Sklave werden müsse, so dürfe sich Italien aufgrund seiner Geschichte zu Zeiten der Expansion des Kapitalismus, der für jedes Volk in der Geschichte den Eintritt in die Zivilisation bedeute, nur an der Seite der «aktivsten» Nationen befinden. Danach werde die Zeit des Sozialismus kommen; deshalb müsse sich auch die Klasse des Bürgertums der ihr zukommenden Rolle bewußt sein.[26]

Es ist schwierig, hat Gaetano Arfè mit gewissem Recht geschrieben, jemanden als «vorbildlichen Sozialisten und Marxisten» zu betrachten, der die koloniale Expansion als ersten freien und bewußten Akt der italienischen Nation in der Weltpolitik vorschlägt; und das, ohne sich zu fragen, ob die libysche Wüste wirklich das gelobte Land sei, von dem eigens dafür gekaufte Journalisten schwärmten. Der Antirevisionismus von Labriola, wie Arfè sagt, erweist sich in diesem Punkt als kläglich. Man kann immerhin zu seiner Entschuldigung sagen, daß sich in ihm die Ratlosigkeit widerspiegelt, mit der der Sozialismus der Zweiten Internationale überhaupt dem Phänomen des Imperialismus gegenüberstand. Aber man darf auch nicht verkennen, daß sich Politiker wie Turati, Costa, Bissolati und Salvemini, die ebenfalls die (erst später formulierten) Thesen Lenins über den Imperialismus noch nicht kennen konnten, sehr scharf gegen die geplanten Unternehmungen in Libyen aussprachen.[27]

Antonio Labriola starb am 2. Februar 1904 in Rom nach einer Halsoperation. Die *Neue Zeit* veröffentlichte einen nicht unterzeichneten, von Franz Mehring stammenden Nachruf, in dem er als der «geistige Führer des italienischen Sozialismus» und als «freier und unabhängiger Geist», der nicht als ein orthodoxer Marxist bezeichnet werden könne, geehrt wurde.[28] Auch die *Critica sociale* veröffentlichte einen Nachruf aus der Feder von Filippo Turati, in dem die Rolle von Labriola in der Entwicklung der italienischen sozialistischen Bewegung neu gewichtet wurde. Turati spach davon, daß «der italienische Sozialismus nie einen gelehrteren und kritischeren Geist habe ehren können», aber er fügte hinzu, daß «die zutiefst kritische Natur seines Wesens ihn weder zu einem Parteigänger im engeren Sinne habe werden lassen noch zu einem Mitarbeiter in unserer aktiven Politik, deren Mängel und unvermeidliche Unstimmigkeiten er klar erkannte».[29]

In der Tat zählte Labriola weder zu den Gründern der Italienischen Sozialistischen Partei noch bekleidete er je darin ein Führungsamt. Er blieb immer – wie er sich selbst gern bezeichnete – ein «Philosoph des Sozialismus».

(Aus dem Italienischen übersetzt von Jutta Euchner)

Thomas Meyer

EDUARD BERNSTEIN
(1850–1932)

1. Der Begründer des Revisionismus

Dieser bescheidene, aber selbstbewußte und beharrliche Sozialist hat der Arbeiterbewegung durch Widerspruch und unbequeme Anstöße zur Neubesinnung in einer Zeit gedient, als überschwengliche Ideologie und motivierende Gewißheiten das Gebot der Stunde zu sein schienen. Mehr als ein Jahrhundert nach seiner Geburt und fast ein dreiviertel Jahrhundert nach dem Höhepunkt seines theoretischen Schaffens hat Carlo Schmid mit Bezug auf die ganze westeuropäische Arbeiterbewegung und ihre Entwicklung seine Bilanz gezogen: «Eduard Bernstein hat auf der ganzen Linie gesiegt!»

Bernstein wurde am 6. Januar 1850 als siebentes Kind eines jüdischen Lokomotivführers in Berlin geboren. Er wuchs in einem von Arbeiterschaft und Kleinbürgertum geprägten Milieu heran. Die Wohn- und Lebensverhältnisse in seinem Elternhaus waren ärmlich. Rückblickend hat Bernstein beklagt, daß es ihm in seiner Jugend an geistiger Anleitung fehlte. Daran vermochte auch der Umstand wenig zu ändern, daß er den damals in Deutschland berühmten und hochgeachteten demokratischen Publizisten und Gelehrten Aaron Bernstein zum Onkel hatte, mit dem die Familie engen Kontakt hielt.

Bernstein trat 1872 zunächst in die «Internationale Arbeiterassoziation» und wenig später in die «Sozialdemokratische Arbeiterpartei» (SDAP) ein. Hierfür war das Verhalten der sozialdemokratischen Führer, Bebel und Liebknecht, die sich dem Krieg mit Frankreich von dem Augenblick an entgegenstellten, als er von deutscher Seite seinen Charakter als Eroberungsfeldzug offenbarte, ausschlaggebender Grund. Ein weiteres Motiv war der demokratische Internationalismus dieser Richtung, nicht etwa die soziale Frage.

Dieses Motiv sollte eine Grundlage von Bernsteins gesamtem späteren politischen und schriftstellerischem Wirken bleiben. Das zeigte sich besonders in der schwierigen Zeit des Ersten Weltkrieges und in den darauf folgenden Jahren. Mitten im Krieg verfaßte er mehrere Bücher und viele Aufsätze, die für ein vernünftig begründetes Verhältnis von Patriotismus und Internationalismus warben. Den Juden maß er dabei eine Vermittlerrolle zwischen den Völkern zu. Lange Zeit jedoch vertraute er uneingeschränkt der nach Auffassung der Parteiführer von Karl Marx wissenschaftlich begründeten Hoffnung auf einen baldigen

Eduard Bernstein (1850–1932)

Zusammenbruch der kapitalistischen Wirtschafts- und Gesellschaftsordnung. Die Spekulationsmanöver und Bestechungsskandale, die im Zusammenhang mit dem Wirtschaftsboom der Gründerjahre nach dem deutsch-französischen Krieg an der Tagesordnung waren, wirkten auf Bernstein als Anschauungsunterricht, der seine moralische Verurteilung des kapitalistischen Systems rasch verschärfte. Er erhielt diesen Anschauungsunterricht aus erster Hand, denn er arbeitete nach absolvierter Lehre als Bankangestellter bei den Gebrüdern Rothschild in Berlin.

In der Zeit zwischen seinem Parteieintritt und dem Bismarckschen Sozialistengesetz lernte Bernstein auf häufigen Agitationsreisen in die Umgebung Berlins – wozu damals Mut und Selbstlosigkeit gehörten – das Leben und Denken der Arbeiter aus nächster Nähe kennen. Häufig war er Übernachtungsgast in Arbeiterfamilien; er gewann große Hochachtung vor deren Lerneifer und Opfermut.

An der Vereinigung der beiden rivalisierenden sozialistischen Parteien zur «Sozialistischen Arbeiterpartei» im Jahre 1875 hatte Bernstein einen maßgeblichen Anteil. Er gehörte zu der kleinen Delegation, die die Bedingungen des Zusammenschlusses aushandelte, und wurde auf dem Einigungsparteitag in die 18-köpfige Parteileitung gewählt. Kurz vor der Verabschiedung der Sozialistengesetze 1878 nahm er eine Stellung als Privatsekretär Karl Höchbergs an, dem Sohn eines reichen jüdischen Bankiers, der einen erheblichen Teil seines Vermögens und seine intellektuellen Talente der Arbeiterbewegung zur Verfügung stellte. Er siedelte mit ihm in die Schweiz über, nicht ahnend, daß ihm ein langes Exil bevorstand.

Das intensive Studium von Engels' berühmer Kampfschrift *Herrn Eugen Dührings Umwälzung der Wissenschaft* machte Bernstein im Winter 1878/79 endgültig zum überzeugten Marxisten. Als solcher ist er von Friedrich Engels bis zu dessen Tod im Jahre 1895 auch stets anerkannt worden. Die folgenden 10 Jahre seiner Züricher Tätigkeit, besonders nachdem er ab 1881 Redakteur des illegalen Parteiorgans *Sozialdemokrat* geworden war, widmete Bernstein in engstem Kontakt mit Friedrich Engels dem überaus erfolgreichen Versuch, den Marxismus zur offiziellen Theorie der Sozialdemokratie zu machen. Neben August Bebel und Karl Kautsky war er es vor allem, der in den Jahren des Sozialistengesetzes für den Triumph des Marxismus in der Sozialdemokratie sorgte.

Mit Karl Kautsky, der ebenfalls in die Dienste Höchbergs getreten war, verband Bernstein ab 1880 eine enge Freundschaft und fruchtbare Arbeitsgemeinschaft. Beide übersetzten 1883 gemeinsam die ursprünglich auf Französisch erschienene Marxsche Schrift *Das Elend der Philosophie* und befaßten sich bei dieser und weiteren Gelegenheiten intensiv mit Fragen der Interpretation des Marxschen Werkes. Bernstein galt damals

als einer der besten Marx-Kenner, so daß Engels ihm am Ende seines Lebens gemeinsam mit Bebel sogar die Verwaltung seines Nachlasses anvertraute.

Der gesamte Stab des *Sozialdemokrat* wurde im April 1888 auf Betreiben der deutschen Regierung aus der Schweiz ausgewiesen. Bernstein siedelte nach London über. Die größere Distanz zur sozialdemokratischen Bewegung in Deutschland und mehr noch die intellektuellen und politischen Erfahrungen, die er in den folgenden Jahren in England machen konnte, sind zur Voraussetzung für die theoretische Neubesinnung geworden, um die er nun bald zu ringen begann, die er aber erst ab 1896 öffentlich zur Debatte stellte.

Es ergab sich, daß kurze Zeit nach Bernsteins Übersiedlung nach London, im Herbst 1888, die «Gesellschaft der Fabier» – eine Gruppe theoretisch interessierter sozialistischer Intellektueller – einen öffentlichen Vortragszyklus abhielt, der im darauffolgenden Jahr unter dem Titel *Fabian Essays in Socialism* als Buch erschien. Zu ihnen gehörten so herausragende Persönlichkeiten wie der Dichter George Bernard Shaw und das Ehepaar Beatrice und Sidney Webb. Sie hatten unter den Bedingungen einer liberalen Öffentlichkeit und demokratischer Entscheidungsstrukturen in langjähriger Auseinandersetzung mit der Lehre von Marx eine eigene Auffassung vom Sozialismus entwickelt. Diese war es, die Bernstein nun nach und nach überzeugte, und zwar so sehr, daß seine eigene Neubegründung des Sozialismus in ausschlaggebendem Maße als eine Übernahme und Weiterentwicklung des Sozialismusverständnisses der Fabier anzusehen ist.

Als Mitarbeiter der *Neuen Zeit* konnte Bernstein sich verstärkt theoretischen Grundlagenstudien zuwenden. Sie stießen in zunehmendem Maße auf die inneren Widersprüche der Marxschen Theorie und auf den wachsenden Widerspruch zwischen deren Entwicklungsprognosen für die kapitalistische Gesellschaft und dem, was sich tatsächlich abspielte. Das Ergebnis war seine berühmt gewordene Artikelserie *Probleme des Sozialismus*, mit der er im Jahre 1896 die Sozialdemokratie zu irritieren begann. 1899 erschien sein Buch *Die Voraussetzungen des Sozialismus und die Aufgaben der Sozialdemokratie*, das nicht ganz zu Unrecht die «Bibel des Revisionismus» genannt worden ist.

Die Parteiführung um August Bebel und Wilhelm Liebknecht sowie der marxistische Cheftheoretiker der Partei, Karl Kautsky, verurteilten Bernsteins Neubesinnung scharf und erwogen seinen Parteiausschluß. Der linksradikale Flügel um Rosa Luxemburg brandmarkte seine neuen Gedanken als im Wesen antisozialistisch und drängte auf seine Entfernung aus der Partei. Die meisten der in der Praxis reformistischen Parteiführer (wie Georg von Vollmar und Ignaz Auer) stimmten zwar dem reformistischen Ergebnis der Bernsteinschen Überlegungen zu, hielten aber die Vermeidung parteiöffentlicher Theoriediskussionen für ratsam. Berühmt wurde der Rat seines Freundes Ignaz Auer, der ihn belehrte: «So etwas sagt man nicht, so etwas tut man.» Kautsky drängte Bernstein jedenfalls aus dem Mitarbeiterstab der *Neuen Zeit*, seiner Existenzgrundlage, hinaus, so daß er ab 1900 seine Gedanken in den *Sozialistischen Monatsheften* von Josef Bloch veröffentlichen mußte.

Die der Sozialdemokratie feindselige Atmosphäre im halbfeudalistischen Kaiserreich schuf die sozialpsychologischen Voraussetzungen für eine Ideologie der Revolutionsrhetorik und der Intransigenz, auch wenn die Partei in der Praxis jede Gelegenheit zur Reform der bestehenden Verhältnisse nutzte. Diese Konstellation verlieh der Rolle Bernsteins in seiner Zeit ihre eigentümliche Tragik. Von der Heftigkeit der Reaktionen in der Partei auf seine kritischen Bestrebungen überrascht, bemühte er sich nun um eine rasche Rückkehr in die deutsche Partei, weil er seine Sache in ihren Reihen selbst vertreten wollte. Sie gelang ihm wegen des bis dahin immer noch gültigen Haftbefehls erst im Jahre 1901. Sein erster Auftritt in Deutschland kurz nach seiner Rückkehr verschärfte jedoch zunächst erst noch einmal den Widerwillen der Parteimehrheit gegen ihn und führte gleichzeitig zu Enttäuschungen der Anhänger seines neuen Sozialismusverständnisses, die sich von seiner Rückkehr viel erwartet hatten.

Auf den Parteitagen hatte der Volkstribun August Bebel daher leichtes Spiel gegen ihn; 1903 verabschiedete der Dresdener Parteitag mit großer Mehrheit eine Resolution gegen Bernsteins Bestrebungen. Dieser beugte sich der Parteidisziplin und übte künftig eine weitgehende Zurückhaltung bei der Auseinandersetzung mit den offiziellen Parteitheorien. Er wurde Reichstagsabgeordneter und widmete sich überwiegend Fragen der praktischen Politik.

Bei Ausbruch des Ersten Weltkrieges im August 1914 hatte sich auch Bernstein von der kaiserlichen Propaganda zunächst täuschen lassen. Aber schon im Frühjahr 1915 hatte er, für nationalistische Versuchungen aufgrund seiner gesamten Lebensgeschichte ohnehin wenig anfällig, die treibende Rolle des Kaiserreichs beim Ausbruch des Krieges durchschaut und verstanden, daß nicht die Landesverteidigung, sondern Annexion von französischem Territorium das eigentliche Kriegsziel war. Er stimmte im Reichstag von da an gegen die Kriegskredite und kämpfte publizistisch gegen den Englandhaß und den nationalen Chauvinismus an, der bis hinein in die Reihen seiner eigenen Partei Fuß zu fassen begann. Wegen dieser Haltung kam es nun auch zum Bruch mit vielen seiner revisionistischen Kampfgenossen. Gemeinsam mit Hugo Haase und Karl Kautsky veröffentlichte er 1916 das Antikriegsdokument *Das Gebot der Stunde*, das einen sofortigen Verständigungsfrieden ohne Annexionen verlangte. Bernstein gehörte 1917 gemeinsam mit einigen seiner Widersacher aus den Jahren des Revisionismusstreits zu den

Gründern der USPD. Nach Beendigung des Krieges wählte er eine Doppelmitgliedschaft in der USPD und der MSPD als symbolische Demonstration dafür, daß es an der Zeit sei, die Spaltung der Partei wieder zu überwinden.

Die demokratischen Errungenschaften der Revolution von 1918 hat Bernstein freudig begrüßt. Er übernahm in der Revolutionszeit das Amt des Beigeordneten im Reichsschatzamt, war also der vom Rat der Volksbeauftragten bestellte Kontrolleur der Verwaltung jenes Ministeriums und forderte in dieser Eigenschaft Sozialisierungen im Bereich der Bodenschätze und der Grundstoffindustrie. Am Görlitzer Programm der Mehrheitssozialdemokratie von 1921 hatte er noch entscheidenden Anteil. Viele seiner älteren Vorschläge kamen darin zum Zuge. Als die Partei, besonders nach der Wiedervereinigung der Rest-USPD mit der MSPD, an der Klärung ihrer theoretischen Grundlagen zunehmend das Interesse verlor – eine Entwicklung, die Bernstein für verhängnisvoll hielt –, verringerte sich auch Bernsteins Resonanz in ihr.

Obgleich selbst entschiedener Kritiker des parteioffiziellen Marxismus, wandte er sich gegen den Versuch der Bolschewiki, den Marxismus zur Legitimation ihrer Herrschaft in Anspruch zu nehmen, ebenso freilich gegen alle Versuche rechtsgerichteter Kreise, Bolschewismus und Marxismus zum Zwecke politischer Diffamierung gleichzusetzen. An der Politik der SPD hat Bernstein in der Weimarer Republik wenig Gefallen gefunden. Er hielt es für einen entscheidenden Fehler, daß der *Vorwärts* es beharrlich vermied, in der Kriegsschuldfrage eindeutig gegen die ehemalige kaiserliche Regierung Stellung zu beziehen. Die Sozialdemokratie begünstigte damit nach seiner Überzeugung unnötigerweise eine Stimmung, die die kaiserliche Politik in unverdient positivem Licht erscheinen ließ und der demokratischen Revolution einen wesentlichen Teil ihrer Legitimität raubte. Dadurch würde der nationalistischen Propaganda, wenn auch wider Willen, Vorschub geleistet.

Klarer und früher als viele seiner Parteifreunde erkannte noch der 74-jährige, wohin die Entwicklung der Weimarer Republik trieb. Bereits 1924 diagnostizierte er, daß Deutschland dem Staatsreich der Nationalsozialisten entgegengehe, wenn es so weiter wurstelte wie bisher. Er sah auch schon damals deutlich, was dies zur Folge haben würde: einen «Terrorismus, wie ihn sich die meisten nicht träumen lassen».

Politisch vereinsamt, wenn auch von denen, die ihn kannten, wegen seines Rates und seiner großen Hilfsbereitschaft geschätzt und geliebt, starb Eduard Bernstein einige Monate, bevor seine Prognosen sich auf schreckliche Weise erfüllten, im Alter von 82 Jahren am 18. Dezember 1932 in Berlin.

2. Werk

1891, im Jahr nach Beendigung des Sozialistengesetzes, verabschiedete die deutsche Sozialdemokratie in Erfurt ein neues Programm. Es wurde von Friedrich Engels mit der Bemerkung begrüßt, nun endlich habe die Lehre von Marx Eingang in die sozialdemokratische Programmatik gefunden. Die Empörung der Sozialdemokratie über einen Staat, der ihr Verlangen nach Gerechtigkeit mit Verbot und Verfolgung beantwortete, führte zu einer allgemeinen Radikalisierung ihres Denkens. Dieser Einstellung schien der Marxismus besser als das Lassallesche Staatsvertrauen zu entsprechen. Bernsteins Revision der vorherrschenden Parteitheorie ging von drei Ansatzpunkten aus:

1. Seine Beschäftigung mit der gescheiterten französischen Revolution 1848 hatte ihn zu der Überzeugung gebracht, daß die Hoffnung auf einen revolutionären Schöpferakt, in dem die alte Gesellschaft niedergerissen werden und eine neue entstehen könnte, nur ein irreführender Mythos ist. Er verhindere vielmehr, daß die jetzt möglichen Veränderungen konsequent durchgeführt würden. Bernstein drängte also auf Klärung des in der Sozialdemokratie häufig gebrauchten und entsprechend schillernden Revolutionsbegriffs. Revolution als Akt außerlegaler Gewaltanwendung mochte erforderlich sein, um die politische Demokratie einzuführen oder gegen Angriffe zu verteidigen. Die gesellschaftliche und wirtschaftliche Umgestaltung könne sie aber nicht leisten. Dazu bedürfe es einer auf längere Sicht angelegten konstruktiven Umgestaltung in ruhigeren Zeiten. Die Überschätzung der Gewalt, das Aufstandsdenken, führe fast immer nur zu einer verstärkten Reaktion der rechten Ordnungskräfte und stoße mögliche Bündnispartner ab.

2. Bernstein zeigte anhand umfangreichen statistischen Materials, daß die tatsächliche Entwicklung in den fortgeschrittenen kapitalistischen Ländern für die Prognosen des Zusammenbruchs keinerlei Anzeichen bot. Seine Analyse gelangte zu einer differenzierten Sicht der sozialdemokratischen Entwicklung:

a) Die Wirtschaftskrisen gehörten zwar zum Wesen des Kapitalismus. Aufgrund der zunehmenden Bedeutung des Kreditsystems und der wachsenden Marktkontrolle durch die kapitalistischen Wirtschaftsunternehmen selbst sei aber keine Verschärfungstendenz der Krisen zu erkennen oder zu erwarten. Eher gäbe es Faktoren, die in Richtung ihrer Abmilderung wirkten.

b) Zwar nehme der Einkommensunterschied zwischen Arbeitern und Unternehmern weiter zu, dennoch wachse das Realeinkommen der Arbeiter deutlich an. Ihre Arbeitszeit verringere sich, ihre Lebenslage verbessere sich also. Eine «Verelendung» im eigentlichen Sinne sei nicht zu beobachten.

c) Tatsächlich finde ein gewaltiger Konzentrationsprozeß in der kapitalistischen Wirtschaft statt. Die Zahl der Großunternehmen und ihr Anteil an der Gesamtproduktion wüchsen beständig. Aber die Klein- und Mittelbetriebe verschwänden nicht, ihre Gesamtzahl bleibe in etwa erhalten. Das habe zwei für die sozialistische Strategie entscheidende Folgen:

d) Die Mittelschichten, deren ökonomische Basis diese Klein- und Mittelbetriebe seien, verschwänden nicht. Sie blieben erhalten, auch wenn ihre Bedeutung zurückgehe. Zudem wachse durch die zunehmenden staatlichen und privatwirtschaftlichen Verwaltungsaufgaben die Gruppe der Angestellten rasch an –, es entstehe zusätzlich zur alten eine neue Mittelschicht.

e) Die Gesamtwirtschaft bliebe trotz Konzentration äußerst komplex und vielgestaltig; die Gesamtproduktion werde nicht nach und nach von nur noch wenigen gigantischen Großbetrieben erbracht, sondern von Hunderttausenden von selbständigen Betrieben unterschiedlicher Größenordnung.

Aus dieser Analyse zog Bernstein die strategische Konsequenz: Da der Kapitalismus nicht von selbst zusammenbräche, die Krisen sich nicht dauernd verschärften, die Wirtschaft aber höchst komplex bliebe und die erwerbstätige Bevölkerung sozial höchst differenziert, könne die Politik des Übergangs zum Sozialismus nicht weiterhin die Katastrophe des Kapitalismus zur Voraussetzung ihres Erfolgs machen:

3. Eine zugleich zielgerechte und funktionsfähige Umgestaltung der kapitalistischen Wirtschaft in Richtung Sozialismus könne nur schrittweise und konstruktiv erfolgen. Es komme darauf an, dem sozialistischen Prinzip immer mehr Geltung zu verschaffen, indem schrittweise Mitbestimmung, Selbstbestimmung und die gesamtgesellschaftliche Regelung der Wirtschaft eingeführt und ausgeweitet würden. Eine Verstaatlichung der gesamten Wirtschaft sei angesichts ihrer noch zunehmenden Komplexität weder möglich noch würde sie, falls dennoch forciert, mehr Selbstbestimmung und Produktivität bringen. Auch die Verwirklichung der Selbstbestimmung für die Arbeiter verlange ein schrittweises Vorgehen. Jedes Stück weitergehender Selbstbestimmung werde für sie zur Schule, in der die nächsten Veränderungen sich entwickelten.

Sozialismus könne also kein festgelegter Plan der umfassenden Vergesellschaftung sein, der dereinst einmal in einem Zuge verwirklicht wird. Er sei vielmehr das Prinzip der umfassenden Demokratisierung, deren Tempo und Formen von der Bewußtseinsentwicklung und den Erfahrungen gesellschaftlicher Mehrheiten abhängt. Sozialismus könne ebensowenig eine wissenschaftlich beweisbare Notwendigkeit sein. Er sei aus den Interessen der Arbeiterklasse und aus allgemein anerkennungsfähigen Grundsätzen zu fordern und durch aktives Handeln Schritt für Schritt herbeizuführen.

Im Erfurter Programm der Sozialdemokratie war die Idee einer sozialistischen Gesellschaft äußerst vage benannt, ohne jeden Hinweis auf ihre organisatorische Konkretisierbarkeit. Es hieß nur, die Erfüllung der sozialistischen Prinzipien setze eine «für und durch die Gesellschaft betriebene Produktion» und «gesellschaftliches Eigentum» voraus. Trotz der völligen Ungeklärtheit der Frage, wie die gesellschaftlichen Verhältnisse zu gestalten seien, um diesen Forderungen zu genügen, herrschte doch die Gewißheit, daß sich dies in gegebener Situation schon zeigen werde. Die Sozialdemokratie glaubte, die in ihrer Struktur weitgehend unbekannte neue Gesellschaft nach der Beseitigung des Kapitalismus in einem Zuge einführen zu *müssen*, weil mit dessen unvermeidlichem Zusammenbruch gerechnet wurde, und sie glaubte, sie in einem Zuge einführen zu *können*, weil der Fortgang des wirtschaftlichen Konzentrationsprozesses nur wenige gigantische Großbetriebe übriglassen würde, deren Übernahme «durch die Gesellschaft» ein problemloser Vorgang schien. Dem würde zudem eine erhebliche Vereinfachung und Polarisierung der Sozialstruktur entsprechen –, so daß auch von den subjektiven Voraussetzungen her die Dinge auf einfache Lösungen zuzustreben schienen, die in der Hauptsache mit machtpolitischen Mitteln herbeigeführt werden konnten.

Was konnte aber angesichts einer Millionenzahl von Wirtschaftsbetrieben «für und durch die Gesellschaft betriebene Produktion» bedeuten? Die Beantwortung dieser Frage bildet die generative Idee von Bernsteins Neuansatz, der die Formen und Voraussetzungen der sozialistischen Transformationen in hochkomplexen Gesellschaften klären will. Erschwert wird diese Aufgabe durch die Preisgabe einer weiteren Illusion. Bernstein verhehlt sich nämlich im Gegenatz zum Parteimarxismus nicht länger, daß auch die Arbeiter, deren Selbstbefreiung der Sozialismus vor allem ja sein soll, im Kapitalismus aufgrund ihrer wirklichen Lebenssituation die Kompetenz unmittelbar nicht haben können, deren sie bedürften, um eine auch betriebs- und volkswirtschaftlich sinnvolle Selbstbestimmung in allen gesellschaftlichen Bereichen auszuüben. Wenn nun aber mit den wirklichen Arbeitern als Trägern der sozialistischen Transformation gerechnet werden muß und wenn eine drastische Vereinfachung der ökonomischen und sozialen Strukturen auch in Zukunft nicht wahrscheinlich ist, dann kann der Sozialismus nur in der Form von «Teillieferungen» eingeführt werden, wenn nicht die gesellschaftliche Reproduktion selbst in Frage gestellt werden soll. Im Gegensatz zum Parteimarxismus sieht Bernstein den Sozialismus nicht als eine Ordnung, die unter den Trümmern der kapitalistischen Gesellschaft schnell zu finden ist, sondern als eine offene Konstruktionsaufgabe an. Als solche ist sie in komplexen Gesellschaften aus organisationssoziologischen und lernpsychologischen Gründen nur auf dem Wege von Reformen zu lösen. Mit sozialpazifistischen Neigungen oder irrationaler Revolutionsfurcht hat diese Haltung nichts zu tun.

Konsequenterweise lehnt Bernstein revolutionäre Gewalt daher nur dann ab, wenn sie als der Akt der Errichtung einer sozialistischen Gesellschaftsstruktur ausgegeben wird. Wenn ihre Funktion auf die gewaltsame Destruktion vordemokratischer Strukturen begrenzt wird, wodurch die Voraussetzungen überhaupt erst einmal geschaffen werden, eine konsequente Umbildung der Gesellschaft nach dem Willen zielbewußter Mehrheiten vorzunehmen, hat er in ihr stets ein unter bestimmten Umständen unerläßliches Kampfmittel gesehen. Den Massenstreik als revolutionäres Kampfmittel zur Verteidigung oder Erkämpfung demokratischer Strukturen hat er viel offensiver propagiert als seine Kontrahenten vom marxistischen Parteizentrum. Die Demokratie war für ihn ein Stück sozialistischer Zielverwirklichung und die sicherste Garantie für den Fortgang der sozialistischen Transformation.

Die gegebene Möglichkeit und Verantwortung nicht zu verfehlen, indem auf den einen großen Umschwung aller Verhältnisse spekuliert wird, war Bernsteins theoretisches Grundanliegen. Es zielt auf Erkenntnis, Konzeptbildung und praktisches Engagement. Nicht jede Reform an der gegebenen Gesellschaft kann freilich nach Bernstein den Anspruch erheben, ein Stück Sozialismus zu sein. Erst ihre Eingriffstiefe und ihre Richtung machen sie dazu: «Die Sozialdemokratie kann als nächste Forderungen nur solche aufstellen, die auf die Verhältnisse in der Gegenwart passen, wobei die Bedingung ist, daß sie in sich den Keim zur Weiterentwicklung in der Richtung der von ihr erstrebten Gesellschaftsordnung tragen.» Stets hängt die sozialistische Qualität der Reformmaßnahmen «vom Charakter und der Tragweite der Gesamtheit der Forderungen in ihrem Zusammenhang ab».[1]

Unter den geschilderten Voraussetzungen erscheint die Konkretisierung der sozialistischen Prinzipien nicht mehr als eine durch die Entwicklung des Kapitalismus sich mit der Zeit von selbst lösende Aufgabe, sondern vielmehr als eine letztlich «offene Frage». Es kommt Bernstein darauf an, die *Prinzipien* klar herauszuarbeiten, die die gesellschaftliche Veränderung leiten sollen, und für den überschaubaren Abschnitt der gesellschaftlichen Entwicklung ein konstruktives Reformprogramm aus ihnen und den gegebenen Möglichkeiten zu entwickeln. Dabei definieren die Prinzipien den sozialistischen Charakter von Reformen, denn alle Mittel und Maßnahmen legitimieren sich durch die Annäherung der gesellschaftlichen Verhältnisse an ihre Norm: «Was aus der Ferne als einfache Sache erschien, differenziert sich, je näher wir ihr kommen, und so markieren nicht die alten Formeln, sondern die neuen Probleme den Fortschritt der Bewegung. Dauernd ist in dieser Hinsicht einzig das als Prinzip verstandene Endziel. Als Prinzip ist es wirklich und erfüllt jederzeit die sozialistische Bewegung.»[2] Das war gemeint, als Bernstein die viel geschmähte Formulierung riskiert hatte: «Ich gestehe es offen, ich habe für das, was man gemeinhin unter ‹Endziel des Sozialismus› versteht, außerordentlich wenig Sinn und Interesse, dieses Ziel, was immer es sei, ist mir gar nichts, die Bewegung ist alles.»[3]

Das ist auch der Grund, weswegen Bernstein die Frage nach der Möglichkeit eines wissenschaftlichen Sozialismus verneint. Die Transformationskonzepte des Sozialismus bedürfen stets wissenschaftlicher Analyse und Erkenntnis. Aber die Prinzipien, die ihnen die Richtung weisen – ebenso wie die Entscheidung der Parteinahme für sie – sind nicht Resultat wissenschaftlicher Einsicht, sondern Ergebnisse von Willensentscheidungen, die ihrerseits einer wissenschaftlichen Begründung im strikten Sinne nicht zugänglich sind. Bernstein war kein Anhänger des Neukantinismus, sondern in Anlehnung an die Wissenschaftsauffassung von John Stuart Mill Anhänger eines Wissenschaftsverständnisses, das in der Nähe von Max Weber anzusiedeln wäre.

Was also ist ein «sozialistisches Prinzip»? Die kürzeste und am meisten kennzeichnende Bestimmung desselben, die sich bei Bernstein befindet, lautet, «daß der Sozialismus für mich in letzter Instanz Demokratie, Selbstverwaltung heißt».[4] Damit ist die Schaffung gleichberechtigter Freiheit aller in allen gesellschaftlichen Bereichen gemeint, also die umfassende soziale Demokratisierung. Daraus ergibt sich nun eine intensive Berührung zwischen dem Sozialismus und dem Liberalismus als politischer Theorie, denn auch der Liberalismus stellt das Prinzip der gleichberechtigten Freiheit in den Vordergrund seiner Orientierung. Als politische Bewegung hat er sich Bernstein zufolge allerdings in erheblichem Ausmaß von diesem Prinzip entfernt, weil er die von ihm erstrebten gesellschaftlichen Einrichtungen immer mehr aus den bürgerlichen Besitzinteressen ableitete. Aber auch der Liberalismus ist wandlungsfähig, und es ist nicht von vornherein ausgeschlossen, daß er bis zu einem gewissen Umfang die Konsequenzen nachvollzieht, die der Sozialismus aus dem Scheitern der Freiheitsidee in der Praxis der kapitalistischen Gesellschaft gezogen hat.

Hinsichtlich des Pluralismus und der staatlichen Garantie für die Menschenrechte gibt es nach Bernsteins Überzeugung bereits sehr weitgehende Übereinstimmungen. Der Sozialismus beruht ja auf der Erkenntnis, daß gleiche Freiheit nur zu erreichen ist, wenn sie durch Organisation in Wirtschaft und Gesellschaft gesichert ist –, «in diesem Sinne könnte man den Sozialismus auch organisatorischen Liberalismus nennen».[5] Nach Bernsteins Überzeugung waren die grundlegende Demokratisierung des Staates und selbst noch eine Reihe gesellschaftlicher Reformen am wirkungsvollsten gemeinsam mit den liberalen Demokraten zu erwirken. Der Freilegung der Grundlagen einer Zusammenarbeit mit dem Liberalismus und der genaueren Bezeichnung ihrer Grenzen galt sein andauerndes Bemühen.

Bernsteins ganzes Denken ist gegen den Glauben gerichtet, daß die sozialistische Umformung der Gesellschaft selbsttätig, durch autodynamisches Hineinwachsen des Kapitalismus in den Sozialismus vonstatten gehen könne. Er hielt die sozialistische Transformation vielmehr für eine langwierige Konstruktionsaufgabe, bei der Ausmaß und Tempo nach Einführung der Demokratie in ausschlaggebender Weise allein noch von der Fähigkeit der Arbeiter abhängen würden, ihre Einsicht und Macht für diesen Zweck einzusetzen, «denn die Demokratie heißt jedesmal soviel Herrschaft der Arbeiterklasse, als diese nach ihrer intellektuellen Reife und dem Höhegrad der wirtschaftlichen Entwicklung überhaupt auszuüben fähig ist».[6]

Er warnte aus diesem Grunde aber auch vor einer Konzentration der sozialistischen Politik allein auf die Parlamentsarbeit, weil das die Selbsttätigkeit der Arbeiter lähmen müßte. Darüber hinaus war die Entwicklung der wirtschaftlichen Macht und der Organisationen der Arbeiterklasse in seiner Konzeption eine unerläßliche Voraussetzung für den Ausbau sozialistischer Strukturen. Starke Gewerkschaften, paritätische Mitbestimmung in den wirtschaftlichen und sozialen Bereichen, das Wachstum des selbstorganisierten Genossenschaftswesens und die Mitarbeit von Arbeitervertretern in den Parlamenten der verschiedenen Ebenen – das waren für ihn die unersetzlichen Vorbedingungen dafür, daß die in den Parlamenten durchgesetzten Errungenschaften dem Entwicklungsstand und den Erfahrungen der Arbeiter tatsächlich entsprachen und von diesen daher auch bewußt genutzt werden konnten. Sie waren die Schule der Selbsterfahrung, durch die die Arbeiter befähigt werden konnten, die jeweils dem Kapital entrissenen Hoheitsrechte – sowohl was die Errichtung funktionsfähiger Ersatzorganisationen anbetrifft als auch im Hinblick auf ihre Verwaltungskompetenz – nun auch wirklich selbst auszuüben. Dies biete auch der Sozialdemokratie die beste Garantie, im Falle von Boykottmaßnahmen der in ihren Privilegien Bedrohten eine wirksame Gegenmacht zu entfalten.

Für den Kernbereich der sozialistischen Bestrebungen – vernünftige Regelung und gesellschaftliche Kontrolle des Wirtschaftsbereiches – skizzierte Bernstein Jahrzehnte bevor die Sozialdemokratie schließlich folgte, die Grundzüge einer Theorie der Sozialisierung, die der Aufgabe einer Transformation hochkomplexer Gesellschaften ohne Produktivitätsverlust gewachsen sein sollte. Vergesellschaftungen im traditionellen Sinne (als Übertragung des vollen Eigentumstitels auf Organe der Gesellschaft) waren ihm zufolge nur im Hinblick auf Monopolindustrien oder bei hochgradig konzentrierten Wirtschaftseinheiten sinnvoll. Dennoch müsse die Ausübung des gesellschaftlichen Kontrollrechts und des Selbstbestimmungsanspruchs der Arbeitenden auch für den verbleibenden Sektor der privaten Mittel- und Kleinbetriebe nicht preisgegeben werden. Hier solle die Gesellschaft ihr «Obereigentumsrecht» dadurch geltend machen, daß jeweils bestimmte Dispositionsbefugnisse über die wirtschaftlichen Prozesse ganz oder teilweise auf geeignete Organe der

Gesellschaft oder die Organisationen der Arbeiter übertragen werden, ohne daß das Privateigentum nominell aufgehoben werden muß. In diesen Bereich gehörten das Tarifrecht, das Arbeitsrecht und die staatliche Wirtschaftspolitik.

Dieses differenzierte Vorgehen sollte sicherstellen, daß die drei Hauptziele sozialistischer Wirtschaftspolitik – Produktivitätsfortschritt, Vorrang des Allgemeininteresses und Selbstbestimmung der Arbeiter – in einer komplexen Wirtschaftsstruktur gleichzeitig erreicht werden könnten. Sollte sich infolge späterer Erfahrungen auch die nominelle Vergesellschaftung in dem einen oder anderen Bereich als zweckmäßiges Mittel im Sinne dieser Ziele erweisen, so wären mit den Formen der funktionalen Sozialisierung bereits Strukturen geschaffen, die als bleibende Basis für weitergehende Schritte dienen konnten. – Bernsteins frühzeitige Warnung vor dem Bürokratieproblem sowie seine klare Zurückstufung der Vergesellschaftung zum möglichen Mittel sozialistischer Politik folgten aus seinem theoretischen Ansatz. Der Hauptstrom der Sozialdemokratie hat das dann aus der niederschmetternden Erfahrung mit der sowjetischen Partei gelernt.

3. Würdigung

Die oft vertretene These, daß der Revisionismus in der deutschen Sozialdemokratie nur die Lücke zwischen der revolutionären Theorie und der reformistischen Praxis, die die Partei ohnehin seit je betrieben hatte, schließen wollte, ist im Kern richtig. Aber das Bewußtsein, daß diese reformistische Praxis selber schon der Weg zum Ziel ist und nicht nur das Vorspiel für die eigentliche Praxis des sozialistischen Gesellschaftsaufbaus, die erst nach dem Zusammenbruch des Kapitalismus beginnen könne, führt zu einer bedeutsamen Veränderung dieser Praxis selbst.

Sieht man einmal vom radikal-marxistischen Flügel um Rosa Luxemburg ab, dem es tatsächlich um einen revolutionären Feuersturm zu tun war, so erwies sich Bernstein in wichtigen Fragen der Praxis der Sozialdemokratie als radikaler denn seine parteimarxistischen Kontrahenten. Das zeigte sich insbesondere in der Massenstreikdebatte 1905/06. Im Gegensatz zu Bebel und Kautsky, aber auch im Gegensatz zu einigen Anhängern der revisionistischen Position trat er für die offensive Anwendung des Massenstreiks zwecks Erkämpfung des demokratischen Wahlrechts ein. Er sympathisierte damit auch mit außerlegalen Protestmitteln für Verteidigung oder Erkämpfung der politischen Demokratie, während das Parteizentrum auf Druck der Gewerkschaften einen Rückzieher machte.

An der Beurteilung des theoretischen Werks von Eduard Bernstein und besonders der mit ihm verbundenen Konzeption politischen Handelns haben sich von Anbeginn die Geister geschieden: Die Gruppe der strikten Marxisten wandte sich mit Entschiedenheit gegen Bernsteins politische Vorstellungen mit dem Argument, daß deren theoretische Grundlagen falsch und ihre politischen Konsequenzen verhängnisvoll seien. Dieser Auffassung zufolge hat Bernstein, indem er den Singularitätsanspruch des wissenschaftlichen Sozialismus in Zweifel zog und damit jedem Versuch, Herrschaftsansprüche auf ihn zu begründen, den Boden entzog, als Troyanisches Pferd der Arbeiterbewegung gewirkt, das den Einfluß bürgerlicher Ideologien und Interessen in ihr ermöglichte. Es gibt aber auch eine Kritik seiner politischen Konzeption, die in deren inhaltlichem Kern die prinzipiell richtige Strategie der modernen Arbeiterbewegung in demokratischen Gesellschaften sieht, freilich der Meinung ist, daß ihre Formulierung und der Versuch ihrer politischen Durchsetzung bereits im deutschen Kaiserreich verfrüht und daher politisch verfehlt war. Diese Kritik beurteilt Bernsteins Konzeptionen nicht so sehr nach den Wahrheitskriterien einer politischen Theorie, sondern in der Regel mehr nach den spezifischen Nützlichkeitsmaßstäben von Ideologien. Ihr Maßstab ist nicht der Realitätsgehalt der politischen und ökonomischen Analyse sowie des strategischen Grundansatzes, sondern die Funktion der Theorie in der spezifischen politisch-sozialpsychologischen Situation der Epoche für die sozialdemokratische Arbeiterbewegung, ihr Verhältnis zu den anderen politischen Kräften und die Motivation ihrer Mitglieder.

Die Vorherrschaft der marxistischen Ideologie im halbfeudalistischen Obrigkeitsstaat des Kaiserreiches läßt sich «verstehen». Das rechtfertigt aber noch nicht die politische oder wissenschaftliche Mißbilligung der revisionistischen Kritik mit dem funktionalistischen Argument, sie habe die soziopsychologisch angemessene Funktion der Ideologie in dieser Zeit geschwächt. Das wäre im Grunde ein Aufruf zum Zynismus, denn es hätte zur Folge, daß wir politische Theorien unter dem Gesichtswinkel der «edlen Lügen» handhaben, d. h. den Maßstab der Wahrheit und der Folgerichtigkeit dispensieren, solange die Ideologien für akzeptierte Ziele funktional brauchbar erscheinen.

Richtig ist, daß zwei Hauptelemente von Bernsteins politischer Konzeption im Kaiserreich nur unvollständig oder gar nicht erfüllt waren: Das Kaiserreich war keine politische Demokratie und die liberalen Parteien waren zu einer verläßlichen Zusammenarbeit mit den Sozialdemokraten kaum bereit, so daß alle Reformschritte nur in kleinsten Dosen und in steter Gefährdung vollzogen werden konnten. Die Zurückweisung von Bernsteins politischer Strategie auf den sozialdemokratischen Parteitagen hat zur Aufrechterhaltung einer politischen Kultur in der Arbeiterbewegung wesentlich beigetragen, in der Reformschritte der gesellschaftlichen Umgestaltung als Marginalien, gemessen an der Verheißung des Endziels, erscheinen konnten. Dies mußte dazu führen, daß in der Situation, als das autoritäre Kaiserreich gestürzt war und alle Bedingungen politischen Handelns nach dem Bernsteinschen Konzept erfüllt waren, seine Theorie also «zeitgemäß» geworden war, tatsächliche Handlungschancen nicht ergriffen und tatsächliche Errungenschaften nicht mit Leidenschaft verteidigt werden konnten. Den Preis dafür mußte die Sozialdemokratie 1918 und in den Jahren danach bezahlen, als sie weder ein Programm für den Sieg hatte noch eine glaubwürdige Erklärung dafür, warum ihre Teilhabe an der Macht (samt den gesellschaftlichen Veränderungen, die sie bewirken konnte) nichts von dem zur Erscheinung brachte, was immer als Endziel von ihr verheißen worden war.

Bernsteins Sozialismusverständnis ist nach langdauernden und schmerzhaften Geburtswehen schließlich doch zum Selbstverständnis der deutschen und vieler anderer Parteien des Demokratischen Sozialismus geworden. Es hat freilich keine eigene Theorietradition mehr ausbilden können, da die deutsche wie die meisten anderen Sozialdemokratien nach dem historischen Desaster mit dem «wissenschaftlichen Sozialismus» auf eine konsistente theoretische Fundierung ihrer politischen Programmatik mehr und mehr verzichtete. Spätestens seit dem Godesberger Programm von 1959 hat sich die SPD schließlich auch in ihrem offiziellen Selbstverständnis auf den Boden von Bernsteins konstruktivem Sozialismus gestellt.

Wolfgang Maderthaner und *Siegfried Mattl*

VICTOR ADLER
(1852–1918)

1. Herkunft und frühe Prägungen

Noch zwanzig Jahre nach dem Auftritt erinnerte sich Sigmund Freud in seinem legendären «revolutionären Traum» an die heftige Auseinandersetzung, die er und Victor Adler sich im «Leseverein der deutschen Studenten Wiens» geliefert hatten: «In einem deutschen Studentenverein gab es eine Diskussion über das Verhältnis der Philosophie zu den Naturwissenschaften. Ich grüner Junge, der materialistischen Lehre voll, drängte mich vor, um einen höchst einseitigen Standpunkt zu vertreten. Da erhob sich ein überlegener älterer Kollege, der seitdem die Fähigkeit erwiesen hat, Menschen zu lenken und Massen zu organisieren, der übrigens auch einen Namen aus dem Tierreich trägt, und machte uns tüchtig herunter; auch habe er in seiner Jugend Schweine gehütet und sei dann reuig ins Vaterhaus zurückgekehrt. Ich fuhr auf, wurde saugrob und antwortete, seitdem ich wüßte, daß er die Schweine gehütet, wundere ich mich nicht über den Ton seiner Reden. (Im Traum wundere ich mich über meine deutschnationale Gesinnung.) Großer Aufruhr; ich wurde von vielen Seiten aufgefordert, meine Worte zurückzunehmen, blieb aber standhaft. Der Beleidigte war zu verständig, um das Ansinnen einer Herausforderung, das man an ihn richtete, anzunehmen, und ließ die Sache auf sich beruhen.»[1]

Die Wege Adlers und Freuds sollten sich nach diesem Eklat in den 70er Jahren nicht mehr treffen. Eine Zeitlang folgte das Freudsche Curriculum demjenigen Adlers; auch Freud wurde, wie zuvor Adler, Assistent beim Wiener Psychiater und Gehirnanatomen Meynert, auch er studierte, wie Adler, vorübergehend beim bereits berühmten Pariser Psychologen und Hypnotiseur Charcot. Dann allerdings gingen ihre Karrieren völlig auseinander.[2] Victor Adler – der Politiker, der Meister angewandter Massenpsychologie, der praktische Soziologe; Sigmund Freud – der Wissenschaftler mit bewußter Distanz zur Politik, der theoretische Anthropologe, der Tiefenpsychologe. Und dennoch blieben beide auf unbewußte Weise miteinander verbunden: durch ihre Sehnsucht nach Assimilation der jüdischen Intelligenz an das «Deutschtum», die Hoffnung auf die «Kultur» als emanzipatorische gesellschaftliche Kraft, ein selbstbewußtes und selbstgewähltes Außenseiterdasein innerhalb der «Gesellschaft» und die Furcht vor dem «sozialen Tod» der Intellektuellen in einem auf halbfeudalen Privilegien, militärischer

Victor Adler (1852–1918)

Unterdrückung, Protektion und Katholizismus beruhenden sozialen Klima.

Der politische Kern der «Deutschen Studentenschaft» an der Wiener Universität setzte sich aus einer Studentengeneration zusammen, die von zwei gravierenden Erschütterungen geprägt war. Die Revolution von 1848 lag gerade so weit zurück, daß sie von der unmittelbar deprimierenden Wirkung der Niederlage nicht mehr erfaßt wurde und dennoch die Versprechen der Revolution als virulent erlebt hatte. Die allgemeinen bürgerlichen Freiheiten und die großdeutsche Reichseinheit – im Gegensatz zur Struktur des vielnationalen Habsburger-Staates – beflügelten die Phantasien. Dazu kam das Erlebnis der Spekulationskrise von 1873, die das Vertrauen in das ökonomische Bürgertum untergrub: für Studenten wie Victor Adler eine durchaus schwierige Konstellation, sofern sie die Kinder von Industriellen der «Gründerzeit» waren, die, zumeist als Zuwanderer in die Metropole Wien, in kurzer Zeit und unter Verzicht auf soziale, politische und kulturelle Ambitionen den «Aufstieg» von kleinen Händlern und Manufakturisten zu Mittel- und Großunternehmern geschafft hatten.

Die Rebellion der Jugend gegen diese Vätergeneration führte sie in den Ästhetizismus. Auch der Freundeskreis des jungen Victor Adler war der Kunst als Lebensform verschrieben. Die Willensphilosophie Schopenhauers und Nietzsches faszinierte sie, die heroische Erscheinung Richard Wagners und seines «Gesamtkunstwerkes» beeindruckte die an der Unbeweglichkeit der Gesellschaft leidenden jungen Studenten und wurde zu ihrem Programm: Seine «ästhetische Religion» versprach den politisch machtlosen Intellektuellen der 1870er und 80er Jahre einen anderen Weg zur Verschmelzung mit dem Volk, nachdem die nationale Revolution gescheitert war – Kult und Mythos. Die Wagner-Verehrung hielt sich denn auch in der österreichischen Sozialdemokratie über einen sehr langen Zeitraum, und noch 1913 reihte Wilhelm Ellenbogen (einer der engsten Mitarbeiter Adlers, der, Arzt wie dieser, fast zum gleichen Zeitpunkt zur Arbeiterbewegung gestoßen war) Wagner neben Marx und der «Internationale» in die «Dreieinheit» des Sozialismus ein.[3] Das Bild, das Ellenbogen stellvertretend für die ältere sozialistische Intelligenz in Österreich ausbreitet, gilt zu weiten Teilen auch für den Victor Adler der 1870er und 80er Jahre wie für seinen Freundeskreis. Die Politik nimmt hierin den Charakter eines notwendigen Übels an, einer alltäglichen Auseinandersetzung mit der «Niedrigkeit» des Alltags. Jener galt als das Feld des «Marxismus»; der Sozialismus, die neue Gesellschaft, benötigte aber weit mehr: eine neue Ethik, ein säkulares Moralsystem, das dem entsittlichten Menschen der bürgerlichen Gesellschaft das Ideal der «edelsten Sphäre des Echt- und Rein-Menschlichen» vor Augen führe.

Die Begeisterung für Kunst und Kultur, die sich fast ausschließlich auf die deutsche Klassik und – in der Musik zusätzlich – auf die Spätromantik bezog, scheint für die politischen Aktivisten in Österreich eine Überlebensfrage gewesen zu sein. Ohne Vertrauen in die sinn- und einheitsstiftende Funktion der Kunst und ohne Glauben an die Veränderbarkeit der Menschen durch ein Programm der Lebensreform – wofür Adler sogar kurzfristig zum Vegetarier wurde – ließ sich in Zeiten allgemeiner Stagnation ein gesellschaftliches Engagement nicht behaupten. Zumindest dann nicht, wenn man für sich selbst ein öffentliches Wirken vorgesehen hatte und nicht das Leben von Geheimbündlern führen wollte. Für Victor Adler kam überdies eine sehr persönliche Wahl hinzu. Er, der aus einer assimilationswilligen jüdischen Familie stammte, lehnte die jüdische Kultur als «Ghettomauer» und entscheidendes Hindernis gegenüber der Welt der europäischen Kultur energisch ab. So konvertierte er nach seiner Hochzeit mit Emma Braun zum Protestantismus, um seinen Kindern das Stigma des Judentums zu nehmen und ihnen das «Entréebillet zur europäischen Kultur», die für ihn vornehmlich «deutsch» war, zu geben.[4]

Adler fühlte sich seit den großen Massendemonstrationen von 1867 von der Arbeiterschaft angezogen. Vorerst aber, nach dem Scheitern der Kämpfe um Gewerkschafts-, Organisations- und Pressefreiheit, widmete er sich der aufkommenden deutschnationalen Bewegung. Erst der dumpfe Antisemitismus Georg Schönerers, des kommenden Parteiführers der «Nationalen», trieb Adler 1880 zum Bruch mit dieser bürgerlichen Bewegung und bewirkte ein neuerliches Interesse für die Arbeiterbewegung. Für die Umorientierung Adlers mag auch seine Erfahrung als praktischer Arzt seit 1879 mit einer großen Schar an kostenlos behandelten Patienten aus dem Arbeitermilieu ausschlaggebend gewesen sein. Die Erschütterungen angesichts der Leiden, aber auch der «Laster» der Arbeiterschaft führten ihn zur Sozialdemokratie, deren überragender Führer er ab 1889 werden sollte.

2. Der Führer der österreichischen Sozialdemokratie

Zunächst entschloß sich Adler, der Bewegung dadurch zu dienen, daß er sich um einen Posten als Fabrikinspektor bewarb – eine eben erst nach englischem Muster geschaffene Institution des Arbeiterschutzes. Er besorgte sich Empfehlungsschreiben von Karl Kautsky und Leo Frankl und besuchte im Rahmen einer vorbereitenden Studienreise August Bebel und Friedrich Engels. Als seine Bewerbung von der Regierung abgewiesen wurde und anfangs 1884 der Ausnahmezustand über Wien und Teile Niederösterreichs verhängt wurde, zudem durch den Tod seines Vaters eine letzte persönliche Schranke gefallen war, schloß er sich der Arbeiterbewegung endgültig an. Er tat dies zu einem Zeitpunkt, da die österreichische Sozialdemokratie unter den Verfolgungen des Ausnahmezustands und unter den Bedingungen eines verheerenden Fraktionskampfes zwischen «Radikalen» anarchistischer Prägung und kollaborationistisch orientierten «Gemäßigten» praktisch zu existieren aufgehört hatte.

Der Sozialismus lebte nur mehr in kleinen, konspirativ organisierten und von Polizeispitzeln durchsetzten Zirkeln fort, die übergroße Mehrzahl der Arbeiterschaft verharrte in politischer Apathie. Obwohl er den unschätzbaren Vorteil hatte, keiner der Fraktionen anzugehören, begegnete der deutschnationale Arzt zunächst größtem Mißtrauen. Selbst Kautsky betrachtete ihn lange Zeit als «außerhalb der Partei stehend»: Hatte Adler doch ein nicht unbeträchtliches Vermögen geerbt, mit dem er 1886 ein Wochenblatt, die *Gleichheit*, gründete, das er voll in den Dienst der Parteivereinigung stellte. Wenn bereits für Silvester 1888/89 ein Einigungsparteitag in das niederösterreichische Hainfeld einberufen werden konnte und dort eine «Prinzipienerklärung» beschlossen wurde, auf deren Basis es zu einer dauerhaften Vereinheitlichung der österreichischen Arbeiterbewegung kam, so ist das zum wesentlichen das Verdienst Adlers.

Zum Zeitpunkt des Hainfelder Parteitags waren an die 20 000 Arbeiter und einige hundert Arbeiterinnen in sozialdemokratischen Bildungs- und Fachvereinen sowie in einigen wenigen politischen Vereinen organisiert. Der Einigungsparteitag, vor allem aber der beeindruckende Erfolg der 1. Mai-Feier des Jahres 1890 – der ersten Massenkundgebung seit 1869 – wirkten wie eine Initialzündung. Die meisten der zahlenmäßig sprunghaft ansteigenden Streiks mündeten in den Aufbau neuer sozialdemokratischer Organisationseinheiten, und der Druck der schnell wachsenden Bewegung brachte das Ausnahmegesetz zu Fall. «Wir sind von einer Sekte oder einer Horde Radaumacher zu einer politischen Partei avanciert, die Anerkennung sich erzwungen hat, und mit der man rechnet», konnte Adler bereits 1891 Engels mitteilen[5] – und das, obwohl der Aufbau einer Organisation «nach dem Prinzip der vollsten Öffentlichkeit» illegal war und die Partei weder über eine Parteileitung noch über bindende Statuten verfügte. Erst in den Auseinandersetzungen mit den «Unabhängigen» – einer links-oppositionellen Strömung in der Partei – im Jahre 1892 gab sie sich etwas straffere organisatorische Strukturen.

Adlers herausragende taktische Fähigkeiten sollten im Kampf um das Wahlrecht ab Beginn der neunziger Jahre voll zur Entfaltung kommen. Die nach einem Wahlsieg der kleinbürgerlich-demokratischen «Jungtschechen» schwer erschütterte klerikal-feudale Regierungsmehrheit des Grafen Taaffe legte im Oktober 1893 einen Wahlreformentwurf vor, der durch Einführung des allgemeinen Wahlrechts in den Kurien der Städte und Landgemeinden den großbürgerlichen Liberalismus entscheidend treffen und gleichzeitig den kleinbürgerlichen Nationalismus durch die Aufwertung der Sozialdemokratie zur politischen Kraft paralysieren sollte. Von den proletarischen Massen wurde der Entwurf als unmittelbarer Erfolg der großen Straßendemonstrationen und der Agitation gefeiert; die Gewerkschaften um Hueber und die «alten Radikalen» Schuhmeier, Resel und Ellenbogen forderten vehement den Generalstreik, um die Durchsetzung der Taaffeschen Teilreform zu erzwingen. Unter Einsatz seines gesamten Prestiges und in engem Einvernehmen mit Kautsky, Bebel und Engels widersetzte sich Adler dem politischen Massenstreik. Er war tief davon überzeugt, daß eine Herausforderung der unerschütterten Militärmacht der Monarchie mit einem Desaster der jungen, noch ungefestigten Bewegung hätte enden müssen, die, wie er als Argument auf dem Parteitag 1894 betonte, ganze 137 Gulden in der Parteikasse abzählen konnte. Er stoppte die Wahlrechtsagitation, schob den Streik «auf die lange Bank des Parteitags» und ließ sich von Engels beglückwünschen «zu der Art, wie Du den Generalstreik in Schlummer gewiegt hast.»[6]

Mit dem Scheitern der Wahlreform trat aber eine politische wie organisatorische Krise und Stagnation ein, die bis zum Aufschwung der Jahre 1904/05 nicht wirklich überwunden werden konnte. Noch auf dem Parteitag 1894 hatte Hueber erklärt, gegen Adler kämpfen zu wollen, und 1895 hatte Ellenbogen gegen die Autokratie Adlers protestiert und seinen Rückzug aus der Parteivertretung angekündigt. Beide wurden wenig später, durchaus nicht unösterreichisch, zu seinen engen politischen Vertrauten, und Ellenbogen verblieb bis 1934 ununterbrochen im Parteivorstand.[7]

Entgegen der immer wieder vertretenen Ansicht verfügte die österreichische Partei seinerzeit keineswegs über eine geschlossene und disziplinierte, mit der deutschen Schwesterpartei vergleichbare Organisation. Adler selbst widersetzte sich lange Zeit der Formalisierung und trat den gewerkschaftlichen Vorstößen in Richtung Zentralisierung entschieden entgegen. Autonomie der politischen Organisationen und damit auch der Lokalorganisationen galt als unumstößliches Prinzip (was immerhin dazu führte, daß Adlers Kandidatur im sichersten sozialdemokratischen Wahlkreis, Reichenberg, zweimal durch lokale Parteiführer verhindert wurde und er folglich erst 1905 in den Reichsrat einzog[8]). Eine neben den Bildungs- und Fachvereinen im eigentlichen Sinn eigenständige politische Organisation begann sich überhaupt erst in der zweiten Hälfte der neunziger Jahre zu entwickeln. Die Einhebung der Parteisteuer war ebensowenig geregelt wie die individuelle Mitgliedschaft, und die verschiedensten, zum Teil diametral entgegengesetzten Organisationsformen existierten nebeneinander – nicht selten sogar an einem Ort: für Michael Schacherl, Sekretär Victor Adlers, ein unerträglicher Zustand der «politischen Organisationslosigkeit»;[9] und noch 1909 konstatiert Josef Seliger für Wien nicht einmal «das Surrogat» einer Organisation.[10]

Erst die ökonomische Prosperität der Jahre 1904–07 konnte zu einem qualitativen Sprung genutzt werden. Der Mitgliederstand der Gewerkschaften stieg in dieser Zeit von 189 000 auf über 500 000, und die Partei konnte an die 112000 Organisierte ausweisen. Als die Krone in Ungarn zur Einschüchterung des rebellischen magyarischen Großadels das allgemeine Wahlrecht in ihr Programm aufnahm, wurde der Wahlrechtskampf in vollem Umfang wieder aufgenommen. Unter dem Eindruck des Oktobermanifests des Zaren infolge der russischen Revolution – wovon die Delegierten mitten während des Parteitags 1905 Kenntnis bekamen – hielt Adler die «revolutionärste» Rede seines Lebens. Die blutigen Zusammenstöße in Wien und vor allem in Prag sowie der «Schweigemarsch der 250000» (die größte Demonstration, die in Wien jemals stattgefunden hatte) machten klar, daß die Arbeiterschaft bereit und gewillt war, den politischen Massenstreik «als letztes Mittel» zum Einsatz zu bringen. Adler schwenkte nun auf die Linie der lassalleanischen Politik ein, die er 1893 verworfen hatte: die Allianz mit Dynastie und Bürokratie gegen das Privilegienparlament – ein stiller «historischer Kompromiß» zwischen Krone und Arbeiterklasse. Es war der Kaiser, der aus Furcht vor revolutionären Erhebungen und aus der nüchternen Erwägung heraus, daß einzig das allgemeine Wahlrecht diesem Staat die so dringend benötigte soziale Klammer gegen die zentrifugalen nationalen Tendenzen geben würde, seinen konservativen Ministerpräsidenten Gautsch drängte, ein Wahlreformgesetz vorzulegen; und es war Adler, dem als einzigem Sozialdemokraten im Wahlreformausschuß die Aufgabe zufiel, es gegen den zähen Widerstand der «historischen Parteien» des Reichsrates durchzufechten. Er entledigte sich dieser Aufgabe mit Brillanz und taktischer Meisterschaft. Als im Dezember 1906 das allgemeine und gleiche Wahlrecht Realität geworden war, hatte die österreichische Arbeiterpartei ihren bisher größten Sieg errungen und sich den Ruf einer «k. k. priv. Sozialdemokratie» erworben.

Seit mit Einführung einer fünften Kurie mit allgemeinem Wahlrecht 1896 die oligarchischen, plutokratischen Parteien durch bürgerlich-bäuerliche Massenparteien abgelöst worden waren, hatte eine Epoche erbittertster nationaler Kämpfe begonnen, die das alte Österreich zersetzten und schlußendlich sprengten. Adler hat die Nationalitätenkämpfe im Grunde nur als «Störung» der Kämpfe der Klassen und seiner sozialpolitischen Arbeit empfunden. «Zwanzig Jahre», schrieb er an Kautsky 1905, «habe ich verloren mit diesem ewigen Kampf, mit diesem ewigen Ausgleichen und Bemühen».[11] Tatsächlich war es seiner persönlichen Autorität und seiner Kunst des Vermittelns weit über ein Jahrzehnt gelungen, sechs nationale sozialdemokratische Parteien in einer «Kleinen Internationalen» zusammenzuhalten. Mit dem Erstarken der tschechischen Organisationen und deren zunehmender nationaler Identifikation war die bislang geübte Praxis unmöglich geworden, wonach die Organe der deutsch-österreichischen Partei automatisch als Führung der Gesamtpartei galten. Der Parteitag 1897 in Wien wandelte die österreichische Partei in eine Föderation nationaler Parteien um, die über eine Gesamtexekutive und den gemeinsamen Abgeordnetenverband im Parlament verfügte und auf den drei Grundpfeilern «Gemeinsamkeit des Programms, Autonomie der Organisation, Vereinbarung der Taktik» beruhte. Das mehr oder minder klaglose Funktionieren dieser «Kleinen Internationale» des Habsburgerreichs für zehn Jahre begründete – neben seinen geistreichen und sarkastischen Reden sowie seiner unnachahmlichen Fähigkeit zum Kompromiß – Adlers ausgezeichnete Stellung in der Zweiten Internationale.

Doch die Auseinandersetzung mit dem Nationalitätenkonflikt war nicht eigentlich seine Sache. So stammt denn das «Brünner Nationalitätenprogramm», das die Neugestaltung Österreichs als föderalistischer Bundesstaat propagierte, nicht von ihm, sondern von Austerlitz, Renner und Kautsky. Als dann über der von den Tschechen aufgeworfenen Forderung nach autonomen nationalen Gewerkschaften die Gesamtpartei auf dem Innsbrucker Parteitag 1911 schließlich doch zerbrach, hat Adler dies zweifellos als Zusammenbruch seines Lebenswerkes empfunden. Der «Fanatiker der Parteieinheit», wie ihn Otto Bauer einmal genannt hat, konnte sich nicht damit abfinden, darin nur «ein Symptom» der sich vorbereitenden nationalen Revolution der slawischen Völker zu sehen. Schwer herzkrank zog er sich ab diesem Zeitpunkt merklich von der Parteiführung zurück.

3. Der Meister der «empirischen Politik»

Am 17. September 1911 demonstrierten 100000 Wiener Arbeiter im Regierungsviertel gegen die von den magyarischen Großagrariern diktierte Schutzzollpolitik, die anhaltende Teuerung und gegen das Einfuhrverbot billigen argentinischen Rindfleischs. Entgegen der bisherigen Praxis hatte der Parteivorstand keine verbindlichen An- und Abmarschrouten festgelegt und auch keinen Ordnerdienst aufgeboten. Gezielte Provokationen des in beachtlicher Stärke konzentrierten Militäraufgebots ließen die Demonstration in Aufruhr umschlagen. Im Arbeiterviertel Ottakring wurden Fabriken, Schulgebäude und Straßenbahnwagen in Brand gesetzt und Barrikaden errichtet; die Straßenkämpfe mit dem Militär dauerten bis in die späten Abendstunden und forderten fünf Todesopfer und Hunderte von Verletzten.

Wovon sprach Victor Adler in der mit höchster Spannung erwarteten Parlamentsdebatte über die «Hungerrevolte»? Er sprach von den siechen, ausgezehrten, unterernährten Proletariern, die er im Trauerzug für die Opfer angetroffen habe, von den «Kindern mit den alten, frühzeitig alten Köpfen, die zu groß sind, mit den mageren Gliedmaßen (...)»: «Nicht darüber wundern sie sich, meine Herren, wenn einmal ein Ausbruch passiert, sondern das Wunder, das täglich sich wiederholende Wunder ist, daß die Massen im ganzen Reich es ertragen und nicht losbrechen.»[12]

Seine Rede geriet zur furchtbaren Abrechnung mit dem Habsburgerstaat, der noch nicht untergehen und nicht mehr leben konnte, und von dem Adler nicht zu sagen wußte, ob es sich um einen «korrupten Sumpf», ein «Irrenhaus» oder ein Gefängnis handle, das der in der radikal-demokratischen, großdeutschen 48er Tradition Aufgewachsene ebensosehr haßte wie er ihn als existierenden «politischen Kampfboden» akzeptieren mußte. Mehr als alles andere prägte dieses einzigartige mitteleuropäische Konstrukt mit seinen hochindustriellen Enklaven in einer Agrargesellschaft, der ungleichzeitigen Entwicklung seiner Nationen, der halbfeudalen Etikette im politischen Leben und der andauernden Macht von Kirche, Militär, Großgrundbesitz und Wirtschaft Adlers politisches Denken und Wesen.

Als politischer Empiriker hegte er eine ausgeprägte Abneigung gegen Abstraktion und historische Konstruktion, gegen alles – wie er es bezeichnete – «Hypothetische».

Es ist bezeichnend, daß er, obwohl im «wissenschaftlichen Sozialismus» gut bewandert, als einer der wenigen Großen des internationalen Sozialismus kein eigenständiges theoretisches Werk hinterlassen hat. Er sei ein «ganz brauchbarer Colporteur fremder Ideen», «dem das Organ beinahe fehlt für die Theorie», schrieb er an Kautsky und an Bebel;[13] und an Engels, mit dem ihn seit Ende der 80er Jahre eine innige Freundschaft verband, bewunderte er vor allem dessen Fähigkeit der «Anwendung der Theorie in corpore vivo».[14] Adler, dem mehr als einmal vorgeworfen wurde, Meister des Opportunismus zu sein, war dagegen ein hervorragender Agitator und genialer Taktiker. Wagner, Schopenhauer und vor allem Nietzsche hatte er mehr für seine intellektuelle Biographie zu verdanken, als den Theoretikern des Frühsozialismus oder der Ersten Internationale. Dazu kam noch eine biologisch-anatomische, vom Sozialdarwinismus beeinflußte Dimension, die seiner Ausbildung als Arzt und Psychiater zuzuschreiben ist.

Der Vorkriegsmarxismus versuchte, die Grundelemente der Marxschen Soziologie zu systematisieren und zu popularisieren; darin hat es Karl Kautsky zu enormer Produktivität und zu Ansehen gebracht. Überwiegend blieb der «Marxismus» jedoch eine Angelegenheit der Parteiintelligenz, die sich eine eigene semantische Suprastruktur schuf. Nur wenige «Marxisten» verstanden es, über den Status einer außerakademischen «Gegenwissenschaft» hinauszugehen und die neuen sozialen Entwicklungen in ein marxistisches Modell zu integrieren, wie das Rosa Luxemburg in der «Zusammenbruchs»-Debatte, Lenin mit seiner Reversion der europäischen Revolution oder Trotzki mit dem Konzept der «Permanenten Revolution» gelungen ist. Der «Austromarxismus», der 1904 sozusagen «offiziell» ins Leben trat, war in seinen Themen und Methoden bereits von der Akademisierung des Marxismus geprägt, und sei es auch in Form seiner «negativen Integration» an den Universitäten Österreichs und speziell Wiens. Vor allem aber: Er war das Produkt der «zweiten Generation» sozialistischer Intelligenz, die genauer besehen mit jener Adlers, Pernerstorfers, Ellenbogens und den Arbeiterintellektuellen wie Schuhmeier oder Reumann wenig gemein hatte. Victor Adler nämlich kam ohne theoretische Referenzen zurecht. Erst 1895, nach sechs Jahren Parteiführung und Abfassung des Parteiprogramms von Hainfeld, fand er Gelegenheit, sich mit dem zweiten und dritten Band des *Kapital* zu befassen. Ausschlaggebend dafür war eine einmonatige Arreststrafe.

Es war nicht die erste und nicht die letzte Verurteilung Adlers – zwischen 1888 und 1899 brachte er es auf gut ein Jahr Arrest wegen seiner politischen Tätigkeit. Doch das waren Wochen und Monate, von denen er nicht ohne Koketterie als von jenen Zeiten sprach, in denen er endlich zur Lektüre der wichtigsten sozialistischen Literatur kam. Im März 1895 jedenfalls ließ ihm Friedrich Engels einen Plan zukommen, nach dem er das *Kapital* im Gefängnis studieren solle. Das Antwortschreiben Adlers zeugt von der geringen Freude an dieser Pflicht: «Für mich beginnt natürlich jetzt erst die Arbeit des Verdauens. Ich hatte zu kämpfen genug», so heißt es dort, «um durchzukommen, da ich nicht nur kurzatmig bin in der Abstraktion, sondern mir in Kredit- und Banksachen die elementarsten Vorkenntnisse fehlen. Aber jetzt will ich das nachholen und hoffe bald festen Boden unter den Füßen zu haben.» Adler suchte nach einem Antrieb, der ihm die Lesearbeit ermöglichte. Und er fand ihn, wie er Engels einleitend, umschweifend und sichtlich ohne Ironie, was sonst nicht seine Art war, mitteilte, im Marxschen Stil: einer «wahrhaft siegreiche(n) Sprache», dem «Eindruck der Erhabenheit», den er als das ihn berührende Ergebnis seiner *Kapital*-Studien nannte.[15]

Wieviel «Marxismus» brauchte ein Sozialist im Habsburgerreich? Victor Adler selbst hat die klassische Antwort darauf auf dem «Hainfelder Parteitag» gegeben: «Das Proletariat politisch zu organisieren, es mit dem Bewußtsein seiner Lage und seiner Aufgabe zu erfüllen, es geistig und physisch kampffähig zu machen und zu erhalten, ist (...) das eigentliche Programm der Sozialdemokratischen Arbeiterpartei in Österreich.»[16] Prinzipiell blieb ihm der Sozialismus Organ der Selbstbestimmung, Selbsterziehung und Selbstdisziplinierung der Arbeiterklasse. Nicht zuletzt daraus erklärt sich die große Autorität, die er weit über die Reihen der Parteimitglieder hinaus genoß, erklärt sich die Verehrung der Arbeitermassen für «ihren Doktor», die ihn zu einer Art «Ersatzkaiser» hochstilisierte und religiöse Dimensionen annehmen konnte.

Eine der wenigen selbständigen Publikationen Adlers behandelt die schrecklichen Folgen der Arbeit mit Phosphor in der Zündholzindustrie, verfaßt anläßlich einer parlamentarischen Interpellation. Alle übrigen Veröffentlichungen sind Leitartikel zu aktuellen politischen Fragen, Parteitagsreden, Vorträge vor sozialdemokratischen Vereinen und legendäre

Auftritte als Angeklagter vor Gericht.[17] Das bedeutete freilich nicht, daß sich Victor Adler (und mit ihm die «alte» Parteiführung) nicht mit jenen Grundsätzen sozialistischer Theorie befaßt hätte, die die «Zweite Internationale» bewegten. Reform und/oder Revolution, General- und Massenstreik, Verelendungstheorie – alle diese umstrittenen Projekte fanden ihre Behandlung auch in der österreichischen Sozialdemokratie. Doch sie erhielten hier ihre besonderen Formen, die entschieden mit Adlers Kunst der Parteiführung zusammenhingen und mit den Besonderheiten der österreichischen Politik. Reform und Revolution – die Auseinandersetzung zwischen «Rechten» und «Linken» (wie in der deutschen und den anderen westeuropäischen Parteien) verlor viel an Spannung in einem Land, das die Arbeiterschaft immer noch vom Wahlrecht fernhielt. Hier ergab sich eine eigenartige Verschiebung. Wenn der Vorwurf des «Reformismus» auftrat – und Victor Adler sah sich in den frühen 90er Jahren zweimal einer starken linken Opposition gegenüber, die noch dazu in der Gewerkschaft eine Stütze fand –, dann nicht anläßlich der Differenz, ob es möglich sei, den «bürgerlichen Staat» mit parlamentarisch-politischen Mitteln umzubauen, statt ihn in einem revolutionären Akt zu beseitigen, oder gar, wie in Frankreich, anläßlich des Eintritts in eine bürgerliche Regierung; der Vorwurf wurde in Österreich vielmehr dann erhoben, wenn man darüber nachdachte, ob man nicht mit «revolutionären Mitteln» Reformen wie den Achtstundentag oder das allgemeine Wahlrecht erzwingen müsse, statt bei «strikt legalen» Methoden zu bleiben.[18] So verketteten sich zwei ursprünglich getrennte Phänomene wie die Reformismus- und die Generalstreiksdebatte in einer Partei, die weder in Gefahr stand, in absehbarer Zeit staatliche Maßnahmen mitverantworten zu müssen, noch die organisatorischen Voraussetzungen besaß, um einen Generalstreik ins Leben zu rufen.

Man mußte kein ausgebildeter Soziologe sein, um – wie es Adler tat – den «Fäulnischarakter» des Habsburgerstaates zu bemerken.[19]

Er kam immer wieder darauf zu sprechen, wie sehr die österreichische Stagnation auch die hiesige Arbeiterschaft in Mitleidenschaft zog, sprach dabei sogar von einer Klasse, die so zu verkommen drohe, daß sie wunschlos würde. Gegen die Gefahr des moralischen Verfalls der Arbeiterschaft – eine Zeitlang hatte es den Anschein, als könnten die Deutschnationalen mit ihrem Antisemitismus eine Arbeiterbasis gewinnen; in den neunziger Jahren gelang den Christlichsozialen mit antisemitischer Demagogie ein Einbruch auch in Arbeiterkreise; innerhalb der Sozialdemokratie selbst traten antisemitische Stimmen immer wieder hervor – war Adler von Anfang an angetreten, sein «Sozialismus» nahm den Ausgang nicht von den materiellen Interessen der Arbeiterschaft, sondern von der Entfremdung.

Wenn es einen originären Beitrag der frühen österreichischen Sozialdemokratie zum internationalen Sozialismus gibt, dann ist es der Entwurf einer «poetischen Politik». Victor Adler war vor allem bemüht, Symbole zu schaffen, die über den politischen Alltag hinaus eine tiefe emotionale Bindung an die Partei herstellen konnten. Das zeigte sich nirgends deutlicher als in der Frage nach der Funktion des 1. Mai, bei deren Beantwortung Adler sogar mit seinem engen Freund August Bebel in Streit kam, der für die deutsche Partei die Durchführung von Demonstrationen als zwecklos ablehnte. Es bestünde bloß die Gefahr eines Zusammenstoßes mit der Staatsmacht, was um so sinnloser sei, als die Resolutionen der Internationale keine einlösbaren Ziele absteckten. Adler beharrte dagegen auf einer für ihn beispielhaften Position: Es gehe gar nicht um die Erkämpfung des Achtstundentages im Zuge von Massendemonstrationen bzw. des Massenstreiks – es gehe darum, an das Gefühl der Arbeiterklasse zu appellieren. «Wir wären ebenso schlechte Politiker, wenn wir den Kopf, als wenn wir das Herz vernachlässigen wollten (...).»[20] Auch in den folgenden Jahren arbeitete Adler an der Verfeinerung der politischen Ästhetik. Eine Reihe von Parteifesten wurde institutionalisiert und mit einem regelrechten Ritus ausgestattet; Musik, Rezitationen und politische Ansprachen verschmolzen zu einem quasi-religiösen Akt. Die Installierung einer Art von Parteiregie erwies sich als wirksames Mittel, um in Zeiten des Stillstands den Aufbau einer Massenpartei voranzubringen. Diesem Ziel dienten auch die Gründungen von sozialdemokratischen Kulturvereinen wie beispielsweise der sogenannten «Naturfreunde», die das erste «internationale» Exportprodukt der österreichischen Sozialdemokratie werden sollten. Die Arbeiterturner zählten gleichfalls dazu, ebenso die Arbeiterradfahrer, bei deren ersten Vereinen in den 90er Jahren Adler und Pernerstorfer höchstpersönlich eingeschriebene Mitglieder waren. Sängervereine, Abstinente, deren sich Adler immer wieder annahm, Feuerbestatter, Theatervereine, Konzertvereine, Arbeiterbibliotheken und anderes mehr rundeten mit den Jahren die österreichische Arbeiterpartei zu einem «Gesamtkunstwerk» ab, in dem persönliche Emanzipation und politische Tätigkeit verknüpft werden sollten.

4. Psychogramm des «politischen Arztes»

Man wird der komplexen Persönlichkeit Adlers nur dann gerecht werden, wenn man sie auch als die eines «politischen» Arztes begreift. Er kam von der Medizin über die Gewerbeinspektion gleichsam zur «sozialen Prophylaxe», der Klassenorganisation der Arbeiterschaft. Seine Aussagen über deren «geistige und physische Kampffähigkeit» hat er keineswegs nur metaphorisch gemeint, als rhetorisches Kürzel für die Forderung nach freier gewerkschaftlicher Tätigkeit, Pressefreiheit und öffentlicher Gesundheitsfürsorge. Der sozialdemokratische Parteiführer hat auch unmittelbar als ausgebildeter Arzt und Hygieniker gesprochen, der ein Gutteil seiner im eigentlichen Sinn «wissenschaftlichen» Tätigkeit dem *Patchwork* einer sozialistischen Lebensreform gewidmet hat. Darunter ragen vor allem seine Arbeiten zur Alkoholfrage, zur allgemeinen Volkshygiene und zur Gewerbehygiene hervor.

Im ersten Jahrzehnt seiner Parteitätigkeit gab es praktisch keinen größeren Streik, der nicht unter seiner Leitung gestanden wäre. Jede noch so kleine Reform des Arbeiterschutzes und der Gewerbeinspektion betrieb er mit gleicher Intensität wie große politische Kämpfe. Inmitten der Annexionskrise von 1908 und wüster Obstruktion im Parlament arbeitete er mit größter Energie an dem Verbot des weißen Phosphors – dessen gesundheitsschädliche Auswirkungen vielleicht einige hundert Arbeiter in der Zündholzindustrie betrafen.

Wie sehr sich Adler aber der Sozialhygiene verpflichtet fühlte, zeigte sich auch bei der Kontroverse rund um die gesetzliche Einführung des Impfzwanges im Jahr 1912. Obwohl sich bedeutende Parteifunktionäre wie Benno Karpeles unter Hinweis auf eine starke Fraktion sogenannter «Naturheiler» unter der Reichenberger Arbeiterschaft vehement gegen einen Clubzwang im Reichsrat aussprachen, war Adler als Obmann des Sanitätsausschusses in dieser Frage zu keinen Konzessionen bereit. Er entschloß sich dazu, den Bruch mit einigen hundert Kadern der nordböhmischen Sozialdemokratie einzugehen, da Höheres auf dem Spiel stehe: die Aufgabe der Sozialdemokratie als «Anwalt des Lebens und der Gesundheit» gegen Tod und Krankheit.[21]

Adler sezte an die Stelle des optimistischen «historischen Materialismus» eine ärztliche Ethik – den individuellen Körper, dem die Medizin ihre Aufmerksamkeit schenkte, erweiterte er zum sozialen Körper. Seine medizinische Ausbildung lieferte ihm das methodische und begriffliche Instrumentarium, mit dem er nach metonymischer Verfahrensregel den Sozialismus als Therapie für die ganze Gesellschaft darstellte. Seine berühmten Sozialreportagen über das elende Los der Wienerberger Ziegelarbeiter, der Wiener «Tramwaysklaven» und seine Schriften zur Alkoholfrage sind Analyse und Anklage zugleich.

Seine erstaunliche Fähigkeit, mit den Arbeitermassen mitzudenken, mitzufühlen und mitzuleiden, zeichnete Victor Adler aus. Julius Braunthal vermutet hinter dieser allseits vermerkten Sensibilität auch eine psychische Disposition, die von Adlers eigenen persönlichen Tragödien herrührte. Seine Frau, Emma Adler, mußte sich ab 1890 immer wieder psychiatrischen Behandlungen unterziehen, seine Tochter Marie erkrankte noch in Jugendjahren und wurde in der Wiener psychiatrischen Anstalt «Am Steinhof» dauerhaft interniert. Dazu kamen eigene chronische Krankheiten und eine finanzielle Dauermisere. «Zum Riesen Antäus fehlt mir so ziemlich alles», schrieb Adler 1891 an Engels, «aber das habe ich mit ihm gemein, daß ich mich kräftig und mutig fühle, sowie ich den

Erdgeruch von Proletariern um mich spüre, während ich zusammenklappe wie ein Taschenfeitl, wenn ich allein bin.»[22] Zweifellos war er alles andere als ein unreflektierter Übersetzer von Massenstimmungen in die Sphäre der «großen» Politik, doch einmal als richtig erkannte Positionen konnte er mit Härte und Konsequenz in den erregtesten Massenversammlungen durchsetzen. Bloße «Volkstribunen» wie den Ottakringer Arbeiterführer Franz Schuhmeier verachtete er – ein «riesig geschickter Demagoge, dem aber jeder Sinn fehlt, unsere Probleme auch nur zu verstehen», der sich «eine Sorte von Radau-Opportunismus zusammengebraut» habe.[23]

Wie in der Nationalitätenfrage hat Adler auch in der Einschätzung des ersten Weltkrieges geirrt und diesen allzulange ausschließlich nach seinen unmittelbaren Auswirkungen auf die Arbeiterwohlfahrt eingeschätzt. Er, der grundsätzlich die Position der deutschen Mehrheitssozialisten einnahm, verfocht diese noch nachdrücklich gegen die «Kriegslinke» am Parteitag 1917, ordnete sie aber sehr wohl dem «höheren Zweck» der Parteieinheit unter. Im dritten Kriegsjahr traf ihn der zweifellos schwerste Schicksalsschlag seines Lebens: die Erschießung des Ministerpräsidenten Graf Stürgkh durch seinen Sohn Friedrich Adler am 21. Oktober 1916. Das Attentat ist vielfach als «stellvertretender Vatermord» aus Ohnmacht gegen Partei und Vater interpretiert worden (erstmals von de Man), seine historische Relevanz erlangte es jedenfalls erst im Zusammenspiel des öffentlichkeitswirksamen Prozesses, der russischen Märzrevolution und der großen österreichischen Streiks nach dem Hungerwinter 1916/17. Victor Adlers unmittelbare Reaktion auf das Attentat war ein verzweifelter Versuch der Lebensrettung: Er wollte seinen Sohn vor dem Galgen bewahren, indem er, auch unter Bezugnahme auf eventuelle erbliche Vorbelastung, das gerichtliche Gutachterkonsortium von der psychischen Nichtzurechnungsfähigkeit Friedrichs zu überzeugen versuchte.[24]

Was Adler von den meisten führenden Köpfen der Zweiten Internationale und ihren nationalen Parteien unterschied, war seine feine Ironie und ein versteckter Hedonismus. Adlers Ironie konnte in beißenden Sarkasmus umschlagen, viele seiner Aussprüche und Metaphern sind legendär geworden: «Ein Anarchist ist ein Mann, der wartet, bis irgendwo, irgendwer auf irgend jemand ein Attentat verübt – dann freut er sich»; «im übrigen meine ich, die Opposition von links müßte erfunden werden, wenn man sie nicht hätte; nur würde man sie um eine Nuance gescheiter und anständiger erfinden»; die «österreichischen Zustände» definierte er als «Despotismus gemildert durch Schlamperei»; Rosa Luxemburg bescheinigte er «hysterischen Materialismus»...

Adler hatte sein ganzes Vermögen aus dem väterlichen Erbe in die Parteiprojekte und namentlich in die *Arbeiter-Zeitung* investiert – oder bei Glücksspielen verloren. Seine Tätigkeit als «Staatsfeind» hinderte ihn nicht daran, akzeptiertes Mitglied der bürgerlichen Gesellschaft zu sein und – wenn auch nicht so intensiv wie andere – an den «Salons» teilzunehmen. Die hier geknüpften Kontakte zu den «Kathedersozialisten» und bürgerlichen Reformpolitikern sollten sich als sehr wertvoll erweisen, insbesondere dann, wenn es um die Finanzierung der Partei ging. Einer der Direktoren der führenden Industriebank «Niederösterreichische Escompte» zählte zu den maßgeblichen Financiers der Parteizeitung, die die einzige verbindliche Grundlage des Parteilebens darstellte. «Höhere Summen» kamen auch von einer Baronin de Langenau, eine Palastdame der Kaiserin. Doch die Instrumentalisierung dieser «Salonkultur» lag Adler gänzlich fern; er kam mit seinen verschiedenen Leben als «Revolutionär», als bürgerlicher Ästhet und Dandy, der er auch sein konnte, gut zurecht.

Julius Braunthal hat uns den Unterschied zwischen den «zwei Generationen Arbeiterbewegung» an den so unterschiedlichen Persönlichkeiten von Victor Adler und seinem Sohn Friedrich deutlich gemacht. Hier die «Gründer» des Austrosozialismus, die sich wenig um den «wissenschaftlichen» Anspruch des Sozialismus kümmerten, aber über eine radikale Subjektivität verfügten. Dort die «Austro-Marxisten», die mit ihrem radikalen Rationalismus stets auf der Suche nach «wissenschaftlichen» Begründungen dafür waren, Spontaneität und Emotion aus der Politik zu verbannen. Während sich die einen mit Materialismus und Dialektik immer weiter von der «revolutionären Tat» entfernten, näherten sich die anderen auf dem idealistischen Weg der Künstler-Utopie sozusagen instinktiv einer «Philosophie der Praxis».

Victor Adler verstarb als Mitglied des provisorischen Staatsrates und Staatssekretär für Äußeres (d. i. Außenminister) am 11. November 1918 – einen Tag vor Ausrufung der Republik.

Ingrid Gilcher-Holtey

KARL KAUTSKY
(1854–1938)

1. Lebensweg

Karl Kautsky war 20 Jahre alt, als er sich im Januar 1875 an die Sozialdemokratische Partei band. Durch seine Herkunft vorgezeichnet war diese Entscheidung nicht. Geboren am 16. Oktober 1854 in Prag, war er in einer Künstlerfamilie aufgewachsen. Sein Vater, Johann Kautsky, war Theatermaler, seine Mutter, Minna Kautsky, Schauspielerin und Schriftstellerin. Sozialist wurde Kautsky – unter dem Eindruck der Pariser Kommune – aus ethischem Empfinden. Er las in den Schriften Louis Blancs und den Werken materialistischer Denker wie Büchner, Haeckel, Feuerbach, ohne Sozialismus und Materialismus verbinden zu können. Sein Sozialismus war, wie er später urteilte, «Gefühlssozialismus» und sein Materialismus lange Zeit «bloßer Atheismus». Früh mit religiösen Denkweisen konfrontiert – mit Calvinismus (durch einen Privatlehrer aus der tschechischen Kolonie Wiens), Katholizismus (während seines zweijährigen Aufenthaltes im Klosterkonvikt Melk) und Judaismus (auf dem Akademischen Gymnasium Wiens), hatte Kautsky sich noch als Schüler vom religiösen Glauben gelöst. Geblieben war jedoch die Vorstellung, daß es «irgendeine Grundursache allen Seins geben (mußte), eine Urkraft, die das ganze Weltgetriebe in Bewegung setzt und regelt.»[1]

In den Mittelpunkt seines intellektuellen Interesses rückten Darwin und Marx, deren Hauptwerke er 1875 las. Während Darwins Buch *Vom Ursprung des Menschen* ihm wie eine «Offenbarung» erschien, blieb ihm bei der ersten Lektüre das Marxsche *Kapital* unverständlich. Er übersetzte jedoch – mittlerweile Student der Geschichte und Jurisprudenz im zweiten Semester – Auszüge aus *La Misère de la Philosophie* und kommentierte sie für eine Wiener Arbeiterzeitung. Durch Marx' Kapitalanalyse angeregt, begann er sich mit bürgerlichen Nationalökonomen auseinanderzusetzen. In dem Maße, in dem er die Bedeutung des ökonomischen Faktors, der kapitalistischen Produktionsweise, für die Verwirklichung des Sozialismus erkannte, verwandelte sich die soziale Frage für ihn in ein wissenschaftliches Programm: in die Suche nach Einsicht in die Gesetzmäßigkeit der gesellschaftlichen Entwicklung.

Diesem Programm seine ganze Arbeit zu widmen, wurde möglich, als Karl Höchberg, der Herausgeber des *Jahrbuchs für Sozialwissenschaft und Sozialpolitik*, Kautsky 1880 in Zürich, einem der Zentren der sozialdemokratischen Emigration unter dem Sozialistengesetz, eine Stelle als wissenschaftlicher Mitarbeiter anbot. Kautsky – sechsundzwanzig Jahre alt – brach sein Studium an der Universität Wien ab. Seine Dissertation über Thomas Jefferson hatte er nicht beendet, den Nachweis wissenschaftlicher Qualifikation durch eine Studie über die Bevölkerungsfrage – *Der Einfluß der Volksvermehrung auf den Fortschritt der Gesellschaft* (1880) – aber gleichwohl erbracht.

In Zürich lernte Kautsky Eduard Bernstein kennen, der für Höchberg als Sekretär arbeitete und 1881 die Redaktion des Zentralorgans der deutschen Sozialdemokratischen Partei (*Der Sozialdemokrat*) übernahm. Mit ihm verband Kautsky bald enge Freundschaft. Die Lektüre von Engels *Anti-Dühring* erschloß beiden den Zugang zum Werk Marx' und Kautsky zugleich die Verknüpfung von Sozialismus und materialistischer Geschichtsphilosophie; er bezeichnete sich fortan als «Marxist». Eine Reise nach London, die er, von Höchberg finanziert, 1881 unternahm, bestärkte ihn darin: Er lernte Marx und Engels kennen und gewann in Engels einen Mentor und Lehrer.

Ein Freundeskreis jüdischer Intellektueller in Wien, wohin er nach dem finanziellen Ruin Höchbergs im Frühjahr 1882 zurückkehrte, ermutigte Kautsky, eine Zeitschrift zu gründen, die sich die Verbreitung und Anwendung der Marxschen Lehre zum Ziel setzte. Gemeinsam mit dem Nationalökonomen Heinrich Braun, den Kautsky seit seiner Schulzeit kannte, und Johann Heinrich Wilhelm Dietz, der aus der sozialdemokratischen Leipziger Genossenschaftsdruckerei einen eigenen Verlag errichtet hatte, gründete Kautsky *Die Neue Zeit*, deren erste Nummer 1883 in Stuttgart erschien. Von der Führungsgruppe der Sozialdemokratischen Partei (um Bebel und Liebknecht) anerkannt, war die *Neue Zeit* als privates wissenschaftliches Unternehmen das einzige legale Organ der unter dem Sozialistengesetz illegalen Sozialdemokratischen Partei. Der *Neuen Zeit*, die nach kurzer Zeit von Karl Kautsky alleinverantwortlich geleitet wurde, fiel in dieser Situation eine Schlüsselrolle im innerparteilichen Diskurs zu, sie wurde für Kautsky das Medium seiner politischen Wirkung.

Sitz der Redaktion war von Januar 1885 bis Juni 1888 und von September 1889 bis März 1890 London. In unmittelbarer Nähe zu Friedrich Engels und von diesem *privatissime* geschult, schrieb Kautsky neben seiner Tätigkei als Redakteur eines der für die Verbreitung des Marxschen Denkens wichtigsten Bücher: *Karl Marx' ökonomische Lehren* (1887), eine Einführung in das *Kapital.* Daneben verfaßte er eine Studie über die Anfänge des modernen Sozialismus, *Thomas More und seine Utopie* (1888), und eine von Marx' Klassenanalyse angeleitete Untersuchung der französischen Revolution, *Die Klassengegensätze von 1789* (1889). Engels brachte seine wachsende Anerkennung Kautskys dadurch zum Ausdruck, daß er ihn in die Transkription der Marxschen

Karl Kautsky (1854–1938)

Manuskripte einübte und ihn an der bisher von ihm allein besorgten Edition des Marxschen Nachlasses beteiligte. Kautsky transkribierte in jahrelanger Arbeit die *Theorien über den Mehrwert*, die in zwei Bänden 1905 bzw. 1910 erschienen.

1890 – nach Aufhebung des Sozialistengesetzes – mußte Kautsky London verlassen. Die *Neue Zeit* – nun offizielles theoretisches Organ der Sozialdemokratischen Partei – wurde von einer Monatszeitschrift zu einer Wochenzeitschrift, und die vermehrte Redaktionsarbeit war nur am Verlagsort zu bewältigen. Von Stuttgart aus griff er im August 1891 in die Debatte um ein neues Grundsatzprogramm der Sozialdemokratischen Partei ein. In der *Neuen Zeit* kritisierte er den offiziellen – von Bebel und Liebknecht ausgearbeiteten – Entwurf des Parteivorstands und legte einen Gegenentwurf vor, dessen theoretischer Teil Grundlage des Erfurter Programms wurde. Für Kautskys Stellung innerhalb der Sozialdemokratischen Partei war die Annahme seines Programmentwurfs von größter Bedeutung: Er löste Liebknecht als Parteitheoretiker ab und ersetzte dessen von Marx wegen seiner lassalleanischen Prägung scharf kritisiertes Gothaer Programm durch ein von Engels als marxistisch anerkanntes. Als Programm der stärksten Partei der Zweiten Internationale wirkte es maßgebend auf die theoretischen Debatten in den sozialistischen Parteien anderer Länder ein. Kautskys Kommentar zum Erfurter Programm wurde in dreiundzwanzig Sprachen übersetzt und begründete in den neunziger Jahren seine Autorität nicht nur als Theoretiker der deutschen, sondern der internationalen Sozialdemokratie. *Die Neue Zeit* wurde zum internationalen Forum der sozialistischen Avantgarde ganz Europas.

Als 1897 der Revisionismusstreit seinem Höhepunkt entgegenging, zog Kautsky mit der Redaktion der Zeitschrift nach Berlin. Hier – in der Nähe August Bebels und von diesem aufgefordert – trat er der Herausforderung Eduard Bernsteins entgegen. Kautskys Anti-Kritik *Bernstein und das sozialdemokratische Programm* (1899) verteidigte die ökonomische Analyse des Erfurter Programms und mit ihr das Selbstverständnis der Sozialdemokratie als Klassen-, nicht als Volkspartei. Noch einmal schrieb Kautsky – wie im Kommentar zum Erfurter Programm – die Grundpositionen für den politischen Kampf der Arbeiterpartei fest. August Bebel setzte sie auf den Parteitagen von Hannover (1899) und Dresden (1903) innerparteilich durch. Bereits zwei Jahre nach dem Dresdener Parteitag brach allerdings ein neuer Richtungsstreit aus: Aus taktischen Differenzen über den politischen Massenstreik entwickelte sich eine theoretische Kontroverse um die Begründung des Sozialismus zwischen Neukantianern und Marxisten in der Sozialdemokratischen Partei. Mit *Ethik und materialistische Geschichtsauffassung* (1906) verteidigte Kautsky den historisch-ökonomischen Erklärungsansatz und behauptete – von Bebel, Mehring und Luxemburg unterstützt – die Deutungskompetenz der Marxisten in der Partei.

Nach Mandatsverlusten der Sozialdemokratischen Partei in den Reichstagswahlen 1907 brachen die Fronten zwischen Marxisten und Revisionisten wieder auf. Herausgefordert durch die Kritik Max Maurenbrechers an der Herrschaft der Marx-Epigonen in der Partei, schrieb Kautsky seine radikalste politische Schrift, *Der Weg zur Macht* (1909). Er kam, die ökonomisch-soziale Enwicklung analysierend, zu dem Ergebnis, daß in den industriell entwickelten Ländern – Deutschland und England – die Voraussetzungen für eine sozialistische Transformation gegeben seien und empfahl als ein Mittel zur Überwindung der politischen Stagnation der Arbeiterbewegung die direkte gewerkschaftliche und politische Aktion und damit den politischen Massenstreik. Der Parteivorstand untersagte das Erscheinen der Schrift im parteieigenen Vorwärts-Verlag. Unter Druck gesetzt, gab Kautsky nach. Er veröffentlichte die Schrift im Dietz-Verlag mit der Erklärung, daß sie seine persönliche Auffassung widerspiegele, nicht die der Partei, und verlor dadurch zweierlei: die Autorität gegenüber dem Parteivorstand und die Solidarität der Radikalen, die von ihm die offensive Verteidigung seiner Position gegenüber dem Parteivorstand erwartet hatten. Als Rosa Luxemburg 1910 die Anwendung des politischen Massenstreiks in Preußen forderte, wurde das marxistische Lager, das sich bislang erfolgreich gegen Revisionisten und Neukantianer behauptet hatte, in zwei Flügel gespalten: in ein «marxistisches Zentrum» und eine «radikale Linke». Kautskys Einfluß als Theoretiker war geschwächt durch die Verselbständigung der Radikalen und die zunehmend pragmatische Orientierung der Sozialdemokratischen Partei.

Der Erste Weltkrieg brachte Kautsky in ein Lager mit all seinen ehemaligen Kontrahenten zurück. Seite an Seite mit Eduard Bernstein, Kurt Eisner und Rosa Luxemburg kämpfte er gegen die Kriegspolitik der Sozialdemokratischen Partei und schrieb das theoretische Gründungsmanifest der USPD. Doch sein Einfluß blieb begrenzt, zu gering war der theoretische Konsens, der die ehemaligen Kontrahenten verband. Die Folgen seines Beitritts zur USPD waren freilich einschneidend: Kautsky verlor das Medium, über das er 35 Jahre lang Einfluß auf die Sozialdemokratische Partei genommen hatte, *Die Neue Zeit.* Dreiundsechzig Jahre alt, wurde er als Chefredakteur vom Parteivorstand entlassen.

Im November 1918 wurde Kautsky Vorsitzender der Sozialisierungskommission und beigeordneter Staatssekretär im Auswärtigen Amt. Als die USPD im Dezember aus der Regierung der Volksbeauftragten austrat, schied auch Kautsky aus dem Auswärtigen Amt aus. Die Aufgabe, mit der er betraut worden war, führte er jedoch weiter. Er stellte *Die deutschen Dokumente zum Kriegsausbruch* (1919) zusammen und legte mit *Wie der Weltkrieg entstand* (1919) zugleich die erste Analyse der Dokumente vor, die international große Aufmerksamkeit fand. Seine Vorstellungen über die von einer sozialistischen Regierung vorzunehmenden Sozialisierungsmaßnahmen faßte Kautsky in den *Richtlinien für ein sozialistisches Aktionsprogramm* (1919) und in seinem Referat *Was ist Sozialisierung?* vor dem 2. Reichskongreß der Arbeiter-, Bauern- und Soldatenräte zusammen. Verwirklichung fanden sie nicht; die Sozialisierungskommission löste sich, nachdem die Wahlen zur Nationalversammlung keine sozialistische Mehrheit erbracht hatten, im April 1919 auf.

Der Versuch, Teile der Transformationskonzeption Kautskys in politische Praxis zu überführen, wurde in Georgien gemacht. Die transkaukasische Republik, seit Dezember 1918 von Rußland unabhängig, sah in ihm den Mentor ihres Staats- und Revolutionsmodells. Kautsky besuchte das Land auf Einladung der menschewistischen Regierung von September 1919 bis Januar 1920 und beschrieb seine Eindrücke in *Georgien – Eine sozialdemokratische Bauernrepublik* (1920). Noch während seines Aufenthaltes in Tiflis formierte sich die Rote Armee an den Grenzen, sechs Wochen nach seiner Abreise wurde das Land besetzt, Georgien eine Sowjetrepublik.

Seine Kritik an den bolschewistischen Methoden der Machteroberung hatte Kautsky bereits in seiner Schrift *Die Diktatur des Proletariats* (1918) entfaltet. Die Entwicklungstendenzen des Sowjetstaates («neue Bürokratie», «neue privilegierte» und «neue entrechtete Klasse») früh erkennend, war er zum Gegner des russischen Weges zum Sozialismus geworden. Die Auseinandersetzung mit dem Bolschewismus verwickelte ihn nacheinander in Kontroversen mit Lenin, Trotzki und Bucharin. Die scharfe Abgrenzung, die er zwischen dem demokratischen Sozialismus der Arbeiterparteien des Westens und dem Bolschewismus vornahm, stieß innerhalb der USPD auf Kritik. Nach Abspaltung des am russischen Modell orientierten Flügels der Partei unterstützte Kautsky die Wiedervereinigung von USPD und SPD. So beteiligte er sich an der Ausarbeitung eines neuen Grundsatzprogramms; doch bevor es offiziell vom Parteitag in Heidelberg 1924 angenommen wurde, verließ er Deutschland. Er kehrte nach Wien zurück, wo er bis 1938 als freier Schriftsteller lebte. Dort schrieb er ein zweibändiges Werk über *Die materialistische Geschichtsauffassung* (1927) und eine Studie über *Sozialisten und Krieg* (1937).

Beim Einmarsch der Truppen Hitlers im März 1938 mußte Kautsky aus Wien fliehen. Es gelang ihm, mit Hilfe der tschechischen Botschaft in seine Geburtsstadt Prag zu entkommen. Von dort emigrierte er nach Amsterdam, wo er am 17. Oktober 1938 starb. So blieb ihm der letzte Weg erspart, den sein Sohn Benedikt und seine Frau gehen mußten. Sie wurden von den Nationalsozialisten ins Konzentrationslager verschleppt. Luise Kautsky starb 1944 in Auschwitz.

2. Werk

Kautskys Werk umfaßt nahezu 1800 Publikationen sowie eine umfangreiche Korrespondenz, die bislang nur zum Teil veröffentlicht ist. Noch zu Lebzeiten Kautskys wurde sein Werk zeitlich untergliedert und ideologisch klassifiziert. Lenin unterschied zwischen dem «frühen» und «späten», dem «Radikalen» und «Zentristen», dem «Marxisten» und «Renegaten» Kautsky. Während er den frühen Kautsky (bis 1909/10) als «Autorität» anerkannte, galt ihm der späte als «Opportunist» und «Verräter».[2] Karl Korsch datierte den Scheinmarxismus Kautskys bereits auf die frühe Periode und prägte die Formel von der «krypto-revisionistischen Methode» Kautskys, die 1927 in eine «offen revisionistische» überführt worden sei.[3] Die historische Forschung hat diese Interpretationen vielfach entlehnt, ohne ideologiekritisch den Standort der Interpreten zu prüfen. Ausgehend von einem je spezifischen Marx-Verständnis wurde gemessen, ob Kautsky eine «halbe», «unvollständige», «denaturierte» oder «liturgisierte» Marx-Rezeption vornahm.[4] Die nachfolgende Darstellung folgt diesem Vorgehen nicht, sondern zeigt die Positionen eines Theoretikers auf, der sich zeit seines Lebens als Marxist verstand und der erste große Marx-Exeget mit internationaler Wirkung war.

Sozialismus-Konzept

Sozialismus wird im Erfurter Programm nicht als ethisches Ideal, sondern als ökonomische Notwendigkeit definiert. Notwendig «zur Befreiung nicht bloß des Proletariats, sondern des gesamten Menschengeschlechts», ist Sozialismus ein Ziel, das im Interesse aller liegt, aber nur durch den Kampf der Arbeiterklasse erreicht werden kann. Ihr fällt die Aufgabe zu, «jede Art der Ausbeutung und Unterdrückung» aufzuheben und die «wachsende Ertragsfähigkeit der gesellschaftlichen Arbeit für die bisher ausgebeuteten Klassen (...) zu einer Quelle der höchsten Wohlfahrt und allseitiger, harmonischer Vervollkommnung» werden zu lassen. Die Erfüllung dieser Aufgabe wird an die Voraussetzung der Umgestaltung der bestehenden Produktionsweise durch Aufhebung des Privateigentums an Produktionsmitteln geknüpft. In späteren Schriften hob Kautsky hervor, daß Sozialisierung nicht Selbstzweck ist, sondern Mittel zum Zweck. Im Erfurter Programm, das die Ziele des proletarischen Kampfes bestimmt, setzte er Sozialismus und Sozialisierung gleich. Beide ergeben sich aus den Bewegungs- und Entwicklungsgesetzlichkeiten der kapitalistischen Gesellschaft. Historisch entfaltet wird der Sozialismus durch zwei Faktoren: den «revolutionären und revolutionierenden Charakter» der modernen Produktionsweise und den Klassenkampf des Proletariats. Der Kapitalismus führt mit Notwendigkeit zu einem Punkt, an dem «das Privateigentum an Produktionsmitteln unvereinbar geworden ist mit deren zweckentsprechender Anwendung und voller Entwicklung». Als Merkmale dieses Prozesses werden im Programm genannt: die Monopolisierung der Produktionsmittel und des Produktivitätszuwachses durch wenige Kapitalisten und Großgrundbesitzer bei gleichzeitiger – durch die immanenten Krisen des kapitalistischen Systems sich verschärfender – Proletarisierung der Mittelschichten und Verelendung des Proletariats. Die Verwirklichung des Sozialismus wird jedoch nicht aus dem Zusammenbruch des Kapitalismus abgeleitet, sondern bleibt an den Klassenkampf gebunden. Entstanden aus dem – im Verlauf des Konzentrations- und Zentralisationsprozesses des Kapitals – zunehmend sich verschärfenden gesellschaftlichen Antagonismus und insofern ökonomisch bedingt, ist er das treibende Element der sozialistischen Transformation. Dem Ziel der Emanzipation dient der Klassenkampf jedoch nur, wenn er vom Proletariat bewußt geführt wird. Bewußte proletarische Aktion setzt die Einsicht des Proletariats in die historischen Entwicklungsprozesse voraus. Diese vollzieht sich nicht notwendig mit der ökonomischen Entwicklung; die Kämpfe der Arbeiterklasse bewußt und einheitlich zu gestalten, ist daher die Aufgabe der Sozialdemokratischen Partei. Die Strategie, die das Programm ihr vorschreibt, wird durch den Grundsatz geprägt, daß die Arbeiterklasse «den Übergang der Produktionsmittel in den Besitz der Gesamtheit nicht bewirken (kann), ohne in den Besitz der politischen Macht gekommen zu sein». Dem Vorbild des *Kommunistischen Manifestes* folgend, verknüpft das Erfurter Programm damit den sozialen Kampf gegen die kapitalistische Ausbeutung mit dem politischen Kampf um die Eroberung der Macht im Staat. Kautsky löst die bei Marx angelegte Ambivalenz zwischen ökonomischem Determinismus und politischem Aktivismus nicht, wie vielfach unterstellt, zugunsten einer ökonomischen Zwangsläufigkeit des Emanzipationsprozesses auf. Kennzeichnend für Kautskys Sozialismus-Konzeption ist eine duale Perspektive, die einerseits der ökonomischen Entwicklungsgesetzlichkeit Rechnung trägt und andererseits den politisch geführten Klassenkampf als konstitutives Element der sozialistischen Transformation betont.

Politische und soziale Revolution

Kautsky unterschied zwischen Revolution als «elementarem Ereignis» und Revolution als «Prozeß». Den Doppelcharakter seines Revolutionsbegriffs hob er bereis in seiner Artikelserie *Der Entwurf des neuen Parteiprogramms* (1891) hervor,[5] in seiner *Anti-Kritik* gegen Bernstein (1899) brachte er ihn auf den Begriff. Terminologisch unterschied er zwischen «sozialer» und «politischer» Revolution.[6] Ihre deutlichste inhaltliche Ausprägung fand die Unterscheidung in *Die soziale Revolution* (1902). In Anlehnung an Marx' Vorwort zur *Kritik der politischen*

Ökonomie definierte Kautsky «soziale Revolution» als die «langsamere oder raschere Umwälzung des ganzen ungeheuren juristischen und politischen Überbaus der Gesellschaft, die aus der Veränderung ihrer ökonomischen Grundlagen hervorgeht», und grenzte davon die «politische Revolution» als «Eroberung der Staatsgewalt durch eine bis dahin unterdrückte Klasse» ab.[7] Die «soziale Revolution» ist nach Kautsky «das Produkt besonderer historischer Vorbedingungen» und insofern historisch determiniert. Sie ist das «Ziel», das der Sozialdemokratie «prinzipiell» vorgegeben ist und auf das jede Organisation des Proletariats mit Notwendigkeit hinwirkt. Demgegenüber stellt die «politische Revolution» das «Mittel» dar, mit dem das Proletariat seine soziale Unterdrükkung aufhebt und politische Macht erringt. Der politische Kampf ist auf die «soziale Revolution» bezogen, insofern läßt er sich nicht willkürlich organisieren, muß aber vom Proletariat geführt werden, um die notwendige Voraussetzung für die Verwirklichung der (durch die «soziale Revolution» bedingten) sozialistischen Transformation der Gesellschaft zu schaffen: den Übergang der Produktionsmittel in den Besitz der Gesamtheit. Die Unterscheidung zwischen Revolution als «Entwicklung» (historisch bestimmt) und Revolution als «Ereignis» (politisch erkämpft) zeigt, daß Kautsky Revolution keineswegs als «Naturereignis» versteht, für das man sich nur bereitzuhalten und die Partei zu organisieren hat, sondern als Produkt gesellschaftlicher Entwicklungen und politischer Handlungen.

Strategie und Taktik

Im Erfurter Programm hatte Kautsky darauf verzichtet, konkrete Handlungsanweisungen hinsichtlich der Formen des politischen Kampfes zu geben. Die innerparteilichen Debatten der neunziger Jahre zwangen ihn, seine Vorstellungen über die Strategie der Machteroberung und die Taktik der Sozialdemokratischen Partei zu präzisieren. In *Ein sozialdemokratischer Katechismus* (1894) unterschied er zwischen der «proletarisch-sozialrevolutionären» oder «gewaltsamen» und der «demokratisch-proletarischen» oder «friedlichen» Methode des Klassenkampfes und erklärte für die deutsche Sozialdemokratie den Kampf mit «unmilitärischen Mitteln», d.h. «Parlamentarismus, Streiks, Demonstrationen, Presse und ähnliche(n) Pressionsmittel(n)» in der gegebenen Situation als am aussichtsreichsten.[8] Sein Plädoyer, solange wie möglich mit gesetzlichen Mitteln allein auszukommen, orientierte die Sozialdemokratische Partei auf den parlamentarischen Kampf, beschränkte sie jedoch nicht darauf. Kautskys Strategie kam der reformistischen Praxis entgegen, aber sie ging nicht darin auf: Das Plädoyer für gesetzliche Mittel schloß den Verzicht auf Gewalt nicht ein, ebensowenig die Aufgabe des Konzepts der sozialen Entscheidungskämpfe. Die Sozialdemokratische Partei mußte damit rechnen, daß der Übergang zur sozialistischen Gesellschaft in Deutschland die Form gewaltsamer Auseinandersetzungen annahm. Die Anwendung von Gewalt – von Kautsky primär verstanden als Gegengewalt – war eine mögliche Konsequenz der «demokratisch-proletarischen» oder «friedlichen» Methode in einem undemokratischen Land.

Im Rahmen dieser Konzeption bewegte sich auch Kautskys Argumentation in der Massenstreikdebatte. Er unterschied zwischen zwei Formen (Typen) des politischen Massenstreiks: dem befristeten, legalen, auf indirektem (moralischem) Druck der Arbeitsverweigerung beruhenden Demonstrationsstreik und dem unbefristeten illegalen (insoweit er formale Rechtsverletzungen in Kauf nahm), auf direktem (materialem) Druck beruhenden Zwangsstreik.[9] In Ländern mit starker Zentralregierung und halb-absolutistischen politischen Strukturen (wie Preußen/Deutschland) kam nach Auffassung Kautskys nur letzterer als wirksames Mittel zur Erweiterung und Verteidigung politischer Rechte des Proletariats in Betracht. Der politische Massenstreik in Form des Zwangsstreiks war *das* «Gewaltmittel», das dem Proletariat zur Verfügung stand, Übergriffe der herrschenden Klassen abzuwehren und «die bürgerliche Gesellschaft und den Staat zur Kapitulation vor den Arbeitern zu zwingen». In diesem Sinne definierte Kautsky den politischen Massenstreik als «wahrhaft revolutionäres Mittel», das nur «in revolutionären Zeiten am Platze ist, beim Kampf nicht um einzelne Maßregeln (...), sondern beim Kampf um die ganze politische Macht».[10] Zweimal wich er von dieser Konzeption ab: 1905 unter dem Eindruck der russischen Revolution und 1909 in *Der Weg zur Macht*. Während er 1905 die Möglichkeit andeutete, den politischen Massenstreik als offensives Kampfmittel zur Erringung von politisch-sozialen Teilforderungen einzusetzen, ging er 1909 noch einen Schritt weiter. Den Beginn der Epoche der sozialen Revolution konstatierend, entwickelte er taktische Richtlinien zur Demokratisierung Deutschlands, zu denen er unter anderem auch den Einsatz der Waffe des politischen Massenstreiks rechnete.

Taktik und Strategie waren für Kautsky aufeinander bezogen, doch räumte er den Politikern stets Handlungsspielräume bei der Wahl der taktischen Mittel ein; ihm selbst kam es darauf an, die Strategie zu definieren und an den Zielen der Partei zu orientieren. Das Ziel – die Eroberung der politischen Macht und die sozialistische Transformation der Gesellschaft – schloß, darauf legte Kautsky die Sozialdemokratie bis 1914 fest, eine Ausweitung der Politik der Partei auf Interessenlagen nicht-proletarischer Gruppen und Klassen aus. Gleichermaßen grenzte er eine Strategie spontaner Erhebungen im Vertrauen auf die Selbstorganisation unorganisierter Massen aus.

Organisation und Aktion

Die Klassenkämpfe des Proletariats, so hatte Kautsky bereits im Kommentar zum Erfurter Programm erklärt, führen nicht notwendig zum Sozialismus: Solange sie einem «dumpfen Klasseninstinkt» entspringen, tragen sie «nicht nur nichts zur Hebung des gesamten Proletariats als Klasse» bei, sondern sind «sogar imstande dieselbe zu hemmen und zu verzögern».[11] Nur «bewußte» proletarische Aktion ist ein Mittel der Emanzipation. Zum Bewußtsein seiner Klassenlage, Aufgabe und Ziele gelangt das Proletariat jedoch nur durch die Einsicht in die Entwicklungsgesetzlichkeit der Gesellschaft und die Erkenntnis des sozialistischen Endziels. Beides muß dem Proletariat «von außen» vermittelt werden. 1891 wies Kautsky der Sozialdemokratischen Partei die Aufgabe zu, als *ecclesia militans* die Arbeiterklasse über ihre historische Mission aufzuklären und ihre Kämpfe zielbewußt zu organisieren. Als die Sozialdemokratie erstarkte und innerhalb ihrer Organisation eine Vielfalt von Interessenlagen repräsentierte, übertrug Kautsky den sozialistischen Intellektuellen in der Partei die Verantwortung, gemäß ihrer tieferen Einsicht in die Entwicklungstendenzen das Gesamtinteresse der Arbeiterklasse zu artikulieren und die Partei auf ihre historische Zielsetzung zu orientieren.[12] Damit betonte er ein Primat der sozialistischen Theorie für die Praxis der sozialistischen Bewegung, ein Primat der Intellektuellen in der Partei begründete er nicht. Zur Führung seiner Klassenbewegung, so hob er hervor, brauche das Proletariat die Intellektuellen nicht. Kautsky folgte daher Lenin nicht, als dieser – auf Teile der Argumentation Kautskys gestützt – das Konzept der Avantgardepartei intellektuell geschulter Berufsrevolutionäre entwarf. Die sozialistische Zielorientierung mußte sich für ihn vielmehr argumentativ und unter Wahrung demokratischer Willensbildungsverfahren innerhalb der Partei behaupten; sie sollte nicht direkt durchgesetzt werden mittels eines zentralistischen Führungsprinzips. Auch die Perspektive, die Rosa Luxemburgs Massenstreikkonzeption eröffnete, lehnte Kautsky ab. Er sah in der Mobilisierung unorganisierter Massen durch die direkte Aktion kein Mittel, die Partei von außen zu revolutionieren und zielbewußt zu orientieren. Aktion setzte für ihn Organisation voraus und Handeln mußte aus Einsicht erfolgen. Den Umkehrschluß – Einsicht durch Handeln, Organisation durch Aktion –, den Rosa Luxemburg aufgrund ihrer Erfahrungen in der russischen Revolution von 1905 zog, übernahm Kautsky nicht. Er setzte weiterhin auf die «Revolutionierung der Köpfe» und die Dynamik der Aufklärung in einer demokratischen Organisation. Diese Haltung – als «Opportunismus in Organisationsfragen» oder «revolutionärer Attentismus» vielfach kritisiert – zeigt seinen Glauben an die Verbindung von Sozialismus und Demokratie.

Sozialismus und Demokratie

Seit 1902 hatte Kautsky Rußland als das «revolutionäre Zentrum» betrachtet, von dem soziale Umwälzungen in der ganzen zivilisierten Welt ihren Ausgang nehmen würden (*Die Slawen und die Revolution*). 1917 traf seine Prognose ein. Erstmals in der Geschichte eroberte in Rußland eine proletarische Partei die politische Macht und proklamierte unter Berufung auf Marx und Engels die «Diktatur des Proletariats». In der Wahl des Zeitpunktes und der Methode hatten die Bolschewiki mit dem Grundsatz gebrochen, daß der Sozialismus aus der Demokratie bei entwickelter Produktionsweise entspringen müsse. Kautskys Auseinandersetzung mit dem Bolschewismus verfolgte das Ziel der Abgrenzung der Sozialdemokratie vom russischen Modell des Sozialismus. Um seinen Standpunkt gegenüber dem Bolschewismus zu begründen, griff Kautsky auf eine Unterscheidung zurück, die er 1894 in Anlehnung an Engels geprägt und 1909 in *Der Weg zur Macht* wiederholt hatte: die Unterscheidung zwischen der «demokratisch-proletarischen» oder «friedlichen» und der «proletarisch-sozialrevolutionären» oder «gewaltsamen» Methode des Klassenkampfes. Diente sie ihm vormals zur Abgrenzung der Sozialdemokratie von den Anarchisten, so wandte er sie jetzt auf Sozialdemokraten und Bolschewisten an, allerdings mit einer Erweiterung. Benutzte er sie zuvor zur Charakterisierung des proletarischen Kampfes auf dem Weg zur Macht (politische Revolution), so weitete er sie nach 1917 aus zur Charakterisierung zweier Methoden im Umgang mit der Macht, zweier Herrschaftsformen des Proletariats *nach* der Revolution.

Für die Sozialdemokratie galt – in Fortschreibung der demokratisch-proletarischen Methode der Machteroberung – der Grundsatz der Machtausübung mit demokratischen Mitteln; die gesellschaftliche Organisation der Produktion setzte die demokratische Organisation der Gesellschaft voraus. Sie war nicht nur die notwendige Voraussetzung der «politischen», sondern auch die unverzichtbare Bedingung der «sozialen Revolution». Konkret bedeutete dies: 1. Die Überführung der kapitalistischen in die sozialistische Produktionsweise mußte durch demokratische Entscheidungsprozesse legitimiert und durfte nicht etwa dekretiert werden. 2. Die sozialistische Regierung mußte sich periodischen Wahlen stellen, auch auf die Gefahr hin, in ihnen zu unterliegen. 3. Sie durfte Gewalt zur Durchsetzung ihrer Entscheidungen nur gegen solche Gegner anwenden, die nicht gewillt waren, auf legale Weise zustande gekommene Enscheidungen hinzunehmen. «Legalistische Taktik» nannten dies Trotzki und Lenin und drückten Kautsky den Stempel des «Renegaten» auf, weil er die Herrschaft des Proletariats auf die Formen des bürgerlichen Staates beschränke.

Kautsky hielt an seiner Überzeugung fest: Demokratische Grundrechte und Institutionen durften nach erfolgter Revolution nicht preisgegeben werden. Nicht nur dort, wo das Proletariat kämpft, sondern auch dort, wo es herrscht, war nach seiner Auffassung Demokratie notwendig, um dreierlei zu gewährleisten: 1. um die «Freiheit der Kritik an der Regierung» und die «Möglichkeit einer selbständigen, von der Regierung unabhängigen Informierung» zu ermöglichen; 2. «um jener bureaukratischen Verknöcherung, Verschleppung, Komplizierung und Korruption entgegenzuwirken»; 3. um die Mitwirkung der Gesellschaft an den Aufgaben des Staates zu ermöglichen und Selbstverwaltung auf den verschiedensten Gebieten zu errichten.[13] Kautsky kam daher zu dem Schluß: «Wir können unter der Diktatur des Proletariats nichts anderes verstehen als seine Herrschaft auf der Grundlage der Demokratie.»[14]

Direkte und indirekte Demokratie gegeneinander abwägend, war Kautsky schon 1893 in seiner Schrift *Der Parlamentarismus, die Volksgesetzgebung und die Sozialdemokratie* zu der Überzeugung gelangt, daß die repräsentative Demokratie, die parlamentarische Republik, das Werkzeug der «Diktatur des Proletariats» sei. Daran hielt er auch 1918 – unter dem Eindruck der russischen und deutschen Arbeiter-, Bauern- und Soldatenräte – fest. Das Parlament war für ihn «durch keine andere Institution ersetzbar»: weder als Instrument der Machtkontrolle, noch als Organ der Repräsentation politisch-sozialer Interessen. Ohne die Funktion der Arbeiterräte in der Phase des Umsturzes der alten Gewalten zu bestreiten, sah Kautsky in ihnen in der Phase «des Aufbaus der neuen Ordnung» keine geeigneten Instrumente: Sie waren für ihn «Kampforganisationen», keine «Staatsorganisationen». Die Privilegien der Bourgeois, Kleinbürger und Intellektuellen zu brechen, hieß für ihn nicht, sie politisch zu entrechten. Angetreten, Ausbeugung und Unterdrückung aufzuheben, sollten die Sozialisten durch Ausübung ihrer Herrschaft nicht neue privilegierte bzw. entrechtete Klassen schaffen.

Für die Bolschewiki galt – und damit setzten sie aus Kautskys Sicht die Tradition der Frühsozialisten (Babeuf, Blanqui, Weitling) und der Anarchisten fort – die sozialrevolutionäre Methode des proletarischen Kampfes, die den revolutionären Willen zum Triebrad der Geschichte erklärte und die unmittelbare Durchführung des Sozialismus erstrebte durch den revolutionären Handstreich und mit den Mitteln physischer Gewalt. Die russische Entwicklung widerlegte in seinen Augen die Prämisse, daß der Erfolg der revolutionären Minderheit «überzeugend wirken und die Mehrheit, die bisher widerstrebte, rasch zum Sozialismus bekehren» würde. Sie zeigte vielmehr, daß die Methoden der Machteroberung die Methoden der Machtbefestigung vorschrieben: die Diktatur. Ungeachtet der Motive der Bolschewiki konnten sie nach Auffassung Kautskys, nachdem sie die Konstituante aufgelöst und die Organisations- und Pressefreiheit aufgehoben hatten, «dem Terrorismus nicht entgehen».[15] Der Weg, den die Bolschewiki einschlugen, war für ihn «der des Regierens mit Hilfe der Überlegenheit einer zentralistischen Organisation über die unorganisierte Volksmasse und der Überlegenheit militärischer Gewalt». Daran änderte auch der Allrussische Sowjet nichts, die nach der Verfassung höchste Instanz. Die Verfassungswirklichkeit machte, so Kautsky, die Verfassungsnorm zur «Fiktion». Gewiß konnte der Großgrundbesitz konfisziert und die industrielle Produktion verstaatlicht werden, doch «staatliche Organisation der Produktion durch eine Bürokratie oder durch die Diktatur einer einzelnen Volksschicht bedeutet nicht Sozialismus».[16] Und so lautete sein Fazit der bolschewistischen Umwälzung: «Der industrielle Kapitalismus ist von einem privaten zu einem Staatskapitalismus geworden.»[17] Aus der Verschmelzung der staatlichen und kapitalistischen Bürokratie erwuchs, wie Kautsky breits 1919 analysierte, eine «neue Bürokratie», die sich immer mehr verselbständigte und einer «neuen Herrenklasse» gleich regierte. Als letztlich entscheidend für diese Entwicklung sah Kautsky das Organisationsprinzip der bolschewistischen Partei an. «Was», schrieb er 1921, «haben die Bolschewiki getan? Sie haben den Staat nach dem Muster ihrer Partei organisiert und die ganze Wirtschaft der Staatsgewalt untergeordnet.»[18]

Kapitalismus, Imperialismus, Faschismus

Industrielle Überproduktion führt zur kolonialen Expansion. Mit dieser These hatte Kautsky bereits in den achtziger Jahren in der *Neuen Zeit* auf den strukturellen Zusammenhang zwischen Kapitalismus und Kolonialpolitik aufmerksam gemacht. In seinem Aufsatz *Ältere und neuere Kolonialpolitik* (1898) differenzierte er seine Aussage. Nicht das «industrielle Kapital», sondern die «hohe Finanz» erklärte er zur Triebkraft der kolonialen Bewegung. Ihr Streben nach Export von Kapital verbinde sich mit den Interessen von Bürokratie, Militär, Kirche und Teilen der niedergehenden Landwirtschaft nach Eroberung neuer Betätigungsgebiete und leite damit die «neueste Phase» der Kolonialpolitik ein, die nicht notwendig im Einklang mit den Interessen des industriellen Kapitals stehe. Die deutsche Ausfuhrstatistik zumindest widerlege die Annahme von der exportsteigernden Wirkung des Absatzmarktes der Kolonien.[19] Gefördert werde durch die Kolonialpolitik vor allem der Militarismus. Das überschüssige Kapital werde, so stellte er in *Sozialismus und Kolonialpolitik* (1907) fest, mehr und mehr zum Mittel, das Wettrüsten unter den Staaten zu intensivieren. Das Kapital werde «von dem Gebiet der Produktivkräfte auf das der Zerstörungskräfte gelenkt», und zwar im Inland wie in den Kolonien. Auch das industrielle Kapital, so urteilte er später, sei ab 1890 vom «Geist des Imperialismus» erfaßt.[20] Hielt er 1907 die Überwindung der durch Kolonialpolitik, Kapitalismus und Militarismus vorangetriebenen Aufrüstung nur für möglich durch den Sozialismus, so wandelte er 1912 diese These ab. Er warnte davor, «durch eine schiefe Deutung unserer Geschichtsauffassung das Wettrüsten und den drohenden Krieg als etwas Unvermeidliches hinzustellen». Das Wettrüsten habe zwar «ökonomische Ursachen», eine «ökonomische Notwendigkeit» sei es aber nicht.[21] Gemeinsam mit bürgerlichen Rüstungsgegnern setzte er sich für eine Politik der Abrüstung ein, um der drohenden Kriegsgefahr entgegenzutreten. Die radikale Linke hielt ihm unter Bezug auf seine früheren Schriften die These von der Unmöglichkeit der Abrüstung unter dem Imperialismus entgegen. Kautsky erwiderte 1914: «Imperialismus ist ein Produkt des hochentwickelten industriellen Kapitalismus. Er besteht in dem Drange jeder industriellen kapitalistischen Nation, sich ein immer größeres agrarisches Gebiet zu unterwerfen und anzugliedern.»[22] Es gelte jedoch, zwei Seiten des Imperialismus zu unterscheiden: die Unterwerfung agrarischer Gebiete zum Zwecke des Exports von Produktionsgütern und Produktionsmitteln gegen Einfuhr von Rohstoffen und Lebensmitteln einerseits und das Wettrüsten andererseits, das durch die Konkurrenz der Industrieländer entstanden sei und den Weltkrieg bedingt habe. Während die Ausbeutung der Agrarländer durch die kapitalistischen Industrieländer eine «Lebensnotwendigkeit des Kapitalismus» sei, stelle das Wettrüsten keine Notwendigkeit für den Fortbestand des Kapitalismus dar. Vom rein ökonomischen Standpunkt sei es daher denkbar, daß der Kapitalismus noch eine neue Phase erlebe, «die Phase des Ultraimperialismus», wie er sie nannte, d. h. die Phase der Übertragung der Politik der Kartelle auf die Außenpolitik und damit des Zusammenschlusses der imperialistischen Großmächte, um dem Wettrüsten ein Ende zu machen. «An Stelle des Kampfes der nationalen Kapitale untereinander» träten dann «die gemeinsame Ausbeutung der Welt durch das internationale verbündete Finanzkapital».[23]

Die analytischen Unterscheidungen, die Kautsky in seiner Imperialismus-Analyse vorgenommen hatte, wandte er auch auf Faschismus und Nationalsozialismus an. Beide führte er auf ökonomische Ursachen zurück; eine im kapitalistischen System angelegte Zwangsläufigkeit der Entwicklung zum Faschismus/Nationalsozialismus deduzierte er nicht. Er suchte nach Ursachen für den Aufstieg des Nationalsozialismus auf sozialer, wirtschaftlicher und politisch-institutioneller Ebene, zu einer geschlossenen Interpretation gelangte er nicht. Immer wieder betonte er den «irrationalen Charakter» der Bewegung, erklären konnte er ihn nicht.

3. Wirkung

Karl Kautsky war – zwischen 1891 und 1914 – der Parteitheoretiker der deutschen Sozialdemokratie, und er war – nach dem Tode Friedrich Engels' – das «Oberhaupt des Marxismus» in der Zweiten Internationale.

Der Durchbruch des Marxismus zur dominierenden Weltanschauung und Identitätsbestimmung in der sozialistischen Arbeiterbewegung wurde maßgeblich durch ihn beeinflußt. Systematisch arbeitete er seit den achtziger Jahren daran, der Marxschen Lehre innerhalb der Arbeiterbewegung allgemeine Deutungskraft und Geltungsmacht zu verleihen. Er propagierte die Methode der materialistischen Geschichtsauffassung und wandte sie auf unterschiedliche historische Konstellationen an, verteidigte Marx gegenüber bürgerlichen Kritikern und grenzte den «wissenschaftlichen Sozialismus» in zahlreichen Kontroversen vom Anarchismus und «utopischen Sozialismus» ab. Er arbeitete Begriffe und Basissätze der Marxschen Lehre heraus und kämpfte für deren Aufnahme in das «Hainfelder Programm» (1889) der Österreichischen Sozialistischen Partei, dann in das «Erfurter Programm» (1891) der deutschen Sozialdemokratie.

Seine Rolle als Parteitheoretiker der deutschen Sozialdemokratie weitete seine Aufgaben über die Marx-Exegese und -Interpretation hinaus aus. Die Durchsetzung einer marxistischen Wert- und Handlungsorientierung in der Partei erfordert die Bewährung der Theorie durch ihre Anwendung auf die Gegenwartsfragen und aktuellen Probleme der Partei. Kautskys entschiedener Einsatz in der Agrardebatte sowie im Revisionismusstreit galt daher zwei Zielen: der Verteidigung der programmatischen Grundsätze gegen theoretische Kritik und der Bestätigung der Theorie durch empirische Analysen der Gegenwart. Seine Siege gegenüber «Reformern» und «Revisionisten» sowie «Pragmatikern» beruhten auf der erfolgreichen Lösung beider Aufgaben. Kautsky war kein marxistischer Dogmatiker, der die Richtigkeit der Leitsätze bloß aus der Theorie deduzierte, sondern er war stets bemüht, seine Deutungen empirisch zu fundieren und durch historische Analysen zu kontrollieren. Beides führte ihn zunächst in der Agrarfrage, später in der Massenstreik- und Nationalitätenfrage über Marxsche Positionen hinaus zur eigenständigen Fortführung der Marxschen Theorie.

Kautskys Wirkung auf die Arbeiterbewegung seiner Zeit war indirekt. Er gehörte nicht den obersten Parteigremien an, nicht dem Parteivorstand und nicht der Fraktion. Er war kein Redner, der durch flammende Beredsamkeit die Zuhörer für seine Ideen zu begeistern verstand; seine «Versammlungsferne» war sprichwörtlich und zeigt die von der Parteibasis wahrgenommene Distanz an. Die Vermittlung seiner Ideen erfolgte durch Aufsätze und Bücher, die Mehrzahl eben jener Aufsätze erschien in der *Neuen Zeit*: Sie bildete das Medium seiner Macht. Gegründet unter dem Sozialistengesetz, war sie bis zum Ausbruch des Ersten Weltkriegs das zentrale theoretische Organ des Sozialismus. Hier wurden alle wesentlichen Theorie- und Taktikdebatten der sozialistischen Bewegung ausgetragen. Als alleinverantwortlicher Redakteur wählte Kautsky die Beiträge aus und setzte die Themenschwerpunkte. Kein anderes sozialistisches Organ trug Vergleichbares zur Verbreitung des Marxismus bei.

Unmittelbaren Einfluß auf die Politik der deutschen Sozialdemokratie erlangte Kautsky durch seine enge Zusammenarbeit mit August Bebel. Die Beziehung zwischen beiden Personen war entscheidend für die Vermittlung von Theorie und Praxis in der Sozialdemokratischen Partei. Während Kautsky Bebel die theoretischen Argumente lieferte, mit denen dieser seinen Führungsanspruch behauptete, verlieh Bebel durch seine rednerische Darstellungs- und Überzeugungskraft der theoretischen Konzeption Kautskys innerparteiliche Prägekraft. Mit dem Rückzug Bebels aus der unmittelbaren Parteiführung verlor Kautsky an politischem Einfluß; er blieb Parteitheoretiker, war aber isoliert. Seine internationale Reputation als marxistischer Schriftsteller überdauerte den Ersten Weltkrieg, doch sein prägender ideologischer Einfluß wurde durch die Spaltung der Arbeiterbewegung und den Verlust der *Neuen Zeit* gebrochen. In den zwanziger Jahren hatte Kautsky – wenngleich er sich weiterhin an den Debatten der sozialistischen Bewegung beteiligte und international rezipiert wurde – seinen Status als Vor-Denker des Sozialismus verloren.

Durch den Begriff «Kautskyanismus» wird versucht, einen Zusammenhang zwischen der Theorie Kautskys und der Politik der Sozialdemokratischen Partei vom Kaiserreich bis in die Weimarer Republik hinein zu konstruieren. Karl Kautsky habe, so wird argumentiert, seiner Partei als einzigen möglichen Weg zur Befreiung des Proletariats das Warten auf die Selbstauflösung des Systems gezeigt und dadurch den revolutionären Attentismus der Sozialdemokratie geprägt. Doch gemessen an dieser Definition war Kautsky gar kein Kautskyanist. Er setzte *nicht* auf den Zusammenbruch des kapitalistischen Systems und einen mechanischen Übergang des Kapitalismus in den Sozialismus, löste den historischen Materialismus *nicht* in einen naiven Entwicklungsglauben auf, sondern bemühte sich um eine empirisch fundierte politische und soziale Analyse der Möglichkeiten eines demokratisch legitimierten Sozialismus. Er war eben Demokrat *und* Marxist. Als Marxist hielt er fest an der Auffassung vom Proletariat als Triebkraft der sozialen Revolution, als Demokrat an der Unverzichtbarkeit einer die Bürgerrechte sichernden institutionellen Ordnung der sozialistischen Gesellschaft.

Richard Lorenz

GEORGI WALENTINOWITSCH PLECHANOW (1856–1918)

Plechanow war – zusammen mit einigen politischen Freunden – Begründer der russischen Sozialdemokratie und zugleich der erste bedeutende Vertreter der Marxschen Theorie in Rußland. Als enzyklopädisch gebildeter, außerordentlich produktiver marxistischer Schriftsteller, der sich auch mit philosophischen, ästhetischen und naturwissenschaftlichen Problemen beschäftigte, spielte er eine wichtige Rolle innerhalb der russischen Arbeiterbewegung und beteiligte sich darüber hinaus an der Arbeit der Zweiten Internationale. Die folgenden Ausführungen gelten vor allem Plechanows Kritik des *Narodnitschestwo* (von *narod* = Volk) – der theoretischen Vorbereitung der russischen Sozialdemokratie – sowie seinem Beitrag zur revolutionären Strategie und Taktik der Sozialdemokratischen Arbeiterpartei Rußlands (SDAPR) einschließlich seiner Stellungnahme zum Ersten Weltkrieg und zur russischen Revolution von 1917.

1. Vom Narodnitschestwo zum Marxismus

Bedeutung erlangte Plechanow in den letzten Jahrzehnten des 19. Jahrhunderts in erster Linie durch seine Kritik des *Narodnitschestwo*. Die Narodniki sahen im Anschluß an Herzen und Tschernyschewski im System der russischen Dorfwirtschaft, das sich auf die – der mittelalterlichen deutschen Mark verwandte – traditionelle Dorfgemeinde *(obschtschina)* gründete, eine Möglichkeit, das kapitalistische Entwicklungsstadium der Gesellschaft zu umgehen und sofort den Sozialismus einzuführen. Obwohl der Kapitalismus seit der Bauernreform von 1861 inzwischen auch in Rußland erhebliche Fortschritte gemacht hatte, erschienen ihnen die neuen Strukturen als ein willkürliches und künstliches Produkt, das keinen Zusammenhang mit der russischen Geschichte hatte. Als wichtigstes Ergebnis der – wie es schien – Rußland von außen aufgezwungenen Entwicklung betrachteten sie die Verelendung der Bauernschaft. Statt den ganzen qualvollen Prozeß zu durchlaufen, so ihre Argumentation, sollte man sich besser auf die eigenen historischen Voraussetzungen besinnen, die bereits die notwendigen Elemente einer sozialistischen Gesellschaftsordnung in sich bargen, was einen erheblichen Vorteil gegenüber Westeuropa bedeute. In Rußland mußte eine revolutionäre Elite die Macht ergreifen, um das sozialistische Ideal zu

Georgi Walentinowitsch Plechanow (1856–1918)

verwirklichen. Eine entschlossene Minderheit, so schien es, konnte hier das Werk des Sozialismus vollbringen und dadurch den allgemeinen Entwicklungsweg, wie ihn Marx vorgezeichnet hatte, erheblich abkürzen. Der Kampf um politische Freiheit, wie ihn die Sozialisten Westeuropas führten, war unter diesen Umständen überflüssig, in gewisser Weise sogar schädlich, da diese die kapitalistische Entwicklung begünstige und so vom sozialistischen Ziel wegführe.[1]

Nachdem 1872 der erste Band von Marx' *Kapital* in St. Petersburg erschienen war – die erste fremdsprachige Ausgabe jenes Werkes überhaupt –, rückte die Frage nach der spezifisch russischen Entwicklung, d. h. im wesentlichen nach der Entwicklungsfähigkeit der traditionellen Dorfgemeinde, in den Mittelpunkt theoretischer Erörterungen. Sie wurde – wie die Revolutionärin Vera Sassulitsch später schrieb – zu einer Frage «von Leben und Tod (...) für unsere sozialistische Partei». Plechanow, der sich an dieser entscheidenden Debatte, die schließlich zur Spaltung der sozialistischen Bewegung führte, von Anfang an beteiligte, stand allerdings zunächst selbst noch unter dem Einfluß des *Narodnitschestwo*. In seinem ersten theoretischen Artikel *Worum geht der Streit?* (1878), der sich mit den solidarischen Beziehungen innerhalb der russischen Bauernschaft befaßte, betrachtete er – wie alle anderen Narodniki – die ländliche Gemeinde als Basis des Sozialismus. Er verwies allerdings zugleich auf die Bedeutung der Arbeiter, zumal diese ebenso wie die Bauern noch vielfach an den alten Gemeindeidealen festhielten.[2] Ähnliche Auffassungen wiederholte Plechanow auch späterhin: In dem 1879 veröffentlichten Artikel *Das Gesetz der ökonomischen Entwicklung der Gesellschaft und die Aufgaben des Sozialismus in Rußland*, in dem er den Verfall der Dorfgemeinde in Westeuropa behandelte, insistierte er auf der gängigen Auffassung, daß Rußland – gestützt auf den bäuerlichen Gemeindebesitz – den kapitalistischen Entwicklungsweg vermeiden könne. «Solange die Mehrheit unserer Bauern an der Dorfgemeinde festhält, dürfen wir nicht meinen, unser Vaterland habe den Weg des Gesetzes beschritten, demzufolge die kapitalistische Produktion eine notwendige Station auf dem Wege seines Fortschritts ist.»[3] Im Unterschied zu anderen Narodniki verwies aber Plechanow auch hier wieder auf die – mit der Bauernschaft eng verbundenen – städtischen Arbeiter, «die beweglichste, am leichtesten entflammbare, zur Revolutionierung fähigste Bevölkerungsschicht (...). Infolgedessen werden sie im Augenblick der sozialen Umwälzung wertvolle Verbündete der Bauern sein.»[4] Noch in seinem ein Jahr später erschienenen Artikel *Die Dorfgemeinde und ihre wahrscheinliche Zukunft* polemisierte er gegen M. Kowalewski, der in seinem Werk *Der Grundbesitz der Dorfgemeinde. Ursachen, Verlauf und Folgen seiner Auflösung* den Auflösungsprozeß der Dorfgemeinde aufgezeigt hatte. Demgegenüber verwies Plechanow auf die Alternativen der sozialökonomischen Entwicklung: «Rechtzeitiger Übergang zur Bearbeitung durch die Gemeinde oder Zerstörung im Kampf gegen den entstehenden Kapitalismus – das ist unserer Meinung nach die einzige Alternative für die gegenwärtige Dorfgemeinde im allgemeinen und die russische im besonderen.»[5] Im Zarenreich könne die Dorfgemeinde mit Hilfe der Bauern und der ländlichen Intelligenz durchaus erhalten werden. Der 1880 veröffentlichte Artikel zeigt aber auch, daß die Argumentation Kowalewskis erheblichen Einfluß ausgeübt hatte.

Zum marxistischen Analytiker, der eine so bedeutende Wirkung auf die sozialdemokratische Arbeiterbewegung Rußlands ausübte, entwikkelte sich Plechanow in der Emigration, die von 1880 bis zur russischen Revolution von 1917 sein – oft sehr schweres – persönliches Schicksal bestimmte. Unter dem Einfluß der sozialistischen Literatur Westeuropas brachen er und seine politischen Freunde P. Axelrod, V. Sassulitsch, L. Deutsch und W. Ignatow mit der Vorstellung von einem eigenständigen russischen Sozialismus und gründeten in der Schweiz die erste marxistisch orientierte Gruppe: «Befreiung der Arbeit».[6] Sie sah ihre Aufgabe vor allem darin, westliche sozialistische Literatur ins Russische zu übersetzen und das *Narodnitschestwo* in ihrer Heimat zu bekämpfen. In diesem Zusammenhang verfaßte Plechanow auch eine Reihe eigener Arbeiten, in denen er auf die fortgeschrittene Entwicklung des Kapitalismus in Rußland hinwies und das gesellschaftliche Subjekt der kommenden russischen Revolution neu bestimmte. Aufgrund der gesetzmäßigen sozialökonomischen Entwicklung, der sich auch Rußland nicht entziehen könne, falle der entstehenden Arbeiterklasse die führende Rolle in der Befreiungsbewegung zu. Sie müsse entscheidenden Anteil an der Europäisierung haben, durch die das Zarenreich auf das Niveau der fortgeschrittenen Zivilisation gehoben werde, wodurch sich das historische Schicksal Rußlands endgültig entscheiden würde. Auf diese Weise sollte die proletarische Befreiungsbewegung gleichsam den zu Beginn des 18. Jahrhunderts von Peter dem Großen eingeleiteten Prozeß zum Abschluß bringen. Ehe das Proletariat sein sozialistisches Endziel anstreben konnte, mußte allerdings zunächst einmal die politische Freiheit erkämpft werden.[7]

Die – für russische Verhältnisse – völlig neuen Gedankengänge wurden erstmals in Plechanows Schrift *Sozialismus und politischer Kampf* (1882) im argumentativen Zusammenhang dargestellt. In ihr springt zunächst die Abwendung von der Bauernschaft ins Auge, die im Mittelpunkt des *Narodnitschestwo* gestanden hatte. «Die heutige Dorfbevölkerung», so liest man, «die unter rückständigen Verhältnissen lebt, ist nicht nur weniger als der Industriearbeiter fähig zu einer bewußten politischen Initiative, sondern auch weniger aufnahmebereit für die in unserer revolutionären Intelligenz begonnene Bewegung.»[8] Daher gründete Plechanow seine revolutionären Hoffnungen im wesentlichen auf das entstehende Industrieproletariat. Es soll sich nach dem zunächst anzustrebenden Sturz der Autokratie und der Errichtung einer demokratischen Staatsordnung in einer sozialistischen Partei organisieren. Plechanow hoffte nicht – wie das die russischen Sozialisten bisher taten – auf den «Erfolg einer Verschwörung mit dem Ziel der Machtergreifung», zumal es nach seiner Auffassung keine Garantie dafür gab, daß die revolutionären Intellektuellen «die von ihnen eroberte Macht nicht für Ziele ausnutzen wollen, die mit den Interessen der Arbeiterklasse nichts gemein haben».[9] Statt dessen forderte er, mit aller Energie für freie politische Institutionen zu kämpfen und eine sozialistische Arbeiterpartei zu gründen. Letztes Kampfziel war die politische Macht der Arbeiterklasse, die sich allerdings in jeder Weise von einer Diktatur revolutionärer Intellektueller unterschied. Ihre Aufgabe bestand darin, die Herrschaft der unproduktiven Klassen abzulösen, die Anarchie der kapitalistischen Produktion zu beseitigen und bewußt die Organisation des sozialen und ökonomischen Lebens zu übernehmen.

Das erforderte freilich eine lange und intensive Aufklärungsarbeit, mittels derer sich die Arbeiterschaft zunächst einmal von jeder Art Vormundschaft befreien mußte: «Diese Aufgabe allein zu begreifen, setzt eine gebildete Arbeiterklasse voraus, die politische Erfahrung und Erziehung besitzt, sich von bürgerlichen Vorurteilen befreit hat und fähig ist, ihre Lage selbständig zu beurteilen. Die Lösung dieser Aufgabe setzt darüber hinaus auch noch die Verbreitung der sozialistischen Ideen innerhalb des Proletariats, ein Bewußtsein seiner Stärke und Siegesbewußtheit voraus.»[10] Für Plechanow waren das zunächst nur Perspektiven einer mehr oder weniger entfernten Zukunft, da es in Rußland damals weder eine durchgebildete moderne Wirtschaft noch ein organisiertes Proletariat gab. Unter solchen Umständen mußte die Bildung einer revolutionären Regierung durch die sozialistische Intelligenz verhängnisvolle Folgen haben. Diese hätte zunächst einmal die ökonomischen Bedingungen des Sozialismus zu schaffen gehabt, wobei sie nur über eine schmale und schwankende Basis verfügte. Sollte sie aber ihre Macht trotzdem bewahren können, so Plechanow in seiner ersten marxistischen Schrift, drohte die Perspektive eines «patriarchalischen und autoritären Kommunismus», wobei «eine sozialistische Kaste die nationale Produktion leiten wird».[11] Unter solchen Bedingungen aber mußte das Volk jede Fähigkeit zu weiterem wirtschaftlichen Fortschritt einbüßen, oder es würden sich gar die alten ökonomischen Verhältnisse der Ungleichheit reproduzieren.

Die neue Konzeption der russischen Geschichte, die Plechanow in seiner Schrift *Sozialismus und politischer Kampf* dargestellt hatte, fand Mitte der achtziger Jahre in zwei Programmentwürfen für eine künftige sozialistische Arbeiterpartei Rußlands ihren Niederschlag. Beide Entwürfe folgten den Vorstellungen der Marxschen Theorie, derzufolge die Arbeiterklasse das wichtigste gesellschaftliche Befreiungswerk zu vollbringen hatte, was gerade für das rückständige Zarenreich von besonderer Bedeutung war: «In Gestalt dieser Klasse gerät unser Volk zum ersten Mal in ökonomische Bedingungen, die allen zivilisierten Völkern gemeinsam sind, und deshalb kann es auch nur vermittels dieser Klasse an den fortschrittlichen Strömungen der zivilisierten Menschheit teilnehmen.»[12] Das große historische Ziel – die ökonomische Befreiung der Arbeiterklasse – soll durch die Sozialisierung der Produktionsmittel und eine an den allgemeinen Bedürfnissen orientierte ökonomische und soziale Neuorganisation der Gesellschaft erreicht werden. Hierfür sind bestimmte politische Voraussetzungen erforderlich. «Nur ein vollständig demokratischer Staat kann die ökonomische Umwälzung zu Ende führen, die den Interessen der Produzenten entspricht und die deren einsichtige Teilnahme an der Organisierung und Regulierung der Produktion erfordert.»[13]

In Rußland waren die Schwierigkeiten, mit denen die sozialistische Bewegung zu rechnen hatte, besonders groß. Es besaß eine im Verhältnis zu Europa rückständige Wirtschaftsverfassung, die äußerst drückend auf der Bevölkerung lastete. Da es keine entwickelte Mittelklasse gab, mußte sich die Intelligenz an die Spitze der revolutionären Befreiungsbewegung stellen. Plechanow verwies immer wieder auf die mobilisierende Kraft der Intellektuellen, die freilich ihr Schicksal voll und ganz mit der Arbeiterschaft verbinden sollten. Diese finde einen Bündnispartner vor allem in der bürgerlichen Demokratie. Dagegen erscheint die Bauernschaft eher als politischer Antipode; sie sei auf den Boden fixiert, und ihre Interessen blieben auf die lokalen Probleme beschränkt, was erheblich zur Stabilisierung des bestehenden politischen Systems beitragen müsse. «Die hauptsächliche Stütze des Absolutismus besteht gerade in der politischen Gleichgültigkeit und der geistigen Rückständigkeit der Bauernschaft», heißt es in einem der Programmentwürfe – ein Urteil, das zu vielen Kontroversen Anlaß geben sollte.[14]

Auch die weiteren analytischen Arbeiten Plechanows griffen immer wieder das ursprüngliche Thema auf: den kapitalistischen Fortschritt Rußlands, aus dem sich zwangsläufig eine starke Arbeiterbewegung ergeben müsse. Plechanow zog ständig neues historisches Material heran, um nachzuweisen, daß die dem europäischen Muster folgende Entwicklung unumkehrbar sei. Diesen Nachweis verband er mit einer – oft sehr scharfen – Kritik des *Narodnitschestwo*, das immer noch bedeutenden Einfluß auf die russische Intelligenz ausübte. So behandelte er in seiner Schrift *Unsere Meinungsverschiedenheiten* (1885) die Ansichten von Herzen und Tschernyschewski, Bakunin, Tkatschow und Tichomirow und zeigte anhand statistischer Untersuchungen, wie sich die kapitalistischen Wirtschaftsbeziehungen immer mehr durchsetzten und die bäuerliche Dorfgemeinde dem Untergang preisgaben. Nicht der Bauer – wie noch Alexander Herzen gemeint hatte –, sondern der Arbeiter sei auch in

Rußland der Mensch der Zukunft. Unter den russischen Bedingungen komme alles darauf an, so rasch wie möglich eine Arbeiterpartei zu gründen, für Plechanow «das einzige Mittel zur Lösung aller ökonomischen und politischen Widersprüche des modernen Rußlands».[15]

Eine ähnliche Argumentation entwickelte Plechanow in zahlreichen weiteren Schriften, so vor allem in dem von der Gruppe «Befreiung der Arbeit» herausgegebenen Sammelband *Sozial-Demokrat* (1888) und den vier Bänden einer literarisch-politischen Rundschau, die in den Jahren 1890–1892 unter dem gleichen Titel erschien. Dabei verwies er darauf, daß sich die russische Arbeiterpartei nur in engem Zusammenhang mit dem internationalen Sozialismus entwickeln könne. Auf dem Pariser Gründungskongreß der Zweiten Internationale 1889, an dem Plechanow zusammen mit anderen russischen Sozialisten teilnahm, erklärte er, gegen das *Narodnitschestwo* gewandt: «Die revolutionäre Bewegung wird in Rußland als Arbeiterbewegung triumphieren, oder sie wird nie triumphieren.»[16]

Im Jahre 1895 erschien sein Buch *Zur Geschichte der Entwicklung der monistischen Geschichtsauffassung*, das ursprünglich den Titel *Unsere Meinungsverschiedenheiten. Teil II* trug – ein Werk, «an dem eine Generation russischer Marxisten erzogen wurde».[17] Es handelte sich um einen großangelegten Versuch, in der Auseinandersetzung mit M. I. Michailowski die Marxsche Theorie in ihrem genetischen Zusammenhang mit der materialistischen und dialektischen Philosophie zu rekonstruieren. Der Verfasser versuchte vor allem, die Frage nach der Allgemeingültigkeit dieser Theorie zu beantworten, die in Rußland inzwischen heftig umstritten war. Dabei spielten Marx' Selbstverständnis und seine Äußerungen über Rußland eine wichtige Rolle. Dieser hatte zwar die Auffassung Herzens verworfen, wonach die traditionelle russische Dorfgemeinde ein Rezept dafür bot, wie das alte verfaulte Europa genesen könne, sich aber zugleich mit der Vorstellung Tschernyschewskis identifiziert, der auf die Entwicklungs- und Reformfähigkeit der ländlichen Gemeinde verwiesen hatte. In seinem berühmten Brief an die Redaktion der Zeitschrift *Otetschestwennyje Sapiski* vom Jahre 1877 hatte er darauf insistiert, daß das *Kapital* lediglich eine Analyse der westeuropäischen Entwicklung, nicht aber eine überall und jederzeit gültige Theorie beinhalte.[18] Plechanow zeigte nun im einzelnen, welche Fortschritte der Kapitalismus – damit auch der Zerfall der Dorfgemeinde und die soziale Differenzierung der Bauernschaft – seither gemacht hatte. «Es liegen keine Anzeichen vor», so lautete sein Resümee, «die zu der Hoffnung berechtigten, Rußland werde den Weg der kapitalistischen Entwicklung verlassen, den es nach 1861 betreten hat.»[19] Das aber bedeutete, daß nur die sozialistische Arbeiterbewegung – im Bündnis mit anderen revolutionär eingestellten Schichten – das Land befreien konnte.

2. In der sozialdemokratischen Arbeiterbewegung

Plechanow nahm an der sozialdemokratischen Arbeiterbewegung, die sich seit der Jahrhundertwende in Rußland entwickelte, erheblichen Anteil. Obwohl er die ganze Zeit im Ausland – namentlich in Genf – verbrachte, beteiligte er sich von Anbeginn an den Debatten über die einzuschlagende revolutionäre Strategie und Taktik. So gehörte er – zusammen mit Axelrod – zu den ersten Kritikern des sogenannten Ökonomismus. Als sich in den neunziger Jahren des 19. Jahrhunderts erstmals ein mächtiger Arbeiterprotest gegen die kapitalistische Ausbeutung in den Fabriken erhob und die sozialdemokratische Agitation angesichts des Erfolgs dieser Bewegung Gefahr lief, hierüber den politischen Kampf gegen die Selbstherrschaft zu vernachlässigen, drängte Plechanow auf eine Verstärkung des politischen Elements. «Wir lehnen uns nicht gegen die Agitation aus ökonomischen Anlässen auf», schrieb er im Vorwort zum Sammelband *Vademecum*, «sondern gegen die Agitatoren, die die wirtschaftlichen Zusammenstöße zwischen Arbeitern und Unternehmern nicht wahrzunehmen wissen, um das politische Bewußtsein des Proletariats zu entwickeln.»[20] Auch seine Kritik an P. Struwe und dem sogenannten legalen Marxismus – der spezifisch russischen Form des Revisionismus – diente dem Ziel, die Entwicklung einer in jeder Hinsicht revolutionären Sozialdemokratie zu gewährleisten.[21]

Nachdem sich 1898 die SDAPR formell konstituiert hatte, beteiligte sich Plechanow an der Diskussion über das Programm und den organisatorischen Aufbau der Partei. Dabei arbeitete er als Redaktionsmitglied der Zeitung *Iskra* und der Zeitschrift *Sarja* eng mit dem jungen Lenin zusammen, der bereits damals eine wichtige Rolle in der Arbeiterbewegung spielte. Anfang des 20. Jahrhunderts galt Plechanow als ein marxistischer Lehrer, der von allen Fraktionen und Gruppen der russischen Arbeiterbewegung anerkannt wurde und hohes Ansehen in der Zweiten Internationale genoß. Schon bald aber wurde er in die Fraktionskämpfe, die die Entwicklung der russischen Sozialdemokratie bestimmten, hineingezogen. Es begann mit dem folgenreichen zweiten Parteitag der SDAPR im Jahre 1903, der zur Spaltung in eine bolschewistische Fraktion unter Lenin und eine von Martow geleitete menschewistische Fraktion führte.[22] Plechanow, der vom Parteitag – zusammen mit Lenin und Martow – in die Redaktion der Parteizeitung *Iskra* und zum Vorsitzenden des Rates der Partei gewählt wurde, beteiligte sich intensiv an den Diskussionen über Programm und Statut, wobei er zu vielen Fragen in ähnlicher Weise wie Lenin Stellung bezog. Er verteidigte auch dessen Vorstellungen zum Verhältnis von Arbeiterbewegung und revolutionärer Intelligenz, wie die Schrift *Was tun?* darlegt. Ohne die Lehre des Marxismus, den «revolutionären Bazillus» – so meinte er –, würde die Masse sich ihrer Lage niemals bewußt werden. Insofern muß also – im Sinne Lenins – das sozialistische Bewußtsein in die Arbeiterklasse hineingetragen werden.[23] In einer Resolution, die die Stellung zu den Liberalen behandelte, verwies Plechanow auf den «antirevolutionären und proletarierfeindlichen Charakter» dieser von Struve repräsentierten politischen Richtung.

Als der Parteitag die Frage erörterte, inwieweit sich die SDAPR an den grundlegenden demokratischen Prinzipien zu orientieren habe, sprach Plechanow vom relativen Wert jener Prinzipien, denen in jedem Falle das Wohl des Volkes, d. h. das Wohl der Revolution, übergeordnet sei. Im Interesse der Revolution konnten sich die Sozialdemokraten auch gegen das allgemeine Wahlrecht aussprechen. «Das revolutionäre Proletariat könnte die Rechte der oberen Klassen in ähnlicher Weise einschränken, wie die oberen Klassen einstmals seine politischen Rechte eingeschränkt haben.» Ein demokratisch gewähltes Parlament, so Plechanow damals, sei keineswegs eine unter allen Umständen unantastbare Institution: «Hätten sich (...) die Wahlen als Fehlschlag erwiesen, dann müßten wir versuchen, das Parlament nicht nach zwei Jahren, sondern möglichst bereits nach zwei Wochen auseinanderzujagen.»[24] In der Diskussion über das Parteistatut, die den eigentlichen Anlaß für die Spaltung der SDAPR in zwei Fraktionen bildete, stellte sich Plechanow dezidiert auf die Seite Lenins, da hier die Wahrheit liege.[25] Im Unterschied zu den anderen Mitgliedern der Gruppe «Befreiung der Arbeit» vermochte er sich die Partei nur als engen Zusammenschluß zuverlässiger Revolutionäre vorzustellen. Diese Differenzen bedeuteten zugleich das Ende der ersten marxistischen Gruppe Rußlands, die eine so große Rolle in der sozialistischen Bewegung gespielt hatte.

Nach dem zweiten Parteitag, als der autoritäre Charakter der bolschewistischen Parteikonzeption, die das Schwergewicht ganz auf die zentrale Führung legte, immer deutlicher hervortrat, kam es jedoch zum politischen Bruch zwischen Plechanow und Lenin. Allerdings übte Plechanow auch Kritik an den menschewistischen Vorstellungen, wie sie von Axelrod und Martow vertreten wurden, da eine völlig dezentralisierte Organisation zur Auflösung der Partei führen mußte. Es ging ihm jedoch in erster Linie darum, im Interesse der sich entwickelnden Arbeiterbewegung die Einheit der Partei zu bewahren. Er wollte verhindern, daß die SDAPR noch weiter auseinanderbrach und forderte immer wieder zu Gesprächen und Verhandlungen zwischen den Fraktionen auf, zumal es, wie er meinte, keinerlei ernsthaften Grund für eine Parteispaltung gab.[26]

Seit 1905 gab Plechanow eine eigene Zeitschrift heraus, das *Tagebuch eines Sozialdemokraten,* in der er seine besondere Position in Theorie und Politik, Strategie, Taktik und Organisation erläuterte. Dabei verwies er wiederholt darauf, daß er außerhalb der Fraktionen stehe und sich nur der Tradition der Gruppe «Befreiung der Arbeit» verpflichtet fühle. In einem im August 1905 im *Tagebuch* veröffentlichten Artikel *Die feindlichen Brüder* sprach er sich – in deutlichem Gegensatz zu den menschewistischen Bestrebungen – für eine starke, zentralisierte Parteiorganisation aus; «doch ich will nicht», heißt es dann aber weiter gegen die bolschewistische Überbetonung der zentralen Führung, «daß das Zentrum unserer Partei die gesamte Partei auffrißt». Das Verhältnis von Zentralismus und Demokratie innerhalb der Partei solle im Gleichgewicht bleiben. Plechanow lehnte es auch ab, die zentrale Parteiführung mit außerordentlichen Vollmachten auszustatten, da das – beim Fehlen einer Kontrolle durch die einfachen Parteimitglieder – verhängnisvolle Konsequenzen haben mußte, die er folgendermaßen beschrieb: «Das ZK ‹kassiert› alle mit ihm unzufriedenen Elemente, setzt überall seine Kreaturen ein, überflutet alle Komitees mit diesen Kreaturen und gewährleistet sich dadurch ohne weiteres die hörige Mehrheit auf dem Parteitag. Der aus den Kreaturen des ZK zusammengezimmerte Parteitag schreit diesem einstimmig ‹Hurra!›, billigt alle seine gelungenen wie mißlungenen Schritte und spendet allen seinen Plänen und Vorhaben Beifall. Dann würden wir in der Partei tatsächlich keine Mehrheit und keine Minderheit besitzen, denn dann würde sich bei uns das Ideal des persischen Schahs verwirklicht haben.»[27] Fürwahr eine prophetische Prognose!

Die erste russische Revolution von 1905 bis 1907 konnte Plechanow nur vom Ausland her kommentieren, da ihn Krankheit an der Rückkehr nach Rußland hinderte. In seinen Kommentaren spielte vor allem die Bündnisstrategie der SDAPR eine Rolle; die Arbeiterklasse als wichtigste Kraft der Befreiungsbewegung sollte Unterstützung bei allen oppositionellen Schichten der Bevölkerung suchen: «Getrennt marschieren, vereint schlagen – nur das ist notwendig!» Dabei hatte Plechanow zunächst in erster Linie die liberale Bourgeoisie im Auge, ohne deren Unterstützung, wie er meinte, die proletarische Bewegung scheitern mußte. Als sich jedoch die Unruhen auf dem Lande häuften, bezog er auch die Bauernbewegung in das revolutionäre Kalkül ein; darüber hinaus hoffte er auf die Hilfe des internationalen Proletariats. Nachdem der Zar unter dem Druck der revolutionären Bewegung im Oktober 1905 in einem Manifest bürgerliche Freiheiten und die Einberufung einer gesetzgebenden Versammlung, der Reichsduma, zugestanden hatte, die Arbeiterschaft aber vielfach weiterkämpfen wollte, übte Plechanow Kritik an deren Strategie. Als ein politischer Streik in Moskau und anderen Städten zum bewaffneten Aufstand führte, der von den Regierungstruppen niedergeschlagen wurde, meinte er unter Hinweis auf die mangelnde Stärke der Arbeiterschaft: «Deshalb hätte man auch nicht zu den Waffen greifen sollen.»[28] Es waren derartige Äußerungen, die die politische Kluft zwischen Plechanow und den Bolschewiki, die den Entscheidungskampf mit der Autokratie suchten, weiter vertieften.

Im Jahre 1906 nahm Plechanow am vierten Parteitag, dem sogenannten Vereinigungsparteitag, in Stockholm teil. Dort sprach er über die Agrarfrage, die Stellung zur Reichsduma und das Problem des bewaffneten Aufstands, wobei er im wesentlichen menschewistische Positionen vertrat. Das wurde ganz besonders in der Agrardebatte deutlich, in der die Auffassungen hart aufeinanderprallten. Im Gegensatz zu Lenin, der die Nationalisierung von Grund und Boden forderte, traten die Menschewiki für eine Munizipalisierung ein, das heißt die Übergabe der Ländereien an demokratische Selbstverwaltungsorgane. Während Lenin die Nationalisierung der Gutsbesitzer- und Bauernländereien als wirtschaftliche Basis der Demokratie betrachtete, schien sie Plechanow politisch reaktionär: als eine Wiederbelebung der Zustände im alten Moskowien. Er sah in der Nationalisierungsforderung eine demagogische Spekulation auf die traditionellen Vorstellungen der russischen Bauernschaft, die sie in den Jahrhunderten staatlicher Hörigkeit entwickelt hatte und die die politisch-psychologische Basis des russischen Absolutismus bildeten. Sollte die Revolution eine Niederlage erleiden, so würde im Falle der Nationalisierung von Grund und Boden die Selbstherrschaft eine beträchtliche Stärkung erfahren.[29]

Auch auf dem fünften Parteitag der SDAPR, der 1907 in London stattfand und vor allem die Haltung zur bürgerlichen Demokratie festzulegen versuchte, vertrat Plechanow – trotz partieller Kritik – im wesentlichen menschewistische Auffassungen. Nachdem er im gleichen Jahr noch am Stuttgarter Kongreß der Zweiten Internationale teilgenommen hatte, zog er sich zunächst aus der Parteiarbeit zurück und konzentrierte sich ganz auf die – auch bislang nie völlig aufgegebene – theoretische und schriftstellerische Arbeit.[30] Die Niederlage der ersten russischen Revolution ließ ein weiteres politisches Engagement vorerst wenig sinnvoll erscheinen.

Bolschewiki und Menschewiki reagierten auf die neue Situation höchst unterschiedlich. Während es den Bolschewiki im wesentlichen darum ging, den alten illegalen Parteiapparat zu bewahren bzw. wiederherzustellen, versuchten die Menschewiki vor allem die in der Revolution eroberten politischen Positionen zu verteidigen, was vielfach zu einer Abkehr von der illegalen Parteiarbeit führte. Es schien, als wollten sie die SDAPR liquidieren; so konnten sie von den Bolschewiki leicht als «Liquidatoren» denunziert werden.[31] Die zunehmend heftigeren innerparteilichen Kämpfe, die die Existenz der gesamten Partei bedrohten und ihre politische Aktionskraft lähmten, waren für Plechanow Anlaß, sich erneut in der Parteiarbeit zu engagieren. «Wir machen eine Krise durch, die den Fortbestand unserer Partei bedroht. In solchen Epochen darf man nicht schweigen», schrieb er im Vorwort zu dem ab 1909 wieder erscheinenden *Tagebuch eines Sozialdemokraten*.[32] Während er im großen und ganzen die politischen Auffassungen der Menschewiki teilte, entsprachen seine organisatorischen Vorstellungen denjenigen Lenins – beide setzten ein Gleichheitszeichen zwischen Illegalität und revolutionärer Gesinnung. In diesem Sinne begann Plechanow 1910, an den bolschewistischen Zeitungen und Zeitschriften mitzuarbeiten; bereits sein erster Artikel *Zur Verteidigung der Illegalität* beinhaltete eine Kritik an den menschewistischen Liquidatoren.[33] Bald wurde er zum Führer ähnlich denkender Sozialdemokraten, der sogenannten Parteimenschewiki, die – trotz politischer Differenzen – ebenso wie die Bolschewiki an den alten Organisationsformen festzuhalten suchten.

Plechanows weiterreichendes Ziel blieb jedoch auch jetzt die Erhaltung einer einheitlichen Arbeiterpartei. Immer wieder setzte er sich für eine Annäherung der beiden einander bekämpfenden Fraktionen ein, was ihm heftige Vorwürfe von seiten Lenins eintrug. Weder beteiligte er sich an der Prager Parteikonferenz der Bolschewiki, die die Spaltung der SDAPR fest verankerte, noch an der Wiener Konferenz der nichtbolschewistischen Fraktionen und Gruppen.[34]

In dieser schwierigen Situation blieb als letzte Hoffnung die Organisation der Zweiten Internationale, in der Plechanow erheblichen Einfluß ausübte. Das Internationale Sozialistische Büro (ISB) berief zum Juli 1914 eine Vereinigungskonferenz nach Brüssel ein, an der sich Bolschewiki, Menschewiki und die mit ihnen sympathisierenden Organisationen beteiligten. Auf der Konferenz setzte sich Plechanow – unterstützt von Rosa Luxemburg, Karl Kautsky und Emile Vandervelde – vehement für die Einheit der Partei ein. In diesem Zusammenhang bezeichnete er die von den Bolschewiki gestellten Bedingungen als «Artikel eines Strafgesetzbuches». Die Konferenz nahm schließlich eine Resolution an, in der es hieß, in der Sozialdemokratie Rußlands gebe es keine tiefgreifenden Meinungsverschiedenheiten, die die Parteieinheit verhindern könnten. Die Bolschewiki, die an der Abstimmung über diese Resolution nicht teilnahmen, sahen sich politisch isoliert.[35]

Mit dem Ausbruch des Ersten Weltkrieges ergab sich für die russische Sozialdemokratie jedoch eine völlig veränderte Situation. Es bildeten sich neue Fraktionen und Gruppen heraus, wobei sich unter den Emigranten besonders die Konzeption der Vaterlandsverteidigung verbreitete. An der Spitze dieser politischen Richtung stand Plechanow, der von Anfang an gegen Deutschland und für die Alliierten Partei ergriff.[36] Nur ein Sieg der Entente, so argumentierte er, könne den Sieg der Demokratie in ganz Europa gewährleisten und Rußland vor der Versklavung durch die Hohenzollern, die einen großen historischen Rückschlag bedeuten würde, bewahren. Im Interesse des alliierten Sieges sollten die russischen Sozialdemokraten ihre Abrechnung mit der Autokratie und der Bourgeoisie auf die Nachkriegszeit verschieben. Ein alliierter Sieg werde aber zugleich den Ausbruch der russischen Revolution beschleunigen.

Als die Februarrevolution 1917 die Herrschaft der Romanows beendete, kehrte Plechanow aus 37jährigem Exil in die Heimat zurück. Hier setzte er sich dafür ein, den Krieg bis zum «entscheidenden Sieg» fortzuführen und forderte für dieses – wie er meinte – gesamtnationale Ziel eine Zusammenarbeit aller Klassen und Schichten. Vor allem gelte es, die neu errungenen bürgerlichen Rechte und Freiheiten zu stärken und sie vor dem äußeren Feind zu schützen. Die nächste historische Aufgabe sah Plechanow in der Entwicklung der Produktivkräfte, die neben dem wirtschaftlichen auch den sozialen und politischen Fortschritt gewährleiste. Rußland könne aber nur dann die fortgeschrittenen westlichen Länder ökonomisch einholen, wenn ein breites System von Sozialreformen das Proletariat aus seiner elenden Lage befreie – deshalb sein beständiger Appell an die Unternehmer, im eigenen Interesse derartige Reformen in Angriff zu nehmen.[37]

Plechanow kommentierte in seiner Zeitung *Jedinstwo* alle wichtigen Ereignisse des Jahres 1917, was ihn rasch in Gegensatz zu den treibenden Kräften der Revolution, vor allem zum Petrograder Sowjet, brachte. Der Begründer der russischen Sozialdemokratie selbst war weder Mitglied in jenem politischen Zentrum der Revolution noch in der Provisorischen Regierung; die kleine Gruppe seiner Anhänger fand in der Öffentlichkeit kaum noch politischen Widerhall.

Besonders kritisch verhielt sich Plechanow gegenüber der bolschewistischen Bewegung, die in der Bevölkerung der Städte und Industriezentren immer mehr Fuß faßte. Die strategischen Absichten Lenins, im rückständigen Rußland den Sozialismus einzuführen, bezeichnete er als «Fieberphantasien».[38] Falls das Proletariat den Parolen Lenins folge, so müsse man konstatieren, «daß unsere mehr als dreißigjährigen Bemühungen, die Ideen von Marx in Rußland zu propagieren, fruchtlos geblieben sind». Nach dem bolschewistischen Oktoberumsturz wies Plechanow noch einmal dezidiert auf die rückständige Wirtschaft und Gesellschaft hin, in der die Arbeiterschaft nur eine Minorität bilde und die bäuerlichen Massen am Land, nicht aber am Sozialismus interessiert seien.[39] Unter diesen Umständen müsse die Machtübernahme zum Bürgerkrieg und zum Verlust der im Februar erkämpften Freiheit führen. Allerdings versicherte Plechanow, der sich vom bolschewistischen Regime physisch bedroht fühlte, den russischen Arbeitern seine unverbrüchliche Solidarität. Sie «waren und bleiben unsere Brüder, zu deren Aufklärung jeder von uns bis zum letzten Atemzug verpflichtet ist».[40]

In seinen letzten Artikeln zeigte Plechanow das Grundproblem der bolschewistischen Macht auf.[41] Bei ihr handele es sich nicht – wie es in der offiziellen Ideologie hieß – um die Herrschaft der werktätigen Bevölkerung, sondern nur um diejenige einer Gruppe. Daher müsse sie immer häufiger zu terroristischen Mitteln greifen, was als Ausdruck ihrer Schwäche zu verstehen sei. Als Lenin die Anfang 1918 erfolgte gewaltsame Auflösung der Konstituierenden Versammlung, die den endgültigen Bruch mit der Demokratie bedeutete, mit Plechanows Ausführungen vom zweiten Parteitag zu rechtfertigen suchte,[42] verwies dieser auf den demokratischen und sozialistischen Charakter der Konstituante, die vor allem von den Arbeiter- und Bauernmassen Rußlands gewählt worden war. Damit machte er kurz vor seinem Tode noch einmal auf den unlöslichen Zusammenhang von Demokratie und Sozialismus aufmerksam.

Lisanne Radice

BEATRICE und SIDNEY WEBB
(1858–1943, 1859–1947)

1. Herkunft und Werdegang

Beatrice Webb, geborene Potter, und Sidney Webb bildeten eine der ungewöhnlichsten politischen und intellektuellen Partnerschaften ihrer Zeit. Ihre gemeinsame Leistung war größer als die Summe ihrer Einzelleistungen; darin liegt die Bedeutung ihrer Partnerschaft.

Beatrice, schön, intelligent, aber hoch neurotisch, entstammte einer erfolgreichen Unternehmerfamilie des gehobenen Mittelstandes. Sie hatte neun Schwestern, war jedoch in ihrer frühen Kindheit einsam und introvertiert. Obwohl ihr der übliche Bildungsweg verschlossen war, setzte sie sich zum Ziel, ihr Wissen durch ein gründliches Studium von Klassischer Philologie, Philosophie, Geschichte und Ökonomie zu erweitern. Unbewußt strebte sie nach Ordnung und Gewißheit, überhöht zu einem säkularisierten Glauben. Möglicherweise führte diese fast verzweifelte Suche zu ihrer sechs Jahre dauernden stürmischen Beziehung zu dem charismatischen, radikal-demokratischen Reformer Joseph Chamberlain. Erst die unbestreitbare Klugheit und intellektuelle Selbstsicherheit Sidney Webbs gaben Beatrice den Halt, nach dem sie suchte. Ohne ihn hätte sie kein Selbstvertrauen und kein Zutrauen zu ihren eigenen Fähigkeiten entwickeln können. Obwohl sie behauptete, sie habe Sidney nicht aus Liebe, sondern um ihrer «gemeinsamen Sache» willen geheiratet, notierte sie ein Jahr nach ihrer Heirat in ihrem Tagebuch: «Ich bin überglücklich.» Die Partnerschaft mit Sidney war auch für die Entwicklung ihres Werkes von grundlegender Bedeutung. Obwohl sie Vorstellungskraft besaß und oftmals in der Lage war, ein Problem intuitiv zu erfassen, war sie doch keine geborene Schriftstellerin. Sidney steuerte die brillanten, analytischen Fähigkeiten bei und das politische wie ökonomische Wissen, ohne das Beatrice nie über das Niveau einer begabten, aber unprofessionellen Beobachterin sozialer Beziehungen hinausgewachsen wäre. Noch wichtiger war, daß sein tiefverwurzelter Glaube an den Sozialismus ihr die Religion ersetzte, die sie schon seit früher Kindheit verloren hatte. Nun besaß sie ein Ziel und ein Credo zugleich.

Die Heirat änderte auch Sidneys Leben von Grund auf. Aufgewachsen in einer Londoner Familie der unteren Mittelschicht hatte er es, obwohl weitgehend Autodidakt, doch zu einer Stellung in der Kolonialverwaltung gebracht. Auch er suchte in seiner frühen Jugend nach einem

Beatrice und Sidney Webb
(1858–1943, 1859–1947) mit Bernard Shaw
und Graham Wallas bei einem Ausflug

Religionsersatz, schloß sich mehreren Debattierclubs an, fühlte sich von Herbert Spencers Philosophie angezogen, lehnte sie dann jedoch als zu unsozial ab. Um 1880 begann er, sich dem Positivismus zuzuwenden. Ein früher Vortrag zeigt seinen neuen Ansatz: Ein glückliches Leben könne nur durch Hingabe an ein Ziel erlangt werden und unter Verzicht auf beiläufige Vergnügungen. Das angestrebte Ziel sei der Dienst an der Menschheit.[1]

Sidney, der sich zu einer Theorie der sozialen Einheit und des sozialen Wiederaufbaus vortastete, fühlte sich zu Comtes Lehre von einer der Menschheit verpflichteten Elite hingezogen. Deren Verantwortungsbewußtsein sollte soziale Harmonie herbeiführen. Er übernahm auch Comtes Fortschrittsbegriff, der ein wichtiges Moment seines Sozialismusverständnisses bildete. Marx lehnte er schon früh ab und gab statt dessen Ricardo und den neoklassischen Ökonomen den Vorzug. Marx, so argumentierte er, sei weder wissenschaftlich noch innovativ, da seine Argumente auf einer zu engen Interpretation von menschlicher Natur und Gesellschaft beruhten.[2]

2. Die ‹Fabian Society›, die ‹London School of Economics› und der *New Statesman*

1885 trat Sidney Webb der ‹Fabian Society› bei. Um diese Zeit hatte er begonnen, seine eigene Version von Sozialismus zu entwickeln – eklektisch, pragmatisch und evolutionär. Die «Fabian Society», gegründet, um Fragen von sozialem und ökonomischem Interesse zu diskutieren, und ein typischer Mittelklasse-Debattierclub, wurde durch Sidney Webb zu einer einflußreichen Forschungseinrichtung und zum wichtigsten politischen Diskussionsforum der Arbeiterbewegung. Sidneys Auffassung – ethisch im Ansatz, evolutionär in der Praxis – wurde dabei zur Auffassung der gesamten ‹Fabian Society›. Deren Sozialismus beruhte in erster Linie auf einer systematischen Darstellung von Fakten. Sidney Webb und George Bernard Shaw, auf dessen Anregung hin er sich den «Fabians» angeschlossen hatte, ergänzten sich gegenseitig: Shaw, ideenreich, ein brillanter Polemiker und Publizist; Webb, intellektuell zupackend und diszipliniert – was notwendig war, um dem Club die Richtung zu weisen.[3]

In einem wichtigen Vortrag vor der «Fabian Society» im Jahr 1886 mit dem Titel *Was Sozialismus bedeutet* legte S. Webb seine Auffassung von Sozialismus dar, von der er auch später nur selten abweichen sollte. *Sein* Sozialismus, erklärte er (und unterschied sich damit von der marxistischen Sozialdemokratischen Föderation), sei eher evolutionär als revolutionär. Er sei überzeugt, daß Institutionen ohne Revolution verändert werden könnten. Das Ziel von Sozialisten müsse es sein, einen so tiefgreifenden Wandel der öffentlichen Meinung herbeizuführen, daß der Sozialismus unausweichlich werde.

Das Webbsche Sozialismusmodell beruhte auf zwei Leitgedanken: erstens auf der Anerkennung der gegenseitigen Abhängigkeit der Menschen, und zweitens auf dem ethisch begründeten Recht der Arbeiter auf das gesamte Produkt ihrer Arbeit.[4] Dieser Sozialismus war pragmatisch: «Sozialismus bedeutet keine besondere Form oder Planung einer sozialen Neuordnung noch den trügerischen Traum von Besitzgleichheit. Er bedeutet keine Maschinenverachtung, keine Mißachtung von Erziehung und Kultur, keine Feindschaft gegenüber Geistesarbeit oder Erfindergeist. In Wirklichkeit sind wir gerade deshalb Sozialisten, weil wir mehr von all dem wünschen.»[5]

Seine Theorie führte er später weiter aus: «Auf ökonomischem Gebiet bedeutet der Sozialismus die kollektive Verwaltung von Grundrente und Kapitalzins; dem einzelnen überläßt er nur den Lohn für seine Arbeit, und zwar für Hand- und Kopfarbeit gleichermaßen. Auf politischem Gebiet betrifft er die kollektive Kontrolle und oberste Verwaltung aller wichtigsten Instrumente zur Schaffung von Wohlstand. Auf dem Gebiet der Ethik bringt er die allgemeine Anerkennung der Brüderlichkeit, die universale Verpflichtung zu persönlichem Dienst und die Unterordnung persönlicher Ambition unter das Gemeinwohl zum Ausdruck.»[6]

S. Webb war der Meinung, die ‹Fabian Society› solle sich auf Forschung, Erziehung und Öffentlichkeitsarbeit konzentrieren, damit sich in den Köpfen der Menschen allmählich die Überzeugung von der Notwendigkeit von Reformen durchsetze.[7] Großbritannien glaubte er insofern schon auf dem Weg zum Sozialismus, als der Staat mehr und mehr als das wichtigste Element der Gesellschaft wahrgenommen werde.

Beatrice und Sidney Webb heirateten 1892, es entstand eine Partnerschaft, die mehr als 50 Jahre dauern sollte. Die ersten Jahre ihrer Ehe waren schriftstellerischen und schulpolitischen Tätigkeiten gewidmet; ihre frühesten Erfolge lagen auf dem Gebiet der Schulpolitik. Sidney Webb war 16 Jahre lang Vorsitzender der angesehenen Behörde für Berufsschulwesen beim Londoner Gemeinderat. In dieser Eigenschaft erarbeitete er das erste Stipendienprogramm für begabte Kinder aus der Arbeiterklasse und führte polytechnischen Unterricht und technische Schulen ein, die für arme Londoner Kinder Weiterbildungsmöglichkeiten eröffneten. Desgleichen unterstützte er die Gründung des *Imperial College*, und zusammen mit Beatrice trug er dazu bei, die weitreichenden Schulreformen von 1902 und 1903 voranzubringen, die den Gemeinderäten das Schulwesen unterstellte und dadurch einem zerfallenden System eine klare Struktur zurückgab.[8]

Die Gründung der *London School of Economics and Political Science* hätte allein schon genügt, die Webbs berühmt zu machen. Sie glaubten, daß die Art von Systemforschung und -lehre, die sie sich für die ‹London

School of Economics› wünschten, letztlich den kollektivistischen Ideen zum Sieg verhelfen werde. Sidney Webb hoffte zugleich, damit ein Fachzentrum für originäre Forschung und wirtschaftswissenschaftliche Studien zu gründen.[9]

Zwei heute noch lesenswerte Werke wurden bald nach ihrer Heirat verfaßt: ihre *Geschichte der Gewerkschaftsbewegung* (1894) und als Fortsetzung davon *Wirtschaftsdemokratie* (*Industrial Democracy*, 1897). Beide Bücher gelten noch heute als wichtige Darstellungen der Gewerkschaftsbewegung. *Wirtschaftsdemokratie* enthält zudem in seinem Schlußteil eine noch immer bedeutende Erörterung des Verhältnisses von Gewerkschaft und Demokratie.[10] Das Buch liefert auch einen weiteren Abriß der Webbschen Theorien über einen demokratischen und sozialistischen Staat. Die Webbs vertraten die Meinung, die Staatsmacht könne durch die Gewerkschaftsbewegung dezentralisiert und aufgeteilt werden, die Gewerkschaften müßten dafür eben in einem größeren politischen Rahmen gemeinsam als eine machtvolle und gutorganisierte Körperschaft handeln, die sich für die Interessen der Arbeitnehmer einsetzt. Das schloß ihrer Meinung nach die Verteidigung der Koalitionsfreiheit, die Ausdehnung kollektiven Wirtschaftens und die Einführung eines «Nationalen Minimums» ein. Darunter verstanden sie angemessenen Lohn und das Recht auf annehmbare Arbeitsbedingungen, auf Erziehung, Gesundheit und Freizeit. Die Webbs kamen zu dem Schluß, daß der Bürger als Produzent letztlich dem Bürger als Konsumenten und Wähler untergeordnet sei. Sie betonten jedoch auch, daß die Macht der Gewerkschaften auf Teilgebieten gegen autoritäre Tendenzen des Staates eingesetzt werden könne, waren sich also durchaus der Notwendigkeit eines Gegengewichts gegen einen übermächtigen Staat bewußt. Das Neue ihres Ansatzes bestand darin, Lehren aus der Gewerkschaftserfahrung zu ziehen und zu zeigen, daß die Gewerkschaftsbewegung ein unverzichtbarer Bestandteil des demokratischen Prozesses war und keineswegs eine Bedrohung für das Gesellschaftsgebäude darstellte, wie so viele Viktorianer glaubten.

Zusammen mit Lloyd George und William Beveridge können Beatrice und Sidney Webb als die Begründer des modernen britischen Wohlfahrtsstaates bezeichnet werden. Ein Leben lang vertraten sie die Idee des Nationalen Minimums, das sie zuerst ausführlich in *Wirtschaftsdemokratie*, danach in unzähligen Aufsätzen und Broschüren der ‹Fabian Society› dargelegt haben. Ihrer Meinung nach war es Pflicht des Staates, für ein Sicherheitsnetz aus grundlegenden Wohlfahrtsdiensten – von Ausbildung über Wohnen bis zur Gesundheit – für alle seine Bürger zu sorgen. Sie entwickelten diese Ansicht in ihrem Minderheitenbericht von 1909 an die Königliche Kommission für das Armenrecht (der Beatrice angehörte) weiter. Darin entwarfen sie eine Skizze für die Entwicklung von Wohlfahrtsprogrammen zur Versorgung von Kranken, Alten und Arbeitslosen. Dies und ihre folgende «Kampagne für die Vermeidung von Verarmung» trugen dazu bei, in der Öffentlichkeit ein Klima zu schaffen, das die Forderung nach Errichtung eines Wohlfahrtsstaates zu einem der Hauptziele der ‹Labour Party› werden ließ.[11]

1913 gründeten die Webbs die Zeitschrift *New Statesman*. Sie war dafür gedacht, in einem größeren Kreis radikal-demokratisch Gesinnter für Unterstützung ihrer Ideen zu werben. Dahinter stand die Überzeugung von der Notwendigkeit einer fundierten Diskussion über neue politische und soziale Ideen. Um zum Start der Zeitschrift beizutragen, schrieben sie zwanzig Artikel über ihre Auffassung von Sozialismus. Die Absicht dabei war nicht nur, eine Definition dessen vorzulegen, was sie unter Sozialismus verstanden, sondern auch, ihre Position gegen Kritik sowohl von der Linken wie von der Rechten zu verteidigen, die ihnen vorwarf, ihr Sozialismus bedeute Zwang und Bürokratie.

Sozialismus hat nach Meinung der Webbs etwas mit Gleichheit zu tun. Sozialisten hielten Gleichheit für «ein wesentliches Element jeder wirklichen Zivilisation» und uneingeschränktes privates Eigentum für unvereinbar mit der Notwendigkeit, «sich für Gleichheit zu entscheiden». Erforderlich seien öffentliche Dienstleistungen und eine den Erfordernissen der Gemeinschaft angepaßte Einkommensstruktur; eine bessere Gesellschaft müsse von einem neuen sozialen Verständnis – einer Akzeptanz gegenseitiger Verpflichtung und Abhängigkeit – getragen sein. Der Sozialismus werde deshalb nicht nur eine Änderung von Besitz- und Machtverhältnissen, sondern auch von sozialen Werten erfordern.[12]

Ein Prüfstein für den Sozialismus sei der Grad der Beteiligung jedes Mitglieds der Gemeinschaft an Formulierung und Ausführung des allgemeinen Willens. Nur durch eine solche Teilnahme könne «sowohl die größtmögliche individuelle Freiheit, als auch die bestmögliche Entwicklung des persönlichen Charakters und der persönlichen Fähigkeiten» gewährleistet werden.[13] Der sozialistische Staat sei kollektivistisch, aber kein Zwangsstaat; er gründe sich auf ein freies und demokratisch organisiertes System lokaler Selbstverwaltung, kontrolliert von einer wirksamen, zentralen Exekutive, deren Ziel die Durchsetzung nationaler Mindeststandards sei.[14] Öffentliches Eigentum würde deshalb nicht nur als Ausdruck einer sozialistischen Überzeugung gesehen, sondern als notwendiges Instrument der Regierung, um Effizienz auf nationaler Ebene zu gewährleisten. Zusammenfassend definierten sie den sozialistischen Staat folglich als «ein äußerst differenziertes und vielschichtiges Gebilde aus sozialen Gruppierungen» und als «eine komplexe Hierarchie, in der sowohl Verbraucher als auch Produzenten ihren rechtmäßigen Platz haben».[15]

3. Die Webbs und die ‹Labour Party›

Die Webbs hatten sich selbst und die ‹Fabian Society› von der Labour Party ferngehalten, die im Jahre 1900 von der Gewerkschaftsbewegung gegründet worden war, um im Parlament als Interessenvertretung der Arbeiterklasse auftreten zu können. Ihre Gründe hierfür waren vielschichtig, beruhten zum Großteil aber darauf, daß sie mehr auf «Überzeugungsarbeit» vertrauten als auf einseitige Parteipolitik. Der Mißerfolg ihres Minderheitenberichts an die Königliche Kommission für das Armenrecht, der trotz der Unterstützung durch die Labour Party wirkungslos geblieben war, bewog sie jedoch, ihre frühere Taktik aufzugeben und sich offener in der Labourbewegung zu engagieren. Der Krieg wirkte dabei als Katalysator.

Es ist allgemein bekannt, daß Sidney Webbs Einfluß auf die Entwicklung der Labour Party ganz entscheidend war.[16] Hauptsächlich seiner Hartnäckigkeit ist es zuzuschreiben, daß die Partei sozialistische Züge annahm und eine echte politische Alternative zu den etablierten Parteien wurde. In den Jahren 1914–1918 war Sidney Webb das einflußreichste Mitglied der beiden angesehensten und bedeutendsten Komitees der Labourbewegung, des ‹Kriegsnotstandskomitee› *(War Emergency Committee)* und des ‹Unterkomitees für Politik des nationalen Exekutivkomitees› *(Policy Sub-Committee of the National Executive Committee).* Aus diesen Gremien kam das Parteistatut von 1918 und das berühmte Wahlmanifest *Labour und die neue soziale Ordnung.*

Zweifellos war Sidney Webb der Hauptarchitekt des Parteistatuts von 1918, durch das sich die Labour Party Einzelmitgliedern öffnete, eine neue Basisorganisation annahm und sich durch Klausel 4, Teil 4 (bekannt als die «Gemeineigentums»-Klausel) als sozialistische Partei auswies.[17] Das Manifest, das Sidney Webb geschrieben hatte, war nicht nur eine klare Wiederaufnahme Webbscher Ziele – Nationales Minimum, demokratische Kontrolle der Industrie, umverteilende Besteuerung und wachsende Kommunalisierung –, sondern es bot der Labour Party auch zum ersten Mal einen Rahmen für die Veränderung der Gesellschaft. Obwohl Sidney Webb ein prominentes Kabinettsmitglied in beiden Labour-Minderheitsregierungen, 1924 und 1929, war, lag sein Hauptbeitrag und derjenige seiner Frau zum Aufstieg von Labour auf ideologischem Gebiet. Schließlich hatten sie die Arbeiterbewegung für ihre Ideen gewonnen und dazu beigetragen, die Labour Party auf die Regierungsübernahme vorzubereiten.

Was die verschiedenen Unternehmungen der Webbs verband, war die feste Überzeugung, daß die Gesellschaft einer Veränderung bedürfe und daß deren individualistische und egoistische Züge einer moralischen Ordnung Platz machen müßten. Ihre Philosophie beruhte auf dem

Glauben an eine Meritokratie, die durch die Schaffung von Chancengleichheit für alle gebildet werden sollte. Zugleich betrachteten sie den Dienst für das Gemeinwesen als moralische Verpflichtung.[18]

4. Das Sozialismusverständnis

Beatrice und Sidney Webb wurde der Vorwurf des Elitedenkens gemacht.[19] Obwohl kein Zweifel darüber bestehen kann, daß sie den Begriff der «wenigen Auserwählten» ablehnten, vertraten sie doch leidenschaftlich das Recht des einzelnen, seine Situation zu verbessern, und den Rechtsanspruch der Benachteiligten auf Chancengleichheit. Sie befürworteten eine Meritokratie, die auf einer weitgefaßten Definition von Gleichheit der Möglichkeiten und der Umgebung beruhte – eine Auffassung, die von späteren Sozialisten aufgegriffen und weiterentwickelt wurde.[20]

Der «Geist des Dienstes am Gemeinwesen» *(spirit of public service)* war ebenfalls ein entscheidendes Element in der Webbschen Konzeption eines zukünftigen, sozialistischen Staates. Das war sicher einer der Gründe, weshalb sie die *London School of Economics* gründeten. Begabte junge Männer und Frauen, richtig geschult, sollten mit selbstloser Hingabe für den neuen demokratischen Staat wirken – für eine neue Gesellschaft, in der Leistung nicht durch materiellen Gewinn, sondern durch das Erlebnis des Dienstes an der Gemeinschaft belohnt würde. In seiner Interpretation sozialistischer Ziele war Sidney Webb ein pragmatischer Kollektivist; die «Gemeineigentums»-Klausel war ja nicht etwa eine unflexible Festlegung kollektivistischer Prinzipien, sondern eine durchaus undoktrinäre Darstellung sozialistischer Ziele. Er selbst drückte dies so aus: «Es ist ein Sozialismus, für den nur eines kennzeichnend ist: die entschiedene Ablehnung des für alle politischen Parteien der vergangenen Generation typischen Individualismus. Die Erklärung der Labour Party stellt es frei, jeweils diejenige Form von Gemeineigentum zu wählen, die für bestimmte Fälle angemessen erscheint.[21]

Mit der später berühmt gewordenen Formulierung «die Zwangsläufigkeit schrittweisen Vorgehens» umriß Sidney Webb in einer Ansprache an den Parteitag der Labour Party von 1923, was er unter sozialistischen Zielsetzungen verstand.[22] Diese Formel gilt den einen als eine Neufassung der aus der ‹Fabian Society› stammenden Auffassung, Überzeugungsarbeit werde letzten Endes zum Erfolg führen, andere aber sehen darin eine Prognose, daß die Labour Party zwangsläufig an die Macht kommen werde.[23] Es gibt aber eine viel näherliegende dritte Interpretation: Sidney Webb befürchtete, man könne die Labour Party (insbesondere in einer Zeit wachsender Unruhe in der Industrie) für eine revolutionäre Partei mit marxistischer Zielsetzung halten. Wolle sie Regierungspartei werden, so müsse ihr Sozialismus verantwortlich und respektierlich bleiben. Den Wählern müsse sie die Gewähr bieten, daß Veränderungen, die sie – wenn sie erst einmal an der Macht wäre – vornehmen würde, sowohl demokratisch als auch parlamentarisch abgesichert werden würden.

Beatrice und Sidney Webb interessierten sich sehr dafür, wie sich die Demokratie in einem sozialistischen Staat entwickeln würde. Sie mochten Kollektivisten sein – bedingungslose Demokraten waren sie mit Sicherheit! Jede Ansprache erhellt die Webbsche Konzeption von demokratischem Sozialismus: «Als erstes lassen Sie mich (...) das zwangsläufig schrittweise Vorgehen bei unseren Änderungsplänen betonen (...). Für die Labour Party muß folgendes klar sein: Sozialismus erwächst aus politischer Demokratie. Deshalb müssen wir unbedingt anerkennen, daß jeder Schritt in Richtung auf unser Ziel davon abhängt, daß wir die Zustimmung und Unterstützung wenigstens der zahlenmäßigen Mehrheit des ganzen Volkes gewinnen (...). Dies ist in der Tat die allerbeste Gewähr für effektive Demokratie.» Der Erfolg der Labour Party hänge «mehr als von allem anderen von dem Geist ab, in dem wir uns treu bleiben (...), dem Geist, in dem wir unsere Verpflichtungen erfüllen, dem Geist, in dem wir trotz unvermeidlicher Rückschläge unser Leben leben. Wir werden nicht viel erreichen, welche Veränderungen wir auch immer zustandebringen mögen, wenn wir das, was wir tun, nicht in einem Geist der Kameradschaft tun. Denn wir müssen immer bedenken, daß der Begründer des britischen Sozialismus nicht Karl Marx, sondern Robert Owen war und daß Robert Owen nicht ‹Klassenkampf›, sondern die alte Lehre von menschlicher Brüderlichkeit gepredigt hat – die Hoffnung, den Glauben und die lebendige Tatsache menschlicher Freundschaft.»[24]

5. Das Demokratieverständnis

Beatrice notierte in ihrem Tagebuch über ihr gemeinsames Werk *Geschichte der Gewerkschaftsbewegung*, daß es ihnen stets vorgeschwebt habe, die grundlegende Struktur eines «neuen demokratischen Staates» zu schaffen. Freilich untersuchten sie diese Frage im Detail erst im Schlußkapitel von *Wirtschaftsdemokratie*. Dabei versuchten sie, das schwierige Problem, wie sich administrative Effizienz und Volkskontrolle vereinbaren lassen, zu lösen.[25] Als freiheitlich Gesinnte waren sie sich der Gefahren uneingeschränkter Macht bewußt: «Nicht einmal der weiseste Mensch kann mit jener höchsten Autorität betraut werden, die durch die Verbindung von Wissen, Fähigkeit und Gelegenheit mit der Macht uneingeschränkter und letzter Entscheidungsbefugnis entsteht. Demokratie ist eine Garantie dafür, daß die Machtkonzentration auf ein einzelnes Individuum oder auf irgendeine einzelne Klasse vermieden wird, Macht, die in dieser Konzentration zu einem schrecklichen Instrument der Unterdrückung wird.»[26]

Zum zweiten beruht die Webbsche Parteinahme für einen demokratischen Staat auf dem Glauben, daß der «durchschnittlich empfindende Mensch» im Hinblick auf seinen Mangel an politischer Bildung nur eine passive Rolle in der Tagespolitik spielen könne – obwohl die fortschreitende Demokratisierung mit der Zeit die Partizipation fördern werde. Um diese Passivität auszugleichen, traten die Webbs für die Heranbildung eines neuen Typs von Parlamentariern ein, der in engem Kontakt zur Wählerschaft steht und auf den Staatsapparat Druck ausüben kann.

1912 wurden sie durch äußere Ereignisse zu einer neuen Einschätzung der Demokratie genötigt. Die Jahre zwischen 1909 und 1911 waren Jahre wachsender Unruhe unter der Industriearbeiterschaft, Jahre wachsender Arbeitslosigkeit und erstarkender Gewerkschaften gewesen. Ein Nebenprodukt war das Erstarken der syndikalistischen Bewegung, deren Hauptziel die Webbs strikt ablehnten: Sturz der parlamentarischen Regierung durch die Arbeiter, wobei der Generalstreik als politische Waffe dienen sollte, und Ersetzung der parlamentarischen durch eine auf Industriegewerkschaften gestützte Regierung. Da die Webbs den wachsenden Einfluß des Syndikalismus innerhalb der Gewerkschaften erkannten und die Konsequenzen fürchteten, bliesen sie zum Gegenangriff zugunsten ihres Ideals vom demokratischen und sozialistischen Staat. Schließlich waren sie der Meinung, daß nun, da die Arbeiter das Wahlrecht besaßen, die Wahlurne die Barrikaden überflüssig gemacht habe.[27] Gleichzeitig würde eine Regierung der syndikalistischen Nationalgewerkschaften in ein neues autoritäres System ausarten, da die Gewerkschaften dann zu einem Teil des Regierungsapparates würden und nicht länger fähig wären, die Arbeitnehmer zu vertreten. Außerdem verlören ganze Gruppen von Bürgern wie z. B. Frauen, gehobene Berufe, Pensionäre usw., die nicht in der Produktion tätig und somit nicht in Gewerkschaften organisiert seien, ihre politischen Rechte. Ihrer Meinung nach war der Syndikalismus engstirnig, autoritär und ausschließlich auf die Interessen der Produzenten anstatt auf Gemeinschaftsinteressen ausgerichtet.[28]

In einem wichtigen Artikel mit dem Titel *Eine vielschichtige Demokratie (A Stratified Democracy)*, veröffentlicht 1919 und nun sowohl von G. D. H. Cole und dem Gildensozialismus als auch vom Syndikalismus beeinflußt, räumt Sidney Webb jedoch ein, daß die in der Produktion Beschäftigten mehr Macht haben müßten, als er und seine Frau ihnen zuvor zugestanden hatten.[29] Aber der Hauptkonflikt mit Cole blieb ungelöst: Ihrer Meinung nach war dessen Verständnis von Wirtschaftsorganisation zu eng. Es dürfe nicht eine einzige, übergreifende Autorität geben, und sei es auch die der Produzenten. Deshalb sei eine Streuung der Interessen notwendig, so daß es eine Anzahl getrennter Autoritäten gebe, wobei sich jede selbst beschränke und gleichzeitig von allen anderen beschränkt werde.[30]

Auf die *vielschichtige Demokratie* folgte ein Jahr später das einzige bedeutendere Buch der Webbs über demokratische Theorie: *Eine Verfassung für das sozialistische Commonwealth von Großbritannien,* «gedacht als eine Zusammenfassung unseres Wissens – eine Art letzter Wille und Testament», wie Beatrice Webb in ihrem Tagebuch sagt.[31] Es war ein ehrgeiziger Versuch, grundlegende Strukturen für einen demokratischen, sozialistischen Staat herauszuarbeiten, und stellte sowohl eine Kritik des parlamentarischen Systems dar als auch den Versuch, demokratische Veränderungen zu skizzieren, die den jüngsten Entwicklungen Rechnung trügen. In Anbetracht der Komplexität der modernen Industriegesellschaft könne es keine «Modellverfassung für eine utopische Gemeinschaft» und deshalb auch keine allein richtige demokratische Lösung geben. Die Webbs gründeten ihre neue demokratische Theorie auf drei Hauptfaktoren, den Menschen als Produzenten, als Konsumenten und als Bürger. Was sie zu erreichen hofften, war eine Demokratie, in der nicht eine einzelne Schicht das Machtmonopol besitzt und in der das Individuum größtmögliche Freiheit genießt, soweit sie mit seiner Stellung in einer komplexen Gesellschaft voller gegenseitiger Abhängigkeiten vereinbar ist. Demokratie, so forderten sie, könne es sich nicht leisten, «auf einen komplizierten Verwaltungsapparat zu verzichten, weil nur durch eine sehr große Vielfalt von Teilen und eine bewußt ausgewogene Beziehung zwischen diesen Teilen persönliche Freiheit und unabhängiges Handeln der großen Masse der Individuen, entweder als Produzenten oder Konsumenten oder als Bürger, gewährleistet ist».[32]

Ein überraschendes Element ihres neuen Systems war die Schaffung eines politischen Parlaments einerseits, zuständig für Recht, Ordnung und Außenpolitik, basierend auf einem Kabinettssystem, und eines sozialen Parlaments andererseits, zuständig für soziale und ökonomische Probleme, für Verwaltung und Sozialpolitik, das in der Form von Ständigen Ausschüssen arbeiten sollte. Ihre Begründung für zwei Parlamente beruhte auf der Annahme, daß «eine einzige gewählte Versammlung unmöglich den Gemeinwillen aller Einwohner zu allen möglichen Themen zum Ausdruck bringen kann».[33] Die Organisation der Wirtschaft in einem sozialistischen Staat müsse demokratisch sein, mit Arbeitermitbestimmung auf allen Ebenen. Konsumenteninteressen müßten genauso gewahrt werden wie «das ständige Wohl der Gemeinschaft als Ganzes». Die neue demokratische Struktur solle getragen werden von dem «uneigennützigen, fachkundigen Experten»: Er steuere den «aufgeklärten Sachverstand» bei, den die Webbs als Eckpfeiler einer erfolgreichen Demokratie betrachteten. Die alte kapitalistische Alleinherrschaft werde nun nicht mehr gebraucht und «in einem ständig wachsenden Bereich werden Entscheidungen, außer in eiligen Notfällen, nach eingehender Beratung mit allen Betroffenen gefällt. Solche Entscheidungen beruhen dann weitgehend auf allgemeinem Konsens».[34]

Was die lokale Selbstverwaltung betrifft, so waren die Webbs der Ansicht, daß der «Sinn für Solidarität unter Nachbarn, die in derselben Umgebung leben und dieselben lokalen Dienste in Anspruch nehmen, ein wertvoller sozialer Aktivposten ist, den der Sozialismus beibehalten und intensivieren will. Gerade die Unterschiede von verschiedenen Orten mit entsprechend unterschiedlichen örtlichen Verwaltungen bedeuten mehr individuelle Wahlmöglichkeit, eine Erweiterung persönlicher Freiheit, verhindern monotone Einförmigkeit und schützen vor einer zentralisierten Tyrannei über das Individuum.»[35] Obwohl es die Webbs versäumten, für den Fall einer Patt-Situation zwischen den beiden oben erwähnten Parlamenten eine Lösung vorzuschlagen, ist es offensichtlich, daß sie – entgegen der Behauptung ihrer Kritiker – keine blinden Anhänger eines zentralisierten Staates waren.[36] Ihr Anliegen war es nicht, Freiheitsrechte zu schmälern, sondern individuelle Möglichkeiten durch ein demokratischeres System zu erweitern. So auch der Schluß ihres Buches: «Was wir uns vorstellen, ist eine Gemeinschaft, die so vielfältig organisiert und in ihren Funktionen so stark differenziert ist, daß sie nicht nur durch die Ausübung persönlicher Freiheit gestärkt wird, sondern auch durch den frischen Luftzug von Experiment, Beobachtung und Überprüfung ständig durchgepustet und aufgefrischt wird (...), eine freie Demokratie, inspiriert vom Geist sozialen Dienstes und erhellt von ständig wachsendem Wissen.»[37]

6. Das Verhältnis zur Sowjetunion

Weiterhin besteht jedoch der Mythos, die Webbs seien bestenfalls bürokratische Kollektivisten, schlimmstenfalls aber totalitäre Denker gewesen – ein Ruf, der hauptsächlich auf ihrem letzten größeren Werk, *Sowjetkommunismus – Eine neue Zivilisation,* beruht. Das Buch war Ergebnis eines Besuches, den die Webbs 1932 der Sowjetunion abstatteten. Beide, aber insbesondere Beatrice Webb, hofften, dort ein neues, säkularisiertes Credo zu finden: «Da ich eine Mystikerin und Moralistin bin, suchte ich persönlich immer nach einem geistigen Pfad, fühlte instinktiv, daß es irgendeine solche Kraft geben *müsse*, wenn wir unser Heil finden wollten.»[38] Tief enttäuscht durch die Weltwirtschaftskrise und andere Mängel des westlichen Imperialismus, waren die Webbs auf ihrer Rußlandreise von vornherein gewillt zu applaudieren. Und das taten sie denn auch: Sie rühmten die Vorzüge des Sowjetregimes, betonten die Verdienste der Kommunistischen Partei und der Kommunistischen Jugendorganisation und schienen damit ein System gutzuheißen, das schon damals als eines der schlimmsten Zwangsregimes der Gegenwart galt. Ihren Glauben an die Sowjetunion hat Beatrice Webb folgendermaßen zusammengefaßt: «Je länger wir die UdSSR studieren, um so sicherer sind wir, daß es sich um eine neue Zivilisation handelt – zwar roh und grausam und ineffizient in einigen ihrer Erscheinungsformen –, aber es ist doch ein enormer Schritt vorwärts in der Entwicklung einer besseren, menschlichen Natur, auf dem Gebiet der physischen Gesundheit und des intellektuellen Fortschritts ebenso wie auf dem der persönlichen Ethik und der sozialen Beziehungen.»[39]

Das Buch der Webbs war nach Anspruch und Umfang monumental und – ein monumentales Fehlurteil. Trotzdem war ihre Billigung des Sowjetkommunismus nicht auf eigene totalitäre Tendenzen zurückzuführen, etwa in dem Sinne, daß sie angesichts der Macht eines starken, kollektivistischen Staates ihre antidemokratischen Überzeugungen nicht länger verbergen konnten.[40] Es kann kein Zweifel daran bestehen, daß sich ihre Begeisterung für das Sowjetsystem zum Teil daraus erklärt, daß sie als Pilger auf der bislang ergebnislosen Suche nach einem säkularisierten Glauben nunmehr in dem scheinbaren Altruismus und der scheinbaren Opferbereitschaft der Kommunistischen Partei den Glauben fanden, den zu suchen sie ausgezogen waren.[41] So schrieb Beatrice begeistert – wenn auch völlig an den Tatsachen vorbei –, der russischeKommunismus habe «sich freiwillig zwei der drei charakteristischen Verpflichtungen der religiösen Orden des Christentum zu eigen gemacht, Armut und Gehorsam».

Ihre falsche Darstellung der sowjetischen Gesellschaft war jedoch mehr als nur die Verblendung von religiösen Konvertiten. Die Webbs glaubten nämlich wirklich, in der Sowjetunion der Geburt eines demokratischen Staates beizuwohnen, in dem alle Bürger zur Mitbestimmung auf allen Ebenen der Gesellschaft ermutigt würden. Und Mitbestimmung war schließlich ein entscheidendes Element ihres eigenen Modells im *Sozialistischen Commonwealth* gewesen. Hier liegt der Schlüssel zum Verständnis ihrer Identifizierung mit dem Sowjetregime.

Es ist nicht schwierig, die Webbs wegen ihres überschwenglichen Lobes für die Sowjetunion zu kritisieren. Im Ausland ohnehin nie auf der Höhe ihrer Einsichtsfähigkeit, erkannten sie nicht, daß die scheinbare sowjetische Basisdemokratie, die sie vorfanden, nur so lange funktionierte, wie die kommunistische Führung dies zuließ, und daß das Fehlen von konkurrierenden politischen Parteien, von unabhängigen Machtfaktoren und von Gegengewichten (die doch für ihr *Sozialistisches Commonwealth* so wichtig waren) ihre Argumentation im *Sowjetkommunismus*, «Demokratie sei immer und überall allein mit Mitbestimmung gleichzusetzen», lächerlich erscheinen ließ. Statt dessen glaubten sie irrtümlich, die Diskussion, die auf allen Ebenen der sowjetischen Gesellschaft stattfand, könne einen wirksamen Druck auf einen zentralisierten Staat ausüben, und die Kommunistische Partei sei eine selbstlose Avantgarde, die letztlich die Voraussetzungen für die Entfaltung der individuellen Freiheit schaffen werde. Man sollte ihre Identifizierung mit dem kommunistischen Regime also nicht als den Widerruf ihres lebenslangen Kampfes für eine pluralistische Demokratie sehen, sondern als das Fehlurteil zweier desillusionierter und müder Siebzigjähriger, die in Rußland nur das sahen, was sie sehen wollten.

Als praktische Intellektuelle, unermüdliche Propagandisten und überzeugte demokratische Sozialisten vollbrachten die Webbs in jeder Hinsicht große Leistungen. Allein die Gründung der ‹London School of Economics› und des *New Statesman* hätte für die meisten Menschen eine Lebensleistung bedeutet. Darüber hinaus haben die Webbs gemeinsam Bücher von herausragender Gelehrsamkeit geschrieben, haben die Grundlagen für den Wohlfahrtsstaat gelegt und waren eine entscheidende Kraft in der Entwicklung der Labour Party zu einer Partei, die in der Lage war, das Antlitz Britanniens zu ändern. Vor allem aber hatte ihre der «Fabian Society» verpflichtete Weltanschauung, die ethisch, rational und evolutionär-demokratisch war, einen tiefgreifenden und noch andauernden Einfluß auf die britische Politik und die britische Gesellschaft.

(Aus dem Englischen übersetzt von Jutta Euchner)

Anhang

ANMERKUNGEN UND LITERATUR

Ralf Bambach: Gracchus Babeuf

Anmerkungen

1 Zit. n.: Dalin, V. M.: *Babeuf-Studien.* Gedenkband aus Anlaß des 200. Geburtstages von Gracchus Babeuf am 23. 11. 1960. Hg. v. W. Markov, Berlin 1961, 58.
2 Babeuf, G.: *Œuvres.* Hg. von V. Daline, A. Saitta und A. Soboul. Bd. 1: *Babeuf avant la Révolution.* Paris 1977, 106; vgl. Robespierre, M.: *Œuvres.* Bd. 9: *Discours (4e partie).* Septembre 1792–juillet 1793. Hg. von M. Bouloiseau, J. Dautry, G. Lefebvre und A. Soboul. Paris 1958, 112.
3 Babeuf, G.: *Œuvres.* Bd. 1. 1977, 114.
4 Ebd., 84.
5 Ebd., 114.
6 Babeuf, G.: *Pages choisies, recueillies, commentées, annotées* avec une Introduction et une Bibliographie critique par M. Dommanget. Paris 1935, 158.
7 Babeuf, G.: *Textes choisis.* Introduction et notes par C. Mazauric. Paris 1965, 99.
8 Ebd., 149.
9 Rousseau, J.-J.: *Œuvres complètes.* Bd. 3: *Du contrat social. Ecrits politiques.* Hg. von B. Gagnebin et M. Raymond. Paris 1964, 367.
10 Thompson, E. P.: *The Moral Economy of the English Crowd in the eighteenth Century.* In: Past and Present. No 50 (1971), 76–136.
11 Babeuf, G.: *Textes.* 1965, 154.
12 Buonarroti, F.: *Conspiration pour l'égalité, dite de Babeuf.* Hg. von R. Brécy und A. Soboul. Bd. 1. Paris 1957, 190.
13 Ebd., 99.
14 Ebd., Bd. 2, 85.
15 Babeuf, G.: *Textes.* 1965, 193.
16 Buonarroti, F.: *Conspiration.* Bd. 1, 1957, 190.
17 Babeuf, G.: *Textes.* 1965, 191.
18 (Babeuf, G.): *Le Tribun du Peuple ou le Défenseur des Droits de l'Homme.* Bd. 2, Milan 1966, 105.
19 Ebd., 103.
20 Babeuf, G.: *Œuvres.* Bd. 1. 1977, 102.
21 Ebd., 97.
22 (Babeuf, G.): *Le Tribun.* Bd. 2. 1966, 93.
23 Buonarroti, F.: *Conspiration.* Bd. 1. 1957, 206.
24 Vgl. Harich, W.: *Kommunismus ohne Wachstum?* Babeuf und der ‹Club of Rome›. Sechs Interviews mit F. Duve und Briefe an ihn. Reinbek bei Hamburg 1975.

Literaturverzeichnis

1. Werke und Ausgaben
Œuvres. 4 Bde. Moskau 1975–82 (russ.).
Œuvres. Hg. von V. Daline, A. Saitta und A. Soboul. Bd. 1: Babeuf avant la

Révolution. Paris 1977 (= Commission d'histoire économique et sociale de la Révolution française. Mémoires et documents, XXXIII).
Journal de la Liberté de la Presse/Le Tribun du Peuple ou le Défenseur des Droits de l'Homme. 2. Bde. Milan 1966.
Textes choisis. Hg. von C. Mazauric. Paris 1965 (= Les classiques du peuple).
Der Krieg zwischen Reich und Arm. Artikel, Reden, Briefe. Hg. von P. Fischer. Berlin 1975 (= WAT 9).
Buonarroti, F.: Conspiration pour l'égalité, dite de Babeuf, suivie du procès auquel elle donne lieu et des pièces justificatives, etc. Hg. von R. Brécy und A. Soboul. «Bibliographie sommaire» von J. Dautry. 2 Bde. Paris 1957 (= Les classiques du peuple).
Babeuf, G.: Die Verschwörung für die Gleichheit. Rede über die Legitimität des Widerstands. Mit Essays von Herbert Marcuse, Albert Soboul. Hamburg 1988 (Sammlung Junius).

2. Bibliographien
Daline, V. M., Saitta, A., Soboul, A.: Inventaire des Manuscrits et Imprimés de Babeuf. Paris 1966.

3. Biographien
Bergmann, K. H.: Babeuf. Gleich und Ungleich. Köln, Opladen 1965.
Saitta, A.: Filippo Buonarroti. Contributi alla storia della sua vita e del suo pensiero, 2 Bde. Roma 1950–51 (= Storia ed economia. Studi, testi, documenti, quaderni, 2 und 3).

4. Monographien
Colloque International de Stockholm (21 août 1960). Babeuf et les problèmes du Babouvisme. Paris 1963.
Bruhat, J.: Gracchus Babeuf et les égaux ou «Le Premier Parti communiste agissant». o.O. 1978.
Dalin, V. M.: Babeuf-Studien. Gedenkband aus Anlaß des 200. Geburtstages von Gracchus Babeuf am 23. 11. 1960. Hg. von W. Markov. Berlin 1961.
Daline, V.: Gracchus Babeuf à la veille et pendant la Grande Révolution française (1785–1794). Moscou 1976.
Dommanget, M.: Sur Babeuf et la conjuration des égaux. Paris 1970 (= Bibliothèque socialiste 16).
Legrand, R.: Babeuf et ses compagnons de route. Vorwort von A. Soboul. Paris 1981 (= Bibliothèque d'Historie révolutionaire. 3e série. Ǹo 20).
Mazauric, C.: Babeuf et la Conspiration pour l'égalité. Paris 1962.
Neri, D.: Babeuf. Ideologia d'una rivoluzione mancata. Messina 1973 (= Biblioteca di filosofia moderna, 6).
Onnis Rosa, P.: Filippo Buonarroti e altri studi. Roma 1971 (= Politica e Storia. Raccolta di Studi e Testi, 27).
Rose, R. B.: Gracchus Babeuf. The First Revolutionary Communist. Stanford University Press and London 1978.
Saitta, A.: Ricerche storiografiche su Buonarroti e Babeuf. Roma 1986.

Markus Elsässer: Robert Owen

Anmerkungen

1 Owen, R.: *The Life of Robert Owen, written by himself.* Bd. I. London 1857 (Neudruck 1967); ebenfalls Owen, R.: *A Supplementary Appendix to the first Volume,* Bd. IA. London 1858 (Neudruck 1967).

2 Engelhardt, W. W.: *Prinzipielle und aktuelle Aspekte der Produktivgenossenschaften.* In: Sozialwissenschaft und Gesellschaftsgestaltung. Hg. von F. Karrenberg/ H. Albert. Berlin 1963, 439.

3 Fuchs, H.: *Der Begriff der Produktivgenossenschaft und ihre Ideologie.* Diss. Köln. 1927, 25.

4 Cole, G. d. H. (Hg.): *A New View of Society and other Writings.* London 1927, 156–169.

Literatur

1. Werke und Ausgaben

Observations on the Cotton Trade of Great Britain and on the late Duties on the Importation of Cotton Wool. Glasgow 1803.

Lectures on the Rational System of Society. London 1841.

The Revolution in the Mind and Practice of the Human Race. London 1849.

The Book of the New Moral World. Part I London 1836. Part II/III London 1842. Part IV–VII London 1844.

2. Bibliographien

Goto, S.: Robert Owen, 1771–1858: A New Bibliographical Study. 2 Bde. Osaka 1932–1934.

University of London: Robert Owen, 1771–1858. Catalogue of an Exhibition of Printed Books Held in the Library of the University of London. London 1959.

3. Biographien

Holyoake, G. J.: Life and last Days of Robert Owen of New Lanark. London 1859.

Sargant, W. L.: Robert Owen and his Social Philosophy. London 1860.

Booth, A. J.: Robert Owen, the Founder of Socialism in England. London 1869.

Jones, L.: The Life and Labours of Robert Owen. London 1889.

May, H. J.: The Life and Work of Robert Owen. Manchester 1901.

Siehe auch:

Podmore, Fr.: Robert Owen. London 1906.

Cole, G. D. H.: Robert Owen. London 1925.

Morton, A. L.: The Life and Ideas of Robert Owen. London 1962.

Im deutschen Schrifttum:

Simon, H.: Robert Owen, sein Leben und seine Bedeutung für die Gegenwart. Jena 1905.

Hasselmann, E.: Am Anfang war die Idee. Robert Owen, Sturm und Drang des sozialen Gewissens in der Frühzeit des Kapitalismus. Hamburg 1958.

Engelhardt, W. W.: Robert Owen und die sozialen Reformbestrebungen seit Beginn der Industrialisierung. Bonn 1972.

4. Darstellungen

Cole, M.: Robert Owen of New Lanark. London 1953.

Harrison, J. F. C.: The quest for the new moral world, R. Owen and the Owenits in Britain and America. London 1969.
Butt, J. (Hg.): Robert Owen, Prince of Cotton Spinners. Newton Abbott 1971.
Pollard, S. und J. Salt (Hg.): Robert Owen, Prophet of the Poor. Essays in Honour of the Two Hunderedth Anniversary of his Birth. London 1971.
Elsässer, M.: Soziale Intentionen und Reformen des Robert Owen in der Frühzeit der Industrialisierung. Analyse des Wirkens als Unternehmer, Sozialreformer, Genossenschafter, Frühsozialist, Erzieher und Wissenschaftler. Berlin (West) 1984.

Iring Fetscher: Charles Fourier

Anmerkungen

1 Marx, K.: *Grundrisse der Kritik der politischen Ökonomie.* Berlin 1953, 599.
2 Benjamin, W.: *Über den Begriff der Geschichte.* These XI. In: *Gesammelte Schriften.* Frankfurt 1980, 699.
3 Fragment Fouriers über den Handel. Zit. nach: Ramm, Th.: *Der Frühsozialismus.* Quellentexte. Stuttgart 1968, 199.
4 Fragment Fouriers über den Handel, a. a. O., 200.
5 Fourier, Ch.: *Manuscrits.* Paris 1852. Nr. 321.
6 Fourier, Ch.: *Theorie der vier Bewegungen und der allgemeinen Bestimmungen.* Frankfurt und Wien 1966, 190.
7 Fourier, a. a. O., 210 f.
8 Fourier, a. a. O., 256.
9 Leroy, M.: *Histoire des Idées sociales en France, de Babeuf à Tocqueville.* Paris 1962, 257.
10 Fourier, Ch.: *Œuvres complètes.* Bd. I, 83.
11 Marx, K.: *Grundrisse der Kritik der politischen Ökonomie,* a. a. O., 505.
12 Marx, K.: *Ökonomische Manuskripte 1857/58,* MEGA (Berlin-Ost 1976). Zweite Abteilung. Bd. I. Teil 1, 241.
13 Fourier, Ch.: *Théorie d'Unité Universelle.* Bd. IV, 159 f.
14 Fourier, Ch.: *Le nouveau Monde industriel et sociétaire.* Paris [2]1848, 67 f.
15 Fourier, Ch.: *Œuvres complètes.* Bd. I, 35.
16 a. a. O., 33.
17 Fourier, Ch.: *Théorie d'Unité Universelle,* Bd. III, 478.
18 Fourier, a. a. O., 499.
19 Fourier, Ch.: *Œuvres complètes.* Bd. I, 41 ff.
20 a. a. O., 96.
21 Fourier, Ch.: *Manuscrits.* Bd. I, 347.
22 Fourier, Ch.: *Le nouveau Monde industriel et sociétaire,* 348.

Literatur

1. Werke und Ausgaben

Théorie des Quatres Mouvements. Paris [2]1841 (Erstausgabe 1808).
Théorie de l'Unité Universelle. 3 Bde. Paris [2]1838 (1. Auflage 1822).
Le nouveau Monde industriel et sociétaire. Paris. [3]1848 (1. Auflage 1829).
La Fausse Industrie. 2 Bde. Paris 1835.
Œuvres complètes. 6 Bde. Paris 1841–1845 (Neudruck mit 6 Ergänzungsbänden, Paris 1968).
Manuscrits de Fourier. Paris 1851.

Pages choisies. Eingeleitet von Charles Gide. Paris 1932.
Fourier, Auswahl von F. Armand und R. Maublanc. 2 Bde. Paris 1937.
(Eine größere Auswahl von Beiträgen Fouriers sind in der Zeitschrift seiner «Bewegung», La phalange, zwischen 1845 und 1850 erschienen.)

2. Deutsche Übersetzungen

Fourier, Ch.: Theorie der vier Bewegungen und der allgemeinen Bestimmungen. Hrsg. von Th. W. Adorno. Frankfurt und Wien 1966.
–: Über die Liebe und Ein Fragment über den Handel (übersetzt von Friedrich Engels). In: Ramm, Th. (Hg.): Der Frühsozialismus, Stuttgart [2]1968.

3. Darstellungen

Pellarin, Ch.: Charles Fourier, sa vie et sa théorie. Paris [2]1843, 1871.
Bebel, A.: Fourier, Sein Leben und seine Theorien. Stuttgart 1888.
Bourgin, H.: Fourier, Contribution à l'étude du socialisme français. 1905.
Asch, K.: Die Lehre Charles Fouriers. Jena 1914.
Armand, F. und R. Maublanc, Fourier. Paris 1937.
Ramm, Th.: Die großen Sozialisten. Stuttgart 1955.
Garaudy, R.: Die französischen Quellen des wissenschaftlichen Sozialismus. Berlin 1954.
Leroy, M.: Histoire des Idées sociales en France, Bd. 2: De Babeuf à Tocqueville, Paris 1962.
Gaudibert, P.: Fourier et l'organisation des libertés amoureuses, Argument, Paris 1961.
Desanti, D.: Les Socialistes de L'Utopie, Paris 1970 (Dokumentation über das «mouvement sociétaire»).
Barthes, R.: Sade, Fourier, Loyola, Paris 1971.
Brudler, P.: Fourier, Paris 1975.
Die Revue ‹Tropique› hat 1970 (Nr. 4/5) zwei psychoanalytische Arbeiten über Fourier veröffentlicht, die Interesse verdienen.

Karl Hans Bergmann: Auguste Blanqui

Literatur

1. Werke und Ausgaben

Défense du citoyen Louis-Auguste Blanqui devant la Cour d'assises. Paris 1832.
Réponse du citoyen Auguste Blanqui. Paris 1848.
Avis au peuple. La Patrie, 27. Februar 1851.
La Patrie en danger. Paris 1871.
L'Eternité par les astres. Paris 1872.
La comédie des programmes. L'Egalité, 16. Juni 1878.
L'Armée esclave et opprimée. Paris 1880.
Critique sociale. Paris 1885. 2 Bde.
Lettre à Maillard. Le Cri du peuple, 1. bis 3. Oktober 1885.
Textes choisis. Einleitung von V. P. Volguine. Paris 1955.
Instructions pour une prise d'armes / L'Eternité par les astres, hypothèse astronomique et autres textes. Paris 1972.
Œuvres complètes. Bd. 1: Ecrits sur la Révolution. Hg. von Arno Münster. Paris 1977.
Instruktionen für den Aufstand. Aufsätze, Reden, Aufrufe. Hg. u. eingel. v. F. Deppe. Frankfurt, Wien 1968.

2. Darstellungen
Bergmann, K. H.: Blanqui. Ein Rebell im 19. Jahrhundert. Frankfurt – New York 1986. [mit Bibliographie]
Dommanget, M.: Les idées politiques et sociales d'Auguste Blanqui. Paris 1957.

Jürg Haefelin: Wilhelm Weitling

Anmerkungen

1 Weitling, W.: *Die Menschheit, wie sie ist und wie sie sein sollte.* München 1895, 15.
2 A. a. O., 47.
3 Seidel-Höppner, W.: *Wilhelm Weitling – der erste deutsche Theoretiker und Agitator des Kommunismus.* Berlin (Ost) 1961, 36.
4 Zur Verhaftung und Verurteilung Weitlings vgl.: Haefelin, J.: *Wilhelm Weitling.*
5 Seine Gefangenschaft schildert Weitling in den Werken *Gerechtigkeit. Ein Studium in 500 Tagen* und *Kerkerpoesien.*
6 Weitling, W.: *Nachtrag zu «Das Evangelium eines armen Sünders».* München 1895, 21.
7 Weitling, W.: *Garantien der Harmonie und Freiheit.* Stuttgart 1974, 125.
8 Weitling, W.: *Garantien,* 160. (Weitling versteht hier die Philosophie nicht als Fachwissenschaft, sondern als Konzentrat der Erkenntnisse aller Wissenschaften.)
9 In seinem Erstlingswerk *Die Menschheit, wie sie ist und wie sie sein sollte* hat sich Weitling im Gegensatz zu den späteren Arbeiten noch für allgemeine Wahlen ausgesprochen.
10 Weitling, W.: *Garantien,* 268.
11 Weitling, W.: *Gerechtigkeit,* 307, 288–289.
12 Weitling, W.: *Garantien,* 249.
13 Annenkow, P. W.: *Eine russische Stimme über Karl Marx.* In: Die Neue Zeit, 1. Jg. Stuttgart 1883, 238. – Weitlings Darstellung der Kontroverse mit Marx ist enthalten in: Barnikol, E.: *Weitling der Gefangene und seine «Gerechtigkeit».* (Christentum und Sozialismus, Bd. 1). Kiel 1929, 269–271.
14 Schäfer, W.: *Wilhelm Weitling im Spiegel der wissenschaftlichen Auseinandersetzung.* In: Weitling, W.: Das Evangelium des armen Sünders. Die Menschheit, wie sie ist und wie sie sein sollte. Reinbek 1971, 201.

Literatur

1. Werke und Ausgaben
(Aufgeführt werden die im Text zitierten Ausgaben. Falls Erscheinungsort und -jahr der Erstausgaben davon abweichen, werden sie in Klammern angegeben.)
Die Menschheit, wie sie ist und wie sie sein sollte. München 1895. (Paris 1838/39).
Zwölf Lieder. In: Volksklänge. Eine Sammlung patriotischer Lieder. Paris 1841.
Der Hülferuf der deutschen Jugend / Die junge Generation. Glashütten im Taunus 1973. (Genf, Bern, Vevey, Langenthal 1841–43).
Garantien der Harmonie und Freiheit. Stuttgart 1974. (Vivis u. Vevey 1842).
Das Evangelium des armen Sünders. Birsfeld 1846. (Bern 1845).
Kerkerpoesien. Hamburg 1844.
Gerechtigkeit. Ein Studium in 500 Tagen. Bilder der Wirklichkeit und Betrachtungen des Gefangenen. Berlin 1977. (Kiel 1929).
Ein Nothruf an die Männer der Arbeit und der Sorge. New York 1847.
Der Urwähler. Organ des Befreiungsbundes. Berlin 1848.

Die Republik der Arbeiter. Centralblatt der Propaganda für die Verbrüderung der Arbeiter. New York 1850–55.
Der Katechismus der Arbeiter. New York 1854.
Klassifikation des Universums. Eine frühsozialistische Weltanschauung. Nebst Anhängen. Hg. von E. Barnikol. (Christentum und Sozialismus, Bd. 3). Kiel 1931.
Theorie des Weltsystems. Hg. von E. Barnikol. (Christentum und Sozialismus, Bd. 4). Kiel 1931.
Der bewegende Urstoff in seinen kosmo-elektro-magnetischen Wirkungen. Ein Bild des Weltalls von W. Weitling. Hg. von E. Barnikol. (Christentum und Sozialismus, Bd. 5). Kiel 1931.

2. Darstellungen
Bezüglich der Darstellungen wird auf die Bibliographien der folgenden Werke verwiesen:
Haefelin, J.: Wilhelm Weitling. Biographie und Theorie. Der Zürcher Kommunistenprozeß von 1843. (Europäische Hochschulschriften, Reihe III, Bd. 304). Bern, Frankfurt a. M., New York 1986.
Knatz, L.: Utopie und Wissenschaft im frühen deutschen Sozialismus. Theoriebildung und Wissenschaftsbegriff bei Wilhelm Weitling. (Philosophie und Geschichte der Wissenschaften, Bd. 4). Frankfurt a. M., Bern, New York, Nancy 1984.
Moritz, W. v.: Wilhelm Weitling. Religiöse Problematik und literarische Form. (Europäische Hochschulschriften, Reihe I, Bd. 412). Frankfurt a. M., Bern 1981.
Schäfer, W.: Wilhelm Weitling im Spiegel der wissenschaftlichen Auseinandersetzung. In: Weitling, W.: Das Evangelium des armen Sünders. Die Menschheit, wie sie ist und wie sie sein sollte. Reinbek 1971, 180–214.

Hans Manfred Bock: Pierre-Joseph Proudhon

Anmerkungen

1 Proudhon, P.-J.: *Ausgewählte Schriften.* Hg. von A. Ruge u. A. Darimon. Leipzig 1850. Bd. 1, 137.
2 Marx, K. / Engels, F.: *Die heilige Familie.* In: Dies.: *Werke.* Berlin 1972, Bd. 2, 33.
3 Vollständig wiedergegeben in: Haubtmann, P.: *Proudhon, Marx et la pensée allemande.* Grenoble 1981, 106 ff.
4 Vgl. dazu als neomarxistische Studie Leppert-Fögen, A.: *Die deklassierte Klasse.* Studien zur Geschichte und Ideologie des Kleinbürgertums. Frankfurt/Main 1974; zu Proudhon bes. 89 ff.
5 Dazu als wissenssoziologische Untersuchung Ansart, P.: *Naissance de l'anarchisme.* Esquisse d' une explication sociologique du proudhonisme. Paris 1970, bes. 66 ff.
6 Vgl. als Systematisierungs-Versuch aufgrund von Proudhon-Exzerpten: Proudhon. *Œuvres choisies.* Hg. von J. Bancal. Paris 1967.
7 Salomon, G.: *Proudhon und der Sozialismus.* Berlin 1920, 32.
8 Proudhon, P.-J.: *Philosphie der Staatsökonomie oder Notwendigkeit des Elends.* Darmstadt 1847. Bd. 2, 307 u. 316 f.
9 So zuerst im Schlußkapitel von Proudhon, P.-J.: *Candidature à la pension Suard... Qu'est-ce que la Propriété?* Paris 1926.
10 Vgl. dazu Hahn, K.: *Föderalismus.* Die demokratische Alternative. München 1975, 89 ff.
11 Proudhon, P.-J.: *Ausgewählte Schriften* (s. Anm. 1). Bd. 1, 184.

12 Mülberger, A.: *P.-J. Proudhon.* Leben und Werke. Stuttgart 1899, 152.
13 Nach der Übersetzung in: Salomon, G.: *Proudhon* (s. Anm. 7), 126.
14 Proudhon, P.-J.: *De la capacité politique des classes ouvrières.* Paris 1924, 120 (Übers. des Verf.).
15 Ebenda, 125 f. (Übers. des Verf.).
16 Voyenne, B.: *Der Föderalismus Pierre-Joseph Proudhons.* Frankfurt/Main 1982, 171.
17 Vgl. dazu: Sternhell, Z.: *Ni droite, ni gauche.* L'idéologie fasciste en France. Paris 1987, 91 ff.
18 Neben einer Reihe von Aufsätzen über Proudhon in *Die Neue Zeit* Anfang der neunziger Jahre s. Bernstein, E.: *Die Voraussetzungen des Sozialismus und die Aufgaben der Sozialdemokratie.* Reinbek 1969, 58 ff. und 164 ff.
19 Landauer, G.: *Aufruf zum Sozialismus.* Frankfurt/Main 1967, 93.
20 Vgl. dazu Bancal, J.: *Proudhon, pluralisme et autogestion.* Paris 1970, Bd. 2, 229 f., und: Sternhell, Z.: (s. Anm. 17), 180 ff u. 366 ff.
21 Ramm, Th. (Hg.): *P.-J. Proudhon.* Ausgewählte Texte. Stuttgart 1963, V.
22 Langlois, J.: *Défense et actualité de Proudhon.* Paris 1976.
23 Bouglé, C.: *Socialismes français.* Paris 1932, 152 (Übers. des Verf.).

Literatur

1. Werke und Ausgaben

Œuvres complètes de P.-J. Proudhon. Brüssel, Leipzig, Livano 1867–1870. 26 Bde. (unvollst.).

Œuvres complètes de P.-J. Proudhon. Hg. von C. Bouglé et H. Moysset. Paris 1923–1959. 20 Bde. (unvollst.).

Auch die Edition der Notizbücher Proudhons ist nicht abgeschlossen: Carnets. Hg. von P. Haubtmann. Paris 1961–1974, 4 Bde.

In deutscher Übersetzung sind folgende Schriften am leichtesten zugänglich:

Was ist das Eigentum? Graz 1971.

Bekenntnisse eines Revolutionärs um zur Geschichte der Februarrevolution beizutragen. Hg. von G. Hillmann. Reinbek/Hamburg 1969.

Philosophie der Staatsökonomie oder Notwendigkeit des Elends. Übers. von Karl Grün. Darmstadt 1847 (Reprint Aalen 1966). 2 Bde.

Ausgewählte Schriften. Hg. von A. Ruge und A. Darimon. Leipzig 1850 (Reprint Aalen 1973). 3 Bde.

Ausgewählte Texte. Hg. von Th. Ramm. Stuttgart 1963 (Mit einer sehr guten Bibliographie zur älteren Sekundärliteratur über Proudhon).

2. Biographien und Bibliographie

Proudhon, P.-J.: Mémoires sur ma vie. Hg. von B. Voyenne. Paris 1983 (Autobiographische Textzusammenstellung).

Haubtmann, P.: Pierre-Joseph Proudhon. Sa vie et sa pensée (1809–1849). Paris 1982.

Hyams, E.: Pierre-Joseph Proudhon. His Revolutionary Life, Mind and Works. New York 1979.

Hilmer, J. / Roemheld, L. (Hg.): Proudhon-Bibliographie. Frankfurt/Main, Bern, New York 1989.

3. Darstellungen

Ansart, P.: Naissance de l'anarchisme. Esquisse d'une explication sociologique du proudhonisme. Paris 1970.

Bancal, P.: Proudhon, pluralisme et autogestion. Paris 1970, 2 Bde.
Diehl, K.: Pierre Joseph Proudhon. Seine Lehre und sein Leben. 3 Abteilungen in einem Band. Jena 1888–1896 (Reprint Aalen 1968).
Guérin, D.: Proudhon oui et non. Paris 1978.
Gurvitch, G.: Proudhon et Marx. In: L'actualité de Proudhon. Colloques des 24 et 25 novembre 1965. Brüssel 1967, 89–97.
Hahn, K.: Föderalismus. Die demokratische Alternative. Eine Untersuchung zu. P.-J. Proudhons sozial-republikanisch-föderativem Freiheitsbegriff. München 1975.
Harmel, C.: Histoire de l'anarchie des origines à 1880. Paris ²1984.
Haubtmann, P.: La philosophie sociale de P.-J. Proudhon. Grenoble 1980.
–: Proudhon, Marx et la pensée allemande. Grenoble 1981.
Heintz, P.: Die Autoritätsproblematik bei Proudhon. Versuch einer immanenten Kritik. Köln 1957.
Kriegel, A.: Le syndicalisme révolutionnaire et Proudhon. In: L'actualité de Proudhon. Colloques des 24 et 25 novembre 1965. Brüssel 1967, 47–66.
Langlois, J.: Défense et actualité de Proudhon. Paris 1976.
Mülberger, A.: P.-J. Proudhon. Leben und Werke. Stuttgart 1898 (Reprint Freiburg i. B. 1979).
Nettlau, M.: Geschichte der Anarchie. Glashütten/Taunus 1971–1972 und Liechtenstein 1983–1984, 5 Bde.
Ritter, A.: Political Thought of P.-J. Proudhon. Princeton 1969.
Voyenne, B.: Der Föderalismus Pierre-Joseph Proudhons. Frankfurt/M., Bern 1982.

Christine Held-Schrader: Louis Blanc

Anmerkungen

1 *Archives nationales:* BB 18 1386. dr. 957.
2 Blanc, L.: *Histoire de la Révolution Française.* Paris 1847 – 1862. Bd. I, 11.
3 Ders.: *Histoire de dix ans.* Bd. I. Paris ⁴1844, 4.
4 Ders.: *Catéchisme des socialistes.* Paris 1849, 9.
5 Ders.: *Histoire de dix ans.* Bd. III. Paris ⁴1844, 90f
6 Ders.: *Organisation du travail.* Paris ⁴1845, 10, 60.
7 Stadler, P.: *Louis Blanc.* In: Kool, F., Krause, W. (Hg.): *Die frühen Sozialisten.* Olten 1967, 315.
8 Blanc, L.: *Le Socialisme.* Droit au travail. Paris ²1848, 45.
9 Ebd., 45f. Ebenso schon 1839 in: *Organisation du travail,* 61.
10 Ebd., 138.
11 Ders.: *Histoire de dix ans.* Bd. V. Paris ⁴1844, 482.
12 Ders.: *Organisation du travail,* 79ff.
13 Ebd., 6.
14 Ders.: *Revue du progrès.* Bd. I. Paris 1839, 309f.
15 Ders.: *Plus de Girondins.* Paris 1851, 70, 78ff, 107.
16 Ders.: Le parti qu'on appelle radical, sa doctrine, sa conduite. Paris 1872, 8.
17 Held-Schrader, C.: *Sozialismus und Kolonialismus.* Die überseeische Expansion im Urteil früher französischer Sozialisten. Göttingen 1985, 104ff.
18 Rials, St.: *Louis Blanc.* Une doctrine réformiste cohérente aux origines du radicalisme français. In: Etudes en l'honneur de Léo Hamon. 1982, 593.
19 Humilière, J.-M.: Louis Blanc (1811–1882). Paris 1982, 7f.

Literatur

1. Werke und Ausgaben

Appel aux honnêtes gens; quelques pages d'histoire contemporaine. Paris 1849.
Catéchisme des socialistes. Paris 1849.
Discours politiques (1847–1881). Paris 1882.
Dix ans de l'histoire de l'Angleterre. 10 Bde. Paris 1879–1881.
Histoire de dix ans. 1830–1840. 5 Bde. Paris 1841–1844.
Histoire de la Révolution de 1848. 2 Bde. Paris 1870.
Historie de la Révolution Française. 12 Bde. Paris 1847–1862.
La Révolution de Février au Luxembourg. Paris 1849.
Le socialisme. Droit au travail. Réponse à M. Thiers. Paris 1848.
Lettres sur l'Angleterre. 4 Bde. Paris 1865–1867.
Organisation du travail. Paris 1840.
Pages d'histoire de la Révolution de février 1848. Paris 1850.
Questions d'aujourd'hui et de demain. 5 Bde. Paris 1873–1884.

2. Biographien

Humilière, J. M.: Louis Blanc (1811–1882). Paris 1982.
Loubère, L. A.: Louis Blanc. His Life and his Contribution to the Rise of French Jacobin-Socialism. Evanston 1961.
Renard, E.: Louis Blanc, sa vie, son oeuvre. Paris 1928.
Tschernoff, J.: Louis Blanc. Paris 1904.
Vidalenc, J.: Louis Blanc (1811–1882). Paris 1948.

3. Bibliographien

Bourgin, G.: Notes bibliographiques sur l'histoire sociale de la France. Leiden 1937.
Dolléans, E., Crozier, M. (Hg.): Mouvement ouvrier et socialiste, chronologie et bibliographie. Paris 1950.
Renard, E.: Bibliographie relative à Louis Blanc. Toulouse 1922.

4. Darstellungen

Bambach, R.: Der französische Frühsozialismus. Opladen 1984.
Benedetto, G. M.: Louis Blanc e la Rivoluzione di febbraio. In: Nuova rivista storica. XXXIV 1950, 438–82; XXXV 1951, 244–87.
Colliard, J.-C.: Louis Blanc. In: Les grands révolutionnaires, socialistes, utopistes et anarchistes. A la recherche du bonheur. Ed. Martinsart 1977, 263 ff.
Humilière, J.-M.: Louis Blanc et sa contribution à la pensée et à l'action coopératives. In: Le fait coopératif. Colloque de Limoges 1981. Trav. M. U. E. R. Lettres Limoges 1983. 143–154.
–: Louis Blanc et les ateliers sociaux. In: Revue des Etudes coopératives N° 206. 1982, 25–35.
–: Louis Blanc. Organisation du travail. Thèse Toulouse. Université des Sciences sociales. 1980.
Loubère, L. A.: The evolution of Louis Blanc's political philosophy. In: The Journal of Modern History. Bd. XXVII, N° 1. 1955, 39–60.
Rials, St.: Louis Blanc. Une doctrine réformiste cohérente aux origines du radicalisme français. In: Etudes en l'honneur de Léo Hamon. 1982, 576–593.
Rose, R. B.: Louis Blanc: the collapse of a Hero. In: Intellectuals and Revolution. 1979, 31–42.

Zwi Rosen: Moses Hess

Anmerkungen

1 Heß' Tagebuch. 7. Januar 1836. Internationales Institut für Sozialgeschichte, Amsterdam.
2 Cornu, A. und Mönke, W.: *Moses Heß*. Philosophische und Sozialistische Schriften 1837–1850. 1961, 42.
3 Mönke, W.: *Neue Quellen zur Heß-Forschung*, 42.
4 Vgl. Löwith, K.: *Weltgeschichte und Heilsgeschehen*. Stuttgart, Berlin, Köln, Mainz. [6]1973, 13.
5 Cornu, Mönke, 42.
6 Ebd., 60–65, 68–74.
7 Ebd., 70.
8 Ebd., 153, 160.
9 Ebd., 27–30.
10 Ebd., 108.
11 Mönke, *Neue Quellen zur Heß-Forschung, 41.*
12 Cornu, Mönke, 53.
13 Ebd., 8.
14 Ebd., 64.
15 Ebd., 332.
16 Ebd., 333.
17 Ebd., 352.
18 Ebd., 105, 200–205, 237–239.
19 Ebd., 283–293.
20 von Cieszkowski, A.: *Prolegomena zur Historiosophie*. Berlin 1838, 20.
21 Ebd., 120. S. auch *von Lobkowicz, N.: Theory and Practice*. History of a Concept from Aristotle to Marx. 1967, 201.
22 Ebd., 122.
23 Ebd., 129–130.
24 Cornu, Mönke, 79.
25 Ebd., 86.
26 Ebd., 165.
27 Ebd., 89.
28 Ebd., 227–229.
29 Ebd., 124, 191.
30 Ebd., 8.
31 Ebd., 239.
32 Ebd., 313.
33 Ebd., 124–126, 128.
34 Ebd., 129–134, 143–148.
35 Ebd., 335.
36 Ebd., 336.
37 Ebd., 334, 337.
38 Ebd., 339.
39 Ebd., 61.
40 Ebd., 313–314.
41 Ebd., 335.
42 Ebd., 341.

43 Ebd., 202–209, 214–226, 241–249. Vgl. auch: Mönke, W.: Neue Quellen zur Heß-Forschung, 50, 55.
44 Ebd., 206–207.
45 Vgl. Stuke, H.: *Frühsozialismus.* In: Sowjetsystem und demokratische Gesellschaft. Eine vergleichende Enzyklopädie. Freiburg, Basel, Wien 1968, Bd. 2, 748; Müller, H.: *Ursprung und Geschichte des Wortes Sozialismus und seiner Verwandten.* Hannover 1962, 108–112.
46 Cornu, Mönke, 203.
47 Ebd., 203–204. Es soll in diesem Zusammenhang hervorgehoben werden, daß die Ausdrücke «Sozialismus» und «Kommunismus» sich in den vierziger Jahren durchsetzten, jedoch je nach dem politischen Standpunkt verschiedene Bedeutungen trugen. Für Hermann Semmig verkörperte der Begriff «Kommunismus» die Abhängigkeit des Menschen von der Abstraktion seines Wesens, die starre Gleichheit des Despotismus. Seiner Ansicht nach «verbindet der Kommunismus die Atome zu keinem organischen Ganzen, sondern zwingt sie diktatorisch zusammen; der Kommunismus will die Gemeinschaft auf Erziehung, Arbeit und Genuß ausgedehnt wissen und das Privateigentum abschaffen, aber ohne die Freiheit des einzelnen zu sichern. Der Sozialismus dagegen gewährleistet die freie Entwicklung jeder Persönlichkeit, wobei er allerdings die Gemeinsamkeit der Produkte in Anspruch nimmt. Bei ihm fallen Tätigkeit und Genuß zusammen». (*Communismus, Socialismus, Humanismus.* In: Rheinische Jahrbücher zur gesellschaftlichen Reform. Bd. 1. Darmstadt 1845, 167–171.) Im Gegensatz zu dieser Position vertrat der «Bund der Gerechten» den Standpunkt, daß «der Kommunismus ein System ist, nach welchem die Erde das Gemeingut aller Menschen sei, nach welcher jeder nach seinen Fähigkeiten arbeiten (...) und (...) nach seinen Kräften konsumieren soll; die Kommunisten wollen also die ganze alte gesellschaftliche Organisation einreißen und eine völlig neue an ihre Stelle setzen. – Der Sozialismus aber stellt kein neues System auf, sondern sein Geschäft ist hauptsächlich, an dem alten Gebäude zu flicken, die durch die Zeit entstandenen Risse wieder zuzukleben und dem Auge zu verbergen». (*Ansprache der Volkshalle des Bundes der Gerechten an den Bund,* Februar 1847. In: Der Bund der Kommunisten. Dokumente und Materialien. Bd. 1. Berlin (DDR) 1970, 456.)
48 Cornu, Mönke, 198–202.
49 Ebd., 202.
50 Ebd., 388.
51 *Über eine in England bevorstehende Katastrophe.* In: Rheinische Zeitung, 26. Juni 1842.
52 Cornu, Mönke, 215.
53 Ebd., 221.
54 Ebd., 286.
55 Mönke, W.: *Das Literarische Echo in Deutschland auf Friedrich Engels Werk «Die Lage der arbeitenden Klassen in England».* Berlin (DDR) 1965, 43.
56 Ebd., 59.
57 Mönke, *Neue Quellen zur Heß-Forschung,* 87.
58 Cornu, Mönke, 302.
59 Ebd., 62, 192, 227–229, 306, 322.
60 Ebd., 353.
61 Ebd., 325.
62 Mönke, *Neue Quellen zur Heß-Forschung,* 55; Cornu, Mönke, 66, 293–294, 353.
63 Mehring, F.: *Karl Marx.* Geschichte seines Lebens, Leipzig [3]1920, 119.
64 Die Broschüre ist 1851 im Verlag F. Melly in Genf veröffentlicht worden. *Eduard*

Bernstein gab einen großen Teil in deutscher Übersetzung heraus. S.: *Dokumente des Sozialismus,* Bd. 1, Berlin 1902, 536–552, und das dort publizierte Vorwort von Bernstein.

65 Rosen, Z.: *Der Einfluß von Moses Heß auf die Frühschriften von Karl Marx.* Jahrbuch des Instituts für deutsche Geschichte der Universtität Tel-Aviv. Bd. 7. 1979, 143–174; Ders.: *Moses Heß und Karl Marx.* Ein Beitrag zur Entstehung der Marxschen Theorie.

66 *Der Volksstaat,* Nr. 48. 28. April 1875.

Literatur

1. Werke und Ausgaben

Nachlaß Moses Heß, Internationales Institut für Sozialgeschichte. Amsterdam o. J.
Deutsches Bürgerbuch für 1845. Hg. von H. Püttmann, Darmstadt 1845.
Die Verhandlungen des gesetzgebenden Staatskörpers der Republik Waadt über die soziale Frage. In: Rheinische Jahrbücher für gesellschaftliche Reform. Hg. von H. Püttmann. Bd. 2. Belle-Vue bei Konstanz 1846.
Jugement dernier du vieux monde social. Genève 1851.
Jüdische Schriften. Hg. von Th. Zlocisti. Berlin 1905.
Briefwechsel. Hg. von E. Silberner. 's-Gravenhage 1959.
Philosophische und sozialistische Schriften 1837–1850. Eine Auswahl. Hg. von A. Cornu und W. Mönke. Berlin 1961.
Ausgewählte Schriften. Hg. von H. Lademacher. Köln 1962.
Mönke, W. (Hg.): Neue Quellen zur Heß-Forschung. Mit Auszügen aus einem Tagebuch, aus Manuskripten und Briefen aus der Korrespondenz mit Marx, Engels, Weitling. Berlin 1964.

2. Bibliographien

Silberner, E.: The Works of Moses Heß. An Inventory of his signed and anonymous Publications, Manuscripts and Correspondence. Leiden 1958.
Silberner, E.: Zur Heß-Bibliographie. Mit zwei bisher unveröffentlichten Manuskripten über Marx. In: Archiv für Sozialgeschichte. Bd. VI/VII. Hannover 1966.

3. Biographien

Silberner, E.: Moses Heß. Geschichte seines Lebens. Leiden 1966.
Hirsch, H.: Moses Heß. Vorkämpfer der Freiheit, Köln 1975.
Lademacher, H.: Moses Heß in seiner Zeit, Bonn 1977.
Na'aman, S.: Emanzipation und Messianismus. Leben und Werk des Moses Heß, Frankfurt/M. 1982.

4. Darstellungen

Mehring, F.: Stein, Heß, Marx. In: Die Neue Zeit. Jg. 15.2 (1896/1897).
Mehring, F.: Neomarxismus. In: Die Neue Zeit. Jg. 20.1 (1901/1902).
Goitein, I.: Probleme der Gesellschaft und des Staates bei Moses Heß und Marx mit bisher unveröffentlichtem Quellen-Material. Leipzig 1931.
Cornu, A.: Moses Heß et la gauche hégélienne. Paris 1954.
Mönke, W.: Über die Mitarbeit von Moses Heß an der Deutschen Ideologie von Karl Marx und Friedrich Engels. In: Wissenschaftliche Annalen, Berlin 6. Jg. (1957).
Lademacher, H.: Die politische und soziale Theorie bei Moses Heß. In: Archiv für Kulturgeschichte. Bd. 42. Köln, Graz 1960.

Silberner, E.: Beiträge zur literarischen Tätigkeit von Moses Heß 1841–1843. Annali. Instituto Giangiacomo Feltrinelli, 6. Jg., Milano 1963.
Stuke, H.: Philosophie der Tat. Studien zur «Verwirklichung der Philosophie bei den Junghegelianern und den Wahren Sozialisten». Stuttgart 1963.
McLellan, D.: The Young Hegelians and Karl Marx. London, Melbourne, Toronto 1969.
Na'aman, S.: Moses Heß in der deutschen Arbeiterbewegung. In: Jahrbuch des Instituts für deutsche Geschichte der Universtität Tel-Aviv. Bd. 5 (1976).
Frei, B.: Im Schatten von Karl Marx. Moses Heß – Hundert Jahre nach seinem Tod. Wien, Köln, Graz 1977.
Rosen, Z.: Moses Heß und Karl Marx. Ein Beitrag zur Entstehung der Marxschen Theorie. Hamburg 1983.

Peter von Oertzen: Karl Marx

Anmerkungen

1 Marx, Engels: *Werke* (MEW). Bd. 23, 193.
2 MEW Bd. 37, 463.
3 MEW Bd. 19, 335; vgl. auch MEW Bd. 3, 28.
4 Marx, K.: *Grundrisse der Kritik der politischen Ökonomie.* Berlin (Ost) 1953, 82; ferner MEW Bd. 3, 13 ff. und passim.
5 MEW Bd. 13, 8 f.
6 MEW Bd. 37, 463; vgl. auch die differenzierten Aussagen des jungen Marx in MEW Bd. 3, 5 f; 37 ff.
7 So I. Fetscher in: *Neue Rundschau.* 1979. Heft 4, 497 ff., 507 ff.
8 MEW Bd. 13, 10.
9 Vgl. hierzu Fromm, E.: *Das Menschenbild bei Marx.* Frankfurt/M. 1963; Fleischer, H.: *Sozialphilosophische Studien.* Berlin 1973; Euchner, W.: *Karl Marx.* München 1983, 48 ff.
10 Besonders Marx: *Grundrisse,* 6; ferner MEW Bd. 3, 13 ff. – Vgl. dazu die empirische Bekräftigung durch einen bedeutenden Prähistoriker: Childe, V. G.: *Der Mensch schafft sich selbst.* Dresden 1959.
11 MEW Bd. 3, 30 f., 38.
12 Besonders klar bei Engels: *Die Entwicklung des Sozialismus von der Utopie zur Wissenschaft,* MEW Bd. 19, 189 ff., 224 ff. Daß dies auch Marx' Auffassung war, ersieht man aus MEW Bd. 3, 31 ff., 46 f, 540. In der zentralen Bedeutung der Arbeitsteilung stimmen beide völlig überein.
13 MEW Bd. 4, 462.
14 MEW Bd. 13, 9.
15 Vgl. Engels in MEW Bd. 19, 226.
16 Ebd.-Vgl. auch MEW Bd. 13, 9. Zur Kritik Euchner: *Marx,* 133.
17 Dazu Löwith, K.: *Von Hegel bis Nietzsche.* Zürich, New York 1941, 47 ff.; Fleischer H.: *Marxismus und Geschichte.* Frankfurt/M. 1969.
18 Hegel, G. W. F.: *Vorlesungen über die Philosophie der Geschichte.* In: Ders.: Werke in zwanzig Bänden. Bd. 12. Frankfurt/M. 1970, S. 32.
19 MEW Bd. 3, 33, 364.
20 MEW Bd. 19, 21.
21 MEW Bd. 23, 93 f; Bd. 25, 839.
22 MEW Bd. 23, 93 f, 619; Bd. 25, 827 f.
23 MEW Bd. 19, 21.

24 MEW Bd. 3, 34 f.
25 MEW Bd. 25, 828.
26 Vgl. Negt. O.: *Lebendige Arbeit, enteignete Zeit.* Frankfurt/M., New York 1987.
27 Zur Bildung Marx, *Grundrisse,* 593; dazu zusammenfassend Wittig, H. R.: *Karl Marx.* Bildung und Erziehung. Paderborn 1968. Zu den anderen Stichworten *Grundrisse* 88 f., MEW Bd. 17, 336 ff.; Bd. 19, 226, 228; Bd. 20, 272 f.; Bd. 22, 226; Bd. 23, 92 f, 381, 443 f, 512.
28 MEW Bd. 13, 8 f.
29 Vgl. die einschlägigen Stichworte in: *Kritisches Wörterbuch des Marxismus.* Bd. 6. Berlin (West) 1987.
30 MEW Bd. 1, 386.
31 MEW Bd. 4. 181.
32 MEW Bd. 23, 208.
33 Zum Begriff des «Mehrprodukts» vgl. Mandel, E.: *Marxistische Wirtschaftstheorie.* Frankfurt/M. [3]1973, 19 ff.; Hofmann, W.: *Ideengeschichte der sozialen Bewegung.* Berlin – New York [6]1979, 102 f. – Zu der hier vertretenen Auffassung kritisch: Henkel, M.: *Zunftmißbräuche. ‹Arbeiterbewegung› im Merkantilismus.* Frankfurt/M., New York 1989, 125 f. M. E. ist die von Henkel kritisierte Auffassung implizit in dem Begriffspaar «Notwendige Arbeit – Mehrarbeit» enthalten. Vgl. MEW 23, 243, 249 ff.
34 Marx: *Grundrisse,* 375 ff., besonders 404 f, 411 f.; MEW Bd. 23, 167, 379 f; Bd. 25, 839. Dazu Mandel: Wirtschaftstheorie, 63 ff., und ders.: *Entstehung und Entwicklung der ökonomischen Lehre von Karl Marx.* Frankfurt/M. 1969, 113 ff.
35 Die von Marx betonte Rolle der Klasse der Grundeigentümer wird hier vernachlässigt. Vgl. MEW Bd. 25, 892 f.
36 MEW Bd. 23, 166 f; Bd. 25, 260.
37 MEW Bd. 4, 467; vgl. ferner Engels' Zusammenfassung in MEW Bd. 19, 210 ff., sowie Hofmann: *Ideengeschichte,* 102 ff.
38 MEW Bd. 23, 85 ff. Dazu Lukács, G.: *Geschichte und Klassenbewußtsein.* Berlin 1923, 94 ff.
39 MEW Bd. 13, 8.
40 Marx: *Grundrisse,* 635; dazu Rosdolsky, R.: *Zur Entstehungsgeschichte des Marxschen ‹Kapital›.* Frankfurt/M. 1968, 330 ff., 467 ff., 523 ff.
41 MEW Bd. 23, 675; Engels in MEW Bd. 22, 231; Mandel: *Wirtschaftstheorie,* 174 ff.; Rosdolsky: *Entstehungsgeschichte,* 351 ff.; Hofmann: *Ideengeschichte,* 146 ff.
42 Vgl. Hofmann, a. a. O., 172, 216; Mandel, a. a. O., 549 ff.
43 MEW Bd. 16, 11.
44 MEW Bd. 23, 112; Bd. 25, 184.
45 So Mandel, E.: *Der Spätkapitalismus.* Frankfurt/M. [2]1973, 499 ff.
46 So sehr plastisch Lukács: *Klassenbewußtsein,* 55.
47 MEW Bd. 4, 40; vgl. auch MEW Bd. 3, 46.
48 MEW Bd. 1, 390 f.
49 MEW Bd. 23, 674 f., 790 f.
50 MEW Bd. 25, 892 f.
51 Die Elemente dieses Konzeptes sind über das gesamte Marxsche Werk verstreut. Eine zusammenhängende Darstellung in Marx, K.: *Resultate des unmittelbaren Produktionsprozesses.* Frankfurt/M. 1969, besonders 454 ff. Vgl. ferner MEW Bd. 23, 350 ff., 442 ff., 531 f; Bd. 25, 91 f., 396 ff.
52 Vgl. vor allem den berühmten *Zirkularbrief* von Marx und Engels aus dem Jahre 1879, MEW Bd. 19, 150 ff. Zusammenfassend zum Thema «Intelligenz» Negt, O.,

Mohl, E. Th.: *Marx und Engels*. In: Pipers Handbuch der politischen Ideen. München, Zürich 1987. Bd. 4, 449 ff.

53 MEW Bd. 19, 223.

54 MEW Bd. 4, 484; *Grundrisse*, 75 f.; MEW Bd. 20, 273.

55 MEW Bd. 28, 508; Bd. 19, 28.

56 Lenin, W. J.: *Was tun?* In: Ders.: Ausgewählte Schriften. Hg. H. Weber. München 1963, 902.

57 MEW Bd. 17, 625, 313 ff.

58 MEW Bd. 3, 37; Bd. 23, 779.

59 MEW Bd. 19, 223 f.; Bd. 33, 389.

60 Sombart, W.: *Sozialismus und soziale Bewegung*. Jena [8]1919, 1. V.

61 MEW Bd. 4, 472.

62 Die beste Charakterisierung dieses Prozesses m. E. immer noch Rosenberg, A.: *Demokratie und Sozialismus*. Amsterdam 1938.

63 MEW Bd. 19, 15; vgl. dazu Methe, W.: *Ökologie und Marxismus*. Hannover 1981.

64 Lukács: *Klassenbewußtsein*, 13.

65 Marx: *Grundrisse*, 25 ff.

66 Lewalter, E.: *Wissenssoziologie und Marxismus*. In: Archiv für Sozialwissenschaft und Sozialpolitik. Bd. 64 (1930), 623. Vgl. die fast wortgleichen Formulierungen von Rosa Luxemburg in: Dies.: *Gesammelte Werke*. Bd. I/2. Berlin [5]1983, 377.

Literatur

1. Werke und Ausgaben

Marx, Karl und Friedrich Engels: Werke (MEW). Berlin 1956 ff.

–: Gesamtausgabe (MEGA). Berlin 1975 ff.

Marx, K.: Grundrisse der Kritik der politischen Ökonomie. Berlin 1983.

–: Resultate des unmittelbaren Produktionsprozesses. Frankfurt/M. 1969.

2. Biographien und Chroniken

Künzli, A.: Karl Marx. Eine Psychographie. Wien, Frankfurt, Zürich 1966.

Marx, Karl. Chronik seines Lebens in Einzeldaten. Zusammengestellt vom Marx-Engels-Lenin-Institut Moskau. Frankfurt/M. 1971.

Karl Marx. Dokumente seines Lebens 1818–1883. Hrsg. v. M. Kliem. Leipzig 1970.

McLellan, D.: Marx. Glasgow [3]1976

Raddatz, F. J.: Karl Marx. Eine politische Biographie. Hamburg 1975.

3. Bibliographien und Nachschlagewerke

Fetscher, I. (Hg.): Grundbegriffe des Marxismus. Eine lexikalische Einführung. Hamburg 1976.

Kritisches Wörterbuch des Marxismus. Hg. von. G. Labica und W. F. Haug. Berlin 1983 ff.

Marx-Engels-Begriffslexikon. Hg. von K. Lotter und R. Meiners. München 1984.

Neubauer, Franz: Marx-Engels-Bibliographie. Boppard a. Rhein 1979.

Sachregister zu den Werken von Karl Marx u. Friedrich Engels. Hg. von W. Herferth und H. J. Sandkühler. Köln 1983.

4. Darstellungen

Avineri, S.: The Social and Political Thought of Karl Marx. Cambrigde 1968.

Childe, V. G.: Der Mensch schafft sich selbst. Dresden 1959.

Euchner, W.: Karl Marx. München 1983.

Fleischer, H.: Marxismus und Geschichte. Frankfurt/M. 1969.
–: Sozialphilosophische Studien. Berlin 1973.
Fromm, E.: Das Menschenbild bei Marx. Frankfurt/M. 1963.
Lukács, G.: Geschichte und Klassenbewußtsein. Berlin 1923.
Mandel, E.: Entstehung und Entwicklung der ökonomischen Lehre von Karl Marx. Frankfurt/M. 1969.
Methe, W.: Ökologie und Marxismus. Hannover 1981.
Morf. O.: Geschichte und Dialektik in der politischen Ökonomie. Frankfurt/M. 1970.
Negt, O.: Lebendige Arbeit, enteignete Zeit. Frankfurt/M., New York 1987.
Rosdolsky, R.: Zur Entstehungsgeschichte des Marxschen «Kapital». Frankfurt/M. 1969.
Wittfogel, K. A.: Die orientalische Despotie. Frankfurt/M., Berlin, Wien 1977.

Walter Euchner: Friedrich Engels

Anmerkungen

1 MEGA Bd. I/3 (= Erste Abt./Bd. 3), 285.
2 Henderson, 18.
3 MEGA Bd. I/3, 34 f.
4 MEW Bd. 1, 512; 2, 360
5 MEW Bd. 2, 306–12; 397 f. – Vgl. dazu die Marxsche Analyse des «Scheins der Zirkulationssphäre» und die werttheoretische Bestimmung des Arbeitslohns im ersten und die Darstellung des Verhältnisses von Wertbestimmung und des Einflusses von Angebot und Nachfrage auf die Preisbestimmung im dritten Band des *Kapital*, MEGA II, 6. 191; MEW Bd. 25, 182 ff.
6 MEW Bd. 2, 349.
7 Die Zehnstundenbill wurde von Engels differenziert gesehen. Einerseits einige die Agitation dafür die Arbeiterklasse, andererseits zerstöre die Bill die gegenwärtige Gesellschaft nicht. Diese müsse aber bis an ihre Grenzen getrieben werden, d. h. bis zur Revolution, ausgelöst vom Pauperismus. Arbeitszeitregelungen seien erst nach der sozialen Revolution sinnvoll. Vgl. MEGA Bd. I/10,225 ff., 313.
8 MEW Bd. 18, 211–287 (243, 650).
9 MEW Bd. 22, 316 ff, 509 ff. – Die berühmten Passagen in Engels' Einleitung zu Marx' *Klassenkämpfe in Frankreich* aus dem Jahr 1895, in denen Engels der deutschen Sozialdemokratie quasi pausbäckiges Wachstum attestiert, deuten sich bereits in der Einleitung zur «Wohnungsfrage» an. MEW Bd. 18, 654.
10 MEGA Bd. I/10, 37 ff.
11 A. a. O., 367–443 (376).
12 A. a. O., 389.
13 Dazu Euchner, W.: *Marxistische Luther-Interpretationen.* In: Geschichte in Wissenschaft und Unterricht, 36 (1985), 813–847 (842 f.).
14 MEW Bd. 21, 408 ff., 450 ff.; Bd. 7, 539.
15 MEW Bd. 18, 258.
16 MEW Bd. 18, 258 f.; Bd. 21, 456 f.; Bd., 538. – Vgl. auch MEW Bd. 16, 71. Die Bonapartismuskonzeption in der Marxschen und Engelsschen Version machte später in den marxistischen Faschismusanalysen Karriere. Dazu Saage, R.: *Faschismustheorien* (...). München 1976, 118 ff.
17 MEW Bd. 22, 311; Bd. 21, 167 ff.; Bd. 22, 235 f.; Bd. 19, 260, 279.
18 MEW Bd. 16, 17.
19 MEGA Bd. I/27, 358 ff.

20 MEW Bd. 16, 167–189.
21 MEW Bd. 13, 225–268; 571–612.
22 MEW Bd. 16, 39–78.
23 MEGA Bd. I/27, 361 ff.; MEW Bd. 22, 371–399. – Zu Engels' militärischem Denken s. Wallach, J. L.
24 MEGA Bd. I/27, 450 ff. – Offenbar war Dühring von Gedankengängen Proudhons und des preußischen Sozialisten und Monarchisten Rodbertus (s. Einleitung) inspiriert.
25 MEW Bd. 21, 259–307 (263 ff.).
26 A. a. O., 307.
27 MEW Bd. 20, 475, 481; MEGA Bd. I/26, 346, 361; Bd. I/27, 336.
28 MEGA I/27, 316 ff. (337). – Das Gerstenkornbeispiel hielt Engels offenbar für besonders schlagend. Das Korn werde negiert, an seine Stelle trete die Pflanze als Negation des Korns. Die Negation der Negation liegt im Absterben des Halms, die freilich eine Vielzahl von Gerstenkörnern produziert; a. a. O., 331.
29 Ein gutes Beispiel für Engels' dialektische Geschichtskonstruktion bietet *Der Ursprung der Familie, des Privateigentums und des Staates* (1884), das die Übergänge von der mutterrechtlichen, auf Gemeineigentum beruhenden Gentilgesellschaften über die auf Privateigentum beruhenden Klassengesellschaften, die notwendig einen abgehobenen Staat erzeugen, zur Wiederbelebung der alten Gentes in der kommunistischen Gesellschaft darlegt; MEW Bd. 21, 25–173. Ein Beispiel für Engels Rezeption der Darwinschen Evolutionslehre gibt *Der Anteil der Arbeit an der Menschwerdung des Affen* (1876), MEGA Bd. I/26, 540–552. Zu Engels' Naturdialektik vgl. Fleischer, H. und Liedmann, S.-E.
30 MEGA Bd. I/27, 442 ff.; MEW Bd. 21, 168.
31 MEGA Bd. I/27, 469.
32 A. a. O., 456 f; Bd. I/26, 550 f. – Engels' nachgelassene naturphilosophischen Fragmente (Vorarbeiten zum *Anti-Dühring*) sind 1925 in der Sowjetunion herausgekommen und zur Legitimation des Lenin-Stalinschen «Diamat» benützt worden.
33 MEW Bd. 37, 462 ff., 435 ff., 488 ff.

Literatur

1. Werke und Ausgaben

MEW und MEGA: siehe unter Marx

Engels, F.: Studienausgabe. Hg. von H. Mehringer und G. Mergner. 4 Bde. Reinbek b. Hamburg 1973.

2. Biographien

Henderson, W. O.: The Life of Friedrich Engels, 2 Bde. London 1976.

Hirsch, H.: Engels in Selbstzeugnissen und Bilddokumenten. Reinbek b. Hamburg 1968.

Meyer, S.: Friedrich Engels. Eine Biographie. 2 Bde. Haag [2]1934.

3. Bibliographien und Nachschlagewerke:

siehe unter Marx

4. Darstellungen

Friedrich Engels 1820–1970. Referate, Diskussionen, Dokumente (Beiträge einer internationalen wissenschaftlichen Konferenz in Wuppertal, Mai 1970). Redaktion: Hans Pelger u. a. Hannover 1970.

Fleischer, H.: Friedrich Engels (1820–1895). In: Klassiker der Naturphilosophie. (...). Hg. von S. Böhme. München 1989. S. 279–297.
Liedman, S.-E.: Das Spiel der Gegensätze. Friedrich Engels' Philosophie und die Wissenschaft des 19. Jahrhunderts. Frankfurt/M., New York 1986.
Neumann, M.: Zur Methode der Klassenanalyse. Insbesondere bei Friedrich Engels. (...) Frankfurt/M., Köln 1975.
Wallach, J. L.: Die Kriegslehre von Friedrich Engels. Frankfurt/M. 1968.

Shlomo Na'aman: Ferdinand Lassalle

Anmerkungen

1 Vgl. Na'aman; *Lassalle*, Hannover 1970, 764.
2 Ders.: *Lassalle et la Révolution Française*, Cahiers de l'institut de science économique appliquée. 1961, 109.
3 *Nachlaß*. Bd. 3, 161; Bd. 6, 48–88.
4 *Nachlaß*, Bd. 1, 213–231.
5 Na'aman, S.: *Heine und Lassalle*. Ihre Beziehungen im Zeichen der Dämonie des Geldes. In: Archiv für soziale Demokratie. Bd. IV, 45–85.
6 Dazu Hirsch: Sophie von Hatzfeldt, 23 ff.
7 *Nachlaß*. Bd. 1. Einführung, 27 f., 136 ff.; Bd. 2, 157 ff.
8 Na'aman. *Lassalle*, 218–277.
9 Vgl. Lassalles Manuskriptbrief an Marx und Engels v. 27. Mai 1859 mit allen grundsätzlichen Erläuterungen zum Sickingen: *Nachlaß*. Bd. 3, 185–213.
10 GRS Bd. 9, 29–44.
11 RS Bd. 3, 725–857.
12 *Nachlaß*. Bd. 3, 241; 330.
13 *Über Verfassungswesen*. GRS Bd. 2, 25–61 (49 f.).
14 Die Erkenntnis, daß Lassalles Agitationsperiode in Phasen zu teilen sei, eine demokratisch-populistische und eine sozialdemokratische, hat sich bei meiner Beschäftigung mit dem Nationalverein entwickelt. Der Gebrauch des Begriffes «Arbeiter», einmal als Wertschaffender allgemein und zum andern als Lohnarbeiter, hat den grundsätzlichen Unterschied zwischen dem *Arbeiterprogramm* und dem *Offenen Antwortschreiben* verdeckt.
15 Der Nationalverein, 1859 in Frankfurt/M. gegründet, war eine locker organisierte Vereinigung, die die bundesstaatliche Einigung Deutschlands unter preußischer Führung anstrebte. Nach seiner Auflösung 1867 ging er vor allem in der Nationalliberalen Partei auf. Vgl. dazu Na'aman, S.: *Der Deutsche Nationalverein*. Düsseldorf 1987, 315–325.
16 Vorwiegend in den Verteidigungsreden des Jahres 1864, GRS Bd. 4.
17 *Vorbemerkung* Bernsteins. GRS Bd. 4, 9–13; *Ansprache*. Ebd., 17–56.
18 Die Broschüre erschien schon kurz nach dem Gründungstag des ADAV (23. 5. 1863) und fand die volle Zustimmung Lassalles.
19 GRS Bd. 2, 199 f.
20 *Arbeiterprogramm*. GRS Bd. 2, 192–9, und *Die indirekte Steuer und die Lage der arbeitenden Klasse*, 484 ff.
21 GRS Bd. 3, 41–92.
22 Die Verbindung Leopold Sonnemanns mit Bebel in der ersten Zeit des «Vereinstags Deutscher Arbeitervereine», einer Gegenbewegung zum ADAV, war auf dieser Überzeugung aufgebaut.
23 Zusammengefaßt zu der Formel: «Aber das allgemeine Wahlrecht von 89 bis 96

Prozent der Bevölkerung als *Magenfrage* aufgefaßt und daher auch mit der Magenwärme durch den ganzen Körper hin verbreitet – Seien Sie ganz unbesorgt, meine Herren, es gibt keine Macht, die sich dem lange widersetzen würde!» Gegen Ende des *Offenen Antwortschreibens*, GRS Bd. 3, 91 f.

24 GRS Bd. 5, 21–355.

25 GRS Bd. 5, 340–355. Vgl. *Eine melancholische Meditation* (Nachwort). Ebd., 355.

26 Auf dem Vereinstag des ADAV zu Stuttgart von Bebel als Linksentwicklung charakterisiert. Vgl. Bebel, A.: *Aus meinem Leben*. Berlin (Ost) 1964, 116–126.

27 Vgl. Bernstein, *Lassalle*.

Literatur

1. Werke und Ausgaben

Reden und Schriften. Hg. von Eduard Bernstein, 3 Bde. Berlin 1892 (RS).

Gesammelte Reden und Schriften. Hg. von Eduard Bernstein. 12 Bde. Berlin 1919/20 (GRS).

Nachgelassene Briefe und Schriften. Hg. von Gustav Meyer. 6 Bde. Berlin 1921–1926 (Nachlaß).

Reden und Schriften. In Auswahl hg. von Ludwig Maenner. Berlin 1926 (Klassiker der Politik. Bd. 15).

2. Biographien

Bleuel, H. P.: Ferdinand Lassalle, oder der Kampf wider die verdammte Bedürfnislosigkeit. Frankfurt/M. 1979.

Hirsch, H.: Ferdinand Lassalle. Eine Auswahl für unsere Zeit. Bremen 1963.

Na'aman, S.: Lassalle. Hannover 1970.

Oncken, H.: Lassalle. Eine politische Biographie. Stuttgart und Berlin [4]1923.

Über die Gräfin Hatzfeld:

Hirsch, H.: Sophie von Hatzfeld. In Selbstzeugnissen, Zeit- und Bilddokumenten (...). Düsseldorf 1981.

3. Bibliographie

Andréas, B.: Ferdinand Lassalle – Allgemeiner Deutscher Arbeiterverein. Bibliographie ihrer Schriften und der Literatur über sie 1840 bis 1975. Bonn 1981 (Archiv für Sozialgeschichte. Beiheft 9).

4. Darstellungen

Bernstein, E.: Ferdinand Lassalle. Eine Würdigung des Lehrers und Kämpfers. Berlin 1919.

Hans-Josef Steinberg: August Bebel

Anmerkungen

1 Wendel, F.: *Der Sozialismus in der Karikatur von Marx bis Macdonald*. Ein Stück Kulturgeschichte. Berlin 1924, 92.

2 Marx an Engels, 29. 3. 1868. In: MEW Bd. 32, 290.

3 10. 4. 1867 im Reichstag des Norddeutschen Bundes.

4 Bebel an Engels, 15. 10. 1894. In: *August Bebels Briefwechsel mit Friedrich Engels*. Hg. von W. Blumenberg, 's-Gravenhage 1965, 779.

5 *August Bebels Briefwechsel mit Karl Kautsky.* Hg. von K. Kautsky Jr., Assen 1971, 315.

Literatur

1. Werke und Ausgaben

Ausgewählte Reden und Schriften. Hg. von H. Bartel, R. Dlubek, H. Gemkow, U. Herrmann u. G. Seeber. Bd. 1, Bd. 2, Bd. 6. Berlin (Ost) 1970, 1978, 1983.

Schriften. Hg. von C. Stephan. 2 Bde. Frankfurt/M., Wien 1981.

Die Frau und der Sozialismus. Nachdruck der 1929 erschienenen Jubiläumsausgabe. Berlin, Bonn-Bad Godesberg 1977.

Aus meinem Leben. Berlin (Ost) 1978.

2. Biographien und Darstellungen

Bley, H.: Bebel und die Strategie der Kriegsverhütung 1903–1913. Eine Studie über Bebels Geheimkontakte mit der britischen Regierung und Edition der Dokumente. Göttingen 1975.

Maehl, W. H.: August Bebel, Shadow Emperor of the German Workers. Philadelphia 1980.

Jung, W.: August Bebel. Deutscher Patriot und internationaler Sozialist. Seine Stellung zu Patriotismus und Internationalismus. Pfaffenweiler 1986.

Seebacher-Brandt, B.: Bebel. Künder und Kärrner im Kaiserreich. Berlin, Bonn 1988.

3. Zu Wilhelm Liebknecht:

Weitershaus, F. W.: Wilhelm Liebknecht. Das unruhige Leben eines Sozialdemokraten. Eine Biographie. Gießen 1976.

Dominick, R. H.: Wilhelm Liebknecht and the founding of the German Social Democratic Party. Chapel Hill 1982.

Gian Biagio Furiozzi: Antonio Labriola

Anmerkungen

1 Vgl. Arfé, G.: *Storia del socialismo italiano* (1892–1926). Torino 1965, 83 ff.

2 Croce, B.: *Note sulla letteratura italiana del secolo XIX.* In: La Critica (1907), 417 f.

3 Labriola, A.: *Lettere a Engels.* Roma 1949, 142.

4 Vgl. auch: Vigna, C.: *Le origini del marxismo teorico in Italia.* Roma 1977, 27.

5 Vgl. Garin, E.: *Antonio Labriola.* In: Andreucci, F. und Detti, T.: Il movimento operaio italiano. Dizionario biografico. Roma 1976, 29.

6 Vgl. Gerratana, V.: *Antonio Labriola e l'introduzione del marxismo in Italia.* In: Storia del marxismo. II. Il marxismo nell 'età della Seconda Internazionale. Torino 1979, 643.

7 Über die Beziehungen zu Turati vgl. die Beobachtungen von Garin, E.: a. a. O., 28 ff.

8 Vgl. Arfé, G.: a. a. O., 10.

9 Ebd., 12 f.

10 Garin, E.: a. a. O., 31.

11 Labriola, A.: *In memoria del Manifesto dei Comunisti.* In: Saggi sul materialismo storico, a cura di V. Gerratana e A. Guerra, Roma 1964.

12 Vgl. Vigna, C.: a. a. O., 30 ff.

13 Labriola, A.: *Discorrendo di socialismo e di filosofia.* Bari 1939, 217.
14 Ebd., 222.
15 Ebd., 196.
16 Gramsci, A.: *Il materialismo storico e la filosofia di B. Croce.* Roma 1971, 92.
17 Vgl. die nützlichen Beobachtungen von Santarelli, E.: *La revisione del marxismo in Italia.* Milano 1964, 38.
18 Labriola, A.: *Discorrendo,* 177 f. – Über die Beziehungen zwischen Sorel und Labriola äußert sich vertieft Bozzi, F.: *Il mancato incontro tra Sorel e Antonio Labriola.* In: Georges Sorel. Studi e ricerche. Firenze 1974. Vgl. auch Furiozzi, G. B.: *Georges Sorel e Antonio Labriola.* In: Nuovi Studi Politici. 1986 (Nr. 4).
19 Poggi, S.: *Introduzione a Labriola.* Bari 1982, 96.
20 Labriola, A.: *Scritti filosofici e politici.* Hg. von F. Sbarberi. Torino 1973, 993.
21 Arato, A.: *L'antinomia del marxismo classico: marxismo e filosofia.* In: Storia del marxismo, 714.
22 Vgl. Ottaviano, C.: *Antonio Labriola e il problema dell' espansione coloniale.* In: Annali della Fondazione Einaudi. Bd. XVI. Torino 1982, 309.
23 *Il Mattino,* 23. Februar 1897.
24 Labriola, A.: *Scritti politici 1886–1904.* Bari 1970, 471.
25 Gramsci, A.: *Quaderni del carcere.* Bd. II, Torino 1975, 1366.
26 Ottaviano, C.: a. a. O., 328.
27 Arfé, G.: a. a. O., 92 f.
28 *Neue Zeit,* 22. Jg. (1903/1904), Bd. I, 585 ff.
29 *Critica sociale,* 14. Jg. (1904), 63.

Literatur

1. Werke und Ausgaben

Scritti filosofici e politici. Hg. von F. Sbarberi. Torino 1973.
Scritti politici 1886–1904. Bari 1970.
Lettere a Engels. Roma 1949.

2. Biographie

Dal Pane, L.: Profilo di Antonio Labriola. Milano 1948.

3. Bibliographie

Marini, P. C.: Per una bibliografia di Antonio Labriola. In: Giornale critico della filosofia italiana. Jg. 1964. Heft 1. S. 66–114.

4. Darstellungen

Actis Perinetti, L.: Antonio Labriola e il marxismo in Italia. Torino 1958.
Andler, G.: La conception matérialiste de l'histoire d'après M. A. Labriola. In: Revue de Métaphysique et de Morale. Bd. X (1897), S. 644–658.
Corsi, M.: Antonio Labriola e l'interpretazione della storia. Napoli 1963.
Dal Pane, L.: Antonio Labriola nella politica e nella cultura italiana. Torino 1975.
Gunter, S. (d. i. K. Staudinger): Antonio Labriola und die Ethik. In: Die Neue Zeit. Jg. 1899. Bd. II, S. 556–560, 586–591.
Negri, a.: Il «marxismo teorico» di Antonio Labriola. In: Giornale critico della filosofia italiana. 1964. Heft 1, S. 66–114.
Poggi, S.: Introduzione a Labriola. Bari 1982.
Sorel, G.: Prefazione a A. Labriola. Essais sur la conception matérialiste de l'histoire. Paris 1897.

Thomas Meyer: Eduard Bernstein

Anmerkungen

1 Bernstein: *Voraussetzungen.* 1973, 217.
2 Ders.: *Noch etwas Endziel und Bewegung.* In: Sozialistische Monatshefte, 5 (1901),505.
3 Ders.: *Zusammenbruchstheorie und Kolonialpolitik.* In: Ders.: *Zur Theorie und Geschichte des Sozialismus.* Berlin, Bern 1901, 234.
4 Brief Bernsteins an Kautsky vom 20. 2. 1898.
5 Ders.: *Voraussetzungen,* 188.
6 A. a. O., 8.

Literatur

1. Werke und Ausgaben

Die Voraussetzungen des Sozialismus und die Aufgaben der Sozialdemokratie. Stuttgart 1899 (Bonn-Bad-Godesberg [5]1973).
Sozialliberalismus oder Kollektivismus. Berlin 1900.
Zur Geschichte und Theorie des Sozialismus. Berlin, Bern 1901.
Wie ist wissenschaftlicher Sozialismus möglich? Berlin 1901.
Die verschiedenen Formen des Wirtschaftslebens. Berlin 1904.
Zur Theorie und Geschichte des Sozialismus. Berlin [4]1904.
Der politische Massenstreik und die Lage der Sozialdemokratie. Breslau 1905.
Parlamentarismus und Sozialdemokratie. Berlin 1906.
Der Revisionismus in der Sozialdemokratie. Amsterdam 1909.
Die Arbeiterbewegung. Frankfurt 1910.
Sozialdemokratische Völkerpolitik. Die Sozialdemokratie und die Frage Europa. Leipzig 1917.
Von den Aufgaben der Juden im Weltkrieg. Berlin 1917.
Aus den Jahren meines Exils. Erinnerungen eines Sozialisten. Berlin 1917.
Wie eine Revolution zugrundeging. Eine Schilderung und eine Nutzanwendung. Stuttgart 1921.
Der Sozialismus einst und jetzt. Berlin 1921.
Die deutsche Revolution. Berlin 1921.
Entwicklungsgang eines Sozialisten. Leipzig 1924.
Sozialdemokratische Lehrjahre. Berlin 1928.

2. Darstellungen

Angel, P.:Eduard Bernstein et l'Evolution du Socialisme Allemand, Paris 1961.
Coletti, L.: Bernstein und der Marxismus der Zweiten Internationale. Frankfurt 1971.
Gay, P.: Das Dilemma des Demokratischen Sozialismus. Eduard Bernsteins Auseinandersetzung mit Marx. Nürnberg 1954.
Grebing, H.: Der Revisionismus. München 1977.
Gustafsson, B.: Marxismus und Revisionismus. Eduard Bernsteins Kritik des Marxismus und ihre ideengeschichtliche Voraussetzung. Frankfurt 1972.
Heimann, H., Meyer, Th.: Bernstein und der Demokratische Sozialismus. Berlin, Bonn 1978.
Hirsch, H.: Der ‹Fabier› Eduard Bernstein. Berlin, Bonn 1977.
Hyrkkänen, M.: Sozialistische Kolonialpolitik. Eduard Bernsteins Stellung zur Kolonialpolitik und zum Imperialismus 1882–1914, Helsinki 1986.

Jäger, H.-P.: Eduard Bernsteins Panorama, Frankfurt, Bern 1982.
Kautsky, K.: Bernstein und das sozialdemokratische Programm. Eine Antikritik (1899). Berlin, Bonn ²1976.
Meyer, Th.: Bernsteins konstruktiver Sozialismus. Berlin, Bonn 1977.
Rikli, E.: Der Revisionismus. Ein Revisionsversuch der deutschen marxistischen Theorie (1890–1914). Zürich 1936.

Wolfgang Maderthaner und Siegfried Mattl: Victor Adler

Anmerkungen

1 Zit. nach Erdheim, M: *Die gesellschaftliche Produktion von Unbewußtheit.* Frankfurt/M. 1984, 94; zum Duellangebot s. Braunthal, J.: *Victor und Friedrich Adler.* Zwei Generationen Arbeiterbewegung. Wien 1965, 22.
2 Persönliche Kontakte ergaben sich später noch einmal, als Freud vom schuldengeplagten Adler das Haus Berggasse 19 kaufte.
3 Ellenbogen, W.: *Richard Wagner und das Proletariat.* In: Der Kampf. Sozialdemokratische Monatsschrift 6 (1912/13), 380ff.
4 Braunthal: A.a.O., 17, 20.
5 VGA. Adler Archiv. Mappe 13. Brief vom 22.6. 1891. (VGA = Verein für Geschichte der Arbeiterbewegung in Wien).
6 *Victor Adlers Aufsätze, Reden und Briefe.* Heft 1. Wien 1922, 93.
7 Parteitagsprotokoll 1894, 56f. und Allgemeines Verwaltungsarchiv Wien (AVA). Sozialdemokratische Parteistellen. Kart. 99/188. Brief vom 16.3. 1895.
8 Adler war bereits am 11.7. 1901 in einer Nachwahl im 10. Wiener Gemeindebezirk (Favoriten) als erster und damals einziger Sozialdemokrat in den niederösterreichischen Landtag gewählt worden. Das Reichenberger Reichsmandat hatte 1897 Josef Hannich inne. Er gab es auf Druck des Parteivorstandes 1905 zugunsten von Adler zurück, um dessen Vertretung im Parlamentarischen Wahlreformausschuß sicherzustellen.
9 Schacherl, M.: *Probleme der Parteiorganisation.* In: Der Kampf. 2 (1909), 495.
10 Seliger, J.: *Die politische Organisation.* Ebd., 552. – Vgl. auch Maderthaner, W.: *Die Entwicklung der Organisationsstruktur der deutschen Sozialdemokratie in Österreich.* In: Ders. (Hg.): *Sozialdemokratie und Habsburgerstaat.* Wien 1988, 25–51.
11 Adler, V.: *Briefwechsel mit Bebel und Kautsky,* 460.
12 Maderthaner, W.; Mattl, S.: *«... den Straßenexcessen ein Ende machen.»* Septemberunruhen und Arbeitermassenprozeß 1911. In: Stadler, K.R. (Hg.): *Sozialistenprozesse.* Politische Justiz in Österreich 1870, 1936. Wien 1986, 117–150 (145f.).
13 V. Adler: *Briefwechsel mit A. Bebel und K. Kautsky.* Hg. von F. Adler. Wien 1954, 15, 266.
14 VGA. Adler Archiv. Mappe 113. Brief vom 21.1. 1890.
15 *V. Adlers Aufsätze...* Heft 1, 127f.
16 Parteitagsprotokoll 1888/1889, 3.
17 An weiteren eigenständigen Arbeiten wären Studien zur Fabrikinspektion in England und der Schweiz (1884), zu den Arbeiterkammern (1886), zum Pressegesetz (1891) und zum allgemeinen und gleichen Wahlrecht (1893) zu erwähnen.
18 Vgl. Knapp, V.J.: *Austrian Social Democracy 1889–1914.* Washington 1980, 62ff.
19 Drastische Beispiele finden sich bei: Großmann, S.: *Ich war begeistert.* Eine Lebensgeschichte. Berlin 1931, 141ff.
20 Braunthal: A.a.O., 73ff.

21 AVA. SD-Parteistellen. Kart. 11. Mappe Adler-Korrespondenz 1912, Bericht zur Intervention Karpeles. Fol. 25 f.; *V. Adlers Aufsätze.* Heft 3, 111 f.
22 VGA. Adler Archiv. Mappe 113. Brief vom 29. 12. 1891.
23 Adler: *Briefwechsel mit Bebel und Kautsky*, 398.
24 Vgl. Ardelt, R.: *Der Prozeß gegen Friedrich Adler.* In: Stadler: *Sozialistenprozesse*, 181–232.

Literatur

1. Werke und Ausgaben

Die Fabrikinspektion insbes. in England und der Schweiz. Jena 1884.
Die Arbeiterkammern und die Arbeiter. Wien 1886.
Die «Gleichheit» vor dem Ausnahmsgericht. Stenographischer Bericht über die Schlußverhandlung gegen Dr. Victor Adler und L. A. Bretschneider. Wien 1889.
Der Paragraph 23 des österreichischen Pressegesetzes. Wien 1891.
Das allgemeine, gleiche und direkte Wahlrecht und das Wahlrecht in Österreich. Wien 1893.
Schwurgerichtsverhandlung gegen Dr. Victor Adler über die Anklage der Verbrechen der Störung der öffentlichen Ruhe, der Religionsstörung, der Vergehen der Aufwiegelung, etc., begangen durch Reden im Gablonzer Bezirke, durchgeführt vor dem Reichenberger Schwurgerichte vom 17. bis 20. November 1893. Wien 1894.
Victor Adlers Aufsätze, Reden und Briefe. Hg. vom Parteivorstand der Sozialdemokratischen Arbeiterpartei Deutsch-Österreichs. 11 Bde. Wien 1922–1929.
Briefwechsel mit August Bebel und Karl Kautsky sowie Briefe von und an L. Auer, E. Bernstein, A. Braun, H. Dietz, F. Ebert, W. Liebknecht, H. Müller und P. Singer. Gesammelt und erläutert von F. Adler. Wien 1954.

2. Biographien

Ackermann, M.: Rede über Victor Adler. Wien 1968.
Braunthal, J.: Victor und Friedrich Adler, Zwei Generationen Arbeiterbewegung. Wien 1965.
Lanzer, W., Herlitzka, E. (Hg.): Victor Adler im Spiegel seiner Zeitgenossen. Wien 1968.
Tesarek, A.: Victor Adler aus seinen Reden und Schriften. Wien 1947.

3. Darstellungen

Ardelt, R. G.: Friedrich Adler. Probleme einer Persönlichkeitsentwicklung um die Jahrhundertwende. Wien 1984. (Darin: Victor Adler – auf der Suche nach einer neuen Identität, 20 ff.)
Ermers, M.: Victor Adler. Größe und Aufstieg einer sozialistischen Partei. Wien 1932.
McGrath, W.: Dyonisian Art and Populist Politics in Austria. New Haven, London 1974.
Mommsen, H.: Victor Adlers Weg zum Sozialismus. In: Ders.: Arbeiterbewegung und nationale Frage. Ausgew. Aufsätze. Göttingen 1979.

Ingrid Gilcher-Holtey: Karl Kautsky

Anmerkungen

1 Kautsky, K.: *Erinnerungen und Erörterungen.* Hg. von B. Kautsky. 's-Gravenhage 1960, 211.
2 Lenin, W. I.: *Die proletarische Revolution und der Renegat Kautsky* (1918). In: Ders.: Werke. Hg. vom Institut für Marxismus-Leninismus beim ZK der SED. Bd. 28. Berlin ^{5}1975, 227–327.
3 Korsch, K.: *Die materialistische Geschichtsauffassung.* Eine Auseinandersetzung mit Karl Kautsky (1927). In: Ders.: Die materialistische Geschichtsauffassung und andere Schriften. Hg. von E. Gerlach. Frankfurt, Köln ^{2}1974, 1–131.
4 Die Zitate entstammen der Reihenfolge nach den Arbeiten von Papcke, S.: *Bernstein und Lenin.* Zwei Revisionsversuche des Marxismus der Zweiten Internationale. In: Jahrbuch der Arbeiterbewegung. Hg. von C. Pozzoli. Nr. 5. Frankfurt 1977, 111–115; Leser, N.: *Die Odyssee des Marxismus.* Auf dem Weg zum Sozialismus. Wien, München, Zürich 1971, 192; Matthias, E.: *Kautsky und der Kautskyanismus.* Die Funktion der Ideologie in der deutschen Sozialdemokratie vor dem ersten Weltkrieg. In: Marxismus-Studien. Zweite Folge. Hg. von I. Fetscher. Tübingen 1957, 154; Papcke, S.: *Der Revisionismusstreit und die Theorie der politischen Reform.* Stuttgart 1979, 45.
5 *Die Neue Zeit* 9, 2 (1890/91), 723–730, 749–758, 780–791, 814–827, hier 753.
6 Kautsky, K.: *Bernstein und das sozialdemokratische Programm.* Eine Anti-Kritik. Stuttgart 1899; hier zitiert nach der Neuauflage Berlin, Bad-Godesberg ^{2}1976, 183.
7 Ders.: *Die soziale Revolution.* Berlin 1902; hier zitiert nach Berlin ^{3}1911, 7, 9.
8 *Die Neue Zeit* 12, 1 (1893/94), 361–369, 402–410, hier 368.
9 Kautsky, K.: *Der politische Massenstreik.* Ein Beitrag zur Geschichte der Massenstreikdiskussion innerhalb der deutschen Sozialdemokratie. Berlin 1914, 53. – Vgl. zur Typologie des politischen Massenstreiks Gilcher-Holtey, I.: *Das Mandat des Intellektuellen.* Karl Kautsky und die Sozialdemokratie. Berlin 1986, 184–198.
10 Kautsky, K.: *Allerhand Revolutionäres.* In: Die Neue Zeit 22, 1 (1903/04), 588–598, 620–627, 652–657, 732–740, hier 738, 739.
11 Ders.: *Das Erfurter Programm in seinem grundsätzlichen Teil erläutert.* Stuttgart 1892; hier zitiert nach dem Neudruck Berlin (Ost) 1965, 234, 213.
12 Ders.: *Akademiker und Proletarier.* In: Die Neue Zeit 19, 2 (1901/1902), 89–91, sowie ders.: *Die Revision des Programms der Sozialdemokratie in Österreich.* In: Die Neue Zeit 20, 1 (1902/03), 68–82.
13 Ders.: *Von der Demokratie zur Staatssklaverei.* Eine Auseinandersetzung mit Trotzki. Berlin 1921, 31.
14 Ders.: *Die Diktatur des Proletariats.* Wien 1918, 27.
15 Ebd., S. 39 sowie ders.: *Terrorismus und Kommunismus.* Ein Beitrag zur Naturgeschichte der Revolution. Berlin 1919, 108–154, hier 139.
16 Ders.: *Die Diktatur des Proletariats,* 23.
17 Ders.: *Terrorismus und Kommunismus,* 134.
18 Ders.: *Von der Demokratie zur Staatssklaverei,* 73.
19 *Die Neue Zeit* 26, 1 (1898/1899), 516–24, 557–64.
20 Kautsky, K.: *Die materialistische Geschichtsauffassung.* Berlin 1927. Bd. II, 145.
21 Ders.: *Der erste Mai und der Kampf gegen den Militarismus.* In: Die Neue Zeit 30, 2 (1911/1912), 97–109, hier 109, 107.
22 *Die Neue Zeit* 32, 2 (1913/1914), 908–922, hier 909, 920.
23 *Die Neue Zeit* 33, 2 (1914/15), 144.

Literatur

1. Werke und Ausgaben

Eine Werkausgabe liegt nicht vor.

Die materialistische Geschichtsauffassung. Gekürzte Ausgabe. Hg. von John H. Kautsky. Berlin, Bonn 1988.

Veröffentlichte Briefwechsel:

Adler, V./Bebel, A./Kautsky, K.: Briefwechsel, Hg. von F. Adler. Wien 1959.

Bebel, A./Kautsky, K.: Briefwechsel. Hg. von K. Kautsky jr. Assen 1971.

Engels, F./Kautsky, K.: Briefwechsel. Hg. von B. Kautsky. Wien 1955.

Haupt, G./Jemenitz, J./Rossum, L. v.: (Hg.): Karl Kautsky und die Sozialdemokratie Südosteuropas. Korrespondenz 1883–1938. Frankfurt, New York 1986.

Ratz, U.: Briefe zum Erscheinen von Karl Kautskys «Weg zur Macht». In: International Review of Social History (IRSH). 12 (1967), 432–477.

2. Bibliographie

Blumenberg, W.: Karl Kautskys literarisches Werk. Eine bibliographische Übersicht. 's-Gravenhage 1960.

3. Biographie

Steenson, G. P.: Karl Kautsky 1854–1938. Marxism in the Classical Years. Pittsburgh 1978.

4. Darstellungen

Fricke, D.: Die deutsche Arbeiterbewegung 1869 bis 1914. Ein Handbuch über ihre Organisation und Tätigkeit im Klassenkampf. Berlin (Ost) 1976.

Geary, R. J.: Karl Kautsky and the Development of Marxism. Ph. d. Cambridge 1970.

Gilcher-Holtey, I.: Das Mandat des Intellektuellen. Karl Kautsky und die Sozialdemokratie. Berlin 1986.

Geyer, D.: Kautskys russisches Dossier. Deutsche Sozialdemokraten als Treuhänder des russischen Parteivermögens 1910–1915. Frankfurt, New York 1981.

Groh, D.: Negative Integration und revolutionärer Attentismus. Die deutsche Sozialdemokratie am Vorabend des Ersten Weltkrieges. Frankfurt, Berlin, Wien 1973.

Hölscher, L.: Weltgericht oder Revolution. Protestantische und sozialistiche Zukunftsvorstellungen im Kaiserreich. Stuttgart 1989.

Hünlich, R.: Karl Kautsky und der Marxismus der Zweiten Internationale. Marburg 1981.

Kautsky, J. H.: The Political Thoughts of Karl Kautsky. Ph. D. (MS) Harvard University 1951.

Kraus, P.: Die Imperialismusdebatte zwischen V. I. Lenin und Karl Kautsky. Eine vergleichende Analyse ihrer Theorien. Frankfurt/M. 1978.

Matthias, E.: Karl Kautsky und der Kautskyanismus. Die Funktion der Ideologie in der deutschen Sozialdemokratie vor dem ersten Weltkrieg. In: Marxismusstudien. Zweite Folge. Hg. von I. Fetscher. Tübingen 1957.

Rojahn, J., Schelz, T., Steinberg, H.-J.: Im Banne des Marxismus. Karl Kautskys Bedeutung in der sozialistischen Arbeiterbewegung. Amsterdam 1991.

Salvadori, M. L.: Sozialismus und Demokratie. Karl Kautsky 18801938. Stuttgart 1981.

Steinberg, H. J.: Sozialismus und deutsche Sozialdemokratie. Berlin, Bonn 1967 (^{5}1979).

Waldenberg, M.: Aufstieg und Fall Karl Kautskys. Studie zur Geschichte der politischen Ideologie (polnisch). Krakau 1972. (Die Arbeit liegt auch in italienischer Übersetzung vor.)

Richard Lorenz: Georgi Walentinowitsch Plechanow

Anmerkungen

1 Zum Narodnitschestwo vgl. Ziemke, T.: *Marxismus und Narodnitschestwo*. Frankfurt/M. 1980; Walicki, A.: *The Controversy over Capitalism*. Oxford 1969; Venturi, F.: *Roots of Revolution*. London 1960; von Borcke, A.: *Die Ursprünge des Bolschewismus*. München 1977.
2 Plechanov, G. V.: *Sočinenija*. Bd. I–XXIV. Moskau, Petrograd 1923–1927, hier Bd. X, 399–407; Jowtschuk, M., Kurbatowa, J.: Georgi Plechanow. Berlin 1983, 32.
3 Plechanov: A.a.O. Bd. I, 59.
4 Ebd., 69 f.
5 Ebd., 107.
6 Jowtschuk, Kurbatowa: A.a.O., 69 ff.
7 Ziemke: A.a.O. (s. Anm. 1).
8 Plechanow, G. W.: *Sozialismus und politischer Kampf*. Gelsenkirchen 1980, 105 f.
9 Ebd., 100.
10 Ebd., 94.
11 Ebd., 98.
12 Anhang zu Plechanow: *Sozialismus*, 125.
13 Ebd., 117; vgl. auch Jena, D.: *Georgi Plechanow*. Historisch-politische Biographie. Berlin 1989, 50 ff.
14 Plechanow: *Sozialismus*, 125. – Es war vor allem Lenin, der seit der ersten russischen Revolution immer wieder auf den revolutionären Charakter der Bauernschaft hinwies, die in Rußland gleichsam die Funktion der revolutionären (westeuropäischen) Bourgeoisie übernehmen sollte.
15 Plechanov, G. V.: *Izbrannye filosofskie proizvedenija*. Bd. I–V. Moskau 1956–1958, hier Bd. I, 364.
16 Protokoll des Internationalen Arbeiter-Congresses in Paris, abgehalten vom 14. bis 20. Juli 1889. Nürnberg 1890, 63.
17 Lenin, W. I.: *Werke*. Bd. 16. Berlin 1873, 272; s. dazu: Billington, J. H.: *Mikhailovsky and Russian Populism*. Oxford 1958.
18 Marx, K.: *Brief an die Redaktion der Otetschestvennyje Sapiski*. In: MEW. Bd. 19, 107–112.
19 Plechanow: *Zur Frage der Entwicklung der monistischen Geschichtsauffassung*. Berlin 1975, 308.
20 Plechanov: *Sočinenija*. Bd. XII, 33.
21 Plechanow: *Eine Kritik*. Zum Gesamtzusammenhang vgl. Geyer, D.: *Lenin in der russischen Sozialdemokratie*. Köln, Graz 1962; Lane, D.: *The Roots of Russian Communism*. Assen 1969.
22 Der innerparteiliche Streit entzündete sich an der Frage der Parteizugehörigkeit, die im Paragraphen I des Statuts behandelt wurde. Zu diesem Tagesordnungspunkt hielt Lenin ein Referat, das von Martow und anderen Delegierten kritisiert wurde. Lenin, W. I.: *Werke*. Bd. 6. Berlin 1973, 475 ff.; Martow, J., Dan, Th.: *Geschichte der russischen Sozialdemokratie*. Berlin 1926, 79 ff.; Jena, D.: A.a.O., 112 ff.
23 Vtoroj s-ezd RSDRP. Ijul'–avgust 1903 goda. Moskau 1959, 125. Lenins Schrift *Was tun?* In: Lenin, W. I.: *Werke*. Bd. 5. Berlin 1976, 355–551.
24 Vtoroj s-ezd, 181 f.; vgl. hierzu auch Krupskaja, N. K.: *Erinnerungen an Lenin*. Berlin 1960, 103 f.
25 Vtoroj s-ezd, 271 f.; Jena, D.: A.a.O., 135 f.

26 Vgl. vor allem Plechanows Artikel *Was man nicht tun darf*. In: *Iskra*. Nr. 52. Dazu Lenin, W. I.: *Briefe*. Bd. I. Berlin 1967, 316; «Plechanow hat jämmerlich Angst bekommen vor Spaltung und Kampf», höhnte Lenin.
27 Plechanov: *Sočinenija*. Bd. XIII, 90.
28 Ebd., Bd. XV, 12. – Dazu Lenins Kritik in: Lenin, W. I.: *Werke*. Bd. 10. Berlin 1975, 266.
29 Martow, Dan: A.a.O., 180 f. – Lenins Kritik in: *Werke*. A.a.O., 279 ff.
30 Plechanov: *Izbrannye*; ders.: *Literaturnoe nasledie G. V. Plechanova*. Bd. I–VIII. Moskau 1934–1940; ders.: *filosofsko-literaturnoe nasledie G. V. Plechanova*. Bd. I–III. Moskau 1973–1974.
31 Martow, Dan: A.a.O., 234 ff.
32 Plechanov: *Sočinenija*. Bd. XIX, 3.
33 Ebd., 134.
34 Auf der Prager Konferenz, die im Januar 1912 stattfand, erklärten Lenin und seine Anhänger, daß sie allein die Partei verkörperten, die sogenannten Liquidatoren nicht mehr dazugehörten. Daraufhin versammelten sich die nichtbolschewistischen Sozialdemokraten im August 1912 auf einer eigenen Konferenz in Wien.
35 Jowtschuk/Kurbatowa: A.a.O. 267 f.; Haupt, G.: *Der Kongreß fand nicht statt*. Wien u. a. 1967, 148 f. und 187 ff.
36 In diesem Sinne erschienen gleich zu Kriegsbeginn zwei offene Briefe Plechanows. Vgl. auch Martow, Dan: A.a.O., 275; Jena, D.: A.a.O., 201 f.
37 Plechanows Reden und Schriften aus der Revolutionsperiode in: Plechanov: *God na rodine*. 2 Bde. Paris 1921.
38 Ebd., Bd. 1, 19 ff.
39 Ebd., Bd. 2, 244 f.
40 Ebd., 252.
41 Ebd., 251–268.
42 In den *Izvestija CIK* vom 23. 12. 1917 war ein – von Lenin stammender – anonymer Artikel *Plechanow über den Terror* erschienen; in der *Pravda* vom 22. 12. 1917 (4. 1. 1918) wurde der gleiche Artikel unter der Überschrift *Plechanow ist für den Terror* veröffentlicht.

Literatur

1. Werke und Ausgaben

Seit den zwanziger Jahren sind in der UdSSR eine Reihe mehrbändiger Werkausgaben mit Plechanow-Texten erschienen, ohne daß bislang eine vollständige Gesamtausgabe vorliegt. Im Westen sind schon früh sämtliche Reden und Schriften Plechanows aus den Jahren 1917/18 herausgegeben worden. Einige Schriften Plechanows sind auch in deutscher Sprache – im wesentlichen in der ehemaligen DDR – erschienen.

Plechanov, G. V.: Sočinenija. Bd. I–XXIV. Moskau, Petrograd 1923–1927.
Izbrannye filosofskie proizvedenija. Bd. I–V. Moskau 1956–1958.
Literaturnoe nasledie G. V. Plechanova. Bd. I–VIII. Moskau 1934–1940.
Filosofsko-literaturnoe nasledie G. V. Plechanova. Bd. I–III. Moskau 1973–1974.
God na rodine. 2 Bde. Paris 1921.
Plechanow, G. W.: Kunst und Literatur. Berlin (Ost) 1955.
Beiträge zur Geschichte des Materialismus. Holbach, Helvetius, Marx. Berlin (Ost) 1957.
Grundprobleme des Marxismus. Berlin (Ost) 1958.
Über materialistische Geschichtsauffassung. Berlin (Ost) 1958.
Über die Rolle der Persönlichkeit in der Geschichte. Berlin (Ost) 1958.

Zur Frage der Entwicklung der monistischen Geschichtsauffassung. Berlin (Ost) 1975.
Eine Kritik unserer Kritiker. Schriften aus den Jahren 1898 bis 1911. Berlin (Ost) 1982.
Sozialismus und politischer Kampf. Gelsenkirchen 1980.

2. Biographien und Darstellungen

Baron, S. H.: Plekhanov. The Father of Russian Marxism. Stanford 1963.
Jena, D.: Georgi Plechanow. Historisch-politische Biographie. Berlin (Ost) 1989.
Jowtschuk, M. und Kurbatowa, J.: Georgi Plechanow. Berlin (Ost) 1983.
Proletariat, Arbeiterbewegung und Marxismus in Rußland 1883–1903. Konferenzprotokoll. Halle 1982.
Ziemke, T.: Marxismus und Narodničestvo. Frankfurt/M. 1980.

Lisanne Radice: Beatrice und Sidney Webb

Anmerkungen

1 Webb, S.: *The Ethics of Existence.* Vorlesung (ungef. 1880). Passfield Papers VI.
2 Ders.: *Rent, Interest and Wages, being a criticism of Karl Marx and a statement of economic theory.* Unveröffentl. Essay. 1886. Passfield Papers VI.
3 G. B. Shaw an S. Webb, 26. März 1946. Shaw Papers, British Museum 50553.
4 Webb, S.: *What Socialism Means: A Call to the Unconverted.* In: *The Practical Socialist.* June 1886.
5 A.a.O.
6 Ders.: *Socialism in England.* American Economic Association 1889. Passfield Papers VII.
7 Ders.: *The Transition to Social Democracy.* London 1889.
8 Beatrice Webb's Diary (Tagebuch), 10. Januar 1895, Passfield Papers. – Vgl. auch Haldane, R. B.: *Autobiography.* London 1929; Barker, R.: *Educational Politics 1900–51.* Oxford 1972; Searle, G. R.: *The Quest for National Efficiency.* Oxford 1971.
9 *Beatrice Webb's Diary.* 21. Sept. 1894. Passfield Papers.
10 Eine gute Diskussion von *Industrial Democracy* findet sich in Fox, A.: *History and Heritage.* The Social Origin of the British Industrial Relations. London 1985; Kennoy, T.: *From the Webbs to Corporatism.* In: Mungham, G., Bankowski, Z. (Hg.): *Essays in Law and Society.* London 1980. – Vgl. ferner Flanders, A.: *Management and Unions,* London 1970, und Hobsbawm, E. J.: *Labouring Men: Studies in the History of Labour.* London 1964.
11 Zu dieser Frage gibt es viele Untersuchungen. Vgl. die Schriften von Searle, Mackenzie und McBriar (s. Literaturverz. u. Anm. 8) sowie Emy, H. V.: *Liberals, Radicals and Social Politics 1893–1914.* Cambridge 1973; Gilbert, B.: *The Evolution of National Insurance in Great Britain.* London 1966; *The Shaping of the Welfare State.* London 1974.
12 *New Statesman.* 26. April 1913.
13 A.a.O., 3. Mai 1913.
14 A.a.O.
15 A.a.O.
16 Vgl. MacKibbin, R.: *The Evolution of the Labour Party.* Oxford 1974; Winter, J. M.: *Socialism and the Challenge of War.* London 1974.
17 Vgl. den Aufsatz von Middleton, J. R. In: Cole, M. (Hg.): *The Webbs and Their Work.* London 1949.
18 Vgl. dazu Searle.

19 Vgl. dazu vor allem Hobsbawm (s. Anm. 10).
20 Vgl. Crosland, A.: *The Future of Socialism.* New York 1963.
21 *The Observer.* 21. October 1917.
22 Chairman's Address to the Labour Party Conference 1923.
23 Vgl. Mackenzie, N. und J.: *First Fabians.*
24 Labour Party Conference 1923. Presidential Address.
25 Vgl. Kennoy (s. Anm. 10).
26 Webb, B. and S.: *Industrial Democracy.* Bd. 2, 845.
27 Dies.: *Syndicalism.* London 1910, 4.
28 A.a.O.
29 Vgl. Cole, G. D. H.: *World of Labour.* London 1913.
30 Webb, S.: *A Stratified Democracy.* London, 1919.
31 Diary. 12. März 1919. Passfield Papers.
32 Webb, B. and S.: *A Constitution for the Socialist Commonwealth of Great Britain,* 201.
33 A.a.O., 126.
34 A.a.O., 196.
35 A.a.O., 214.
36 Vgl. Wright, A. W.: *G. D.H. Cole and Socialist Democracy.* London 1979.
37 Webb, B. and S.: *Constitution,* 355.
38 Diary. 4. Juni 1932. Passfield Papers.
39 A.a.O., 8. Juni 1933. Passfield Papers.
40 Vgl. Caute, D.: *The Fellow-Travellers.* London 1973, sowie Feaver, G.: *The Webbs in Canada.* In: *Canadian Historical Review* 58 (1977), 263–276.
41 Diary. 8. Juni 1933. Passfield Papers.

Literatur

1. Werke und Ausgaben

a. *Sidney Webb*

What Socialism Means: A Call to the Unconverted. London 1888.

The New Constitution of the Labour Party. London 1918.

b. *Beatrice Webb*

Diaries 1912–1924. Hg. von M. Cole. London 1952; Diaries 1924–1932. Hg. von M. Cole. London 1956.

My Apprenticeship. London 1926.

Our Partnership. Hg. von B. Drake und M. Cole. London 1948.

Letters of Beatrice and Sidney Webb. Hg. von N. Mackenzie. London 1980.

c. *Sidney und Beatrice Webb*

The History of Trade Unionism. London 1894.

Industrial Democracy. 2 Bde. London 1887.

Syndicalism. London 1910.

A Constitution for the Socialist Commonwealth of Great Britain. London 1920.

Soviet Communism: a New Civilization? London 1935.

d. *Übersetzungen*

Theorie und Praxis der englischen Gewerkvereine (Industrial Democracy). 2 Bde. ^{2}Stuttgart 1906.

Die Geschichte des britischen Trade Unionismus (The History of Trade Unionism). ^{2}Stuttgart 1906.

2. Bibliographien und Archivbestände

Eine Auswahlbibliographie findet sich in der S. u. B. Webb-Biographie von L. Radice (s. unter 3.). Eine Bibliographie der Beiträge zu Zeitschriften und Sammelwerken findet sich im *British Library of Political and Economic Science:* Publications of Sidney and Beatrice Webb: An Interim Check List. Diese Bibliothek verwahrt auch den Nachlaß von B. und S. Webb *(The Passfield Papers).*

3. Biographien

Hamilton, M. A.: Sidney and Beatrice Webb. London 1933.

Cole, M.: Beatrice Webb. London 1945.

Radice, L.: Sidney and Beatrice Webb: Fabian Socialists. London 1984 (auch: New York 1984).

4. Darstellungen

Cole, M.: The Webbs and their Work. London 1949.

Dies.: The Story of Fabian Socialism. London 1961.

Hyams, E.: The New Statesman. London 1963.

Mackenzie, N. and J.: The First Fabians. London 1977.

McBriar, A. M.: Fabian Socialism and Englisch Politics 1884–1918. Cambridge 1962.

Pierson, S.: British Socialists: The Journey form Fantasy to Politics. Cambridge (Mass.) 1979.

Thompson, P.: Socialists, Liberals and Labour. London 1967.

Wolfe, W.: From Radicalism to Socialism. Yale 1975.

PERSONENREGISTER

SACHREGISTER

VERZEICHNIS DER ABBILDUNGEN

DIE AUTOREN

Ralf Bambach, geb. 1948, Dr. phil., Lehrbeauftragter am Institut für Politische Wissenschaft der Universität Hamburg. Veröffentlichungen zur politischen Theoriengeschichte, zur Sozialtheorie und -philosophie, zur Legitimationsproblematik. *Veröffentlichungen*: Der französische Frühsozialismus. 1984; Utopie, Frühsozialismus und Sozialreform. In: I. Fetscher und H. Münkler (Hg.): Pipers Handbuch der politischen Ideen, 4 (1986).

Karl Hans Bergmann, geb. 1910, Studium der Geschichte, Romanistik und Theaterwissenschaft an den Universitäten München, Berlin und Zürich. Von den zwölf Jahren des Dritten Reiches verbrachte er fünf in Gefängnissen und Konzentrationslagern, vier in leidlicher Freiheit und die letzten drei als politischer Flüchtling in der Schweiz, wo er die Bewegung «Freies Deutschland» leitete. September 1945 bis März 1949 in Berlin Redakteur, Direktor der DEFA und Verlagsleiter. Lebt in West-Berlin. *Veröffentlichungen*: Im Kampf um das Reich. 1944 (Neuauflage 1974); Babeuf. Gleich und Ungleich. 1965; Die Bewegung «Freies Deutschland» in der Schweiz 1943–1945. 1974; Blanqui. Ein Rebell im 19. Jahrhundert. 1986.

Hans Manfred Bock, geb. 1940, Studium der Politikwissenschaft, Germanistik und Romanistik in Marburg/Lahn und Paris. 1968–1970 Lektor, 1970–1972 außerordentl. Professor an der Pariser Sorbonne; seit 1972 Professor für Politikwissenschaft an der GHK Kassel; Gastprofessuren in den USA 1975 und 1976 und in Paris 1984/85. Publikationen zu den Forschungsgebieten Politische Soziologie und Sozialgeschichte Deutschlands und Frankreichs sowie zu den deutsch-französischen Beziehungen im 20. Jahrhundert. *Wichtigste Buchveröffentlichungen:* Syndikalismus und Linkskommunismus 1918–1923. 1969; Geschichte des «linken Radikalismus» in Deutschland. Ein Versuch. 1976.

Markus Elsässer, geb. 1956, Studium der Betriebswirtschaftslehre an der Universität Köln, Promotion in Sozialpolitik bei Prof. Dr. W. W. Engelhardt über Robert Owen, weitere Veröffentlichungen vor allem über den Ursprung der betrieblichen Sozialreform und des Genossenschaftswesens in Großbritannien. Tätigkeit im Finanzbereich, in der Großindustrie und in der Unternehmensberatung. Veröffentlichungen und Vorträge über neue Organisationsformen, Motivations- und Führungssysteme.

Walter Euchner, geb. 1933, Studium der Rechtswissenschaften, der Politikwissenschaften, Soziologie und Geschichte in Tübingen, Heidelberg und München, Assistent in Frankfurt bei I. Fetscher. Seit 1971 Prof. für Politikwissenschaft an der Univ. Göttingen. *Wichtigste Buchveröffentlichungen:* Hobbes. Leviathan. 1966 (Übers. d. engl. Originals); Naturrecht und Politik bei John Locke. 1969; Egoismus und Gemeinwohl. 1973; Karl Marx. 1982; Editionen von Klassikern des politischen Denkens, viele Beiträge zu Sammelbänden und Zeitschriften zur politischen Ideengeschichte, politischen Theorie und zur deutschen Innenpolitik.

IRING FETSCHER, geb. 1922, Studium in Tübingen und Paris (1945–1950). Promotion mit einer Arbeit über «Hegels Lehre vom Menschen», Habilitation über «Rousseaus politische Philosophie» (1959). Seit 1963 o. Prof. für Politikwissenschaft an der Univ. Frankfurt. Gastprofessuren an den Universitäten Konstanz, Wien, Nimwegen, Heidelberg, Göttingen, New York, Tel Aviv. *Wichtigste Veröffentlichungen:* Karl Marx und der Marxismus. 1967; Rousseaus politische Philosophie. 1960; Modelle der Friedenssicherung. 1972; Überlebensbedingungen der Menschheit. Ist der Fortschritt noch zu retten. [3]1985. Herausgeber (zusammen mit Herfried Münkler) von «Pipers Handbuch der politischen Ideen» (1985 ff.). Literarische Arbeiten: Wer hat Dornröschen wachgeküßt? Das Märchen-Verwirrbuch. 1972; Arbeit und Spiel. Essays zur Kulturkritik und Sozialphilosophie. 1983.

GIAN BIAGIO FURIOZZI, geb. 1945, Studium der Politikwissenschaft in Perugia, Professor für Geschichte der politischen Parteien an der Universität Perugia; seit 1990 Professor für Zeitgeschichte an der Universität von Triest. *Wichtigste Veröffentlichungen:* Sorel e l'Italia. 1975; Il sindacalismo rivoluzionario italiano. 1977; Socialismo, anarchismo e sindacalismo rivoluzionario. 1984; Robert Michels tra politica e sociologia. 1984; Le interpretazioni del sindacalismo rivoluzionario italiano. 1985; Da Mazzini a Bissolati. 1988.

INGRID GILCHER-HOLTEY, geb. 1952, studierte Geschichte und Politische Wissenschaft in Marburg und Heidelberg. Promovierte mit einer Arbeit über Karl Kautsky und ist derzeit wissenschaftliche Assistentin am Historischen Seminar der Universität Freiburg. *Veröffentlichungen*: Das Mandat des Intellektuellen. Karl Kautsky und die Sozialdemokratie. 1986; Max Weber und die Frauen. In: Max Weber. Ein Symposium. Hg. von Chr. Gneuss u. J. Kocka. 1988; Frauen im akademischen Milieu Heidelbergs um 1900. In: Bildungsbürgertum im 19. Jahrhundert. Teil III: Lebensführung und ständische Vergesellschaftung. Hg. von M. Lepsius. 1991. Intellektuelle in der Sozialdemokratischen Partei. Karl Kautsky, Heinrich Braun und Robert Michels. In: Im Banne des Marxismus. Karl Kautskys Bedeutung in der sozialdemokratischen Arbeiterbewegung. Hg. von J. Rojahn, T. Schelz u. H. Steinberg. Amsterdam 1991.

JÜRG HAEFELIN, geb. 1958, studierte an der Universität Zürich Geschichte, Germanistik und Nordistik. Dr. phil. Hauptberuflich im Unterrichtswesen tätig. Beschäftigt sich vorwiegend mit der Geschichte des 19. Jahrhunderts, der Arbeiterbewegung und der Schweiz und hat auf diesen Gebieten mehrere Artikel veröffentlicht, Ausstellungen konzipiert und Rundfunksendungen gestaltet. *Buchpublikationen:* Wilhelm Weitling. Biographie und Theorie. Der Zürcher Kommunistenprozeß von 1843. 1986; Die Abschaffung der Todesstrafe im Kanton Zürich. In: Zürcher Taschenbuch 1989.

CHRISTINE HELD-SCHRADER, geb. 1949, studierte Geschichte, Französisch und Pädagogik in Göttingen. Forschungsaufenthalte in Paris und Amsterdam. Promotion an der Universität Göttingen. Arbeitet als Studienrätin in Holzminden. *Veröffentlichungen*: Sozialismus und koloniale Frage. Die überseeische Expansion im Urteil früher französischer Sozialisten. 1985; gemeinsam mit U. Lorenz: Die Entwicklung der Wochenschau in Deutschland. Chronik der Jahre 1946/1947/1948. 1974.

RICHARD LORENZ, geb. 1934, Dr. phil., Universitätsprofessor für Neuere Osteuropäische Geschichte an der Gesamthochschule Kassel. *Veröffentlichungen*: Anfänge der bolschewistischen Industriepolitik. 1965; Sozialgeschichte der Sowjetunion 1.

1917–1945. 1976; Hg.: Die russische Revolution 1917. Der Aufstand der Arbeiter, Bauern und Soldaten. 1981.

WOLFGANG MADERTHANER, geb. 1954, Studium der Anglistik und der Wirtschafts- und Sozialgeschichte an der Univ. Wien. Dr. phil. Seit 1983 Geschäftsführer des Vereins für Geschichte der Arbeiterbewegung in Wien. Zahlreiche *Publikationen* zur Sozialgeschichte des 19. und 20. Jahrhunderts sowie zur österreichischen und internationalen Arbeitergeschichte, zuletzt: Sozialdemokratie und Habsburgerstaat. 1988; Aufbruch in der Provinz. Niederösterr. Arbeiter im 19. Jhd. 1989 (gemeinsam mit S. Hahn u. G. Sprengnagel).

SIEGFRIED MATTL, geb. 1954, Studium der Geschichte und Politikwissenschaft in Wien, Dr. phil., Wissenschaftlicher Mitarbeiter am Ludwig Boltzmann-Institut für Geschichte der Gesellschaftswissenschaften in Wien. *Veröffentlichungen*: Agrarstruktur, Bauernbewegung und Agrarpolitik in Österreich 1919–1929. 1981; Der Austromarxismus. Eine Autopsie (gemeinsam mit R. Löw und A. Pfabigan. 1986).

THOMAS MEYER, geb. 1943, Studium der Philosophie, Politikwissenschaft, Soziologie und der Deutschen Literatur in Frankfurt/M. Seit 1988 Privatdozent für Politikwissenschaft an der Univ. Siegen. Direktor der Gustav-Heinemann-Akademie, Freudenberg. Seit 1989 Vertreter der Friedrich-Ebert-Stiftung in Neu Delhi, Indien. Engagement im Bereich der theoretischen und programmatischen Grundlagenarbeit in der SPD und der Sozialistischen Internationale, stellvertretender Vorsitzender der Grundwertekommission beim Parteivorstand der SPD. Mitarbeiter am Entwurf für ein neues Grundsatzprogramm für die SPD (Bremer Programm 1989) und an der neuen Stockholmer Prinzipienerklärung der Sozialistischen Internationale (1989); Mitverfasser des SPD-SED-Papiers «Der Streit der Ideologien und die gemeinsame Sicherheit» (1987). *Wichtigste Veröffentlichungen:* Der Zwiespalt in der Marxschen Emanzipationstheorie. 1973; Bernsteins konstruktiver Sozialismus. 1977; Demokratischer Sozialismus – Eine Einführung. 1982; Fundamentalismus. Aufstand gegen die Moderne. 1989; Lern- und Arbeitsbuch Geschichte der deutschen Arbeiterbewegung. 4 Bde. 1988; Lexikon des Sozialismus. 1986; Die Krise des Sowjetsystems und der Westen. 1986.

SHLOMO NA'AMAN, geb. 1912 in Essen, 1932 Übersiedlung nach dem damaligen Palästina (heute Israel). Studium am Hebrew Teachers' College in Jerusalem. Langjährige Tätigkeit als Lehrer. Nach der Staatsgründung Israels Studium und Promotion an der Univ. Jerusalem. 1962 Habilitation an der Univ. Tel Aviv; 1972 Ernennung zum ordentlichen Professor für Sozialgeschichte. Forschungsschwerpunkte: Mittelalter, soziale und demokratische Probleme des 19. Jahrhunderts, jüdische Emanizaptionsentwicklung in nationaler und sozialer Hinsicht. *Wichtigste Veröffentlichungen:* Lassalle. 1970; Emanzipation und Messianismus. Leben und Werk des Moses Heß. 1982; Emanzipation und Nationalverein. Die politische Konstitutierung des deutschen Bürgertums 1959–1967. 1987; in Vorbereitung: Marxismus und jüdischer Nationalismus. Die Geschichte einer intimen Rivalität.

PETER V. OERTZEN, geb. 1924, Studium der Geschichte, Soziologie und des Staatsrechts in Göttingen. Seit 1963 Professor für Politikwissenschaft an der Univ. Hannover. Langjähriges Mitglied des Niedersächsischen Landtages, 1970–1974 Nieders. Kultusminister, Mitglied von Parteivorstand und Programmkommission der SPD. *Wichtigste Veröffentlichungen:* Die soziale Funktion des staatsrechtlichen Positivismus. 1974; Betriebsräte in der Novemberrevolution. ^{2}1962; Für einen neuen Reformismus.

1984. Viele Aufsätze in Zeitschriften und Sammelbänden über politische Theorie, Geschichte der Arbeiterbewegung und aktuelle politische Fragen.

LISANNE RADICE, geb. 1935, Studium an der University of Manchester und der London School of Economics and Political Science (dort Ph. D. 1971). 1964 bis 1974 Lecturer am Polytechnic of Central London, 1974 bis 1975 an der London School of Economics and Political Science, 1975 bis 1989 am Department of Government der Brunel University, seit 1989 Academic Director of Hansard Society for the Study of Parliament. *Wichtigste Publikationen:* Prelude to Appeasement: European Diplomacy in the 1930s. 1981; Sidney and Beatrice Webb: Fabian Socialists. 1984; Winning Women's Votes. 1985; Member of Parliament: The Job of the Backbencher (mit E. Vallance und V. Willis). 1988.

ZWI ROSEN, geb. 1925, studierte Philosophie, Geschichte und Soziologie in Warschau. Professor für Philosophie an der Univ. Tel Aviv. Gastprofessuren an verschiedenen Universitäten in USA, Deutschland und Polen. *Wichtigste Veröffentlichungen:* Die Junghegelianer und das Christentum. 1958; Karl Marx und seine Lehre. 1974; Bruno Bauer und Karl Marx. 1977; Moses Heß und Karl Marx. 1984.

HANS-JOSEF STEINBERG, geb. 1935, nach dem Studium 1962–64 wissenschaftlicher Assistent am Germanistischen Institut der Univ. Köln; 1966 Promotion bei Theodor Schieder. 1966–1971 wissenschaftlicher Mitarbeiter am Forschungsinstitut Friedrich-Ebert-Stiftung. Ab 1971 Professor an der Univ. Bremen; 1974–1978 Rektor der Univ. Bremen. *Wichtigste Veröffentlichungen:* Sozialismus und deutsche Sozialdemokratie. ^{5}1979; Widerstand und Verfolgung in Essen. ^{2}1972; Die deutsche sozialistische Arbeiterbewegung bis 1914. Eine bibliographische Einführung. 1979; zur Zeit Arbeit an der Edition des Kautsky-Bernstein-Briefwechsels.

Große Denker Leben, Werk, Wirkung

Herausgegeben von Otfried Höffe

Theodor W. Adorno
Von Rolf Wiggershaus.
1987. 144 Seiten mit 6 Abbildungen.
Paperback (Beck'sche Reihe, Band 510)

Albert Camus
Von Annemarie Pieper.
1984. 231 Seiten mit 6 Abbildungen.
Paperback (Beck'sche Reihe, Band 507)

Michel Foucault
Von Urs Marti.
1988. 183 Seiten mit 5 Abbildungen.
Paperback (Beck'sche Reihe, Band 513)

Sigmund Freud
Von Alfred Schöpf.
1982. 244 Seiten mit 8 Abbildungen.
Paperback (Beck'sche Reihe, Band 502)

David Hume
Von Jens Kulenkampff.
1989. 183 Seiten mit 5 Abbildungen.
Paperback (Beck'sche Reihe, Band 517)

Karl Jaspers
Von Kurt Salamun.
1985. 188 Seiten mit 5 Abbildungen.
Paperback (Beck'sche Reihe, Band 508)

Karl Marx
Von Walter Euchner.
1983. 203 Seiten mit 6 Abbildungen.
Paperback (Beck'sche Reihe, Band 505)

Jean Piaget
Von Thomas Kesselring.
1988. 262 Seiten mit 6 Abbildungen.
Paperback (Beck'sche Reihe, Band 512)

Karl R. Popper
Von Lothar Schäfer.
1988. 188 Seiten mit 4 Abbildungen.
Paperback (Beck'sche Reihe, Band 516)

Willard Van Orman Quine
Von Henri Lauener.
1982. 207 Seiten mit 4 Abbildungen.
Paperback (Beck'sche Reihe, Band 503)